U0919338

【北京社科名家文库·纪念辑】

LIANGSHUMING ZIXUANJI

梁漱溟自选集

BEIJING SHEKE MINGJIA WENKU JINIANJI

梁漱溟◎著

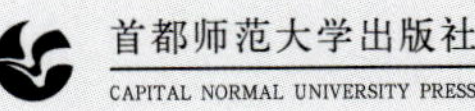

首都师范大学出版社
CAPITAL NORMAL UNIVERSITY PRESS

图书在版编目（CIP）数据

梁漱溟自选集/梁漱溟著．—北京：首都师范大学出版社，2008.11（2014.04 重印）

（北京社科名家文库）

ISBN 978-7-81119-422-7

Ⅰ．梁…　Ⅱ．梁…　Ⅲ．社会科学—文集　Ⅳ．C53

中国版本图书馆 CIP 数据核字（2008）第 166334 号

北京社科名家文库
LIANG SHUMING ZIXUANJI
梁漱溟自选集
梁漱溟　著

项目统筹：杨小兵　　责任编辑：陈　曦
责任设计：王征发　　封面绘画：王征发
责任校对：王亚利　　责任印制：何景贤
首都师范大学出版社出版发行
地　址　北京西三环北路 105 号
邮　编　100048
电　话　68418523（总编室）　68982468（发行部）
网　址　www.cnupn.com.cn
印　刷　北京集惠印刷有限责任公司
全国新华书店发行
版　次　2008 年 11 月第 2 版
印　次　2014 年 4 月第 2 次印刷
开　本　710mm×1 000mm　1/16
印　张　30　　插　页　1
字　数　357 千
定　价　65.00 元

《北京社科名家文库》编委会

出版说明

1978年，中国改革开放的元年。自那一年开始，中国已经走过了波澜壮阔的30年。这是伟大的30年，是改变中国的30年，是震惊世界的30年，也是哲学社会科学蓬勃发展的30年。

在哲学社会科学这30年的辉煌成就里，浸透着为新中国哲学社会科学奠基的老一辈专家呕心沥血的求索，也镌刻着寻着他们足迹的后来者追求真理的步伐。“学之大者，国之重器”。我们有责任将这些“大者”潜心研究的成果，重新编辑出版以飨读者。为此，北京市社会科学界联合会和首都师范大学出版社将这一套《北京社科名家文库》奉献给读者。她以自选集的体例形式，每年推出一批，争取在几年内达到百种以上。《北京社科名家文库》将系统展示当代哲学社会科学名家学者30年来的学思精华，展示他们的学术探索历程和风采。同时，为使这套《北京社科名家文库》更加丰富，编委会决定在首都师范大学出版社已出版的《当代著名学者自选集》中挑选符合体例的图书10种，编辑成《北京社科名家文库·纪念辑》，这将更完整地反映北京学人在学术风范和学术使命上的历史延续。

我们相信，《北京社科名家文库》将能够成为具有文化传承价值的经典性大型出版工程，成为集中展示首都哲学社会科学重要成果的一个窗口。由于我们水平所限，定有不足之处，希望读者和同仁给予批评指正。

编 委 会

2008年11月

目录

北京社科
名家文库

北京社科
名家文库

北京社科
名家文库

第1版自序

我曾说过，我原来并不曾想著书立说，谈学问，只是心目中常有问题，而凡是我感到成为问题的，便从来不肯忽略过去，于是用心思去研究。经过思考研究，在各个问题中都用过心思，不妨将用过的心思说给大家听，写给大家看；因为我的问题，实即是大家的问题。

我心目中的问题，归纳起来主要的不外两个：人生问题与社会问题(中国问题）。我早自少年时期起即对人生问题有过烦闷，有过追求。而当我是一个中学生的时候，又对社会问题——处于危亡之中的中国如何自救图存十分关心。现在我已届晚年，回顾过去，著述数量似不少，但就其内容来看，总不外对这两大问题的探讨。现在依照北京师范学院出版社的建议，从中节选或摘录出一部分，编成这本《精华录》，其内容自然也是围绕这两大问题的。

书名为出版者所确定，其实“精华”二字于我未必合适，因为我只不过是将自己认真思考研究的一些结果，从中选出一些较为重要的若干部分，介绍给读者。从数百万字中节选或摘录出三十余万字，可便于读者以较少时间对作者的主要见解主张有个概貌式的了解，肯定是有好处的。这大概正是出版者编辑这套丛书的用意所在。但当初我对此不能不有些犹豫。这首先是因为以节选或摘录后的较少文字，反映出作者的主要见解主张实非易事。再则因我年迈，精力不逮，二三年来不少文字工作已委诸儿辈，此书之具体编选工作也只能由他们协助，虽然我时时过问，却难免有欠恰当或疏漏之处。

最后，我希望读者在读后如有疑难不解之处，或有意作较深入之探讨，还是以再翻阅原作为好，因为此书中的节选或摘录只能反映作者见解主张的概貌，而概貌终非全貌。

梁漱溟　时年九十四

1987年12月于北京

自 传

我生于甲午中日战争前一年(1893)。此次战争以后，国际侵略日加，国势危殆。1937年“七七”事变，我国又遭受日寇长达八年之久的入侵。我的大半生恰是在这两次中日之战中度过的。

我原名焕鼎，祖籍广西桂林。但自曾祖起来京会试中进士后，即宦游于北方。先父名济，字巨川，为清末内阁中书，后晋为后补侍读，其工作主要为皇史宬抄录皇家档案。先父为人忠厚，凡事认真，讲求实效，厌弃虚文，同时又重侠义，关心大局，崇尚维新。因此不要求子女读四书五经，而送我入中西小学堂、顺天中学堂等，习理化英文，受新式教育。这在我同辈人中是少见的。由于先父对子女采取信任与放宽态度，只以表明自己意见为止，从不加干涉，同时又时刻关心国家前途，与我议论国家大事，这既成全了我的自学，又使我隐然萌露对国家社会的责任感，而鄙视只谋一人一家衣食的“自了汉”生活。这种向上心，促使我自中学起即对人生问题和社会问题追求不已。于社会问题，最初倾向变法维新，后又转向革命，并于中学毕业前参加了同盟会京津支部，从事推翻清朝的秘密活动。辛亥革命爆发，遂在同盟会《民国报》任外勤记者，因而得亲睹当时政坛上种种丑行。这时我又读了日人幸德秋水所著《社会主义神髓》，受书中反对私有制主张的影响，因而热心社会主义，曾写有《社会主义粹言》小册子，宣传废除财产私有制，油印分送朋友。

1913年退出《民国报》，在革命理想与现实冲突下，自己原有的出世思想抬头，于是居家潜心研究佛典，由醉心社会主义而转为倾向出世。在此种思想下，1916年我写成并发表了《究元决疑论》，文中批评古今中外诸子百家，独推崇佛法。随后我以此文当面求教于蔡元培先生，遂为先生引入北大任教。

1917年起我在北大哲学系，先后讲授“印度哲学概论”、“儒家哲学”等课。此时正值“五四”运动前后，新思潮高涨，气氛对我讲东方古学术的人无形中有压力。在此种情势下，我开始了东西文化的比较研究，后来即产生了根据讲演记录整理而成的《东西文化及其哲学》一书。书中我提出了人类生活的基本方式可分为三大路向的见解，同时在人生思想上归结到中国儒家人生，并指出世界最近未来将是中国文化的复兴。这些见解反映自家身上，便是放弃出家之念，并于此书出版之1921年结婚。

随着在北大任教时间的推移，我日益不满于学校只是讲习一点知识技能的偏向。1924年我终于辞去北大教职，先去山东曹州办学，后又回京与一般青年朋友相聚共学，以实行与青年为友和教育应照顾人的全部生活的理想。

1927年在朋友的劝勉下，我南下到北伐后不久的广州。在这里我一面觉得南方富有革命朝气，为全国大局好转带来一线曙光，一面又不同意以俄为师，模仿国外，背弃中国固有文化的做法，因此我虽接办了广东省一中，但此时更多考虑的乃是自己的“乡治”主张。依我看来，由于中西文化的根本差异，唯有先在广大农村推行乡治，逐步培养农民新的政治生活习惯，西方政治制度才得在中国实施。1929

年我在考察了陶行知的南京晓庄学校、黄炎培先生江苏昆山乡村改进会、晏阳初先生河北定县平教会实验区及山西村政之后，适逢彭禹廷、梁仲华创办河南村治学院，我应邀任学院教务长。这是我投身社会改造活动的开端。但因军阀蒋闫冯中原大战，开学未满年而停办。旋于1931年与同仁赴山东邹平创办山东乡村建设研究院。该院设研究部与乡村服务人员训练部，并划邹平县为实验区(后扩大为十余县)。实验区有师范、实验小学、试验农场、卫生院、金融流通处等。县下设乡学、村学。乡学村学为政教合一组织，它以全体乡民或村民为对象，培养农民的团体生活习惯与组织能力，普及文化，移风易俗，并借团体组织引进科学技术，以提高生产，发展农村经济，从根本上建设国家。此项试验在进行七年之后，终因1937年日寇入侵而被迫停止。

抗日战争爆发，发动民众与国内团结为抗战所必需，于是我开始追随于国人之后，也为此而奔走。1937年8月应邀参加最高国防会议参议会，曾对动员民众事有所建议。1938年我访问延安。这是我奔走国内团结的开始。访问目的不外考察国共再度合作，民族命运出现一大转机，共产党方面放弃对内斗争能否持久，同时探听同仇敌忾情势下，如何努力以巩固此统一之大局。为此曾与毛主席会见八次，其中两次作竟夜谈。关于对旧中国的认识，意见不同，多有争论。但他从敌友我力量对比、强弱转化、战争性质等分析入手，说明中国必胜、日本必败问题，令我非常佩服。1939年留在西南大后方感到无可尽力，我又决心去华北敌后游击区，巡视中得到国共双方协助，经皖、苏、鲁、冀、豫、晋六省，沿途动员群众抗战，历时八个月，历经艰险。在战地目睹两党军队摩擦日增，深感如任其发展，近则妨碍抗战，远则内战重演，于是返回四川后方，除向国共双方指陈党派问题尖锐外，更与黄炎培、晏阳初、李璜等共商组织“统一建国同志会”，以增强第三方面力量，为调解两党纷争努力。1941年初，皖南事件爆发，国内团结形势进一步恶化，遂又与黄炎培、张君劢、左舜生发起将“同志会”改组为“中国民主政团同盟”(民盟前身)，同时被推赴香港创办民盟机关刊物《光明报》，向海内外公开宣告民盟的成立。不料报纸创刊仅三月余，即因日军攻占香港而停刊。我不得不化装乘小船逃离香港，来到桂林。在此我负责民盟华南地区工作，边从事争取民主、宣传抗日活动，边从事写作。

1945年8月日军投降，抗战宣告结束，两党领导人又会晤于重庆。眼见敌国外患既去，内部问题亦可望解决，我即有意退出现实政治活动，而致力于文化工作。及至参加(重庆)政治协商会议，协议告成，我更以为中国步入坦途在望，于是托周恩来先生带信给毛主席，说明自己退出现实政治之意，同时发表《八年努力宣告结束》等文，向社会表明心迹。因未获毛周二位谅解，我于1946年3月再度访问延安。但时局旋即恶化，我不得脱身，反被推任民盟秘书长，参与国共和谈。至1946年底，终因国民党决心发动内战，和谈破裂，我即辞去秘书长，去重庆北碚，创办勉仁文学院，并在此讲学和完成了《中国文化要义》的撰写工作。书中总结了我对中国历史和文化的见解，并指出“中国文化之伟大非他，只是人类理性之伟大。中国文化的缺欠，却非理性的缺欠，而是理性早启、文化早熟的缺欠。”

全国解放，1950年我由四川来到北京，得与毛主席多次谈话，表示愿在政府外效力国家，并建议设中国文化研究所，或世界文化比较研究所，终因故未能实现。1952年为对解放前的思想与政治活动做一番回顾与初步检讨，写成《我的努力与反省》一长文。1953年9月在中央人民政府扩大会议上发言，受到毛主席严厉批评。1955年批判更在全国展开。自此以后我即将主要时间与精力投入著述之中。

1960年着手写《人心与人生》一书。这是早自20年代即酝酿于心的著作，自认为最关紧要，此生定须完成。不料因“文化大革命”开始，参考书尽失，写作工作被迫中断。于是在抄家未逾月的困难情况下，另写《儒佛异同论》及《东方学术概观》等。至1970年，才得重理旧业，续写《人心与人生》。但不久又逢“批林批孔”运动。因我坚持“只批林，不批孔”，为大小会所占去的时间更多，写作近于停顿。至1975年中，此书终告完成。如在此书《后记》中所说，“卒得偿夙愿于暮年”，了却一桩心事，而我的著述活动也随之基本结束。

最后，我以《中国文化要义》自序中的一段话，作为此文的结束语：

“就以人生问题之烦闷不解，令我不知不觉走向哲学，出入乎百家。然一旦于人生道理若有所会，则亦不复多求。假如视哲学为人人应该懂得的一点学问，则我正是这样懂得一点而已。”“卒之，对人生问题我有了我的见解思想，更有了我今日为人行事。同样地，以中国问题几十年来之急切不得解决，使我不得不有所行动，并耽玩于政治、经济、历史、社会文化诸学。然一旦于中国前途出路若有所见，则亦不复以学问为事。究竟什么算学问，什么不算学问，且置勿论。卒之，对中国问题有了我的见解思想，更有了今日的主张行动。”

回顾过去，我就是这样跋涉在自己的人生征途上。

（培宽、钦东整理）

东西文化及其哲学(节选)

《东西文化及其哲学》绪论*

此次预备讲演的题目是："东西文化及其哲学"。这个题目看起来似乎很浮夸，堂皇好看，而我实在很不愿意如此引导大家喜欢说浮夸门面，大而无当的话。

大约两三年来，因为所谓文化运动的原故，我们时常可以在口头上听到，或在笔墨上看到"东西文化"这类名词。但是虽然人人说得很滥，而大家究竟有没有实在的观念呢？据我们看来，大家实在不晓得东西文化是何物，仅仅顺口去说罢了。

我当初研究这个问题是在民国六七年的时候。那时我很苦于没有人将东西文化并提着说，也没有人着眼到此地，以为如果有人说，就可以引起人研究，但是现在看来，虽然有人说而仍旧并没有人研究，在我研究的时候，很有朋友劝我，说这个问题范围太广，无从着手，如张崧年先生、

---

* 原书约15万字，经删节后今存4万字，全书各章均有删节，其中以第四章删去最多。此部分选自《东西文化及其哲学》第一章。

** 为保留作品发表时的原貌，本书对文中的体例、文字未作大的修正。

屠孝实先生都有此意。

以为这问题还远的不对

第一，我们先说这个问题是很急迫的问题，并非是很远的问题，可以俟诸将来再解决的。我们现在放开眼去看，所谓东西文化的问题，现在是怎样情形呢？我们所看见的，几乎世界上完全是西方化的世界！欧美等国完全是西方化的领域，固然不须说了。就是东方各国，凡能领受接纳西方化而又能运用的，方能使他的民族、国家站得住；凡来不及领受接纳西方化的即被西方化的强力所占领。前一种的国家，例如日本，因为领受接纳西方化，故能维持其国家之存在。并且能很强盛地立在世界上；后一种的国家，例如印度、朝鲜、安南、缅甸，都是没有来得及去采用西方化，结果遂为西方化的强力所占领。而唯一东方化发源地的中国也为西方化所压迫，差不多西方化撞进门来已竟好几十年，使秉受东方化很久的中国人，也不能不改变生活，采用西方化！几乎我们现在的生活，无论精神方面，社会方面和物质方面，都充满了西方化，这是无法否认的。所以这个问题的现状，并非东方化与西方化对垒的战争，完全是西方化对于东方化绝对的胜利，绝对的压服！这个问题此刻要问：**东方化究竟能否存在**？

其次，我们来看秉受东方化最久，浸润于东方化最深的中国国民对于西方化的压迫历来是用怎样的方法去对付呢？西方化对于这块土地发展的步骤是怎样呢？据我们所观察，中国自从明朝徐光启翻译《几何原本》，李之藻翻译《谈天》，西方化才输到中国来。这类学问本来完全是理智方面的东西，而中国人对于理智方面很少创造，所以对于这类学问的输入并不发生冲突。直到清康熙时西方的天文，数学输入亦还是如此。后来到咸同年间，因西方化的输入，大家看见西洋火炮、铁甲、声、光、化、电的奇妙，因为此种是中国所不会的，我们不可不采取他的长处，将此种学来。此时对于西方化的态度亦仅此而已。所以那时曾文正、李文忠等创办上海制造局，在制造局内译书，在北洋练海军，马尾办船政。这种态度差不多有几十年之久。直到光绪二十几年仍是如此。所以这时代名臣的奏议，通人的著作，书院的文课，考试的闱墨以及所谓时务书一类，都想将西洋这种东西搬到中国来，这时候全然没有留意西洋这些东西并非凭空来的，却有他们的来源。他们的来源，就是西方的根本文化。有西方的根本文化，才产生西洋火炮、铁甲、声、光、化、电这些东西；这些东西对于东方从来的文化是不相容的。他们全然没有留意此点，以为西洋这些东西好像一个瓜，我们仅将瓜蔓截断，就可以搬过来！如此的轻轻一改变。不单这些东西搬不过来。并且使中国旧有文化的步骤也全乱了——我方才说这些东西与东方从来的文化是不相容的。他们本来没见到文化的问题，只看见外面的结果，以为将此种结果调换改动，中国就可以富强，而不知道全不成功的！及至甲午之役，海军全体覆没，于是大家始晓得火炮、铁甲、声、光、化、电，不是如此可以拿过来的，这些东西后面还有根本的东西。乃提倡废科举、兴学校、建铁路、办实业。此种思想盛行于当时，于是有戊戌之变法不成而继之以庚子的事变，于是变法的声更盛。这种运动的结果，科举废，学校兴，大家又逐渐着意到政治制度上面，以为西方化之所以为西方化，不单是在办实业兴学校，而在西洋的立宪制度代议制度，于是大家又群趋于政治制度一方面，所以有立宪论与革命论两派。在主张立宪论的以为假使我们的主张可以实现，则对于西洋文化的规模就完全有了，而可以同日本一样，变成很强盛的国家。——革命论的意思也是如此。这时的态度既着目在政治制度一点，所以革命论家奔走革命，立宪论家请求开国会，设谘议局，预备立宪。后来的结果，立宪论的主张逐渐实现；而革命论的主张也在辛亥年成功。此种政治的改革虽然不能说将西方的政治制度当真采用，而确是一种改变；此时所用的政体决非中国固有的政治制度。但是这种改革的结果，西洋的政治制度实际上仍不能在中国实现，虽然革命有十年之久，而因为中国人不会运用，所以这种政治制度始终没有安设在中国。于是大家乃有更进一步的觉悟，以为政治的改革仍然是枝叶，还有更根本的问题在后头。假使不从更根本的地方做起，则所有种种作法都是不中用的，乃至所有西洋文化都不能领受接纳的。此种觉悟的时期很难显明地划分出来，而稍微显著的一点，不能不算新青年陈独秀他们几位先生。他们的意思要想将种种枝叶抛开直截了当去求最后的根本。所谓根本就是整个的西方文化——是整个文化不相同的问题。如果单采用此种政治制度是不成功的，最根本的通盘换过才可。而最根本的就是伦理思想——人生哲学——所以陈先生在他所作的《吾人之最后觉悟》文中以为种种改革通用不著，现在觉得最根本的在伦理思想。对此种根本所在不能改革，则所有改革皆无效用。到了这时才发现了西方化的根本的所在，中国不单火炮、铁甲、声、光、化、电、政治制度不及西方，乃至道德都不对的！这是两问题接触最后不能不问到的一点，我们也不能不叹服陈先生头脑的明利！因为大家对于两种文化的不同都容易麻糊，而陈先生很能认清其不同，并且见到西方化是整个的东西不能枝枝节节零碎来看！这时候因为有此种觉悟，大家提倡此时最应做的莫过于思想之改革——文化运动。经他们几位提倡了四五年，将风气开辟，于是大家都以为现在最要紧的是思想改革——文化运动——不是政治的问题。我们看见当时最注重政治问题的如梁任公一辈人到此刻大家都弃掉了政治的生涯而趋重学术思想的改革方面。如梁任公、林宗孟等所组织的新学会的宣言书，实在是我们很好的参证的材料，足以证明大家对于西方文化态度的改变！

到了此时，已然问到两文化最后的根本了。现在对于东西文化的问题，差不多是要问：西方化对于东方化，是否要连根拔掉？中国人对于西方化的输入，态度逐渐变迁，东方化对于西方化步步地退让，西方化对于东方化节节地斩伐！到了最后的问题。是已将枝叶去掉。要向咽喉处去著刀！而将中国化根本打倒！我们很欢迎此种问题，因为从前枝枝节节的做去，实在徒劳无功。此时问到根本，正是要下解决的时候，非有此种解决，中国民族不会打出一条活路来！所以此种问题并非远大事业，是明明对于中国人逼着讨一个解决！中国人是否要将中国化连根地抛弃？本来秉受东方化的民族不止一个，却是日本人很早就采用西方化，所以此刻对此问题并不成问题；而印度、安南、朝鲜、缅甸，皆为西方化之强力所占领，对于此问题也不十分急迫，因为他们国家的生活是由别人指挥着去做。现在中国，无论如何还算是在很困难的境遇里自己可以自谋——对于自己的生活要自己作主。因为要自谋的缘故，所以对于政治采用某种，文化采用某种还要自决。所以别的民族不感受东西文化问题的急迫，而单单对中国人逼讨一个解决！可见这个问题在中国不是远的问题而是很急迫的问题了。

应付的方法有三条

我们处在此种形势之下逼迫得很紧，实在无从闪避，应当从速谋应付的方法。应付的方法大约不外三条路：

（一）倘然东方化和西方化果真不并立而又无可通，到今日要绝其根株，那么，我们须要自觉的如何彻底的改革，赶快应付上去，不要与东方化同归于尽；

（二）倘然东方化受西方化的压迫不足虑，东方化确要翻身的，那么，与今日之局面如何求其通，亦须有真实的解决积极的做去，不要做梦发呆卒致倾覆；

（三）倘然东方化与西方化果有调和融通之道，那也不是现在这种“参用西法”可以算数的，须要赶快有个清楚、明白的解决，好打开一条活路，决不能有疲缓的态度。

这三条路究竟哪一条路对，我们不得而知，而无论开辟出哪条路来，我们非有根本的解决不成，决非马虎含混可以过去的。

什么是文化

据我们看，所谓一家文化不过是一个民族生活的种种方面。总括起来，不外三个方面：

（一）精神生活方面，如宗教、哲学、科学、艺术等是。宗教、文艺是偏于情感的；哲学、科学，是偏于理智的。

（二）社会生活方面，我们对于周围的人——家族、朋友、社会、国家、世界——之间的生活方法都属于社会生活一方面，如社会组织、伦理习惯、政治制度及经济关系是。

（三）物质生活方面，如饮食、起居种种享用、人类对于自然界求生存的各种是。

我们人类的生活大致不外此三方面，所谓文化亦可从此三方面来下观察。如果就此三方面观察东西文化，我们所得到的结果：第一，精神生活方面，东方人的宗教——虽然中国与印度不同——是很盛的，而西方人的宗教则大受批评打击，东方的哲学还是古代的形而上学，而西洋人对于形而上学差不多弃去不讲；即不然，而前途却是很危险的。此种现象，的确是西洋人比我们多进了一步的结果。西洋人对于宗教和形而上学的批评，我们实在不能否认，中国人比较起来，明明还在未进状态的。第二，社会生活方面，西洋进步比中国进步更为显然。东方所有的政治制度也是西方古代所有的制度，而西方却早已改变了；至于家庭、社会，中国也的确是古代文化未进的样子，比西方少走了一步！第三，物质生活方面，东方之不及西方尤不待言。我们只会点极黑暗的油灯，而西洋用电灯；我们的交通上只有很笨的骡车，而西洋人用火车飞艇。可见物质方面的不济更为显著了！由此看来，所谓文化只有此三方面，而此三方面中东方化都不及西方化，那么，东方化明明是未进的文化，而西方化是既进的文化。所谓未进的文化大可不必提起，单采用既进的文化好了！我记得有一位常乃德先生说西方化与东方化不能相提并论，东方化之与西方化是一古一今的；是一前一后的；一是未进的，一是既进的。照我们从生活三方面观察所得的结果看来，常君这种论调是不错的。我们看东方文化和哲学，都是一成不变的，历久如一的，所有几千年后的文化和哲学，还是几千年前的文化，几千年前的哲学。一切今人所有，都是古人之遗；一切后人所作，都是古人之余；然则东方化即古化。西方化便不然，思想逐日的翻新，文化随时辟创，一切都是后来居上，非复旧有，然则西方化就是新化。一古一今不能平等而观，是很对的。假使说东方化能翻身，即是说古化能大行于今后未来之世界；这话谁敢信呢？一般人或以为东方在政治制度，社会的风俗习惯以及物质的享用虽不及西方人，而精神方面比西方人要有长处的。这种说法不单旧派人如此，几乎有些新派的人亦有此种意思。

调和融通之不对

论到此处可以看出，大家意思要将东西文化调和融通，另开一种局面作为世界的新文化，只能算是迷离含混的希望，而非明白确切的论断。像这样糊涂、疲缓、不真切的态度全然不对，既然没有晓得东方文化是什么价值，如何能希望两文化调和和融通呢？如要调和融通总须说出可以调和融通之道，若说不出道理来，那么，何所据而知道可以调和融通呢？

所以照我们看这个问题，西洋人立在西方化上面看未来的文化是顺转，因为他们虽然觉得自己的文化很有毛病，但是没有到路绝走不通的地步，所以慢慢地拐弯就会走上另一文化的路去；至于东方化现在已经撞在墙上无路可走，如果要开辟新局面必须翻转才行。所谓翻转自非努力奋斗不可，不是静等可以成功的。如果对于这个问题没有根本的解决。打开一条活路，是没有办法的！因此我们对于第二种意思——调和融通的论调——不知其何所见而云然？

以为无从研究的不对

第三个意思以为这问题太大，范围太宽，无从研究起，也是不对的。但是如何研究法，要到后文再说，此处仅只先说这种意思是不对的。现在且略说我为什么注意此问题，和我研究的经过，同时亦即所以对答第三个意思。他们所说的无法研究，还是由于大家的疲缓，劣钝；如果对于此问题觉得是迫切的，当真要求解决，自然自己会要寻出一条路来！

如何是东方化？如何是西方化？（上）*

我求答案的方法

我以为我们去求一家文化的根本或源泉有个方法。你且看文化是什么东西呢？不过是那一民族生活的样法罢了。生活又是什么呢？生活就是没尽的意欲（Will）——此所谓“意欲”，与叔本华所谓“意欲”略相近——和那不断的满足与不满足罢了。通是个民族通是个生活，何以他那表现出来的生活样法成了两异的采色？不过是他那为生活样法最初本因的意欲分出两异的方向，所以发挥出来的便两样罢了。然则你要去求一家文化的根本或源泉，你只要去看文化的根原的意欲，这家的方向如何与他家的不同。你要去寻这方向怎样不同，你只要他已知的特异采色推他那原出发点，不难一目了然。

我对于西方化问题的答案

如何是西方化？西方化是以意欲向前要求为其根本精

* 此部分选自《东西文化及其哲学》第二章。

神的。

或说：西方化是由意欲向前要求的精神产生“塞恩斯”与“德谟克拉西”两大异采的文化。

现在且去讲明我的答案。我们可以用四步的讲法。先从西方各种文物抽出他那共同的特异采色，是为一步；复从这些特异的采色寻出他那一本的源泉，这便是二步；然后以这一本的精神揽总去看西方化的来历是不是如此，是为三步；复分别按之各种事物是不是如此，这便是四步。前两步是一往，后两步是一反。

西方化的科学色采

我们为什么要举出那“精神”、“异彩”来作答呢？因为我们所要知道某家文化是如何的，就是要知道他那异于别家的地方。必要知道他那异处，方是知道某家文化。倘若认不出他那特异处，那何所谓某家文化呢？某家的异点，他自己或不觉，对面人却很容易觉得。所以我们东方人看西方东西，那异点便刺目而来，原是容易知道的，譬如最初惹人注目的枪炮、铁甲舰、望远镜、显微镜、轮船、火车、电报、电话、电灯，同后来的无线电、飞行机以及洋货输入后的日常起居服饰的东西，与我们本土的走内河还要翻的民船、一天走上数十里的骡车以及油灯、蜡烛等等一切旧日东西比较真是异样的很！使我们眼光缭乱不知所云。然沉下心去一看虽然形形色色种种不同，却有个同的所在。

就是样样东西都带着征服自然的威风，为我们所不及。举凡一切物质方面的事物，无不如此。然则这征服自然便是他们的共同异采了。再去看他这些东西是怎样制作的，与我们向来制作东西的法子比比看。我们虽然也会打铁、炼钢、做火药、做木活、做石活、建筑房屋、桥梁以及种种的制作工程，但是我们的制作工程都专靠那工匠心心传授的“手艺”。西方却一切要根据科学——用一种方法把许多零碎的经验，不全的知识，经营成学问，往前探讨，与“手艺”全然分开，而应付一切，解决一切的都凭科学，不在“手艺”。工业如此，农业也如此，不但讲究种地有许多分门别类的学问，不是单靠老农老圃的心传；甚至养鸡牧羊，我们看着极容易做的小事，也要入科学的范围，绝不仅凭个人的智慧去做。总而言之，两方比较，处处是科学与手艺对待。即如讲到医药，中国说是有医学，其实还是手艺。西医处方，一定的病有一定的药，无大出入；而中医的高手，他那运才施巧的地方都在开单用药上了。十个医生有十样不同的药方，并且可以十分悬殊。因为所治的病同能治的药，都是没有客观的凭准的。究竟病是什么？“病灶”在哪里？并不定要考定，只凭主观的病情观测罢了！（在中国医学书里始终没有讲到“病”这样东西。）某药是如何成分？起如何作用？并不追问。只拿温凉等字样去品定，究竟为温为凉，意见也参差的很。他那看病用药，哪能不十人十样呢？这种一定要求一个客观共认的确实知识的，便是科学的精神；这种全然蔑视客观准程规矩，而专要崇尚天才的，便是艺术的精神。大约在西方便是艺术也是科学化；而在东方便是科学也是艺术化。大家试去体验，自不难见，盖彼此各走一条路，极其所至必致如此。

科学求公例原则，要大家共认证实的；所以前人所有的今人都有得。其所贵便在新发明，而一步一步脚踏实地，逐步前进，当然今胜于古。艺术在乎天才秘巧，是个人独得的，前人的造诣，后人每觉赶不上，其所贵便在祖传秘诀，而自然要叹今不如古，既由师弟心传，结果必分立门户，学术上总不得建个共认的准则。第一步既没踏实，第二步何从前进，况且即这点师弟心传的东西有时还要失传，今不如古也是必至的实情了。明白这科学艺术的分途，西方人之所以喜新，而事事日新月异；东方人之所以好古，而事事几千年不见进步，自无足怪。我们前章中说西方的文物须要看他最新的而说为今化，东方的文物要求之往古而说为古化，也就是因为西方的文明是成就于科学之上；而东方则为艺术式的成就也。

西方人走上了科学的道，便事事都成了科学的。起首只是自然界的东西，其后种种的人事，上自国家大政，下至社会上琐碎问题，都有许多许多专门的学问，为先事的研究。因为他总要去求客观公认的知识，因果必至的道理，多分可靠的规矩，而绝不听凭个人的聪明小慧到临时去瞎碰。所以拿着一副科学方法，一样一样地都去组织成了学问。那一门一门学问的名目，中国人从来都不曾听见说过。而在中国是无论大事小事，没有专讲他的科学，凡是读过四书五经的人，便什么理财司法都可作得，但凭你个人的心思手腕去对付就是了。虽然史书上边有许多关于某项事情——例如经济——的思想道理，但都是不成片段，没有组织的。而且这些思想道理多是为著应用而发，不谈应用的纯粹知识，简直没有。这句句都带应用意味的道理，只是术，算不得是学。凡是中国的学问大半是术非学，或说学术不分，离开园艺没有植物学，离开治病的方书没有病理学，更没有什么生理学解剖学。与西方把学独立于术之外而有学有术的，全然两个样子。虽直接说中国全然没有学问这样东西亦无不可，因为唯有有方法的乃可为学，虽然不限定必是科学方法而后可为学问的方法，但是说到方法，就是科学之流风而非艺术的味趣。西方既秉科学的精神，当然产生无数无边的学问，中国既秉艺术的精神当然产不出一门一样的学问来。而这个结果，学固然是不会有，术也同着不得发达。因为术都是从学产生出来的。生理学病理学固非直接去治病的方书，而内科书外科书里治病的法子都根据于他而来。单讲治病的法子不讲根本的学问，何从讲出法子来呢？就是临床经验积累些个诀窍道理，无学为本，也是完全不中用的。中国一切的学术都是这样单讲法子的，其结果恰可借用古语是“不学无术”。既无学术可以准据，所以遇到问题只好取决自己那一时现于心上的见解罢了。从寻常小事到很大的事，都是如此。中国政治的尚人治，西方政治的尚法治，虽尚有别的来路，也就可以说是从这里流演出来的。申言之还是艺术化与科学化。

我们试再就知识本身去看，西方人的知识是与我们何等的不同。同一个病，在中医说是中风，西医说是脑出血。中医说是伤寒，西医说是肠窒扶斯。为什么这样相左？因为他们两家的话来历不同，或说他们同去观察一桩事而所操的方法不同。西医是解剖开脑袋肠子得到病灶所在而后说的，他的方法，他的来历，就在检查实验。中医中风伤寒的话，窥其意大约就是为风所中为寒所伤之谓。但他操何方法由何来历而知其是为风所中为寒所伤呢？因从外表望着像是如此。这种方法加以恶谥就是“猜想”，美其名亦可叫“直观”。这种要去检查实验的，便是科学的方法。这种只是猜想直观的，且就叫他作玄学的方法。（从古来讲玄学的总多是这样，玄学是不是应当用这种方法，另一问题。）这其间很多不同，而头一桩可注意的：玄学总是不变现状的看法，囫囵着看，整个着看，就拿那个东西当那个东西看；科学总是变更现状的看法，试换个样子来看，解析了看，不拿那个东西当那个东西看，却拿别的东西来作他看。譬如那个病人，中国只就着那个现状看。西方以为就着那个样看，看不出什么来的，要变更现状打开来看看，这就是怎样？这就是不拿他当整个人，不可分的人看，却看他是由别的东西——血肉筋骨所成的种种器官——合起来的。所以中医不要去求病灶，因他是认这整个的人病了。西医定要去求病灶，因他是认合成这人的某器官某部分病了。这两家不同的态度是无论什么时候总是秉持一贯的。且看中国药品总是自然界的原物，人参、白术、当归、红花……那一样药的性质怎样？作用怎样？都很难辨认，很难剖说，像是奥秘不测为用无尽的样子。因为他看他是整个的囫囵的一个东西，那性质效用都在那整个的药上。不认他是什么化学成分成功的东西，而去分析有效成分来用。所以性质就难分明，作用就不简单了。西药便多是把天然物分析检定来用，与此恰相反。因为这态度不同的原故，中国人虽然于医药上很用过一番心，讲医药的书比讲别的书——如农工政法——都多。而其间可认为确实知识的依旧很少很少。用心用差了路。即是方法不对。由玄学的方法去求知识而说出来的话，与由科学的方法去求知识而说出来的话，全然不能作同等看待。科学的方法所得的是知识，玄学的方法天然的不能得到知识，顶多算他是主观的意见而已。

我们再去看中国人无论讲什么总喜欢拿阴阳消长五行生克去说。医学对于病理药性的说明，尤其是这样。这种说法又是玄学的味道。他拿金、木、水、火、土来与五脏相配属，心属火，肝属木，脾属土，肺属金，肾属水。据《灵枢》、《素问》，还有东西南北中五方，青黄赤白黑五色，酸甘苦辣咸五味，宫商角徵羽五音以及什么五声、五谷、五数、五畜等等相配合。虽看着是谈资文料，实际似乎用不着，而不料也竟自拿来用。譬如这个人面色白润就说他肺经没病，因为肺属金，金应当是白色，现在肺现他的本色就无病。又姜若泡黑了用，就说可以入肾，因为肾属水其色黑。诸如此类，很多很多。这种奇绝的推理，异样的逻辑，西方绝对不能容，中国偏行之千多年！西方人讲学说理全都要步步踏实，于论理一毫不敢苟。中国人讲学说理必要讲到神乎其神，诡秘不可以理论，才算能事。若与西方比看，固是论理的缺乏而实在不只是论理的缺乏，竟是“非论理的精神”太发达了。非论理的精神是玄学的精神。而论理者便是科学所由成就。从论理来的是确实的知识，是科学的知识；从非论理来的全不是知识，且尊称他是玄学的玄谈。但是他们的根本差异且莫单看在东拉西扯联想比附与论理乖违要晓得他所说话里的名辞（Term）思想中的观念、概念，本来同西方是全然两个样子的。西医说血就是循环的血罢了。说气就是呼吸的气罢了，说痰就是气管枝里分泌的痰罢了。老老实实的指那一件东西，不疑不惑。而中医说的血不是血，说的气不是气，说的痰不是痰。乃至他所说的心肝脾肺，你若当他是循环器的心，呼吸器的肺……那就大错了，他都别有所指。所指的非复具体的东西，乃是某种意义的现象，而且不能给界说的。譬如他说这病在痰，其实非真就是痰，而别具一种意义；又如他说肝经有病，也非真是肝病了，乃别指一种现象为肝病耳。你想他把固定的具体的观念变化到如此的流动抽象，能够说他只是头脑错乱而不是出乎一种特别精神么？因为他是以阴阳消长五行生克为他根本的道理，而“阴”、“阳”、“金”、“木”、“水”、“火”、“土”都是玄学的流动抽象的表号，所以把一切别的观念也都跟着变化了。为什么玄学必要用如此的观念？因为玄学所讲的，与科学所讲的全非一事。科学所讲的是多而且固定的现象（科学自以为是讲现象变化，其实不然，科学只讲固定不讲变化），玄学所讲的是一而变化、变化而一的本体。我们人素来所用的都是由前一项来的观念，或说观念的本性就是为表前一项用的。照他那样，一就不可变化，变化就不可以一，所以非破除这种成规不能挪到玄学上来用。破除观念的成规与观念的制作不精纯，极相似而不同。大家却把中国学术，单看成制作不精纯一面了。当知中国人所用的有所指而无定实的观念，是玄学的态度，西方人所用的观念要明白而确定，是科学的方法。中国人既然无论讲什么，都喜欢拿阴阳等等来讲，其结果一切成了玄学化，有玄学而无科学(其玄学如何，另论)。西方自自然科学大兴以来，一切都成了科学化，其结果有科学而无玄学，除最近柏格森一流才来大大排斥科学的观念。中西两方在知识上面的不同，大约如此。

从上以来因为讲“如何是西方化”的原故，比对着也把东方化或中国化略讲了些。但是我们现在说到此处，仍于西方化作一小结束道：西方的学术思想，处处看去，都表现一种特别的色采，与我们截然两样，就是所谓“科学的精神”。

西方化的德谟克拉西精神

这西方学术思想上的特别，固已特别的很了，还有在吾人生活上一种更古怪的样法，叫中国人看了定要惊诧，舌挢不下的，只是最近十多年来已经同他相习，不十分惊怪了。我们试把我们假作个十多年前的“醇正中国人”来看，这大的国家竟可没有皇帝，竟可不要皇帝，这是何等怪事！假使非现在眼前，他直不相信天地间会有这样事的。就是现在行之好几年了，而真正相信这件事是可能的，还未必有几个。他总想天下定要有个作主的人才成，否则岂有不闹哄的？闹哄起来谁能管呢？怎的竟自可不闹哄，这是他不能想像的，闹哄怎的可不必要有个人管，这也是他未从想像的。因此他对于这个闹哄无已的中国，总想非仍旧抬出个皇帝来，天下不会太平。中国人始终记念着要复辟，要帝制并非少数党人的意思，是大家心理所同。他实在于他向来所走的路之外，想不出个别的路来。他向来所走的路是什么路？是一个人拿主意，并要拿无制限的主意，大家伙都听他的话，并要绝对的听话，如此的往前走，原也可以安然无事的走去，原也是一条路。

所谓别的是什么路？是大家伙同拿主意，只拿有制限的主意；大家伙同要听话，只听这有制限的话。如此的往前走，可以从从容容的走去，也是一条路。凡是大家伙一同往前过活，总不外这两路，则这两条路的意向恰相背反。前者便是所谓独裁，所谓专制，而为我们所走的路；后者便是所谓共和，所谓立宪，而为西方人所走的路，而我们方要学步，一时尚未得走上去的。就为这两方恰相背反的原故，所以看了要惊怪，并且直不得其解，以夙习于此的人，走如彼精神的路，全不合辙，八九年也不会走得上去。

中国人看见西方的办法没有一个作主的人，是很惊怪了，还有看见个个人一般大小，全没个尊卑上下之分，这也是顶可惊怪的。这固由于他相信天地间自然的秩序是分尊卑上下大小的，人事也当按照着这秩序来，但其实一个人间适用的道理的真根据还在他那切合应用上，不在看着可信。或者说：凡相信是一条道理的，必是用着合用。其所以相信尊卑上下是真理而以无尊卑上下为怪的，实为疑惑。如果没个尊卑上下，这些人怎得安生？这种疑怪的意思与前头是一贯的。不过前头是疑没一个管人的人，即在上的人不成，后者是疑一切的人不安守等差不成，即是不安于卑下而受管不成。如果谁也不卑而平等一般起来，那便谁也不能管谁，谁也不管于谁，天下未有不乱的。如此而竟不乱，非他所能想象。几千年来维持中国社会安宁的就是尊卑大小四字。没有尊卑大小的社会，是他从来没有看见过的。原来照前所说，中国的办法，拿主意的与听话的，全然分开两事，而西方则拿主意的即是听话的，听话的即是拿主意的。因此，中国“治人者”与“治于人者”划然为两阶级，就生出所谓尊卑来了，也必要严尊卑而后那条路才走得下去；西方一个个人通是“治人者”，也通是“治于人者”，自无所谓尊卑上下而平等一般了。于是这严尊卑与尚平等遂为中西间之两异的精神。

尊卑是个名分而以权利不平等为其内容，而所谓平等的也不外权利的平等。所以所争实在权利。权利的有无，若自大家彼此间比对着看，便有平等不平等的问题，若自一个个人本身看，便有自由不自由的问题。照中国所走那条路，其结果是大家不平等，同时在个人也不得自由。因为照那样，虽然原意只是把大家伙一同往前过活的事，由一个人去作主拿主意，但其势必致一个个人的私生活，也由他作主而不由个个人自主了。非只公众的事交给他，我们无过问的权，就是个人的言论行动，也无自由处理的权了，这就叫不自由。虽然事实上尽可自由的很，那是他没管，并非我有权。本来那条路拿主意的若非拿无制限的主意，听话的若非绝对的听话，就要走不下去的，我们前边说的时候已经缀及。所以大家要注意看的：

第一层便是有权无权打成两截；

第二层便是有权的无限有权，无权的无限无权。

这无限两个字很要紧，中国人是全然不理会这“限”的。“权利”“自由”这种观念不但是他心目中从来所没有的，并且是至今看了不得其解的。他所谓权的通是威权的权。对于人能怎样怎样的权，正是同“权利”相刺谬的权。西方所谓“权利”所谓“自由”原是要严“限”的，他却当作出限与不限了。于是他对于西方人的要求自由，总怀两种态度：一种是淡漠的很，不懂要这个作什么？一种是吃惊的很，以为这岂不乱天下！本来他经过的生活不觉有这需要，而这个也实足以破坏他走的路。在西方人那条路便不然了。他那条路本来因要求权利，护持自由，而后才辟出来的，而既走那条路也必可以尊重个人自由。因为这个时候大权本在大家伙自身，即是个个人，个个人不愿人干犯自家，还有什么问题？所以这可注意的也要分两层：

第一层便是公众的事大家都有参与作主的权；

第二层便是个人的事大家都无过问的权。

我们前边说的时候，拿主意要缀以只拿有制限的主意，听话要缀以只听这有制限的话，就是为此了。西方人来看中国人这般的不想要权利，这般的不拿自由当回事，也大诧怪的，也是不得其解，这也为他的生活离了这个就不成的，故此看得异常亲切要紧。于是这放弃人权与爱重自由又为中西两异的一端了。

原来中国人所以如此。西方人所以如彼的，都有他的根本，就是他们心里所有的观念。中国人不当他是一个立身天地的人。他当他是皇帝的臣民，他自己一身尚非己有，哪里还有什么自由可说呢？皇帝有生杀予夺之权，要他死，他不敢不死，要他所有的东西，他不敢不拿出来，民间的女儿，皇帝随意选择成千的关在宫里。他们本不是一个“人”，原是皇帝所有的东西，他们是没有“自己”的。必要有了“人”的观念，必要有了“自己”的观念，才有所谓“自由”的。而西方人便是有了这个观念的，所以他要求自由，得到自由。大家彼此通是一个个的人，谁也不是谁所属有的东西；大家的事便大家一同来作主办，个人的事便个人来作主办，别人不得妨害。所谓“共和”、“平等”、“自由”不过如此而已，别无深解。他们本也同中国人一样屈服在君主底下的，后来才觉醒，逐渐抬起头来，把君主不要了，或者虽还有，也同没有差不多，成为现在这个样子，而中国也来跟着学了。这种倾向我们叫他“人的个性伸展”。因为以前的人通没有“自己”不成“个”，现在的人方觉知有自己，渐成一个个的起来。然则两方所以一则如此一则如彼的，其根本是在人的个性伸展没伸展。

人的个性伸展没伸展，前边所说，不过是在社会生活最重要的一面——国家——表现出来的。其实从这一个根本点，种种方面都要表现出来。例如中国人除一面为皇帝的臣民之外，在亲子之间便是他父母的女儿，他父母所属有的东西。他父亲如果打死他，卖掉他都可以的。他的妻子是他父母配给他的，也差不多是他父母所属有的东西，夫妇之间作妻子的又是他丈夫所属有的东西，打他，饿他，卖掉他，很不算事。他自己没有自己的生活，只伺候他丈夫而已。乃至师徒之间学徒也差不多要为他师傅所属有的东西，他师傅具有很大的权。这都是举其最著的地方，在这地方差不多对他都是无限有权，或无限无权。至其余的地方，也处处是要一方陵过，一方屈伏，只不致像这般无止境罢了。在西方全然不是这个样子。成年的儿子有他自己的志愿，作他自己的生活，不以孝养老子为事业。在法律上权利都是平等的，并不以老子儿子而异。父母不能加儿女以刑罚，至于婆婆打儿媳妇，更是闻所未闻的了。儿女的婚姻由他们自己作主，因为是他们自己的事。夫妇之间各有各的财产，丈夫用了妻子的钱，要还的，妻子出门作什么事，丈夫并不能过问。一言不合，就要离婚，哪里可以打得？诸如此类，不须多数。总而言之，处处彼此相遇，总是同等。纵不同等而个人的自由必不能冒犯的。中国自从接触西化，向在屈伏地位的也一个个伸展起来，老辈人看了惊诧，心里头非常的不得宁帖。这就为这是西方化极特别的地方，或者比科学精神还惹人注意，因为切在我们生活上。

但是我们还要留意：西方的社会不可单看人的个性伸展一面，还有人的社会性发达一面。虽然个性伸展最足刺目而社会性发达的重要也不减。且可以说个性伸展与社会性发达并非两桩事而要算一桩事的两面。一桩事是说什么？是说人类之社会生活的变动，这种变动从组织的分子上看便为个性伸展，从分子的组织上看便为社会性发达。变动的大关键要算在国家政治这层上——就是指从前的政治是帝制独裁现在变为立宪共和，由此而人的个性伸展社会性发达起来，至今还在进行未已。我们试来看，从前人都屈伏在一个威权底下，听他指挥的，现在却起来自己出头作主，自然是个性伸展了。但所谓改建“共和”的，岂就是不听指挥，亦岂就是自己出头作主？还要大家来组织国家，共谋往前过活才行。这种组织的能力，共谋的方法，实是从前所没有的，现在有了，我们就谓之人的社会性的发达。粗着说，似可把破坏时期说作个性伸展，把建设时期说作社会性发达，其实是不然的。我们生活不能停顿的，新路能走上去就走新路，新路走不上去必然仍走旧路。不能说不走的。个性伸展的时候，如果非同时社会性发达，新路就走不上去；新路走不上去，即刻又循旧路走，所谓个性伸展的又不见了。个性社会性要同时发展才成，如说个性伸展然后社会性发达，实在没有这样的事。所以谓个性伸展即指社会组织的不失个性，而所谓社会性发达亦即指个性不失的社会组织。怎么讲呢？要知所谓组织不是并合为一，是要虽合而不失掉自己的个性，也非是许多个合拢来，是要虽个性不失而协调若一。从前大家像是并合为一，在大范围里便失掉自己，又像似许多个合拢来，没有意思的协调，只是凑到了一处，实在是没有组织的。必到现在才算是大家来组织国家了。凡要往前走必须一个意向，从前的国家不容人人有他的意思而只就一个意思为意向走下去，那很简易的。现在人人要拿出他的意思来，所向不一，便走不得而要散伙的，所以非大家能来组织不可，由这组织而后各人的意思尽有而协调若一，可以走得下去。故尔，社会性的发达正要从个性不失的社会组织来看的。这时候实在是新滋长了一种能力，新换过了一副性格，不容忽略过去。但是此外还有极昭著的事实可为左证，因为从这么一变，社会上全然改观，就以中国而论：自从西方化进门，所有这些什么会，什么社，什么俱乐部，什么公司，什么团，什么党，东一个，西一个，或常设或临时，大大小小随处皆是，可是从前有的么？这一桩一桩都所谓“要大家来组织”的，不是社会性质发达的表现么？现在差不多不论什么目的，但是大家所共有的总是集合起来协调着往前作。在今日一个个人彼此相需极切，全然不是从前各自在家里非亲非故不相往来的样子。中国人或者还不甚觉得，正为中国人不过才将开社会性发达的端，还没作到能力的长成性格的换过，所以这种生活总是作不来，一个会成立不几天就散伙，否则就是有名无实，或者内容腐败全不具备这种生活的精神，以致不但不觉相需，有时还深以有团体为痛苦了。这些事都可使我们把“社会性发达”这桩事看得更真切。

但还有一种重要的现象：就是这时候的人固然好集合，而家族反倒有解散的倾向。聚族而居的事要没有了，就是父子昆弟都不同住，所谓家的只是夫妇同他们的未成年的子女。这种现象自有种种因由，但今就目前所要说的去说。原来好多人聚在一起，但凡多少有点共同生活的关系，这其间关系的维持就不容易，若真是不析产更难了，于是有族长家长的制度，把家族很做成一个范围，而个人就埋没消失在里边。那大家作主大家听话的法治，在家人父子之间是行不去的。所以个性伸展起来，只有拆散一途，没法维持。从前实是拿家里行的制度推到国，国就成了大的家，君主就是大家长，可以行得去的；现在回过来拿组织国家的法子推到家，却不行了。虽是拆散却要算社会发达的表现。因为非组织的集合都将绝迹，以后凡有集合，总是自己意思组织的了。而且这时候以一个个人直接作组成国家，社会的单位，与从前“积家而成国”的不同，小范围(家)的打破，适以为大组织的密合，所以说为社会性发达应有的现象。现在的人似又倾向到更大之组织，因为国还是个小范围恐怕不免破除呢？虽然这种大组织要算是把近世人的生活样法又掉换过，不是顺着个性伸展走出来的而像是翻转的样子，其实照我的解释，我还是认为个性伸展社会性发达，所以前边说为还在进行未已。此容后再谈。

因此西方人的伦理思想道德观念就与我们很不同了。最昭著的有两点：一则西方人极重对于社会的道德，就是公德，而中国人差不多不讲，所讲的都是这人对那人的道德，就是私德。譬如西方人所说对于家庭怎样，对社会怎样，对国家怎样，对世界怎样，都为他的生活不单是这人对那人的关系而重在个人对社会大家的关系。中国人讲五伦，君臣怎样，父子怎样，夫妇怎样，兄弟怎样，朋友怎样，都是他的生活单这人对那人的关系，没有什么个人对社会对大家的关系。(例如臣是对君有关系的，臣对国实在没有直接关系)这虽看不出冲突来却很重要，中国人只为没有那种的道德所以不会组织国家。一则中国人以服从事奉一个人为道德，臣对君，子对父，妇对夫，都是如此，所谓教忠教孝是也。而西方人简直不讲，并有相反的样子，君竟可不要。大约只有对多数人的服从没有对某个人的服从，去事奉人则更无其事。这便两方大相冲突起来，也还都为他们生活的路径不同的原故。

总而言之，据我看西方社会与我们不同所在，这“个性伸展社会性发达”八字是以尽之，不能复外，这样新异的色采给他个简单的名称便是“德谟克拉西”(Democracy)。我心目中的德谟克拉西就是这般意思，不晓得的有什么出入没有。倘然不差，那么我们就说：

西方人的社会生活处处看去都表现一种特别色采与我们截然两样的就是所谓“德谟克拉西的精神”。

这两样东西是西方化的特别所在，亦即西方化的长处所在，是人人看到的，并非我特有的见地。自这两年来，新思想家所反复而道，不厌求详的总不过是这个，也并非我今天才说的。所可惜的，大家虽然比以前为能寻出条贯，认明面目，而只是在这点东西上说了又说，讲了又讲，却总不进一步去发问：

他——西方化——怎么会成为这个样子？这样东西——塞恩斯与德谟克拉西——是怎么被他得到的？我们何可以竟不是这个样子？这样东西为什么中国不能产出来？

结果西方化的面目如此

而只是想把这两样东西引进来便了，以致弄得全不得法，贻误很大，（如第五章所说）要知道这只是西方化逐渐开发出来的面目还非他所从来的路向。我们要去学他，虽然不一定照他原路走一遍。但却定要持他那路向走才行，否则单学他的面目绝学不来的。并且要知道西方化之所以为西方化在彼不在此。不能以如此的面目为西方化，要以如彼的路向为西方化的。况也必要探索到底，把西方化兜根翻出，豁露眼前，明察不惑，然后方好商量怎样取舍。这时候不但学不来，也不能这般模模糊糊就去学的。

如何是东方化？如何是西方化？（下）*

西方化特异色采之源泉

现在要进而作第二步更求诸特异采色之一本源泉。

但且不去答对西方化的特别处所从来，现在先要说明我观察文化的方法（见第二章），然后再解释适用这方法的答案（见第二章），则科学与“德谟克拉西”的所从来自尔答对了。

生活的说明

照我的意思——我为慎重起见还不愿意说就是佛家或唯识家的意思，只说是我所得到的佛家的意思——去说说生活是什么？生活就是“相续”，唯识把“有情”——就是现在所谓生物——叫做“相续”。生活与“生活者”并不是两件事，要晓得离开生活没有生活者，或说只有生活没有生活者——生物。再明白的说，只有生活这件事，没有生活这

* 此部分选自《东西文化及其哲学》第三章。

件东西，所谓生物，只是生活。生活生物非二，所以都可以叫作“相续”。生物或生活实不只以他的“根身”——“正报”——为范围应统包他的“根身”、“器界”——“正报”、“依报”——为一整个的宇宙——唯识上所谓“真异熟果”——而没有范围的。这一个宇宙就是他的宇宙。盖各有各自的宇宙——我宇宙与他宇宙非一。抑此宇宙即是他——他与宇宙非二。照我们的意思尽宇宙是一生活，只是生活，初无宇宙。由生活相续，故尔宇宙似乎恒在，其实宇宙是多的相续，不似一的宛在。宇宙实成于生活之上，托乎生活而存者也。这样大的生活是生活的真象，生活的真解。但如此解释的生活非几句话说得清的，我们为我们的必需及省事起见，姑说至此处为止。

我们为我们的必需及省事起见，我们缩小了生活的范围单就着生活的表层去说。那么，生活即是在某范围内的“事的相续”。这个“事”是什么？照我们的意思，一问一答即唯识家所谓一“见分”一“相分”——是为一“事”。一“事”，一“事”，又一“事”……如是涌出不已，是为“相续”。为什么这样连续的涌出不已？因为我们问之不已——追寻不已。一问即有一答——自己所为的答。问不已答不已，所以“事”之涌出不已。因此生活就成了无已的“相续”。这探问或追寻的工具其数有六：即眼、耳、鼻、舌、身、意。凡刹那间之一感觉或一念皆为一问一答的一“事”。在这些工具之后则有为此等工具所自产出而操之以事询问者，我们叫他大潜力或大要求或大意欲——没尽的意欲。当乎这些工具之前的，则有殆成定局，在一期内——人的一生——不变更，虽还是要相续而转，而貌似坚顽重滞之宇宙——“真异熟果”。现在所谓小范围的生活——表层生活——就是这“大意欲”对于这“殆成定局之宇宙”的努力，用这六样工具居间活动所连续而发一问一答的“事”是也。所以我们把生活叫作“事的相续”。

这个差不多成定局的宇宙——真异熟果——是由我们前此的自己而成为这样的；这个东西可以叫做“前此的我”或“已成的我”，而现在的意欲就是“现在的我”，所以我们所说小范围生活的解释即是“现在的我”对于“前此的我”之一种奋斗努力。所谓“前此的我”或“已成的我”就是物质世界能为我们所得到的，如白色、声响、坚硬等皆感觉对他现在出来的影子呈露我们之前者；而这时有一种看不见，听不到，摸不着的非物质的东西，就是所谓“现在的我”，这个“现在的我”大家或谓之“心”或“精神”，就是当下向前的一活动，是与“已成的我”——物质——相对待的。

以上解释生活的话是很亲切真确的说法。但是这话还要有几层的修订才能妥帖，其应修订之点有三层：

（一）为碍的不单是物质世界——已成的我——就是，不仅是我自己的真异熟果。还有另外一个东西——就是其他的有情。譬如我将打猎所得的禽兽食肉剥皮，这时虽是对于其他有情的根身之一种改变局面，其实还是对于“已成的我”的奋斗；因为其他有情的根身实在就是我的器界——已成的我；所以这时为碍的并非另外的有情仍是我自己的“真异熟果”。真正为碍的是在其他有情的“他心”而不在其根身。譬如我要求他人之见爱，或提出一种意见要求旁人同我一致，这时为碍的即是“他心”；这才是真正的其他有情并非我的“已成的我”，而是彼之“现在的我”；这时他究竟对我同意与否尚不可知，我如果要求大家与我同意，就须陈诉我意，改造“他心”的局面，始能如我的愿，这亦即是奋斗。此应修定者一。

（二）为碍的不仅物质世界与“他心”，还有一种比较很深隐为人所不留意，而却亦时常遇见的，就是宇宙间一定的因果法则。这个法则是必须遵循而不能避免的，有如此的因，一定会有如彼的果；譬如吃砒霜的糖一定要死乃是因果必至之势，我爱吃砒霜糖而不愿意死，这时为碍的就是必至的自然律，是我所不能避免的。又如凡人皆愿生活而不愿老死，这时为碍的即在“凡生活皆须老死”之律也。此应修订者二。

（三）人类的生活细看起来还不能一律视为奋斗。自然由很细微的事情一直到很大的事情——如从抬手动脚一直到改造国家——无一不是奋斗，但有时也有例外。如乐极而歌，兴来而舞，乃至一切游戏音乐歌舞诗文绘画等等情感的活动，游艺的作品，差不多都是潜力之抒写，全非应付困难或解决问题，所以亦即全非奋斗。我们说这些事与奋斗不同，不单单因为他们是自然的流露而非浮现于意识之上的活动——不先浮现于意识之上而去活动的也有算是奋斗的——也因为其本性和态度上全然不同。此应修订者三。

人生三种问题

这样一个根本的说法，加以三层修订，大体上可以说是妥帖的了。我们对于三方面文化的观察以及世界未来文化的推测，亦皆出于此。这时我们再来看，虽然每一“事”中的一问都有一答，而所答的不一定使我们的要求满足。大约满足与否可分为下列四条来看：

（一）可满足者此即对于物质世界——已成的我——之奋斗；这时只有知识力量来不及的时候暂不能满足，而却本是可以解决的问题。比如当初的人要求上天，因为当时的知识力量不及所以不能满足，而自发明轻气球，飞行机之后也可以满足；可见这种性质上可以解决的要求终究有法子想的。

（二）满足与否不可定者：如我意欲向前要求时为碍的在有情的“他心”，这全在我的宇宙范围之外，能予我满足与否是没有把握的。

例如，我要求旁人不要恨我，固然有时因为我表白诚恳可以变更旁人的“他心”，而有时无论如何表白，他仍旧恨我，或者口口声声说不恨而心里照旧的恨。这时我的要求能满足与否是毫无一定，不能由我作主的。因为我只能制服他的身体，而不能制服他的“他心”；只能听他来定这结果。

（三）绝对不能满足者：此即必须遵循的因果必至之势，是完全无法可想的。譬如生活要求永远不老死，花开要求永远不凋谢，这是无论如何做不到的，绝对不可能的，所以这种要求当然不能满足。

（四）此条与以上三条不同，是无所谓满足与否，做到与否的。这种生活是很特异的，如歌舞音乐以及种种自然的情感发挥，全是无所谓满足与否或做到做不到的。

人类的生活大致如此。而我们现在所研究的问题，就是：文化并非别的，乃是人类生活的样法。那么，我们观察这个问题，如果将生活看透，对于生活的样法即文化，自然可以有分晓了。但是在这里还要有一句声明：文化与文明有别。所谓文明是我们在生活中的成绩品——譬如中国所制造的器皿和中国的政治制度等都是中国文明的一部分。生活中呆实的制作品算是文明生活上抽象的样法是文化。不过文化与文明也可以说是一个东西的两方面，如一种政治制度亦可说是一民族的制作品——文明，亦可以说是一民族生活的样法——文化。

人生的三路向

以上已将生活的内容解释清楚，那么，生活既是一样的，为什么生活的样法不同呢？这时要晓得文明的不同就是成绩品的不同，而成绩品之不同则由其用力之所在不同，换言之就是某一民族对于某方面成功的多少不同，至于文化的不同纯乎是抽象样法的，进一步说就是生活中解决问题方法之不同。此种解决问题的方法——或生活的样法——有下列三种：

（一）本来的路向：就是奋力取得所要求的东西，设法满足他的要求；换一句话说就是奋斗的态度。遇到问题都是对于前面去下手，这种下手的结果就是改造局面，使其可以满足我们的要求，这是生活本来的路向。

（二）遇到问题不去要求解决，改造局面，就在这种境地上求我自己的满足。譬如屋小而漏，假使照本来的路向一定要求另换一间房屋。而持第二种路向的遇到这种问题，他并不要求另换一间房屋，而就在此种境地之下变换自己的意思而满足，并且一般的有兴趣。这时下手的地方并不在前面，眼睛并不往前看而向旁边看；他并不想奋斗的改造局面，而是回想的随遇而安。他所持应付问题的方法只是自己意欲的调和罢了。

（三）走这条路向的人，其解决问题的方法与前两条路都不同。遇到问题他就想根本取消这种问题或要求。这时他既不像第一条路向的改造局面，也不像第二条路向的变更自己的意思，只想根本上将此问题取消。这也是应付困难的一个方法，但是最违背生活本性。因为生活的本性是向前要求的。凡对于种种欲望都持禁欲态度的都归于这条路。

所有人类的生活大约不出这三个路径样法：（一）向前面要求；（二）对于自己的意思变换，调和，持中；（三）转身向后去要求，这是三个不同的路向。这三个不同的路向。非常重要，所有我们观察文化的说法都以此为根据。

说到此地，我们当初所说观察文化的方法那些话——见第二章——可以明白了。生活的根本在意欲而文化不过是生活之样法，那么，文化之所以不同由于意欲之所向不同是很明的。要求这个根本的方向，你只要从这一家文化的特异彩色推求他的原出发点，自可一目了然。现在我们从第一步所求得的西方文化的三大特异彩色，去推看他所从来之意欲方向，即可一望而知他们所走是第一条路向——向前的路：

（一）征服自然之异采　西方文化之物质生活方面现出征服自然之采色，不就是对于自然向前奋斗的态度吗？所谓灿烂的物质文明，不是对于环境要求改造的结果吗？

（二）科学方法的异采　科学方法要变更现状，打碎，分析来观察；不又是向前面下手克服对面的东西的态度吗？科学精神于种种观念，信仰之怀疑而打破扫荡，不是锐利迈往的结果吗？

（三）德谟克拉西的异采　德谟克拉西不是对于种种威权势力反抗奋斗争持出来的吗？这不是由人们对人们持向前要求的态度吗？

这西方化为向前的路向真是显明的很，我们在第二章里所下的西方化答案："西方化是以意欲向前要求为根本精神的。"

就是由这样观察得到的。我们至此算是将预定四步讲法之第二步作到，点明西方化各种异采之一本源泉是"向前要求"的态度了。

西方文化之路向

现在我们总揽着西方文化来看他在事实上是不是由如我所观测那一条路向而来的？不错的。现在的西方文化，谁都知道其开辟来历是在"文艺复兴"，而所谓"文艺复兴"者更无其他解释，即是西方人从那时代采用我们所说"第一条路向"之谓也。原来西方人的生活，当古希腊罗马时代可以说是走"第一条路向"，到中世纪一千多年则转入"第三条路向"，比及"文艺复兴"乃又明白确定的归到第一路上来，继续前人未尽之功，于是产生西洋近代之文明。其关键全在路向态度之明白确定，其改变路向之波折很为重要。我们要叙说一下。

西洋文化的渊源所自，世称“二希”——希腊(Hellenism)、希伯来(Hebrewism)。罗伯特生(Frederick Robertson)论希腊思想有数点甚为重要：(一)无间的奋斗；(二)现世主义；(三)美之崇拜；(四)人神之崇拜。可见他们是以现世幸福为人类之标的的，所以就努力往前去求他。这不是我们所说的“第一条路向”是什么？而希伯来思想是出于东方的——窃疑他远与印度有关系。他们与前叙希腊人的态度恰好相反，是不以现实幸福为标的——几乎专反对现世幸福，即所谓禁欲主义。他们是倾向于另一世界的——上帝，天国；全想出离这个世界而入那个世界。他们不顺着生活的路往前走，而翻身向后了——即是我们所谓“第三条路”。西方自希腊人走第一条路就有许多科学、哲学、美术、文艺发生出来，成就的真是非常之大！接连着罗马顺此路向往下走，则又于政治、法律有所成就，却是到后来流为利己、肉欲的思想，风俗大敝，简直淫纵，骄奢，残忍，纷乱得不成样子！那么，才借着这种希伯来的宗教——基督教——来收拾挽救。这自然于补偏救弊上也有很好的效果，虽然不能使那个文明进益发展，却是维系保持之功实在也是很大。然而到后来他的流弊又见出来了。一千多年中因为人们都是系心天国不重现世，所以奄奄无生气，一切的文化都归并到宗教里去了。于是哲学成了宗教的奴隶；文艺、美术只须为宗教而存；科学被摈，迷信充塞，乃至也没有政治，也没有法律。这还不要紧，因为教权太盛的缘故，教皇教会横恣无忌，腐败不堪，所以历史称为中古之黑暗时代！于是有“文艺复兴”、“宗教改革”的新潮流发生出来。所谓“文艺复兴”便是当时的人因为借着研究古希腊的文艺，引起希腊的思想，人生态度。把一副向天的面孔又回转到人类世界来了。而所谓“宗教改革”，虽在当时去改革的人意思或在恢复初时宗教之旧，但其结果不能为希伯来的路向助势，却为第一条路向帮忙，与希腊潮流相表里。因为他是人们的觉醒，对于无理的教训，他要自己判断；对于腐败的威权，他要反抗不受，这实在是同于第一路向的。他不知不觉中也把厌绝现世倾向来世的格调改去了不少。譬如在以前布教的人不得婚娶，而现在改了可以婚娶。差不多后来的耶稣教性质逐渐变化，简直全成了第一路向的好帮手，无复第三路向之意味。勉励鼓舞人们的生活，使他们将希腊文明的旧绪，往前开展创造起来，成为今日的样子；而一面教权封建权之倒，复开发近世国家政治，社会组织之局面。总而言之，自文艺复兴起，人生之路向态度一变，才产生我们今日所谓西方文化。考究西方文化的人，不要单看那西方文化的征服自然科学，德谟克拉西的面目，而须着眼在这人生态度生活路向。要引进西方化到中国来，不能单搬运，摹取他的面目，必须根本从他的路向、态度入手。但是四五年来，大家只把科学方法，德谟克拉西的精神说来说去，总少提到此处。

科学与民主之来历

以上算是证明西洋文化的总体，出于第一条路向，适如我们所观测，即是第三步的讲明作到了。以下去作第四步。

征服自然这件事，明明是第一条的态度，直可以不必说，然我们还不妨说一说。征服自然是借着科学才做到的，尤重于经验科学。这经验科学是从英岛开发出来的，但是若不先有希腊传到大陆的抽象科学——为自然科学之母的科学——也不成功的。那么，希腊人之所以能产生科学是由爱美、爱秩序，以优游现世的态度，研究自然，来经营这种数理、几何、天文之类，差不多拿他作一种玩艺的。那么，到文艺复兴的时候，南欧大陆随伴着其他文艺又来接续弄这种科学，也因其有希腊人同样的态度才得成的。所以我们可以说这种科学之创兴与再起而完成，都是基于第一条态度之上。到英国人——培根他们——一面凭借这个基础，一面又增进一个新意，不单以知识为一盘静的东西，而以知识为我们一种能力“Knowledge is power”，于是制驭自然，利用自然种种的实验科学就兴起来。此其向前改造环境的气派，岂不更是第一条的态度吗？而这征服自然的成功，物质文明的灿烂，其来历又有旁边一绝大力量助成他，就是经济现象的变迁，以“工业革新”为其大关键。所有种种的发见发明，制造创作因此而风涌蓬兴。科学知识与经济状况互为因果，奋汛澎湃以有今日之局。而求其生产力之进，经济现象之变，则又人类要求现世享用物质幸福为其本也。所以从种种方面看，皆适如我们所观测。

科学产生和完成的次第，才已说过，不必再提。这科学的方法和其精神又是从两种科学来的，尤其重要的是在英岛的这种科学。这种经验派实在对于以前的——希腊及大陆——方法，有绝大的补足和修订。有旧相传习的种种观念、信仰，实借英人——洛克他们——来摧破打翻的。英国人的态度精神刚已说过，所以科学方法科学精神又是出于第一条的态度，如我们所观测。

“德谟克拉西”又是怎样来的呢？这是由人类的觉醒——觉醒人类的本性——不埋没在宗教教会，罗马法皇，封建诸侯底下而解放出来。这个就是我们所说的“人的个性伸展，社会性发达”。他们是由觉醒人类的本性，来要求人类本性的权利；要做现世人的生活，不梦想他世神的生活。那么，自然在他眼前为他生活之碍的，要反抗排斥，得到他本性的权利而后已。次第逐渐的往前开展，如十七世纪的英国革命，十八世纪的美国的独立运动，法国的大革命。英国的民权自由思想实在开得最早，进步也稳健，在十三世纪就要求得“大宪章”(Magna Charta)，到这回十七世纪又跟宗教改革相关，即是清教徒克林威尔率国会军打败王军，威廉三世即位后裁可“权利法案”。英国这种奉新教的人也是为受王家旧教的压迫，才走出到美洲自谋生活的；那么，后来不堪英国的苛敛才起了独立运动卒以奋斗成功。这时候法国因为王权太大，人民的思想虽变而王与贵族与僧侣的横暴压迫，骄淫苛虐，不稍松缓，看见美国的例，革命就骤然勃发起来。所谓在事前思想之变则卢梭、福禄特尔自由平等之说是也。这种思想的说法即近世政法上社会上“德谟克拉西”之源，而他们的大革命，又是实际上使这种精神实现之大事件。这种政治、法律及其他社会生活样法之变迁自然得力于同时经济现象之变迁的很大；像经济史观家所说的很详细，我们不去叙说。但是这直接的动力、间接的动力，不都是由第一条态度来的么？

西方人精神的剖看

在最后收束处，还要指点大家去看一回，看什么呢？就是看这时候的人——开辟产出现在西方文化的人——他的精神上心理上是怎样一回事。就是去解剖这重走第一条路的人精神、心理，而认清他：

第一，要注意重新提出这态度的“重”字。这态度原来从前曾经走过的，现在又重新拿出来，实在与从前大有不同了！头一次是无意中走上去的；而这时——从黑暗觉醒时——是有意选择取舍而走的。他撇弃第三条路而取第一条路是经过批评判断的心理而来的。在头一次走上去的人因为未经批评判别，可以无意中得之，亦可无意中失之，而重新采取这条路的人，他是要一直走下去不放手的，除非把这一条路走到尽头不能再走，才可以转弯。本来希腊人——第一次走这条路的人的理性方面就非常发达，头脑明睿清晰，而此刻重新有意走这条路的人于所谓批评，选择更看出他心理方面理智的活动。

第二，要注意这时的人从头起就先认识了“自己”，认识了“我”，而自为肯定；如昏瞢模糊中开眼看看自己站身所在一般，所谓人类觉醒，其根本就在这点地方。这对于“自己”，“我”的认识肯定。这个清醒，又是理智的活动。

第三，要注意这时的人有了“我”就要为“我”而向前要求，向前要求都是由为“我”而来，一面又认识了他眼前面的自然界。所谓向前要求就是向着自然界要求种种东西以自奉享。这时候他心理方面又是理智的活动。在直觉中“我”与其所处的宇宙自然是混然不分的，而在这时节被他打成两截，再也合拢不来，一直到而今皆理智的活动为之也。

第四，要注意这时的人因其为“我”，对于自然宇宙固是取对待，利用、要求、征服的态度，而对于对面，旁边的人也差不多是如此的态度。虽然“自由”、“平等”、“德谟克拉西”，是从此才得到的，然而在情感中是不分的我与人，此刻又被分别“我”、“他”的理智的活动打断了！

总而言之，近世西方人的心理方面，理智的活动太强太盛，实为显著之特点。在他所成就的文明上，辟创科学哲学，为人类其他任何民族于知识、思想二事所不能及其万一者，不但知识、思想的量数上无人及他，精细深奥上也无人及他。然而他们精神上也因此受了伤，生活上吃了苦，这是十九世纪以来暴露不可掩的事实！

中国文化的略说

我们先来拿西方化的面目来同中国化的面目比较着看：第一项西方化物质生活方面的征服自然，中国是没有的，不及的，第二项西方化学术思想方面的科学方法，中国又是没有的；第三项西方化社会生活方面的“德谟克拉西”，中国又是没有的。几乎就着三方面看去中国都是不济，只露出消极的面目很难寻着积极的面目。于是我们就要问：中国文化之根本路向，还是与西方同路，而因走得慢没得到西方的成绩呢？还是与西方各走一路，别有成就，非只这消极的面目而自有其积极的面目呢？有人——大多数的人——就以为中国是单纯的不及西方，西方人进化得快，路走出去的远，而中国人迟钝不进化，比人家少走了一大半。我起初看时也是这样想。例如，征服自然一事。在人类未进化时，知识未开，不能征服自然，愈未进化的愈不会征服自然，愈进化的也愈能征服自然；中国人的征服自然远不及西方化，不是中国人在文化的路线上比西方人差一大半是什么？科学方法是人类知识走出个眉目产生的，要既进化后，才从宗教玄学里解放出来的。虽然孔德（Comte）分宗教、玄学、科学三期的话不很对，受人的指摘，而科学之发生在后，是不诬的。中国既尚未出宗教、玄学的圈，显然是比科学大盛的西方又少走一大段路。人的个性伸展又是从各种威权底下解放出来的，那么，又是西方人已走到地点，中国人没有走到。差不多人类文化可以看作一条路线，西方人走了八九十里，中国人只到二三十里，这不是很明的吗？但其实不然。我可以断言假使西方化不同我们接触，中国是完全闭关与外间不通风的，就是再走三百年，五百年，一千年也断不会有这些轮船、火车、飞行艇、科学方法和“德谟克拉西”精神产生出来。这句话就是说：中国人不是同西方人走一条路线因为走得慢，比人家慢了几十里路。若是同一路线而少走些路，那么，慢慢地走终究有一天赶得上；若是各自走到别的路线上去，别一方向上去，那么，无论走好久，也不会走到那西方人所达到的地点上去的！中国实在是如后一说，质而言之，中国人另有他的路向态度与西方人不同的，就是他所走并非第一条向前要求的路向态度。中国人的思想是安分、知足、寡欲、摄生，而绝没有提倡要求物质享乐的；却亦没有印度的禁欲思想（和尚道士的不娶妻，尚苦行是印度文化的摹仿，非中国原有的）。不论境遇如何他都可以满足安受，并不定要求改造一个局面，像我们第二章里所叙东西人士所观察，东方文化无征服自然态度而为自然融洽游乐的实在不差。这就是什么？即所谓人类生活的第二条路向态度是也。他持这种态度，当然不能有什么征服自然的魄力，那轮船、火车、飞行艇就无论如何不会产生。他持这种态度，对于积重的威权把持者，要容忍礼让，哪里能奋斗争持而从其中得个解放呢？那德谟克拉西实在无论如何不会在中国出现！他持这种态度，对于自然，根本不为解析打碎的观察，而走入玄学直观的路，如我们第二章所说；又不为制驭自然之想，当然无论如何产生不出科学来。凡此种种都是消极的证明中国文化不是西方一路，而确是第二条路向态度。

印度文化的略说

我们再看印度文化，与中国文化同样的没有西方文化的成就，这是很明的。那么，要问：他是与西方同走一路而迟钝不及呢？抑另有他的路向态度与西方人不同呢？又要问：他如果与西方人不同其路向，那么与中国人同其路向不同呢？我们就来看他一看：其物质文明之无成就，与社会生活之不进化，不但不及西方且直不如中国。他的文化中俱无甚可说，唯一独盛的只有宗教之一物。而哲学、文学、科学、艺术附属之。于生活三方面成了精神生活的畸形发展，而于精神生活各方面又为宗教的畸形发达，这实在特别古怪之至！所以他与西方人非一条线而自有其所趋之方向不说，而与中国亦绝非一路。世界民族盖未有渴热于宗教如印度人者，世界宗教之奇盛与最进步未有过于印度之土者；而世界民族亦未有冷淡于宗教如中国人者，中国既不自产宗教，而外来宗教也必变其面目，或与精神上不生若何关系；（佛教则变其面目，耶教则始终未打入中国精神之中心，与其哲学文学发生影响。）又科学方法在中国简直没有，而在印度，那“因明学”，“唯识学”秉一种严刻的理智态度，走科学的路，这个不同绝不容轻忽看过，所以印度与中国实非一路而是大两样的。原来印度人既不像西方人的要求幸福，也不像中国人的安遇知足，他是努力于解脱这个生活的；既非向前，又非持中，乃是翻转向后，即我们所谓第三条路向。这个态度是别地方所没有，或不盛的，而在印度这个地方差不多是好多的家数，不同的派别之所共同一致。从邃古的时候，这种出世的意思，就发生而普遍，其宗计流别多不可数，而从高的佛法一直到下愚的牛狗外道莫不如此。他们要求解脱种种方法都用到了，在印度古代典籍所载的：自饿不食，投入寒渊，赴火炙灼，赤身裸露，学着牛狗，龁草吃粪，在道上等车来轧死，上山去找老虎，如是种种离奇可笑；但也可见他们的那种精神了！由此看来，印度的人生态度甚为显明实在不容否认的。而中国康长素、谭嗣同、梁任公一班人都只发挥佛教慈悲勇猛的精神而不谈出世，这实在不对，因为印度的人生态度既明明是出世一途，我们现在就不能替古人隐讳，因为自己不愿意，就不承认他！此外还有现在谈印度文明的人，因为西洋人很崇拜印度的诗人泰谷尔（Tagore），推他为印度文明的代表，于是也随声附和起来；其实泰谷尔的态度虽不能说他无所本，而他实与印度人本来的面目不同，实在不能作印度文明之代表。去年我的朋友许季上先生到印度去看看他们还是做那种出世的生活，可见印度的人生态度不待寻求明明白白是走第三条路向，我们不可讳言。

西洋中国印度三方哲学之比观*

试说从来的中国人生活

孔子的人生，既未实现，于是我们要看中国人生大概是怎样呢？大概言之，却都还是我们所谓人生第二路向。盖其间虽有印度态度输入，却未引起中国人生的变动，而转为中国民族性所化，及最近变法维新以后虽西洋态度输入而为时甚暂，均可不计外；大体上中国人生无论是孔是老，非孔非老，要皆属于第二路者。试从生活三方面略说一说：

（一）物质生活方面　中国人虽不能像孔子所谓“自得”，却是很少向前要求有所取得的意思。他们安分知足，享受他眼前所有的那一点，而不作新的奢望，所以其物质生活始终是简单朴素，没有那种种发明创造。此在其结果之不好的一面看，则为物质文明之不发达，乃至有时且受自然界之压迫——如水旱等种种天灾。盖此种知足的，容忍的

* 此部分选自《东西文化及其哲学》第四章。

态度，在人类初期文化——前所谓第一项问题(见第三章)还未曾解决时，实在不甚相宜，因为在此时是先要图生存的，当然不能不抗天行；又且物质上的不进步并不单是一个物质的不进步，一切的文物制度也都因此不得开发出来。此其弊害，诚不胜说。然在其结果之好的一面看，则吾人虽有此许多失败，而却有莫大之大幸。因为从此种态度即不会产生西洋近世的经济状况。西洋近百年来的经济变迁，表面非常富丽，而骨子里其人苦痛甚深；中国人就没有爱著(西洋人受的苦痛，后面去说)，虽然中国人的车不如西洋人的车，中国人的船不如西洋人的船……中国人的一切起居享用都不如西洋人，而中国人在物质上所享受的幸福，实在倒比西洋人多。盖我们的幸福乐趣，在我们能享受的一面，而不在所享受的东西上——穿锦绣的未必便愉快，穿破布的或许很乐；中国人以其与自然融洽游乐的态度有一点就享受一点，而西洋人风驰电掣的向前追求，以致精神沦丧苦闷，所得虽多，实在未曾从容享受。

(二)社会生活方面　孔子伦理，实寓有他所谓絜矩之道在内，父慈，子孝，兄友，弟恭，总使两方面调和而相济，并不是专压迫一方面的——若偏欹一方就与他从形而上学来的根本道理不合，却是结果必不能如孔子之意，全成了一方面的压迫。这一半由于古代相传的礼法。自然难免此种倾向。而此种礼法因孔家承受古代文明之故，与孔家融混而不能分。儒家地位既常藉此种礼法以为维持，而此种礼法亦藉儒家而得维系长久不倒；一半由中国人总是持容让的态度，对自然如此，对人亦然，绝无西洋对待抗争的态度；所以使古代的制度始终没有改革。似乎宋以前这种束缚压迫还不十分利害，宋以后所谓礼教名教者又变本加厉，此亦不能为之曲讳。数千年以来使吾人不能从种种在上的威权解放出来而得自由；个性不得伸展，社会性亦不得发达，这是我们人生上一个最大的不及西洋之处。然虽在这一面有如此之失败不利，却是自他一面看去又很有胜利。我们前面曾说过西洋人是先有我的观念，才要求本性权利，才得到个性伸展的。但从此各个人间的彼此界限要划得很清，开口就是权利义务，法律关系，谁同谁都是要算账，甚至于父子夫妇之间也都如此；这样生活实在不合理，实在太苦。中国人态度恰好与此相反：西洋人是要用理智的，中国人是要用直觉的——情感的；西洋人是有我的，中国人是不要我的。在母亲之于儿子。则其情若有儿子而无自己；在儿子之于母亲，则其情若有母亲而无自己；兄之于弟，弟之于兄，朋友之相与，都是为人可以不计自己的，屈己以从人的。他不分什么人我界限，不讲什么权利义务，所谓孝悌礼让之训，处处尚情而无我。虽因孔子的精神理想没有实现，而只是此古代礼法，呆板教条以致偏欹一方，黑暗冤抑，苦痛不少，然而家庭里，社会上，处处都能得到一种情趣，不是冷漠，敌对，算账的样子，于人生的活气有不少的培养，不能不算一种优长与胜利。

（三）精神生活方面　人多以为中国人在这一面是可以比西洋人见长的地方，其实大大不然；中国人在这一面实在是失败的。中国人的那般人与自然浑融的样子，和那从容享乐的物质生活态度，的确是对的，是可贵的，比较西洋人要算一个真胜利。中国人的那般人与人浑融的样子，和那淳厚礼让的社会生活态度，的确是对的，可贵的，比较西洋人也要算一个真胜利。至于精神生活乃无可数：情志一边的宗教，本土所有，只是出于低等动机的所谓祸福长生之念而已，殊无西洋宗教那种伟大尚爱的精神；文学如诗歌词赋戏曲，虽多聪明精巧之处，总觉也少伟大的气概，深厚的思想和真情；艺术如音乐绘画，我不甚懂，私臆以为或有非常可贵之处，然似只为偶然一现之文明而非普遍流行之文化。知识一边的科学，简直没有；哲学亦少所讲求，即有甚可贵者，然多数人并不作这种生涯；社会一般所有，只是些糊涂浅拙的思想。所以这种种看去，这一面的生活，中国人并没有作到好处。只有孔子的那种精神生活，似宗教非宗教，非艺术亦艺术，与西洋晚近生命派的哲学有些相似，或者是个作到好处的；惜乎除中间有些萌动外，没有能够流行到一般社会上！

中国的文化大概如此，既非西洋，亦非印度，而自成其为第二路向。不过在这条路向中，数千年中国人的生活，除孔家外都没有走到其恰好的线上。所谓第二路向固是不向前不向后，然并非没有自己积极的精神，而只为容忍与敷衍者。中国人殆不免于容忍敷衍而已，惟孔子的态度全然不是什么容忍敷衍，他是无人不自得。惟其自得而后第二条路乃有其积极的面目。亦惟此自得是第二条的唯一的恰好路线。我们说第二条路是意欲自为调和持中，一切容让忍耐敷衍也算自为调和，但惟自得乃真调和耳。

世界未来之文化与我们今日应持的态度*

我们推论未来文化的态度

我们讲未来文化，并不是主张世界未来应当用某种文化，只指示现在的情形正朝着某方面去走。完全就客观的事实来看，并没有一些主观的意见在内；个人的主意是无效的。我们从客观的观察所得，看出为现在全世界响导的西方文化已经有表著的变迁，世界未来的文化似不难测。

事实的变迁

我们所谓事实一面的就是指着经济现象说，因为在现今这是事实所在。在三种变迁之中这事实的变自然是顶重要的；由此事实的变而后文化乃小得不变，试看下文就知道了，于是我们来略叙西方的经济变迁。原来西方在中世纪时各地处都渐成了所谓自由都市。这自由都市便是经济的单位，也是政治的单位；到后来经济变迁，政治单位才

* 此部分选自《东西文化及其哲学》第五章。

也随着大了，成为近世的国家。在这种自由都市里面的经济，自其生产言之，都是手工业，虽亦有器械来帮助，但以人为主，又都是家庭工业，虽亦有伙计佣工来帮助，但以家为主，总是小规模的生产就是了。这些小工业其同一行业的各有一种组织谓之“同业组合”(guild)，这同业组合实为自由都市的基础，他有对于组合内部的独立裁判权和独立行政权。由此同业组合为生产组织的单位，其生产与消费的关系总是以消费为本位——看要消费多少才生产多少，生产以与消费适相当为止。所以此种经济情况叫做消费本位的经济；为消费而生产，不同后来为生产而生产。这个样子的经济是很合理的，使人的生活很太平安全从容享乐，而后来却破坏了。从这破坏到成功现在的经济样子，自是种种缘故凑起来的，举其最重大者言之，约为三事。头一桩便是机械的发明。机械实在是近世世界的恶魔；但他所以发现的，则为西方人持那种人生态度之故。从西方那种人生态度下面定会发生这个东西：他一面要求物质幸福，想利用自然征服自然，一面从他那理智剖析的头脑又产生科学，两下里凑合起，于是机械就发明出来。自有机械以代人，于是手工的生产就变为机械的生产。起初机械还待人去发动，等到有汽机电机，那么差不多做什么都用汽机电机便好，更用不着人了。此时完全以机械为主，机械愈大，亦非大资本不可，又非多数工人不可。于是情形大变，当初工业是手工的、家庭的、小资本的，现在成了机械的、工场的、大资本的。总而言之，小规模的生产组织破坏，而大规模的生产勃兴。同业组合于此破坏，自由都市由此破坏，资本主义的经济与近世的国家由此而兴。这时又有一桩事助成这个变局的便是分工之说。斯密亚丹倡合力分工之说，以为工愈分愈好，力愈合愈好。譬如一个针要始终由一个人去做，便做得慢而且不精好，若一人引丝，一人磨尖，一人穿孔……如是分开各专一事，那么便做得快而且精好。所以最妙是大家合力来做一事，而却要分任工作。分工于生产有非常的好效果，自然都盛行起来，那么工场规模遂愈大，资本遂愈合并集中。这时更有一桩事于促成现今经济局面力量非常之大的，便是自由竞争之说。当中世纪时那样的生产组织，于生产的量或质以及工人待遇等许多事，不论巨细，都有管理保护的种种规矩法律。待那组织破坏而这种习惯还遗留未改—还持干涉保护的态度。于是就有许多学者如斯密亚丹、斯宾塞等等力倡自由竞争之说，他们以为人都要图自己利益的，这个心——利己心——是很对的；人的行为活动都为自己利益的，这个行为——利己行为——也非常好的，其结果增进了他个人利益幸福并且增进社会大众的利益幸福。社会上大家彼此帮助的地方很多，但这都非出自慈惠利人之念，而实出于各为其利而自然行之的。许多人在一社会所以都能很好地去生活，社会所以得繁荣进步，初不要待干涉鼓励；而干涉鼓励或未必行的。他自己会弄得很妥当很好，而干涉管理反要弄得不妥当不好了。因此他们就反对产业上保护干涉的办法，而主张听着人人各竞其利。人人各竞其利，产业就会非常快地发达起来，这也是诚然的。大机械有利，就竞着发明采用大机械而机械愈新；大资本有利，就竞着收合大资本而资本愈集中。于是这个变局因为没了管束羁勒，越发变得急骤猛烈而成了今日的样子。今日的样子是什么样子？就是全不合理的一个经济现象。当机械发明，变动相逐以来，小工业一次一次地破坏，那些在小工业居主人地位的——小资本家——便一次一次都夷为隶属的工人，到大工场去做工乞活。这个结果除少数善于经营而有幸运的人作了资本家，其余的便都变成了工人，社会上简直划然成两阶级，贫富悬殊的不合理还在其次。资本家与工人的关系看着是自由契约，一方要招他作工，一方愿意就招，其实资本家可以完全压迫工人制其死命，而工人则除你愿意饿，可以自由去饿之外，没有别的自由。因为你不做工就没有饭吃，要做工就得听命于他。这权操自一方的不合理还在其次，最不合理的是：求这样安于被制的工作而不可得，时时有失业的恐慌，和一方生产过剩膏粱锦绣堆积起来而一方人还是冻馁。原来自从一味提倡鼓励生产以后（机械分工、自由竞争，都是提倡鼓励生产的），生产却是非常发达了，而这时的经济就变成以生产为本位。生产不是为社会上大家消费而生产的，只是要多多地生产，个人好去营利就是了。个人竞利在这时是天经地义，资本家各自占着生产机关，他去生产原是为营利，生产愈多愈有利，便只求多多生产，弄成为生产而生产的局面。这时就有所谓“市场”这个东西为销货办货两方折冲所在，生产出来的东西都到那里竞争求售。而消费方面究竟怎样一个需要，事前不晓得，只顾生产，每每到了那里销售不去，这情形便谓之“生产过剩”，而同时工人就起了失业的恐慌。因为生产过剩，资本家就得赔钱，若再生产岂不更赔累，所以自然要停工，而工人无工可作，就无所得食。这样的事是常常有的，所以工人的生活不但是困苦受制，并且连这点生活还时时恐慌扰攘不宁。这个样子实在太不合理！尤其怪谬不合的，我们去生产原是为消费——织布原是为穿衣，生产得多应当大家享用充裕，生产得少才不敷用，现在生产过剩何以反而大家享用不着，甚至不免冻馁？岂非织布而不是为给人穿的了吗？然而照现在的办法竟然如此，这样的经济真是再不合理没有了！这种不合理的事决敷衍不下去。这全失我们人的本意，人自然要求改正，归于合理而后已。就是把现在个人本位的，生产本位的经济改正归到社会本位的，分配（消费）本位的。这出来要求改正的便是所谓社会主义。西方文化的转变就萌芽于此。

经济改正之必要

社会主义发生到现在很久了，其间派别自不胜数。然而我们看去，像是最初可说宗教气味的，此指圣西门一流，后来可说科学气味的，此指马克思一流；于今则有些可说哲学气味的，此指罗素、基尔特主义一流。这其间最后一派尤见出西方化的变动，我们在后面还要另自细谈。许多人总觉得他们都是空想；虽然最初那种不免为激于感情而生之空想；就是科学气味的其所推测到今也多未中，而阶级争斗社会革命未见就崩裂出来；最后颇切实际，也有许多理想；然而无论如何，这改造要求是合理，那事实必归于合理而后已。而况如此的经济其戕贼人性——仁——是人所不能堪。无论是工人或其余地位较好的人乃至资本家都被他把生机斫丧殆尽；其生活之不自然，机械，枯窘乏味都是一样。现在工人全与从前的伙计佣工情形大异。从前的与主人仍是朋友关系，彼此共同操作很有情趣，遇事也有些通融。现在的资本家或工厂管理对工人就不能再这样。简直一点情趣、一点情义没有：从前手工时代有点艺术的样子，于工作中可以含些兴味。现在一概都是大机械的，殆非人用机械而成了机械用人。此其工作非常呆板无趣，最易疲倦，而仍不能不勉强忍耐去作，真是苦极！又一件东西非复成于一二人之手，没有那成功完就的得意心理，是好是歹也全没兴味，真是干枯已极！作一天这样干枯疲闷无聊的工，得些钱自要寻乐。乐要待寻，乐即是苦。而况要急寻，则无非找些刺戟性的耳目口腹男女之欲：淫声、淫色、淫味……总之非淫过不乐；这境界真惨极！人的家庭之乐是极重要无比的，他最能培养人心，并且维系了一个人生活的平稳。而这时则工人的家庭多半破坏了；且亦不敢有室家。因为这时妇女儿童也都各自要去做工，一家都分散了，家庭的乐趣就失掉。又因生活困难，娶妻生子更负担不起，而男女各能依工为活，独身很觉自如，谁也不想嫁娶，所以多无家。既失其培养维系，又无聊寻乐，那风纪的紊乱，酗酒闹事、自杀、杀人种种情形于是就不可胜言了。倘使不合理的经济没有改正，无论如何想法子，这问题总不得根本解决。这种不可堪忍的局面断不会长此延留！

因经济改正而致文化变迁

我们虽不能说现在经济将由如何步骤而得改正，但其必得改正则无疑，且非甚远之事。改正成为什么样子，我们也不便随意设想，但其要必归于合理，以社会为本位，分配为本位是一定的，这样一来就致人类文化要有一根本变革：由第一路向改变为第二路向，亦即由西洋态度改变为中国态度。这是为什么要这个样子呢？这不为别的，这只为他由第一种问题转入第二种问题了（参看第三章）。人类头一步问题是求生存；所有衣、食、住，种种物质的需要都是要从自然界取得的，所以这时态度应当是向前要求的、就着前面下手的、对外改造环境的、以力征服障碍的。若不向前想法子而就着自己这面想法子，那就不成功；譬如饥渴而不向前觅食，却自己忍饥，那么就不得生存了。近世以来，西洋的人生都是力持这态度；从这态度就有他那经济竞争——人与人之间的生存竞争；从这经济竞争结果将得个经济不竞争而安排妥协——人与人没有生存竞争；从这经济不竞争将不复持这态度——这种人生态度将随生存问题以俱逝当。西洋人力持这态度以来，总是改造外面的环境以求满足，求诸外而不求诸内，求诸人而不求诸己。对着自然界就改造自然界，对着社会就改造社会，于是征服了自然，战胜了威权，器物也日新，制度也日新，改造又改造，日新又日新，改造到这社会大改造一步，理想的世界出现，这条路便走到了尽头处！所谓生存问题逝去者，不是说这时便不生存，是说生产分配既有安排，则生存不成问题，人心目中的问题不在生存，而在别处了。在生存竞争中不能不持这态度，生存问题既逝即失其必要；而他种问题之兴，并有其变更之必要。所谓这条路——就前面下手改造环境以求满足的路——已走到尽头处，固谓改造到这一步无可更改造，亦谓到这一步将有新问题，这个办法不复适用。盖人类将从人对物质的问题之时代而转入人对人的问题之时代——前所列第二种他心问题之时代（附注第三期可说为个人自己对自己问题之时代）。而征服自然那种态度不能用在人与人之间；他心是完全在我范围之外的，就前面下手以求满足未定可得，向者之满足求诸外求诸人，这时只得还而求诸内，求诸己。所谓人对人的问题不一，而男女恋爱问题为其最大者；我们很可以看出生存者有了安顿之后，则男女恋爱将成为彼时人第一问题，亦即为彼时社会顶烦乱困难问题。又以前社会上社会治安的维持，无论如何不能说不是出乎强制，即是以对物的态度对人。人类渐渐不能承受这态度，随着经济改正而改造的社会不能不从物的一致而进为心的和同——总要人与人间有真妥洽才行。又以前人类似可说在物质不满足时代以后似可说转入精神不安宁时代；物质不足必求之于外，精神不宁必求之于己。又以前人类就是以物质生活而说，像是只在取得时代而以后像是转入享受时代——不难于取得而难于享受！若问如何取得，自须向前要求，若问如何享受，殆非向前要求之谓乎？凡此种种都是使第一路向，西洋态度不能不转入第二路向，中国态度之重大情势；其如何转变将于后面试说之。我前于第三章剖看文艺复兴后的西洋人精神、心理时曾说道："第一要注意重新提出这态度的重字。这态度原来从前曾经走过的，现在又重新拿出来，实在与从前大有不同了！头一次是无意中走上去的；而这时——从黑暗觉醒时——是有意选择取舍而走的。他撇弃第三条路而取第一条路是经过批评判断的心理而来的。在头一次走上去的人因为未经批评判别，可以无意中得之，亦可以无意中失之；而重新采取这条路的人，他是要一直走下去不放手的，除非把这一条路走到尽头不能再走，才可以转弯。"无论如何，中国人态度或印度人态度都不会轻易为近世的西洋人所接纳使用，除非真到有其必要的时节。虽然转弯还是由自己转弯，却非事实变迁摆在前面他不转的。

社会主义之变迁

此处可以联带一说挽近社会主义——如基尔特社会主义等——怎样变他的态度而含有多少哲学气味。大约此刻大家的思想都不像以前那样简单朴陋，要改造社会的人也可以把他向来对于人生很简单的看法改进于深复。在以前他们眼中的人生实在是只有很低等价值的人生；他们以为圆满了物质生活，就圆满了人生；但要经济情形如他们理想得到改善，人类就得到丰美的生活，就成了黄金世界。这全为他们两眼只向外看，不留意自己人性是怎么一回事，只认得外界的问题，只想如何改造外境，误以为生活的丰美满是在被动的享受上，其实生活的丰美满足是只能得之于内，不能得之于外的；误以为外境一经圆满改造，就没问题，其实哪里便没问题？问题正多得很！但是现在他们的眼光都已从物质进到精神，从外界转到内界，晓得没有那样简单的事，并且很知道必要怎样提高了人生才行。改造社会为的是改换一种人生，不但在取得较多享用；只想去登一新的人生道路，不再想从此得满足。这般意思的变转沿着西洋轨辙而走出来的社会主义已经掉换方向到东方的轨辙上去。我从李守常先生拿得一本基尔特主义的书（Sterling Taylor：*The Guild State Its Principles and Possibilies*）

其末一章讲他们那派所抱人生观更可代表现在的西洋人是如何屏斥一味向前逐求的人生，而所响慕则在雍容安娴的中国态度。他说他们西洋人尽是事事求快，“这种什么都是要快的欲求就表示现在的人称量一切事物是只问多少不管好坏，比如他们能有两个，他总觉比有一个强；他所最不幸的是限于一张嘴，一个胃口，一天只二十四点钟罢了!”又说:“正当的人生是安息的，不是跑的；是恬静的，不是忙乱的；他享受所临到他们前的，而不去寻逐所没在这里的。模范的人没有野心；他不渴想去图一大的幸运，或战胜或管着旁人。他可以不是黠灵的，或不强干的，或更确当是只在好的气味与好的态度。”谁敢否认这不是中国态度将代西洋态度而兴?

就生活三方面推说未来文化

以下分就文化的物质生活、社会生活、精神生活三方面简单着一为推说：

(一)物质生活一面　今日不合理的经济根本改正是不须说的；此外则不敢随便想设。我于这上也毫无研究，所以说不出什么来；只不过基尔特一派的主张好多惹我注意之处，使我很倾向于他。大约那时人对于物质生活比今人(指西洋人)一定恬淡许多而且从容不迫，很像中国人从来的样子；因此那时社会上，物质生活的事业也就退处于从属地位，不同现在之成为最主要的；那么，便又是中国的模样。在生产上，必想法增进工作的兴趣，向着艺术的创造这一路上走；那么，又与中国尚个人天才艺术的采色相合。(参看第二章)这些都是现在大家意向所同，似无甚疑问；还有基尔特派中一部人有恢复手工业的意思，这就不敢妄测，恐事实上很难的。假使当真恢复手工业而废置大机械，那么，又太像中国从来不用机械用手工的样子了。

（二）社会生活一面　在这一面，如今日不合理的办法也不能不改变。不论是往时的专制独裁或近世的共和立宪，虽然已很不同，而其内容有不合理之一点则无异。这就是说他们对大家所用统驭式的办法，有似统驭动物一般。现在要问人同人如何才能安安生生地共同过活？仗着什么去维持？不用寻思，现前哪一事不仗着法律。现在这种法律下的共同过活是很用一个力量统合大家督迫着去做的，还是要人算账的，人的心中都还是计较利害的，法律之所凭藉而树立的，全都是利用大家的计较心去统驭大家。关于社会组织制度等问题，因我于这一面的学术也毫无研究，绝不敢轻易有所主张；但我敢说，这样统驭式的法律在未来文化中根本不能存在。如果这样统驭式的法律没有废掉之可能，那改正经济而为协作共营的生活也就没有成功之可能。因为在统驭下的社会生活中人的心理根本破坏了那个在协作共营生活之所须的心理所以倘然没有所理想的未来文化则已，如其有之，统驭式的法律就必定没有了。仿佛记得陈仲甫先生在新青年某文中说那时偷懒的人如何要责罚，污秽的工作或即令受罚人去作，或令污秽工作的人就工作轻减些。其言大概如此，记不清楚，总之他还是藉刑赏来统驭大众的老办法。殊不知像这类偷懒和嫌恶污秽无人肯作等事，都出于分别人我而计较算账的心理，假使这种心理不能根本祛除，则何待有这些事而后生问题，将触处都是问题而协作共营成为不可能；现在不从怎样泯化改变这种心理处下手，却反而走刑赏统驭的旧路，让这种心理益发相引继增，岂非荒谬糊涂之至。以后只有提高了人格，靠着人类之社会的本能，靠着情感，靠着不分别人我，不计较算账的心理，去作如彼的生活，而后如彼的生活才有可能。近世的人是从理智的活动，认识了自己。走为我向前的路而走到现在的，从现在再往下走，就变成好像要翻过来的样子，从情感的活动，融合了人我，走尚情谊尚礼让不计较的路——这便是从来的中国人之风。刑赏是根本摧残人格的，是导诱恶劣心理的，在以前或不得不用，在以后则不得不废；——这又合了从来的孔家之理想。从前儒家法家尚德尚刑久成争论，我当初也以为儒家太迂腐了，为什么不用法家那样简捷容易的办法？瞎唱许多无补事实的滥调做什么？到今日才晓得孔子是一意的要保持人格，一意的要莫破坏那好的心理，他所见的真是与浅人不同。以后既不用统驭式的法律而靠着尚情无我的心理了，那么，废法之外更如何进一步去陶养性情，自是很要紧的问题。近来谈社会问题的人如陈仲甫、俞颂华诸君忽然觉悟到宗教的必要。本来人的情志方面就是这宗教与美术两样东西，而从来宗教的力量大于美术，不着重这面则已，但着重这面总容易倾在宗教而觉美术不济事。实亦从未有舍开宗教利用美术而作到非常伟大功效如一个大宗教者，有之，就是孔子的礼乐。以后世界是要以礼乐换过法律的，全符合了孔家宗旨而后已。因为舍掉礼乐绝无第二办法，宗教初不相宜，寻常这些美术也不中用。宗教所培养的心理并不适合我们作这生活之所须，而况宗教在这期文化中将为从来未有之衰微，其详如后段讲精神生活所说。脱开宗教气息的美术较为合宜，但如果没有一整统的哲学来运用他而作成一套整的东西，则不但不济事，且也许就不合宜。这不是随便藉着一种事物(宗教或美术)提起了感情，沉下去计较，可以行的；这样也许很危险，都不一定。最微渺复杂难知的莫过于人的心理，没有澈见人性的学问不能措置到好处。礼乐的制作恐怕是天下第一难事。只有孔子在这上边用过一番心，是个先觉。世界上只有两个先觉：佛是走逆着去解脱本能路的先觉；孔是走顺着调理本能路的先觉。以后局面不能不走以理智调理本能的路，已经是铁案如山，那就不得不请教这先觉的孔子。我虽不敢说以后就整盘的把孔子的礼乐搬出来用却大礼旨趣就是那个样子，你想避开也不成的。还有我们说过在这时期男女恋爱是顶大问题，并且是顶烦难没法对付的，如果不是礼乐把心理调理到恰好，那直不得了；余如后说。

（三）精神生活一面　我们已说过在这时，人类便从物质的不满足时代转到精神的不安宁时代，而尤其是男女恋爱问题容易引起情志的动摇，当然就很富于走入宗教的动机。在人类情感未得充达时节，精神的不宁也就不著，在男女问题缺乏高等情意的时节也不致动摇到根本；但此际情感必得充达和男女问题必进于高等情意都是很明的，那么，于人生以勖慰的宗教便应兴起。但是不能。这此动机和问题大半还不是非成功宗教不可的——另有非成功宗教不可的动机与问题；并且顺成宗教的缘法不具，逆阻宗教的形势绝重。宗教就是人类的出世倾向之表现，从这种倾向要将求超绝与神秘。神秘是这时必很时尚的——我指那一种趣味，因为是时尚直觉的时代。但超绝则绝对说不通，而且感情上也十分排距；因为知识发展的步骤还不到，感情解放活动之初亦正违乎这种意向。宗教的根本要件全在超越现前之一点是既经说过的，所以我敢断言一切所有的宗教不论高低都要失势，有甚于今；宗教这条路定然还走不通。但是宗教既走不通，将走哪条路呢？这些动机将发展成什么东西，或这些问题将由怎样而得应付？这只有辟出一条特殊的路来：同宗教一般的具奠定人生勖慰情志的大力，却无藉乎超绝观念而成功一种不含出世倾向的宗教；同哲学一般的解决疑难，却不仅为知的一边事，而成功一种不单是予人以新观念并实予人以新生命的哲学。这便是什么路？这便是孔子的路，而倭铿泰戈尔一流亦概属之。这时艺术的盛兴自为一定之事。是我们可以推想的；礼乐的复兴也是我们已经推定的；虽然这也都能安顿了大部分的人生，但吃紧的还仗着这一路的哲学作主脑。孔子那求仁的学问将为大家所讲究，中国的宝藏将于是宣露。而这一路哲学之兴，收拾了一般人心，宗教将益浸微，要成了从来所未有的大衰歇。说到这里，又恰与中国的旧样子相合：世界上宗教最微弱的地方就是中国，最淡于宗教的人是中国人，而此时宗教最式微，此时人最淡于宗教；中国偶有宗教多出于低等动机，其高等动机不成功宗教而别走一路，而此时便是这样别走一路，其路还即是中国走过的那路；中国的哲学几乎以研究人生占他的全部，而此时的哲学亦大有此形势，诸如此类，不必细数。除了科学的研究此时不至衰替为与中国不同外，以及哲学艺术当然以进化之久总有胜过中国之点外，那时这种精神生活一面大致是中国从来派头，必不容否认。

世界文化三期重现说

质而言之，世界未来文化就是中国文化的复兴，有似希腊文化在近世的复兴那样。人类生活只有三大根本态度，如我在第三章中所说：由三大根本态度演为各别不同的三大系文化，世界的三大系文化实出于此。论起来，这三态度都因人类生活中的三大项问题而各有其必要与不适用，如我前面历段所说，最妙是随问题的转移而变其态度——问题问到哪里，就持哪种态度；却人类自己在未尝试经验过时，无从看得这般清楚而惊醒自己留心这个分际。于是古希腊人、古中国人、古印度人，各以其种种关系因缘凑合不觉就单自走上了一路，以其聪明才力成功三大派的文明——迥然不同的三样成绩。这自其成绩论，无所谓谁家的好坏，都是对人类有很伟大的贡献。却自其态度论，则有个合宜不合宜；希腊人态度要对些，因为人类原处在第一项问题之下；中国人态度和印度人态度就嫌拿出得太早了些，因为问题还不到。不过希腊人也并非看清必要而为适当之应付，所以西洋中世纪折入第三路一千多年。到文艺复兴乃始拣择批评的重新去走第一路，把希腊人的态度又拿出来。他这一次当真来走这条路，便逼直地走下去不放手，于是人类文化上所应有的成功如征服自然、科学、德莫克拉西都由此成就出来，即所谓近世的西洋文化。西洋文化的胜利，只在其适应人类目前的问题，而中国文化印度文化在今日的失败，也非其本身有什么好坏可言。不过就在不合时宜罢了。人类文化之初，都不能不走第一路，中国人自也这样，却他不待把这条路走完，便中途拐弯到第二路上来；把以后方要走到的提前走了，成为人类文化的早熟。但是明明还处在第一问题未了之下，第一路不能不走，哪里能容你顺当去走第二路？所以就只能委委曲曲表出一种暖昧不明的文化。——不如西洋化那样鲜明；并且耽误了第一路的路程，在第一问题之下的世界现出很大的失败。不料虽然在以前为不合时宜而此刻则机运到来。盖第一路走到今日，病痛百出，今世人都想抛弃他，而走这第二路，大有往者中世人要抛弃他所走的路而走第一路的病情。尤其是第一路走完，第二问题移进，不合时宜的中国态度遂达其必要之会，于是照样也拣择批评的重新把中国人态度拿出来。印度文化也是所谓人类文化的早熟；他是不持第一路第二路走完而径直拐到第三路上去的，他的行径过于奇怪，所以其文化之价值始终不能为世人所认识；(无识的人之恭维不算数)既看不出有什么好，却又不敢菲薄。一种文化都没有价值，除非到了他的必要时；即有价值也不为人所认识，除非晓得了他所以必要的问题。他的问题是第三问题前曾略说。而最近未来文化之兴，实足以引进了第三问题，所以中国化复兴之后将继之以印度化复兴。于是古文明之希腊、中国、印度三派竟于三期间次第重视一遭。我并非有意把他们弄得这般整齐好玩，无奈人类生活中的问题实有这么三层次，其文化的路径就有这么三转折，而古人又恰好把这三路都已各别走过，所以事实上没法要他不重视一遭。吾自有见而为此说，今人或未必见谅，然吾亦岂求谅于今人者。

我们现在应持的态度

我们推测的世界未来文化既如上说，那么我们中国人现在应持的态度是怎样才对呢？对于这三态度何取何舍呢？我可以说：

第一，要排斥印度的态度，丝毫不能容留；

第二，对于西方文化是全盘承受，而根本改过，就是对其态度要改一改；

第三，批评地把中国原来态度重新拿出来。

照我们历次所说，我们东方文化其本身都没有什么是非好坏可说，或什么不及西方之处；所有的不好不对，所有的不及人家之一点，就在步骤凌乱，成熟太早，不合时宜。并非这态度不对，是这态度拿出太早不对，这是我们唯一至误所由。我们不待抵抗得天行，就不去走征服自然的路，所以至今还每要见厄于自然。我们不待有我就去讲无我不待个性伸展就去讲屈己让人，所以至今也未曾得从种种威权底下解放出来。我们不待理智条达，就去崇尚那非论理的精神，就专好用直觉，所以全今思想也不得清明，学术也都无眉目。并且从这种态度就根本停顿了进步，自其文化开发之初到他数千年之后，也没有什么两样。他再不能回头补走第一路，也不能往下去走第三路；假使没有外力进门，环境不变，他会要长此终古！譬如西洋人那样，他可以沿着第一路走去，自然就转入第二路；再走去，转入第三路；即无中国文明或印度文明的输入，他自己也能开辟他们出来。若中国则绝不能，因为他态度殆无由生变动，别样文化即无由发生也。从此简直就没有办法；不痛不痒真是一个无可指名的大病。及至变局骤至，就大受其苦，剧痛起来。他处在第一问题之下的世界，而于第一路没有走得几步，凡所应成就者都没有成就出来；一旦世界交通和旁人接触，哪得不相形见绌？而况碰到的西洋人偏是专走第一路大有成就的，自然更经不起他的威棱，只有节节失败，忍辱茹痛，听其蹴踏，仅得不死。国际上受这种种欺凌已经痛苦不堪，而尤其危险的，西洋人从这条路上大获成功的是物质的财，他若挟着他大资本和他经济的手段，从经济上永远制服了中国人，为他服役，不能翻身，都不一定至于自己眼前身受的国内军阀之蹂躏，生命财产无半点保障，遑论什么自由；生计更穷得要死，试去一看下层社会简直地狱不如；而水旱频仍，天灾一来，全没对付，甘受其虐；这是顶惨切的三端，其余种种太多不须细数。然试就所有这些病痛而推原其故，何莫非的的明明自己文化所贻害；只缘一步走错，弄到这般天地！还有一般无识的人硬要抵赖不认，说不是自己文化不好，只被后人弄糟了，而叹惜至恨于古圣人的道理未得畅行其道。其实一民族之有今日结果的情景，全由他自己以往文化使然：西洋人之有今日由于他的文化，印度人之有今日全由于他的文化，中国人之有今日，全由于我们自己的文化，而莫从抵赖；也正为古圣人的道理行得几分，所以才致这样，倒不必恨惜。但我们绝不后悔绝无怨尤；以往的事不用回顾，我们只爽爽快快打主意现在怎样再往下走就是了。

人心与人生(节选)

《人心与人生》绪论*

吾书旨在有助于人类之认识自己，同时盖亦有志介绍古代东方学术于今日之知识界。

讲到人，离不开人心。要必从人心来讲，乃见出人类之首出庶物。讲到心，同样离不开人心。心固非限于人类乃有之者。然心理现象毕竟是一直到了人类才发皇开展。

总结下来：说人，必于心见之；说心，必于人见之。人与心，心与人，总若离开不得。世之求认识人类者，其必当于此有所识取也。

吾书既将从人生(人类生活)以言人心；复将从人心以谈论乎人生(人生问题)。前者应属心理学之研究；后者则是云人生哲学，或伦理学，或道德论之类。其言人心也，则指示出事实上人心有如此如此者；其从而论人生也，即其事实之如此以明夫理想上人生所当勉励实践者亦即在此焉。

人心，人生，非二也。理想要必归合于事实。

---

* 原书《绪论》分为上下两章，经删节后，今合并为一章。此部分选自《人心与人生》第一章。

吾书盖又不啻如一篇《人性论》也。客有以人性论为疑者，辄因其致问而申论之如次。

一、何谓人性？——此若谓人之所不同于其他动物，却为人人之所同者，即人类的特征是已。人的特征可得而言者甚多，其见于形体（例如双手）或生理机能（例如巴甫洛夫所云第二信号系统）之间者殆非此所重；所重其在心理倾向乎？所谓心理倾向，例如思维上有彼此同喻的逻辑，感情上于色有同美，于味有同嗜，而心有同然者是已。其他例不尽举。

二、何谓阶级性？——此谓不同阶级便有其不同的立场、观点、思路等。而阶级立场、观点、思路云者非他，即其阶级中人处在社会上对于问题所恒有的心理活动倾向也。

三、阶级性其必后于人性乎？——人类原始社会无阶级，阶级为后起，则阶级性必后于人性而有，是可以肯定的。时下不有“阶级烙印”一语乎？正谓阶级性是后加于人者。

四、人性果出于先天乎？——通常以为与生俱来者即属先天，所以别于后天学习得来的那种种。凡言“人性”者似即有“先天决定的人类心理活动倾向”之涵义。然此从生物进化而来的人类在其活动改造外界的同时改造着其自身；其自身且为后天产物矣，则人性又焉得有先天之可言邪？不可见其此时仿佛“天生来如此”而遽认为先天也。世俗一般之人性论，殆非通人之见欤。

或问：与生俱来，不学而能者，且未足以言先天，则更将向何处求先天？难道一切一切罔非后天，根本就无所谓先天吗？答之曰：是亦不然，请于吾书后文详之。

五、果有所谓人性否乎？——此一问题宜从两方面各申其说，乃得透彻：

（一）难言有人类一致之人性存在。——人类从形体以至心理倾向，无时不在潜默隐微演变中，积量变而为质变，今既大有变于古矣，且将继续变去，未知其所届；而其间心理倾向尤为易变与多变，其将何所据以言人性乎[①]？非第其今昔前后之莫准也。横览大地，殊方异俗。在不同的肤色种族，不同的洲土方隅，非皆有所不同乎？人种血缘关系而外，或受变于自然风土之异，或从各自宗教、政治、经济、文化历史演来，而有所谓民族性者，表见其不同。说人类，信乎不失为同属人类，而见于其社会生活心理倾向间者，则求所谓一致之人性盖难言之矣。

然而此犹未若阶级性之掩蔽乎人性之为甚也。前既言之，人类生命实重在其社会生命一面；而阶级则发生于历史发展一定阶段的社会生活中，成为其社会所必不可少的结构者。虽论其人时代、地区曾非有异，而生死利害彼此处境不同，则其立场、观点、思路，一切心理倾向为其行动所从出者，夫何能不异其趣而相为矛盾斗争乎？此即阶级性之所由来。

（二）人性肯定是有的。人性所以当然是有者，约言之其理有三：

1. 生物有相同之机体者，必有相同之性能；其在人，则身与心之相关不可离也。在不同时代、不同种族、不同阶级的人，果其身的一面基本相同矣，岂得无基本相同之心理倾向？虽曰意识、心情之发展与陶铸来自社会，而社会是不相同的（不同时代、不同种族、不同阶级）。但其发展总是在基本相同的机体基础之上的。发展到后来可能大异其趣，而当其开初则有此身即有此心，不可否认还有基本相同的心理功能为其发展之心理基础或素质。古语“性相近也，习相远也”，其谓此乎。

2. 阶级性后于人性而有，既肯定于前；抑且人性将在阶级性消灭之后而显现，不亦为论者所公认乎？则人性当然是有的了。

或曰：原始社会之人性远在往古，吾人未曾得见；共产社会之人性远在未来，吾人复不及见之；则此又是一推论耳。其亦有及今可得而见之人性否乎？应之曰：有，兹试言之如次。

3. 阶级性之在人者，纵许烙印深重，然其人性未尝失也。于何见之？此于其可能转变见之，或出此(阶级)而入乎彼(阶级)，或出彼而入乎此。彼此之间苟无其相通不隔者，其何能为此转变耶？马克思、恩格斯固皆资产阶级之人也，而为国际工人运动之先导，是其显例矣。今吾国之资产阶级分子，有的已得到改造，有的不正在改造乎？领导党以自觉地转变期之，而在彼亦以此自勉。即此自觉转变性即人性也。《论持久战》等文中早曾指出人之所以区别于物的特点在此，而名之曰“自觉的能动性”，又或曰“主观能动性”[②]。不相信人之有此人性，何为而期望其转变？不自信其能转变，何为而以此自勉？阶级性之不足以限制人，而人之原自有人性也，固早在彼此相喻而默许中矣。人性显著可见者独在其最富有活变性(modifiability)与夫极大之可塑性(plasticity)耳。是则所以为后天学习与陶铸留地步也。阶级性以及其他种种分异之严重，岂无故哉！

然而无谓人性遂如素丝白纸也。素丝白纸太消极，太被动，人性固不如是。倘比配虎性猛、鼠性怯、猪性蠢而言之，我必曰：人性善。或更易其词，而曰：人之性清明，亦无不可。凡此当于后文指出之。

注释

① 马克思在其《哲学的贫困》一书中，曾有“蒲鲁东先生不晓得整个历史，正无非人类本性的不断改变而已”一语。

② 《毛泽东选集》第2卷，《论持久战》及《抗日游击战争的战略问题》两文。

略说人心*

说人心，应当是总括着人类生命之全部活动能力而说。然一般说到人心却多着眼在人之对外活动的一面。实则人类生命之全部活动能力，应当从其机体内外两面来看它。(一)所谓对外一面即：人在其自然环境和社会环境中，既有所感受，复有所施为；既有所施为，复有所感受的那些活动能力。在此对外一面的心理活动，主要是依靠大脑皮质高级神经活动通过感官器官来完成的。这未能举人心之全。(二)还有其另一面在，即：个体生命所赖以维持其机体内部日夜不停的活动能力。凡此种在人死之前，经常的生理上——有时兼病理上——一切机能运转，统属植物性神经系统之事，一般无待大脑来指挥；然大脑仍为其最高调节中枢，大脑和内脏之间固息息相联通，以成其一个完整的活体。通常将此后一面内部生活划归生理学、病理学去讲，但在吾书却定须涉及它，而不划分出去。要知生理学上消化系统的机能、生殖器官的机能等，是直贯到心理

* 此部分为《人心与人生》第三章。

学上的各种本能活动而为其根本，事实上原分不开的。

这里又须知：(一)并非所有一切对外应付之事，无例外地都要通过大脑以高级神经活动出之，而是亦有不少直接出自机体生理的反射或本能的对外应付活动。所以只说对外应付主要在大脑。(二)说对外，虽主要是指身外的自然环境或社会环境而说，但有时机体内部感受刺激亦通过大脑而起着内脏功能种种调整应付作用。说大脑主要在对外者，此外非定指身外；从生命来说，一切所遇莫非外也[①]。

说人心虽应当是说人类生命的全部活动能力，然此生命活动能力既从进化发展而来，还在不断发展之中，未知其所届，所谓“全部”是很难讲的。而且发展到人之后再向前发展，总不过是可能性的更发展——更发展出有可能如何如何——而非发展出一定的新面貌，所以又是很难讲的。因此吾书于此只是简略地就一般人的一般情况有所阐说而已。所谓一般人的一般情况者，即略去了如下种种不同：

略去人类初现尚在未开化之时和其后社会文化发展下的很大不同；

略去人的个体从初生婴儿到童年到少壮到衰老的种种不同；

略去各不同肤色种族的多少不同；

略去男女两性的不同(有些处亦谈到，故不及详)；

略去有失于健康生理时(病变)的许多不同。

此外则人的天资不同，智愚贤不肖之间个别差距有时甚突出，亦为言人心者所不可不知，而此亦不及详也。这里点明这些不同出来，意在提醒读者莫忽忘人心之发展不住，变化不定而已。读者诚不忽忘于其恒有发展变化，而又能把握其间共同一贯之处，则吾书致力以求者为不虚矣。

任何一种学问均必由浅入深，由近及远，由常人所及知者引入其所不及知。上文固曾说过心理学不同其他科学，它是介于科学与哲学之间的一种学问。哲学似为深远之谈，而其实则眼前随处就遇到，避免不得。虽无可避免，却不作深谈。必待末后乃引入形而上学[②]，有所透露。尤其在介绍古东方学术时，势须谈得稍多。此即是说：吾书言人心，将从知识引入超知识、反知识，亦即从科学归到形而上学，从现实生活上起作用的人心归到宇宙本体。——此愿为预告于读者。

注释

① 然而同时从生命来说，一切问题又莫非内也；容后详之。

② 此处"形而上学"一词，沿用自古希腊哲学家，盖以讨究宇宙本体等问题为事者。其作为一种与辩证唯物主义相对立的思想方法，为今时所讥称的"形而上学"一词，根据《反杜林论》，盖原于"最近四百年"(恩格斯文内语)自然科学知识初盛之时一般习用之观察自然事物的方法而来，既有所不同于古代本义。在恩格斯且曾说：形而上学的思维方法依所研究的对象在一定领域中是合用的甚至是必要的。(见《马克思恩格斯文选》[两卷集]，第 2 卷，第 131 页)

主动性和灵活性*

一、主动性

人心非他，即从原始生物所萌露之一点生命现象，经过难计其数的年代不断地发展，卒乃有此一伟大展现而已。人类之有人心活动，同于其他生物之有生命表现，虽优劣不等，只是一事。应当说：心与生命同义；又不妨说：一切含生莫不有心。这里彻始彻终一贯而不易者即后来所见于人心之主动性是已。认识人心之主动性要先从生物生命作理会[①]。

非生物既无主动之可言矣，则亦无所谓被动。真正的主动，真正的被动，皆就有生命者而且富有生命者言之。风也水也固不足以语此；即微生物、植物、一切弱劣生命，要不过乍见出主动性的一点朕兆，亦无多可说的。

一切生物的生命原是生生不息，一个当下接续一个当

---

* 此部分由《人心与人生》第四章“主动性”与第五章“灵活性”经删节后合并而成。

下的；每一个当下都有主动性在。而这里所说人心的主动性，则又是其发展扩大炽然可见的。曰努力，曰争取，曰运用，总都是后力加于前力，新新不已。

生命是有其连续性的。然而其连续性世俗之所易见也，而于其刻刻创新则少留意[②]，必须强调指出之。从一般说，生物的生命虽刻刻创新，却总在相似相续中，难有创新之可见。唯人类生命最为高强，其创新乃最有可见。人类社会文化的进步，不就是无数创新的积累增高吗？在人类中，人们才智又大不相等的。伟大的天才，其创新往往更有可惊。此在两军作战中见之，在其他事业活动中莫不见之也[③]。

认识人心的主动性，宜先从其生命自发地（非有意地）有所创新来体认；然后再就人们自觉的主动精神——人们的意志来认取。

人在思想上每有所开悟，都是一次翻新；人在志趣上每有所感发，都是一次向上。人生有所成就无不资于此。语云"文章本天成，妙手偶得之"。

生命本性可以说就是莫如其所以然的无止境的向上奋进，不断翻新。它既贯串着好多万万年全部生物进化史，一直到人类之出现；接着又是人类社会发展史一直发展到今天，还将发展去，继续奋进，继续翻新。——体认主动性当向此处理会之。

二、灵活性

何谓灵活性？不循守常规而巧妙地解决了当前问题，是谓灵活性；在一时一时形势变幻中而能随时予以适当应付，总不落于被动，是谓灵活性；出奇制胜是灵活性；闪避开突如其来的袭击，亦是灵活性。总之，灵活性就是生命不受制于物而恒制胜乎物的表现。此从生物界过去的进化不已，充分可见。灵活虽是不可能前定的，然却可以避免前定的不灵活而为灵活预备好条件；从过去生物进化所见于其形体构造和机能间者，正是这样——正是从机构蠢笨不灵活步步向着求灵活而开展前进。

在过去的进化途程中，其向灵活前进之度，各物种高下相差，等级甚多；但它们今天一一止于其所进之度了。宇宙间代表此生命本性尚在前进未已者唯有人类耳。其他生物一般都落于其各自生活的刻板文章中，恍如机械在旋转着，殆无复灵活性之可言。

分工实为生物进化的第一重要方针、步骤。必分工而后功能各得进于专精，乃更有所分化，更以精细。譬如初步分工的感觉细胞，对于不同刺激应于其物种各自生活需要乃更分出嗅觉、味觉、视觉、听觉……之种种是。凡此感觉之发达实与其神经系统之发达相缘俱来。有分工即有整合，分工与整合不断地繁复发展即是进化。如前所言神经细胞之出现，即为后此高等动物发达的中枢神经、大脑皮质之萌始，亦即为后此人心有其物质基础之本。要知道灵活就出在这繁复发展的分合之上，前所谓为灵活预备好条件者即指此也。

再则，往往分工愈进于繁密，细胞地位愈降居微末，然其同时整个生命则愈以提高，活动力大增。整体的灵活性实以其分子成员之趋于机械化换得来的。(分工涵有集权之义。)

三则，神经系统发达之云，其涵义又不可不察也。神经系统发达见于动物者，不一其途径；而卒得见高度发达者，必数脊椎动物有人类出现之一途。学者言神经系统之演进，尝有“发头”(cephalization)、“发脑”(encephalization)、“发皮质”(corlicalization)之说。一言以括之：神经系统发达者，头脑之发达是已[④]。头脑对于全身各部分机构正为直接地或间接地控制与顺从之关系。动物愈进于高等则头脑之为用愈见其重在控制(或调节)，远过于发动。

此一义也，从苏联专治高级神经活动之科学家所明白指出之人类生活事实得到印证而益信。——

> 大脑皮质愈来愈发达，抑制的作用显然愈来愈增加，而本能（自发）作用则愈以减弱[⑤]。因此，在行为中有计划的活动愈来愈多地代替了本能的反应。
>
> 简单的观察已使我们得以确认：抑制过程的减弱是老年人精神状态的重要特征。巴甫洛夫曾指出老年人主动性内抑制的损害（衰损）[⑥]及各种神经过程灵活性的减低[⑦]。

人心的灵活性必以此所谓主动性内抑制者为前提。人心是从全部机体机能不断演进而来；说人心寄于大脑皮质之发达者，特举其重要一端而突出言之耳。无形的人心之出现，实缘此有形的演进。乃有些宗教家贱形体而贵精神，甚至敌视此身，殊非通人之见也。独中国儒家之学旨在“践形尽性”，其言曰“形色，天性也；唯圣人然后可以践形。”（见《孟子》）此非谓人果能充分发挥人类身心所有作用，便是圣人乎？

人心要缘人身乃可得见，是必然的；但从人身上得有人心充分表见出来，却只是可能而非必然。

大声地说一句：灵活是有待争取的！——人心不是现成可以坐享的。

然而灵活又不可求也，求则失之。灵活是生命之一种流露或表现于外者，根本在生命本身。不求其本，而齐其末，宁可得乎？若是，其将如何？胸有成竹，对前途满怀信心者必能措置裕如，灵活前进，而失去信心者不能也。舍己为人，热情所注，灵机大开，而猥琐自私者往往顾此失彼，进退罔措矣。即此等事例而善推之，当必有悟。

注释

① 生物学家之说生物有云：生物具有自动发展的能力，能够精确反映外界条件的变化，并适应于这些条件；能够维持自己的完整性，恢复遭受损伤的部分；能够生长，并能够繁殖与自己相像的后代。——语见施密特所著《复苏》一书之中译本。又中译本之汤姆生《科学大纲》第二十篇说生物特性有云：生物在地球上凡是可以容身之处它们没有不去的，好像不要给自然留下真空。在一万英尺高峰的冰雪中可以发见它们，又见到它们存在于6英里深的海底，且有的生息在热可炙手之温泉。有的鱼类竟能缘木而活。有的蜘蛛竟亦存活水中。它们似没有不能战胜的困难，亦巧于利用各不同环境而移居，更能以应付不同的天时气候而蛰伏(或冬眠或夏眠)。它们寻栖息于每一隙穴，从而就展布拓殖到广水大陆。总之，生物实具滋蔓、侵占、抵抗、适应、图存等能力；这就是我们所得的印象。以上所引两则均大可理会得生物生命之主动性。

② 佛家说生命是"非断非常"，即指此。前后非一，故非恒常；相续而转，故非断灭。

③ 斯大林1924年1月在军校演说列宁的为人，其中讲列宁的革命天才一段，颇能揭出天才人物的出奇创新来。我曾读其俄语原文，大有启悟，爱玩不置。惜译为中文后，便不能尽其妙致耳。其文见于《斯大林全集》(中译本)，第6卷，第55～57页。

④ 请参看《神经系的演化历程》一书，臧玉淦编译，北京科学出版社1958年版。

⑤ "自发"二字系著者所加，用以助显原文之意。

⑥ "衰损"二字系著者所加，用以矫正原译"损害"一词之未善。

⑦《精神病学》(苏联高等医学院校教学用书)，第20页。北京人民卫生出版社1957年版。

计划性*

一、人心之基本特征(上)

兹当先问：所云计划者何谓乎？计划是人们在其行事之前，却不即行动，而就其所要解决的问题中那些对象事物，先从观念上设为运用措置一番或多番，以较量其宜如何行动，假定出一方案或蓝图之谓也。是故识取事物而预有其一一之观念、概念罗列胸中，乃为计划所由设订之前提。

人类的最大本领——此本领为一切其他本领之所从出——即在其能以外在事物(自身亦其一)摄入心中，通过思维，构成观念和概念，从而离开其事物犹得据有其相当的代表，而随时联想运用之。此代表事物之观念概念，即所谓知识也。语言、文字则又其代表，俾得更方便于其联想运用者也。

且试看所谓人类文明日进者，其间任何一步前进有非

* 此部分为《人心与人生》第六章。

系于人们知识学问之增进者乎？抑且往往资于生产工具、生活用具、交通工具、科学实验工具等之进步，而凡百事业乃相缘以俱进。故虽谓自古及今全部人类文明史，即一部人心计划性的发挥运用史无不可也。

若然，此计划性当即是人心之基本特征耶？

二、人心之基本特征(下)

应知动物界在演进上实有本能与理智两大脉路之不同。于虫、鱼所见之计划性，出自天演，虽迹近思深虑远，却非有意识，不过率循本能之路以发展，达于高致耳。另一路归趋在发展理智，即脊椎动物之所循由，必待人类出现而后造于高致，乃有意识而擅长计划。盖理智、本能第为生命活动之两不同倾向，彼此互为消长，**相反而不相离**。

思考如何应付，将一切以计划出之；此即人类理智之活动，有异乎本能动作之一触即发，如在动物生活中所习见者。此所云暂时，即谓其延宕之时，非必指片时一刻；凡蕴蓄待发之时即一日二日，一年二年皆暂时也。在此时中，非无活动，不过其活动往往不形于外，主要在心思而不在肢体。此即上文所云人们于其行动之前，不即行动，而就其所要解决的问题中那些对象事物，先从观念上设为运用措置一番或多番，以较量其机宜如何者是也。

吾谓人心特征要在其能静，不其然乎？

三、理智与本能(上)

为了说明人心，必须一谈理智(intellect)与本能(instinct)的问题。从生物界言之，则见有植物、动物两大分派。再从动物界言之，亦见有两大分派，其不同亦在生活方法上：节肢动物依循乎本能，而以蜂若蚁为其代表；脊椎动物则趋向乎理智，唯人类乃信乎其有成就，其他高等动物谓之半途而废可也。

理智对于本能而说，实为后起之一种反乎本能的倾向。俗常非以“人为的”、“天然的”对待而言之乎？本能正是所谓天然的；而人之有为也，必以意识出之，意识即从理智开展出来。犹乎植物、动物同出一源，虽异其趋向而终不相离也，理智、本能亦复一源所出，势若相反而不相离。脊椎动物之在理智上发展不足者，仍必依重本能以生活。说高等动物废于半途者，即谓此耳。

何以说人类独成就得理智，而高等动物乃废于半途？此其分判何在？其所以有此分判的关键又何在？

试就巴甫洛夫学说具体指点之：其所谓无条件反射者概属本能：其所谓条件反射则不离本能而向于理智发展之见端。凡此皆其所谓第一信号系统，为人类与高等动物所同具。其所谓第二信号系统，亦即信号之信号者，则理智之能事，而为人类所独擅矣。此即其分判之所在也。理智对于本能，原不过是生活方法上趋向不同的问题，然其反本能的倾向发展到末后突变时，却变成人类生命本身性质根本不同了（不再仅仅是生活方法上比较的不同）。由此一根本性的变化，遂使人类成就得理智，而其他动物概乎其未能焉。语其关键所在，即在此。——凡此当于下节详之。

这里将为理智与本能做一些比较，先声叙几句话。理智、本能皆近几十年自外输入之译名。理智或译智慧，或译理性，而吾书于兹三词各有其不同用场，不相混同；其所具意义分别，必就吾书前后文求之，不可与俗相滥。本能一词虽鲜异译，然在国外先多滥用，国内随之不免；其涵义出入莫准，亦望读者细审之吾书，乃得其旨。以下试行比较。比较之，即所以说明之也。

本能、理智为心理学上两个名词，分指其性质上方式上彼此相异的生命活动而说。虽两者在高等动物和人类同见有之，然理智特著见于人类生活中，因即以所见于人类者为其代表型；动物生活特依恃乎本能，言本能应即以动物式本能为准。

本能、理智之异趣，皆缘生物机体构造及其机能之有异而来。此即是说：凡心之不同皆缘身之不同而来；生命表现之不同，恒因生理解剖学上有其条件之不同在也。但本能活动紧接于生理机能，十分靠近身体；理智活动便不然，较远于身体，只主要关系到大脑而已。

本能是个体生命受种族遗传而与生俱来的生活能力（或其动向），既不能从个体生命中除去之，亦非可于其一生中而获得。心理学上所说本能与生理学上所说反射，虽要区别方好，却有时实难于区分之[①]。高等动物头脑相当发达，理智有所萌启，其本能之僵硬化（机械性）即有所减轻，而接受后天生活经验影响。巴甫洛夫条件反射的研究所得以进行者在此；狗马之属可加以种种训练者在此。到人类，大脑特见发达，理智大启，其衍自动物祖先的种种本能更大大冲淡、松弛、削弱，甚且贫乏，恒有待后天模仿练习乃得养成其生活能力。是故应知纯粹本能在高等动物已经不多，在人类更难得见之。凡言本能者，不过指其基本上还是种族遗传下来的而已，固非无后天经验影响于其间。凡不言本能者，其中又非无本能因素在，只不过它在基本上是从经验学习而得建立耳。

从与生俱来而言，理智固亦本能也。我们说理智为后起之一种反本能的倾向者，果何谓乎？本能是生来一项一项专业化的能力，各项本能在生活上各有其特定用途或命意；而理智反之，倾向于有普泛之用。虽其势相反，而一源所出，固不相离。当生物生命向理智发展之时，即其本能或淡褪、或松弛、或削弱之时。此一长一消，即是智能——指其出自天然非思虑者，亦即指生命——一向用于专途者改向普泛有用而转化。此一转化过程，势必消融、弛解了那些预先铸定的机括，而为后天留下空来以因事制宜多方创造之可能。本能生活无借于经验，而理智生活顾必资于经验者在此。

于此际也，必当注意：吾人之有知与许多高等动物之有知，虽同始自视、听等感觉，但因其感官构造机能不同，其物种生活不同，乃各异其所反映[②]；更且由于理智、本能之异趣，而有其性质上之基本不同。试为比较如次：

动物本能中之所感知好像具体的一个点，吾人理智中之所感知好像一个面；前者是集中的，后者则大大放宽放远去，而有广大空间展现于其前；

动物本能中之所感知，情味浓烈，立即引发行动，动向决定，似完成其活动即所以完成其知识；吾人理智中之所感知，一般说来情味不无而比较平淡，动向似有而未云决定，故不必即有行动，而要在联属于过去经验，纳入自己知识系统中，得一明确之观念、概念而后其知识乃云完成；

本能所得可说为实体之知识，理智所得则为空式之知识；

本能之知对于生命活动可说为直接的、断定的，理智之知对于生命活动可说为间接的设定的[③]；本能的对象以其特定故有限，理智之用则普泛及于一切而无限。

四、理智与本能(下)

人类生活依重理智而非依重本能，于何征之？此不难从下列三事取征。其一，依本能以生活者，其生活中所需工具即寓乎其身体，若不假外求而自足。但人类非于身外制造种种工具而用之，几乎不能生活。其二，依本能以生活者，一生下来（或于短期内）即具有其生活能力，然毕生亦即如其所能者而止。人之生也，初若无一能，其卒也乃无所不能。幼体未成熟期最长者如灵长类，以视人类犹远远不得相比；人类儿童期之长，盖十数倍之不止也[④]。其三，依本能为生活者未脱离自然状态，只须身体长成即能自营生活，而人类不然。虽在远古初民社会未有文字者，亦必有其语言；未有宗教法制者，亦必有其禁忌风尚；乃至饮食起居、器物、宫室，一切总出人为，非复自然，因而皆必待学习乃能适应其群的生活。一言总括：人类的生活能力、生活方法，必依重后天养成和取得，是即其依重理智之明征。

从一切生物所有生活看去，要不外个体生存、种族蕃衍两大问题而已。围绕此两大问题预为配备所需用之种种方法手段，随动物生命以俱来者，即所谓本能也。动物借本能以生活，其所知所行囿止乎此，莫能有外。

或问：一切生物的生活不外两大问题；人亦生物之一耳，人类虽有富丽堂皇之文化生活，总不过或直接或间接关系于两大问题而已；要亦何能出其外耶？答之曰：人为一种生物是其一面，人大不同乎一般生物是其又一面；人类生活同样地索回于两大问题是其一面，人类生活卒非两大问题所得而限之者是其又一面。

生命本性是在无止境地向上奋进；是在争取生命力之扩大，再扩大（图存、传种，盖所以不断扩大）；争取灵活，再灵活；争取自由，再自由。试一谛视生物进化之历史讵不跃然可见。然此在现存生物界盖已不可得见矣。唯一代表此生命本性者，今唯人类耳。——人之大不同乎一般生物者在此；人类生活卒非两大问题所得而限之者在此。

人类果何从而得突破两大问题之局限乎？此即以理智之反本能，

而两大问题固寄托于种种本能之上也。本能活动无不伴有其相应之感情冲动以俱来。然而一切感情冲动皆足为理智之碍。理智恒必在感情冲动屏除之下——换言之，即必心气宁静——乃得尽其用。于是一分之理智发展，即屏去一分之感情冲动而入于一分之宁静；同时对于两大问题亦即解脱得一分之自由。继续发展下去，由量变达于质变，人类生命卒乃根本发生变化，从而突破了两大问题方局限。

五、人类生命之特殊

生命发展至此，人类乃与现存一切物类根本不同。现存物类陷入本能生活中，整个生命沦为两大问题的一种方法手段，一种机械工具，寖失其生命本性，与宇宙大生命不免有隔。而唯人类则上承生物进化以来之形势，而不拘泥于两大问题，得继续发扬生命本性，至今奋进未已，巍然为宇宙大生命之顶峰。

关于宇宙大生命的话，这里要讲一讲。

在生物界千态万变，数之不尽，而实一源所出。看上去若此一生命彼一生命者，其间可分而不可分。说宇宙大生命者，是说生命通乎宇宙万有而为一体也⑤。说生物是不可能以其机体为限的。把生物有限的机体指目为生物之所在，是庸俗观点，不科学的，不合实际的，至多算一种方便说法。此即是：实在应该把这陈旧观念扩大，联系着机体和其环境当成一个总体来看，而不应该脱离那关系着生物机体所赖以生存的环境一切条件而孤立地看它。若能这样看，既不是孤立地看了，同时亦就不是静止地看。因为当我们联系着机体和环境时，岂不就是从其生物的生长、变化、活动过程来看了吗？生物既不可以其有限之机体体积为限矣，则亦岂可以其机体之有限生存期间为限？此在生物机体从其生殖机能而蕃衍不绝，固已显示之矣。认识生命必先认识这不容限隔，亦无可界划之一义。盖生命托于机体以为中心而联通于一切；既有其局守之一面，同时更重要的是有其通灵之一面。通是正面，局是其负面。然局守之一面世俗易见，其另一面通灵之无所限也，多为世俗所忽焉。

生命本性要通不要隔，事实上本来亦一切浑然为一体而非二。吾人生命直与宇宙同体，空间时间俱都无限。古人"天地万物一体"之观念，盖本于其亲切体认及此而来。此必从张目四望之散乱意识收敛、潜默、凝合到生命本身，亦即从有所对待转入无所对待方得。世俗或以为那所谓一体只是意识上把横竖不相联属的一切东西浑括在一起的一个假设(拟想)观念，未免无识可笑[⑥]。

今更申明其义。如前所明，生命之在生物也，既有其局守之一面，同时复有其通灵之一面，而生命本性则趋向乎通。生物进化即从局向通而发展，亦即向于灵活主动而不断地争取。然其发展也不一其途径，亦即不一其如何图存如何传种之生活方法。生物类型种别千千万万之不同，即此图存传种方法之不同耳。旷观生物界之历史发展，其中唯有从原始生物经历脊椎动物终于出现人类之一条路线，其通的灵敏度步步增高，高至人类犹且在不断向上争取，信为能贯彻生命本性者。其他则有不少曾一时蕃殖称盛，顾已灭绝不传者；亦有见其既进而复退者；其现存于今者自是极大多数，却各止于其所进之度，一似长途旅行或于此，或于彼，或先或后，而休歇焉。对于贯彻始终不迷失方向者而言之，岂不为歧误之先后纷出乎？

夫生命固时时在发展变化，不断适应环境之有变，将度过一关一关以赓续向上也。当其所向之偏也，果谁使之？——谁使其发展之失乎中耶？发展是它自己发展，失中是它自己失中，无可归咎于外。窃以为是必其耽溺于现前方法便利，不自禁地失中耳。质言之，是其所趋重转落在图存传种之两事，而浑忘其更向上之争取也。如上文所云，现存动物得从本能解决了两大问题而自安自足者，正同属此一回事。即此一息之懈，便违失生命本性。我所云歧误之误，盖指此；我又云歧由误来者，胥谓此也。

前既言之，生物进化即是从局向通而发展，其懈者，滞于局也。滞于局者，失其通。吾故谓现存生物于宇宙大生命之一体性都不免有隔。盖自一面看，一切生物说，通都是通的；而另一面看，则其通的灵敏度大为不等。人类而外各视其在进化程中所讲之度可以决定其通灵之度。唯人类生命根本不同，只见其进未见其止，其通灵之高度谁得而限定之耶。其独得亲切体认一体性者在此矣。

六、略说自觉及意识(上)

人心以理智之趋求乎静，不期而竟以越出两大问题之外，不复为所纠缠；此固生命本性争取灵活，争取自由，有不容已。

自觉与心静是分不开的。必有自觉于衷，斯可谓之心静；唯此心之静也，斯有自觉于衷焉。但今点出自觉来，较之徒言心静，其于知识及计划之关系乃更显明。

于是我们来谈自觉。

自觉是随在人心任何一点活动中莫不同时而具有的，不过其或明强、或暗弱、或隐没、或显出，殊不一定耳。例如：人在听到什么声音时，他不唯听到了而已，随即同时还自知其听到什么声音；人在自己说话的同时，还自知其在说什么话。甚至一念微动，外人不及知而自己知之甚明。不唯自知其动念而已，抑且自知其自己之知之也。儒书有云“知之为知之，不知为不知，是知也”；此中第五个知字正指其自觉昭明而言。人有感觉、知觉皆对其境遇（兼括机体内在境遇）所起之觉识作用，而此自觉则蕴乎自心而已，非以对外也。它极其单纯，通常除内心微微有觉而外，无其他作用。然而人心任何对外活动却无不有所资藉于此。

自觉之在人，盖无时不有也。第其明、暗、强、弱、隐、显往往变于倏忽之间，一时一时不同。大抵心有走作——心向外倾斜去——自觉即失其明。略举其例：在匆忙中便不同于悠闲之时；悠闲时较少向外倾，而一匆忙便向外倾去矣。在动作惯熟中便不同于不熟练时；不熟练时较为用心在当下，而动作惯熟则此心每转向别处去矣。

吾人机体内部生理运行，属在植物性神经系统，通常无自觉也。一有病不适，辄或自觉之矣。大抵自觉不自觉系于用心不用心，注意不注意。凡自觉之所在即心之所在。中国道家功夫，于其机体内部生理运行往往皆有自觉，且能相当支配之，正以其“收视反听”恒时潜心于此耳。

总而言之，既从本能解放而进于理智的人类，于静躁之间是有很大伸缩性的。其往往出入乎自觉或不自觉者在此。从可知陷于本能而不得拔的物类生命，岂复有自觉可言。更申言以明之：动物生命中缺乏自觉是确定的；人类生命既进于自觉之域，亦是确定的。但人们临到生活上，其生命中的自觉一时昏昏然不起作用，又几乎常常有的。虽说是常有的，却为懈怠不振之象，而非其正常。且其作用亦只在当时隐没不显而已，其作用自在(未尝失)也。容当于后文论及之。

自觉蕴于自心，非以对外，而意识则是对外的。意识一词于英文为 consciousness，原属自觉之义。然则兹二者其为一为二乎？今确切言之：内有自觉之心一切对外活动——自感觉、知觉以至思维、判断——概属意识。乃至人的一切行事，论其本分胥当以意识出之。无意识即同于不自觉。不自觉则知难乎其为知，行难乎其为行。但如上文所说，这却又几乎是人们生活中所常常有的。人们通常总是出入乎自觉不自觉之间的。且自觉虽或隐没不显而其作用又自在，则于其隐显强弱明暗之间更难加以区分。所以当我们说自觉——就其蕴于内的一面说时——须得从严；当我们说意识——就其对外活动一面说时——无妨从宽；虽则自觉和意识原来应当是一而二，二而一的[7]。例如人们生活上所常常有的那种事情，我们都不可能说为无意识的动作(他们动作时非无意识拣择)，而实际上其言动之间的自觉固又极其不足也。

人类的一切有所成就者，何莫非意识之功。但不是那悠忽散乱的意识(悠忽散乱只让光阴虚度)，而是全在意识的认真不苟。质言之，就是：任何成就莫非人心自觉之力。凡人类之所成就，从大小事功以至学术文化之全绩要可分别用“真”、“善”、“美”三字括举之。然而试看此三者其有一非藉人心自觉之力以得成之者乎？无有也。

七、略说自觉及意识(下)

旷观人类之感情意志虽复杂万状，却不妨简单地以两大相异之方向总括之。这两大相异之方向，就是：好和恶，或取和舍，或迎和拒，或趋和避……如此之类。不难看出：生物生命上之所以表见有此相异两方向者，盖导因于生活上利害得失之有异而来；至于其为利为害，为得为失，则一视乎其在图存与传种两大问题上之如何以为决定。然在一般动物依循本能之路毕生为两大问题而尽瘁者，固当如是耳。既迈进于理智而不一循本能生命活动有非两大问题所得而限之的人类(请回看前文)，其情志之向背是否亦限止在其利害得失上？

所以有此两大方向之表露，一般说来，固然或直接或间接来自两大问题上的利害得失；但非即限止于此，而有超乎其上者。此即在计较利害得失外，吾人时或更有向上一念者是。此向上一念何指？要晓得，人类生命是至今尚在争取灵活、争取自由而未已的，外面任何利害得失不能压倒它争取自由的那种生命力。当初理智的发展，原作为营求生活的新途径而发展，故从乎营求生活的立场吾人时时都在计较利害得失是在所当然的。但理智的发展却又是越出两大问题之外不复为其所纠缠的（见前）；尽管时时用心在应付和处理问题，却可不受牵累于任何问题。所谓不受牵累于任何问题，即不以任何利害得失（诱惑、威胁）而易其从容自主自决之度也。

利害得失是相对的，是可以商量的，因而亦是可以彼此作交易的；而是非就不然了。求真之心“无以尚之”。是则是，非则非，无可商量；它亦不能同任何利害作交易（凡交易皆从利害之计算出发）。

古人虽借“如恶恶臭，如好好色”以喻不自欺其本心之真切，却须晓得此两种好恶有本质之不同。前者是对外的，后者存于自觉；前者靠近身体，属于本能，而后者恰相反之。前文（第四节）曾说，本能活动无不伴有其相应之感情冲动以俱来。凡在动物不无感情意志之可见者，一一皆与其本能相伴者也。人类生命既得解放于本能，其感情意志不必与本能相关联，然一般说来又大多难免关联于本能，如此靠近身体一类例是也。各项本能都是围绕着两大问题预为配备的方法手段，一一皆是有所为的。因之，一切伴随本能而与之相应的感情亦皆有所为而发（从乎其利害得失而发）。不论其为个体，抑为种族，其偏于局守一也；则其情谓之私情可也。人类固不能免于此，却殊不尽然。若求真之心，其求真就是求真，非别有所为者，虽不出乎两大方向，却与利害得失无涉，我们因谓之无私的感情。所谓两种感情有着本质之不同者在此。

动物生命是锢蔽于其机体本能而沦为两大问题之机械工具的。当人类从动物式本能解放出来，便得豁然开朗，通向宇宙大生命的浑全无对去；其生命活动主于不断地向上争取灵活、争取自由，非必出于更有所为而活动；因它不再是两大问题的机械工具，虽则仍必有所资借于图存与传种。（不图存，不传种，其将何从而活动?）原初伴随本能恒必因依乎利害得失的感情，恰以发展理智必造乎无所为的冷静而后得尽其用，乃廓然转化而现为此无私的感情。指出其现前事例，即见于人心是则是，非则非，有不容自昧自欺者在。

具此无私的感情，是人类之所以伟大；而人心之有自觉，则为此无私的感情之所寄焉。吾书开宗明义曾谓：人之所以为人在其心；而今则当说：心之所以为心在其自觉。人心基本特征即在其具有自觉，而不是其他。

八、知识与计划

知识与计划出于人类意识的创造，此现前事实共见共晓，无烦多赘。但知识与计划之成就如何有赖于人心有自觉，却必一言之。

设制一计划必凭借其一切有关之知识，此既言之于前矣。然不有主观意图于先，徒有客观之知识果何所为而设计乎？任何一个计划总构成于此主客两面条件之上，而意图是首要的。一切意图都是自觉的。不有自觉，尚何有意图可言？

精确之科学知识所由成就出来，端赖科学家在其工作活动中自觉明敏，一力求真，清除伪误，此既言之于前矣。然更有先于此者：不有经验，何有知识？不有记忆，何有经验？而记忆则全系于此心自觉之深微处。

科学之成就盖非徒赖人们生活经验之自然累积也，尤在有意识地去取得经验，即所谓科学实验者。试看科学家一切调查研究分析实验之所为，不皆出于其自觉意图而为有规划地进行乎？是知识既为计划之所必资据，乃又借途于计划以产生知识也。知识与计划辗转相生，以至无穷，而无不有赖自觉作用在其间焉。是即所谓人类的意识活动，亦即人心计划性之充分发挥表现，夫岂任何动物之所可企及。

知识随人类历史以俱进，其发展顺序盖亦有可言者。举其大端，则社会科学之确有成就远在自然科学之后是已。人类作为一动物，天生来是要向外看的，是要向自然界争求生存的。以自然界一切为对象的自然科学，无疑地正是在长期从事向大自然做生存斗争而得以慢慢成长起来。但社会科学却不同，它必从人类回顾——不是向外看——其社会的发生、发展一切演变历程而得来。

唯社会科学之晚出也，乃有如恩格斯在其论《社会主义由空想发展为科学》文中所指出：社会力量（意指近代资本主义社会生产力）当其未被人类所认识和掌握，便一如自然力量若电若火一样，发生着盲目、强制和破坏作用，演为剧烈灾祸（意指“生产过剩”）。而在科学的社会主义指引下，一旦社会掌握生产资料时，社会生产内的无政府状态为有计划的自觉的组织所代替，然后人们的社会生存一直是作为自然界和历史强加于他们，或不免跟他们相对立的，乃从这时起人们开始完全自觉地创造自己的历史。于是“人们第一次成为自然界的真正的和自觉的主宰”，“这是人类从必然王国进入自由王国的飞跃。”[8]

在这里恩格斯更有一语颇堪注意——

> 个人的生存竞争停止了；因此，人在这时——在某种意义上最终地——脱离了动物界。

如我所理解：要必待科学的社会主义之指引，乃能进入共产社会；必待共产社会而后阶级与国家可以消除，世界大同，人类协调若一。一向为生存竞争而受牵掣于种种本能冲动，多所障蔽的人心，至此乃始解除障蔽与隔阂，而和洽相通。人们乃不复在彼此竞争、斗争上耗用其心思力气，而同心一力于凭借自然，创造文化；利用自然，享有文化。说人类最终脱离了动物界者，其必指此乎？我说人心方将大大(大有过于今日)显示其主宰之义于即可预见之未来者，亦正谓此也。

注释

① 请参看《大脑两半球机能讲义》中第一讲，巴甫洛夫著，戈绍龙译，上海文通书局1953年出版。

② 动物种种不同，生活各异，其感觉境界各自为一事，未可相比况。略言之：狗之嗅觉特见灵敏，然其视觉却只能看到物体形象大小明暗和运动，而不辨物形细目，亦无真正色觉；鸟类视力一般极敏锐，其调节视距的能力尤可惊，而在生理实验上却证明鸟是有色觉的。

③ 设定云者设其如是定将如何如何也。

④ 参看卡萨特金著《婴儿高级神经活动概论》(中译本，1957年北京科学出版社出版)。其中指出婴儿初生大脑形态和机能均简单，其发育成熟是一长期复杂过程。又大脑皮质在肢体运动发展中所起作用愈大者，新生幼体(哺乳类以至人类)的运动能力就愈差，其有待逐渐发展的时间就愈长，而当其末后成熟时亦即愈富有多样复杂变化。——此就运动而说。

再参看荆其诚著《知觉对实践的依赖关系》一文(见1964年4月15日《人民日报》学术研究栏)。文中阐明人类的知觉是在生活实践中发展形成起来的，不是同感觉一起生就的。如生盲而复明之人，开始只见明暗和颜色，却分不清物体的大小形状和远近。在他看来外界是模糊一片，好像要接触到自己的眼睛。如此之例甚多。——此就知觉而说。

⑤ 尝闻一农家老妇云："别看我人笨，我的身体可真聪明。节气来到了，或是天气要变，

它都先知道。”(指筋骨痠痛不适等)中国古医家每言人身病变与天地造化之气运节候息息相连通，相应知。大抵有宿疾在身者皆有此经验。是即宇宙人生一体不隔之明证。又曾见《参考消息》(北京出版)转载国外科学新闻，报道音乐可使乳牛增加产乳量，音乐又可使稼禾加速其生长率。此即生物界千态万变而实一源所出，看上去若此一生命彼一生命者其间可分而不可分之明证。

⑥ 前于第三章中说到人类大脑主要在对外之时，曾申言此对外之云非必指此身之外，虽身体内部问题亦是外；从生命来说，凡其所遇到的问题何莫非外乎？然而晓得了生命通乎宇宙为一体，初无范围可言，正又可说一切莫非内，虽远在千里亦内也。何肝胆之非秦越；何秦越之非肝胆？盖生命虽必有所凭借却无形体，不占有一定空间，而一切空间又莫非它的空间也。

⑦ 自觉与意识既为一心之两面，又且从严从宽而异其宜，故我于自觉别以 awareness 为其英译，而不用 consciousness。此未审在英文上是否妥当，希望高明指正。

⑧ 据《马克思恩格斯文选》(两卷集)，莫斯科外国文书籍出版局，1955 年版，第 2 卷，第 152 页。

我对人类心理的认识前后转变不同*

一、意识与本能比较孰居重要

我一生思想转变大致可分三期，其第一期便是近代西洋这一路。从西洋功利派的人生思想后来折反到古印度人的出世思想，是第二期。从印度出世思想卒又转归到中国儒家思想，便是第三期。凡此非这里所及详。

我初一阶段对于人类心理的认识只在其意识一面，就是随着功利主义的人生思想所自然地带来的一种看法。那即是看人们的行动都是有意识的，都是在趋利避害、去苦就乐的。西洋近世经济学家从欲想出发以讲经济学，提倡“开明的利己心”，其所见要亦皆本于此。我以此眼光来看世间一切人们的活动行事，似乎一般亦都解说得通。既然处处通得过，便相信人类果真如此。

第一期功利思想以为明于利害即明于是非，那就是肯定欲望而要人生顺着欲望走。第二期出世思想则是根本否

---

* 此部分选自《人心与人生》第七章。

定人生而要人消除欲望，达于彻底无欲之境。这是因我觉悟到人生所有种种之苦皆从欲望来；必须没有欲望才没有苦。在人生态度上虽然前后大相反，却同样从欲望来理解人类生命，不过前者以欲望为正当，后者以欲望为迷妄耳。

此时所见虽说尚未超出初一阶段，却实隐伏转变之机。盖先时（功利思想时）多着眼人们欲望的自觉面，亦即其主动性；并力求人生之能以清明自主，如所谓“要从明于利害以明于是非”者是。而到此时，却渐渐发见人们欲望的不自觉面，亦即其盲目性、机械性或被动性，正有如佛家所斥为迷妄者是。欲望的不自觉面、欲望的被动性何指？此指欲望之为物，实以种种本能冲动为其根本，而意识只居其表面也。先时之看重意识实属粗浅之见，只看外表，殊未能深察其里。人类理智之发达，不外发达了一种分别计算的能力。其核心动力固不在意识上而宁隐于意识背后深处。莫忘人类原从动物演进而来，凡生物所同具之图存传种两大要求在其生命中无疑地自亦植根甚深，势力甚强也。研究人类心理正应当向人们不自觉，不自禁，不容已……的那些地方注意。于是我乃大大看重了本能及其相应不离的感情冲动。此即我在人类心理的认识上从初一阶段之进入次一阶段。

至1921年，我所著的《东西文化及其哲学》一书出版，用以证成我当时对人类文化前途之一种论断。同时表见我于出世思想既经舍弃，而第三期儒家思想正在开端；亦即代表我对人类心理既舍弃其旧的认识，正进入次一阶段，尚未达于最后。

所谓我对人类文化前途之一种论断何指？此指书中论断：人类社会发展在最近的未来，无疑地要从资本主义阶段转入社会主义阶段；随着社会经济这一转变的到来，近代迄今盛极一时向着全世界展开的西洋文化即归没落，而为中国文化之复兴，并发展到世界上去。

此看似关涉许多方面的一绝大问题之论断，而归本到人身上则所指要不过其精神面貌的一种变化，可以简括言之如次：

> 处在资本主义下的社会人生是个人本位的，人们各自为谋而生活，则分别计较利害得失的狭小心理势必占上风，意识不免时时要抑制着本能冲动，其人与人之间的感情是很薄的(如《共产党宣言》中之所指摘)。同时，作为阶级统治的国家机器不能舍离刑赏以为治(此不异以对付犬马者对人)，处于威胁利诱之下的人们(革命的人们除外)心情缺乏高致，事属难怪。——此即人类即将过去的精神面貌。转进于社会主义的社会人生是社会本位的；大家过着彼此协作共营的生活，对付自然界事物固必计较利害得失，却不用之于人与人之间；在人与人之间正要以融和忘我的感情取代了分别计较之心(如所谓“人不独亲其亲、子其子”)。同时，阶级既泯，国家消亡，刑赏无所用而必定大兴礼乐教化，从人们性情根本处入手，陶养涵育一片天机活泼而和乐恬谧的心理，彼此顾恤、融洽无间。——此则其最近未来的新精神面貌。

不言而喻，前者正是近代以来肇始于欧美而流衍于各处的所谓西洋文化；但何以便说后者取代前者就是中国文化的复兴呢？后者诚非中国古老社会所曾有过的事实，然却一望而知其为两千多年间在儒书启导下中国人魂梦间之所向往，并且亦多少影响到事实上，使得中国社会人生有所不同于他方(具如旧著《中国文化要义》之所阐述)。作为一个中国人的我，预见到世界未来景象如此，就径直目以为中国文化之复兴。要知道：后者原是人类文化发展的前途，不可能出现于早；却竟然早在中国出现了一点影子。——它只能是一点影子，不可能是具体事实。

《东西文化及其哲学》之所为作，即在论证古东方文化如印度佛家、中国儒家，均是人类未来文化之一种早熟品，因为不合时宜就耽误(阻滞)了其应有的(社会)历史发展，以致印度和中国在近代世界上都陷于失败之境。但从世界史的发展而时势变化，昨天不合时宜者今天则机运到来。其关键性的转折点即在当前资本主义之崩落而社会主义兴起。此一转变来自社会经济方面，却归根结果到人类心理上或云精神面貌上起变化。

二、理性与理智之关系

关于人心是从动物式本能解放出来的，与所谓互助合群的本能亦非一事，不容混同，在前几章中既有所阐明，读者不难回忆。既然本能、理智的两分法失于简单，不足以说明问题，于是我乃于理智之外增用理性一词代表那从动物式本能解放出来的人心之情意方面。

何为在理智之外必增一理性？

浑括以言人类生命活动，则曰人心；剖之为二，则曰知与行；析之为三，则曰知、情、意。其间，感情波动以至冲动属情，意志所向坚持不挠属意，是则又就行而分别言之也。在动物本能中同样涵具知、情、意三面，麦独孤论之甚详。然其特色则在即知即行，行重于知；而人类理智反之，趋于静以观物，其所重在知焉而已。理性之所为提出，要在以代表人心之情意方面；理性与理智双举，夫岂可少乎？

或曰：人不亦有本能乎，设以人的情意方面归属于其本能，有何不可？应之曰："从与生俱来而言，理智亦本能也"(见前第六章第三节)。然若不加分别，则此种后起之反乎本能的倾向，即无从显示出来。必分别之，乃见吾人之生命活动实有其在性质上、在方式上彼此两相异者在。今以反本能的倾向之大发展而本能之在人者既已零弱，其情意隶属于本能者随亦式微矣；夫岂可以人的一切情意表见不加分别举而归之本能耶？指点出此情意在其性质上、其方式上不属本能者，即上文所云无私的感情是已（其特征在感情中不失清明自觉）。而理性之所以为理者，要亦在此焉。

析论至此，对于所谓无私的感情其必有一番确切认识而后可。首先当辨其与所谓社会本能之异同。

所谓社会本能，盖某些学者指互助合群的种种行动之著见于某些动物与原人者。小之征见于雌雄牝牡之间、亲与子之间，大则见于同族类之间。此其必由生物传种问题而来，无可疑也。两大问题，种族蕃衍更重于个体生存；是故亲之护惜其子，往往过于自爱其生命；抗御外敌，份子不难舍己以为其群。若此不私其身之出于本能者，与我所谓无私的感情之在人者，究竟为同为异，其如何以明辨之乎？

前曾言之：生物生命托于机体以为中心而联通乎一切，既有其局守之一面(身)，更有其通灵之一面(心)；本能地不自私其身之在动物与无私的感情发乎人心，罔非此通的一种表现，虽二者不相等而其为一事之发展也，谁能否认之乎？——此言二者固有其相同之一面。

人类为动物之一，原自有其本能，因而亦不免于私情之流行，却殊不必然、不尽然。试即父母本能(parental instinct)为例以明之。此在人类以理智反本能之发展大不似其他动物之完足有力，而必待社会制度与习惯之形成于后天以济之。心理活动一般依傍于制度与习惯，其出于(父母)本能或出于理性，乃难语乎(父母)本能，尤难语乎理性，事实复杂万状盖无一定之可言者。其或溺爱不明，则落于本能之私者也；其或有冷漠寡恩[①]，则本能不足而理性复不显也。一般言之，应离本能不远，苟无悖理性（有悖理性即陷于本能），则只可云常情，无所谓私情也。唯若“好而知其恶，恶而知其美者”[②]，乃信乎太公无私，是则人类理性之发用流行也；虽不多见，岂遂无其事乎？

理智者人心之妙用；理性者人心之美德。后者为体，前者为用。虽体用不二，而为了认识人心有必要分别指出之。

自我言之，理智、理性各有其所认识之理。理智静以观物，其所得者可云“物理”，是夹杂一毫感情（主观好恶）不得的。理性反之，要以无私的感情为中心，即从不自欺其好恶而为判断焉；其所得者可云“情理”。例如正义感，即对于正义（某一具体事例）欣然接受拥护之情，而对于非正义者则嫌恶拒绝之也。离开此感情，求所谓正义其可得乎？然一切情理虽必于情感上见之，似动而非静矣却不是冲动，是一种不失于清明自觉的感情。冲动属于本能。人当为正义而斗争时往往冲动起来，此即从身体上发出斗争本能了。

人与人之间，从乎身则分则隔（我进食、你不饱），从乎心则虽分而不隔。孟子尝举“今人乍见孺子将入于井”必皆怵惕恻隐，以证人皆有不忍人之心，是其好例[③]。人类生命廓然与物同体，其情无所不到[④]。凡痛痒亲切处就是自己何必区区数尺之躯。唯人心之不隔也，是以痛痒好恶彼此相喻又相关切焉。且要为其相喻乃相关切，亦唯其关切乃更以相喻。人类之所由以成其社会者端赖于此，有异乎动物社会之基于其本能。盖人之各顾其私者或出于无意识或出于有意识，要各为其身耳[⑤]。唯借此不隔之心超乎其身，乃有以救正其偏，而为人们共同生活提供了基础。

一切生物（人在其内）莫不各托于其机体（身）以为生，然现存物类以其生活方法随附于其机体落于现成固定之局也，其生命遂若被分隔禁闭于其中焉；所得而通气息于广大天地者几希矣。人类则不然。机体之在人，信为其所托庇以生活者，然譬犹重门洞开、窗牖尽辟之屋宇，空气流通何所隔碍于天地之间耶？人虽不自悟其宏通四达，抑且每每耽延隅奥而不知出，然其通敞自在，未尝封锢也。无私的感情时一发动，即此一体相通无所隔碍的伟大生命表现耳。岂有他哉！

无私的感情虽若秉赋自天，为人所同具，然往往此人于此发之，而彼人却竟不然；甚且同一人也，时而发动，时而不发动，没有一定。此与动物本能在同一物种彼此没有两样，代代相传如刻板文章者，显非同物。盖本能是为应付两大问题而预先配备好的方法手段，临到问题不得不然；而此恰是从本能解放出来的自由活动，旷然无所为而为。

人类之出现——亦即人心之出现——是在生物进化上有其来历的，却不是从衔接动物本能有所增益或扩大而来。恰恰相反，人类生命较之动物生命，在生活能力上倒像是极其无能的。此即从理智反本能之发展而大有所削弱和减除，从一事一事预做安排者转向于不预做安排，而留出较大之空白余地来[6]。正为其所削减者是在两大问题上种种枝节之用，而生命本体(本性)乃得以透露，不复为所障蔽。

读者不难会悟人类行为上之见有理性，正由生命本性所显发。从生物进化史上看，原不过要走通理智这条路者，然积量变而为质变，其结果竟于此开出了理性这一美德。人类之所贵于物类者在此焉。世俗但见人类理智之优越，辄认以为人类特征之所在。而不知理性为体，理智为用，体者本也，用者末也；固未若以理性为人类特征之得当。

注释

① 往时尝见富贵之家耽于逸乐，不自劬育其子女，付之婢媪，或累日不一顾。又尝闻一边僻之区有“溺女”之禁，则以有窘于生计者无力哺育，产女辄或溺之也。凡此皆不可能于动物见之。

② 此语出《礼记·大学篇》，其下文云：“谚有之曰‘人莫知其子之恶，莫知其苗之硕’。”

③ 孟子原文云：“所以谓人皆有不忍人之心者，今人乍见孺子将入于井，皆有怵惕恻隐之心，非所以内交于孺子之父母也，非所以要誉于乡党朋友也，非恶其声而然也。”

④ 此云“廓然与物同体”之“物”字赅括他人他物在内，非必是物也。

⑤ 此云“各为其身”之“身”非必止于一身，盖兼括身之所有者一切而言之。

⑥ 此处“留出较大之空白余地”之云，与第五章所云“从分工以言之，则各事其事于一隅，而让中央空出来不事一事。从整合以言之，则居中控制一切乃又无非其事者。空出一义值得省思……”。又“在机体构造上愈为高度灵活作预备，其表见灵活也固然愈有可能达于高度；然其卒落于不够灵活的分数，在事实上乃且愈多。此以其空出来的高下伸缩之差度愈大故也。”均宜参看互证。

自然与人、人与自然之间的关系*

如上各章对于人心人生似已阐说不少，但还须于人心人生所由以形成如今日者稍加回溯，乃得更通透明切地了解之。兹先从(甲)自然方面言之，次更从(乙)社会方面言之(此见下一章)。

据说，马克思并不认为"人的本性"一开始就是永远规定好，现成的和不变的；它是发展的产物①。此非即吾人今所欲言者乎？

(甲)自然与人、人与自然之间的关系，可分从两方面言之：人类的生存依赖于自然，不可一息或离，人涵育在自然中，浑一不分；此一方面也。其又有一面，则人之生也时时劳动而改造着自然，同时恰亦就发展了人类自己；凡现在之人类和现在之自然，要同为其相关不离递衍下来的历史成果，犹然为一事而非二。

人的个体生命寄于此身，而不以此身为限。此身——人的有机体在空间上见为有限者，要无非以周身皮肤为界

* 此部分选自《人心与人生》第八章。

而分别若内若外耳。然皮肤在一方面言之，信有其对外防止戒备之用；却从另一面看，正亦是机体与外方交通联系之具，而非为一种限止隔断。宇宙万有相联相通，人生息于自然界中，浑乎其不可分。马克思尝谓："自然界是人的非有机的躯体"，其意义当即在此[②]。

又须知，唯人类生命根本不同，只见其进，未见其止，其通灵之高度谁得限定之耶？是以唯独人类斯有可能亲切体认到宇宙一体性。

宇宙无其极限之可言，则通乎宇宙为一体的人类生命其亦无所限也，明矣。唯其然也，一切皆吾人生命内事，更无所谓外者。人的生命不以身为限，既无外，亦无内，读者识之。

人类的生存依赖于自然这方面的关系，可见第四章。现在阐说后一方面关系即人与自然有若对立的关系。由于人的头脑特见发达，卒有意识出现之故耳。意识无形而有用，其用在分别计较乎对象，同时复蕴有自觉于衷；人与自然之见为分别对立者端在此。盖事实上，人与自然息息相通，浑乎其不可分者在此身；人与自然俨若分别对立者，则由此心在其(意识)活动中之一种方便假设。此方便假设本于人心的计划性的需要而来，前第六章中曾点出之。从乎此方便假设，人乃得于自然加工改造，自然面貌固为之时时改变。即于此同时，人类自身恰亦不断地得所改进，是则恩格斯《劳动在从猿到人转变过程中的作用》一书之所揭示者至为明切。

"劳动创造了人本身"——恩格斯这一句名言，括举了其原书所为种种阐说之事理。这里且用我们的话以及我们的见解所及，简单扼要地叙明其理如次。

一、生物的机体决定生物的性能；人类心智之特见发达者，亦正是从其机体逐渐进化而来的。

二、人类机体构造超进之要点，第一在其头脑，第二在其双手，第三在其挺立而行走的全躯。

三、双手之所由发达灵巧，要在其全躯能以挺立行走而手足分工；其双手之多方操作以应付种种不同对象要求，则促进着其头脑心思的开发明利。

四、以上这些指明几十万年来主要为了生产劳动而得以从类人猿分离，别成其为人类的演进历程之一方面。

五、另一方面则是在人们共同生活与协力生产中发达了语言，实为促进着大脑神经特殊发达的重要关键所在，且容下一章从(乙)社会方面申论时再论及之。

六、双手多方操作以应付种种外在事物和口耳传达语言于人们彼此间，这两大方面活动时刻在促进着头脑的发达。随在头脑开发时，双手口耳转而俱得相联地各有所进化，如是往复偕进不已。事实上一个有机整体的各部分之间，其形态、构造、机能莫不巧妙相关，彼此牵连配合；当其一有改进，浑全地同有所改进。

七、头脑是收集情报而为如何行动作出抉择的机关，其情报则来自视觉、听觉等那些感官。说到人之接触自然界或自然界之映现乎人心，首先在此；说到头脑的发达，与此为分不开之一事。

八、自然界在此千差万别动物的和人的感觉中，亦遂千差万别若非同物。人类生命以其特发达了理智而(面前)境界大辟，其他动物则各限于其种族本能生活，世界自广大自富丽，全然与它们无预。

九、自然界在人们感觉中亦复各不相同，乃至一个人前后亦随时不同。此因感觉活动出自生命，而生命因彼此不同，又时时有所不同也。第以其相差不远，故人不加察耳。

十、感觉之为物，信如詹姆士所说是执行选择的器官[③]；又信如巴甫洛夫之所称为分析器者：在有机体，它是生理活动的分工，而其于外界对象所起作用亦就在进行分析辨别④。从感觉到知觉，其于外界自然情况有所反映固不待言，却非一如其实地反映了外在自然实况，而是有取有舍选择自己的情报。尤其是知觉，总是在有所强调，有所着重。

十一、于是，人的感觉因其解脱于动物本能而迈进于理智，既若秉持静观态度矣，而基本上仍然从乎机体生理活动立场在做情报工作，却又是动而非静。

十二、此似静而非静始终超不出其自身立场的感觉，便始终不能直接得知外在自然界实况，而只在做自己情报。佛家唯识学于此即曾指明：眼等五识生时，但由自识变生相见二分，所取能取固是一体，现量性境不执为外；其执色等为外在者，后由意识分别，妄计为外耳⑤。

十三、但人与自然的交涉关系显然不限于通常感觉所接而止。自然界实况以至人与自然界实际交涉，卒由人的生活实践、生产实践积累发展了种种知识技能而逐渐揭开其秘密。此其功盖在理智冷静的头脑心思作用，即前文所说人心的计划性者。

十四、此中特须点出的，是在感觉知觉生来的能力之外，本于心思计划制造出许多仪器工具大大助长了感觉知觉之用乃至心思计算之用，有以探索、测验、分析、论证乎自然之一切而得其规律，还以控驭自然，宰制自然，改造自然。

十五、总结下来，前说就在改造自然的同时，恰亦发展了人类自己："凡现在之人类和现在之自然，要同为其相关不离递衍下来的历史成果"者，如上已明。却还有要补明的三句话：(1)如上所说人类自己同在发展的话，是兼人的个体和人的社会而说。(2)自然界一面被人改造着，一面亦正在缓缓微微自然蜕变中。(3)人类的发展和自然的变化今后方且未已；这是宇宙大生命一直在行进中的一桩事而非二。

注释

① 吾书于1960年开始着笔，进行徐缓，至1966年夏写出前七章之后，突因参考用书及储备资料尽失，为之搁笔者五年于兹矣。今1970年5月重理旧业，乃续写此第八章。此时参考用书全从友人觅借，颇有往日所未及见者，凡有征引，随文注明。

此语转引自波兰弗里茨汉著《马克思所理解的“人的本质”》一文，该文见《人道主义人性论研究资料》(第二辑)，第21页，商务印书馆1964年出版。

② 转引自①中一书第29页。

③ 人的头脑意识作用原在进行选择，而眼耳等感觉器官则属于意识中的对外工具，又各在执行其选择任务。詹姆士此言出自其《心理学简编》第十一章，见于唐钺译《西方心理学名家文选》(商务印书馆出版)第160页。

④《巴甫洛夫选集》(北京科学出版社1955年出版)一书有关分析器学说一部分极值得参考，略摘数语如次：

我们把那些分解复杂的外在世界为个别要素为其任务的器官叫做分析器，如视觉分析器是由其外围部分网膜，其次是视神经，最后是视神经终点所在的脑细胞三者组成的。把所有这一切部分联合成为一个机构，就总称为分析器机构。(下略)

大脑半球是由视觉、听觉、肤觉、嗅觉和味觉等分析器所综合组成的。(中略)对于有机体说，重要的亦不仅仅是分析外在世界，而且也必须要把有机体本身所进行的情形向脑部发出信号和加以分析。(中略)运动分析器就是内部分析器中最重要的一种。(下略)

狗在切除了大脑枕叶以后，未见其视力全失，而狗却认不出其熟识的主人，此即以视觉分析机构有所损坏，不得其行精细辨别之故(此中有机能定位问题)。

⑤ 现量别于比量、非量而言，性境别于带质境、独影境而言。性境意云实境。识自相分为亲所缘缘之外，更有疏所缘缘；自然实况即属疏缘。不论亲缘疏缘总不在外，外境非有，此唯识家之旨也。

人资于其社会生活而得发展成人如今日者*

前说“人之所以为人，独在此心”(见第一章)，当知不同乎蜂蚁社会的构成在其身也，人的社会则建基于人心；同时社会活动又转而不断地促进了心思发达，如是往复不已，心智一面社会一面就相关地各在演进中。所有今天的局面，应知非自始就是这样，而是多少万年发展来的。

兹试作一些简要说明如次：

一、在人的形成过程中起决定作用的是其社会。社会是人(指个体)和自然界之间真实的中介者。即如上文所说“劳动创造了人本身”的话，生产劳动一开始就只能被设想为集体劳动社会生产。所谓“人在改造自然的同时改造着自己”，那其间所有关系影响总不外起自群体(社会)而达于个体的人。(又从个体的人构成其社会，日新又日新。)

二、孤单的个人是不可想像的。人只有在社会中生活才看可能；社会是人作为人的存在所必须的形式。人与人的相互依赖性是远从生物进化开出脊椎动物一脉，向着反

---

* 此部分选自《人心与人生》第九章。

本能的理智一路前进，动物幼体的成熟期随以不断延长，到了人类非有十几年近二十年不算成熟之所决定的。像其他动物幼体早早独立自活者，在人却久久离开其亲长不得。因为人的生活能力有待后天练习养成，生活知识、资具、方法、技术一切都靠后天从社会学取得来也。

三、脊椎动物在反本能的理智一路上真正走通的唯独人类耳（见第六章各节）。即此先天决定的理智生活通路是人类的社会生命一面重于其个体生命一面的根本由来，是其临到生活实际上不能不依重于彼此协助与社会交往的根本由来。

四、既已知道吾人后天（出生下来以后）的社会生活是为其先天决定的理智生活之所决定，还要知道这后天的社会生活又转过来正在时时促进着吾人理智的不断开展，亦即其头脑心思的发达。介通于理智与社会两面之间而活动着，自身发展又推动两面向前发展着的，首先是语言，其后又有文字（赅括数学、化学以至各种学术用的符号）。

五、吾人语言寄托乎声音，声音或发或受，资借于其有关各部器官发达完好的生理机能作用。在某些高等动物以至类人猿非无近似于语言的发与受之事者，顾为其机体构造之所限，止于有极其简单拙劣的表示和传达（此表示和传达出于其本能，缺乏自觉）。像今天人类之发语圆熟、听语灵敏，能得以彼此情通意融者，盖不知多少万年来各部器官和大脑中枢渐次进化发达之成果也。

六、然在人类生活上所以有语言开出来，实为其情感发达远非一切动物所有之故。此特见发达之情感，则导因理智之得解放于动物本能。**情感者人心之波动也**；唯其能静，斯其所以能动。

七、语言始于情感之动，而其完成则在意识思维上。意识活动实就是未发出声音的语言；语言即是以声音表出的意识活动。人们各自的意识唯赖语言而得彼此交通；没有这种交通，即无从构筑起社会，并赖之以进行协力生产、共同生活。

八、但语言寄于声音，而声音旋灭，不能行远，不能传后；于是又代之以图像、形式、符号为主的文字，俾济其穷而广其用。社会交往由此在空间上在时间上均大为开拓便利。社会关系因而更加密织，社会范围因而日趋广阔，尤其是经验知识累积传递于后，社会文化连续发展，随以继长增高。

九、学术讲习大约即盛行于文字载藉之后；此非数千年来以至今日之局乎？所谓“人资于其社会生活而得以发展成人如今日者”，其历程如是如是。盖文化之云，即指人类生活(衣食住行以至种种)脱离自然状态而言；亦只有脱离自然状态而依后天文化以生活，人乃始有别于动物；然非资于社会，其又何从成就得文化耶？

十、于是继续自然发展史正在演进着人类社会发展史；在社会发展史上浅化之民以视文化较高阶段的人，其机体和心理试精察之均未可比同[①]。

注释

① 未开化之民或浅化之民在机体生理上头脑心理上皆见其不同于社会历史久远文化高深之民，如颜面躯干四肢之表较多毛即其一例。他如头颅、如指纹皆有可分别征验者。至于智虑情感更不相等；但论品德则不一定耳。前于第一章曾说过人心在社会发展史中随有其发展，吾书将于后文一陈其所见。

身心之间的关系*

一、身心的分歧和矛盾

人类生活既进入理智之一境，知行之间往往很有间隔；间隔渺远者离知于行，为知而知。其在感情方面既可以大哭大笑，亦复可以喜怒不形于外；其行事既可持之以恒，一贯不移其志，抑或动念隐微，终于嘿尔而息。身心之间非定一致。特别是人有自觉的内心生活，时时感觉自己矛盾冲突。许多宗教家且贱视此身，抑制其来自身体的要求，实行禁欲主义。是故动物的活动虽发自头脑，头脑却完全为其身而服务，曾不离乎身而有何活动可言，即难以离其身而言其心。身心之间的关系问题，在人类而外所不必置论者，独于吾人却必一为论究在此焉。

于此，就要追问：此身心之出现分歧以至矛盾冲突者

* “身心之间的关系”问题，在《人心与人生》中分为上、中、下三部分，于第十、十一、十二章中论述。此部分将原书三章合并，改为三节。各节的标题是后加的。

究从何而来乎？

兹试为条分缕析说之如次。

（一）身脑原为一体，脑不过是身的一部分，同为生命活动所资借的物质条件。生命非有形之一物，浑然不可区划；可区划的是生物有机体。从生物进化而来的人身，正是伟大生命的创造物，头脑的特见发达不过此创造中的一突出点，当然不会失其浑整统一。相反的，正为了人身内外活动进于高度的浑整统一，乃有此人脑的创造。把脑和身区划为二来说，只为说话一时方便。

（二）何以说人脑的创造出现，正为了人身内外活动的高度统一呢？须知生命本性不外是无止境地向上奋进，争取其活动能力的扩大再扩大，灵活再灵活，自由再自由；而其道则在活动上分工而集权（回看第四章及第六章第四节）。那就是：特见发达的大脑皮层主管着吾人整体性对外在自然环境和社会环境的联系活动，而与此身维持其机体内在一切生理（消化、呼吸、循环、排泄等等）机能日夜不停地活动，另由植物性神经系统经管其事者两下分工。后者实固仍受大脑的调节和影响（见第五章），非能外也。正唯人身内外活动有此高度统一，吾人乃得有灵活自由强大的活动力；然而这却从全身神经系统有所分化而来。

原来不可分的脑和身，就由此而被分开来看、来说了。

（三）如上说明了脑和身所以被分开说的事实由来，再进一层阐明心和身被分开说的事实由来如下：

心何为离于身、离于脑而被特为指说耶？人身（脑在内）是客观世界一活物；说活物，谓其为生命活动之所寄，而凡是物都存于客观。然吾人之有心也，却从其存乎内者而言之，即所谓主观世界是已。客观世界指吾人所知觉和思维的外在一切，即于此知觉思维的同时，基于意识自觉而主观世界以成。客观世界主观世界无疑地两面相关不离，然既不能混合为一，又不能抹煞其一，势必分别来讲了。

（四）很明显，心之分于身与脑之分于身，原只是一事而非二；不有大脑皮层之特见发达，高级神经低级神经之分工，何从有人心之高出于其身乎？心理学所讨论的意识作用实以生理学上所谓高级神经活动为其生理基础。

（五）人类生命活动能力之高强莫比，全恃乎其意识作用；盖意识为其行动之计划性（详见第六章）所自出也。往者心理学家重在意识之分析研究，依重内省法以治学，而与自然科学家一般治学方法殊途者，要亦势所当然矣。但此以冷静思维构出计划的意识，只居人类生命浅表，恒为隐于其后的本能冲动所左右支配；既远非人心之全，且其所为内省法尤多缺憾。缺点之大者首在彼心理学家之为内省，不过以其对外的意识作用还而冥想追忆意识活动的踪影，实未足以言内省也。——真正内省唯在当下自觉之深彻开朗，当于后文详之。（自觉为意识根本，然自觉蕴于内，非以对外，意识则是对外的，请看第六章第六节前文。）

（六）内心生活种种不一，俗云“虚情假意”、“口是心非”者亦其例也。然其好例莫如在重大行事之前恒有其衷心了了之意图以为设订计划之本。恩格斯曾说过：一切动物都不能在自然界打下它们意志的印记，而唯人能之；这是人跟其他动物不同的最后一个重大区别，正谓此耳。意图涵有知、有情、有意；执行计划尤赖持以坚忍与自信之强；此固人人可得而体验之者。内心生活最重要之事例乃在人生之自勉向上，好学，知耻，力行，不安于退堕。此即人之所不同乎动物独有道德责任之可言者，《论持久战》一文中指出人有自觉能动性（一云主观能动性）而时时强调之者正在此焉。

（七）心之分于身、分于脑也；原从生理上整体的神经系统有所分工开其端。不断地分工，不断地整合，其在分工之一面即趋向各自专业化，运动机械化（有很大惯性不自觉地运动着），亦即工具化，恒处于顺从地位；其在整合之一面则适以此辏合成主体愈得自由灵活，权力集中，卓然立于领导地位。身之为身，心之为心，即在此两极分化的性向不同上。

（八）身心浑然一体相联通；而察其性向则互异耳。譬如电解池内两端有阴极阳极之分别，却往复相通而不隔。在这里，身为阴极，心为阳极。阴极阳极性向各有所偏，相反而不相离。——容当于下一章详其说。

（九）前曾说，“人心的基本特征要在其能静”（见第六章第二节），又说：“动物是要动的，原无取乎静，然静却从动中发展而来；所谓冷静不外是行动前的犹豫之延长”（见第六章第四节）……那些话正要在这里参看以为印证。由此便是“知行之间往往很有间隔，间隔渺远者离知于行，为知而知”（见第六章第三节），吾人理智与动物本能从而分途。

（十）人心自是能静的，其与静相反者则感情冲动也。感情冲动属身之事。著名心理学家詹姆士（James）曾说过：“没有身体表现的人类感情根本没有”；他且指出所有种种感情都是身体内起变化，每一变化都起自于刺激的反应[①]。这话甚是，但又非百分之百正确。冲动（impulse）无疑的是身内机械运动的发作，感情（feeling）则不尽然。一般粗重的感情当然联结到冲动，同为身之事；进于高尚深微的感情，离身愈来愈远，其境界便很难说了[②]。

感情冲动属身之事，不论其见诸行为与否皆属于行。古伦理学家力倡“知行合一”的王阳明，正是有见于人们每每知而不行——例如知道应该孝弟却不行孝弟——特指点出“知而不行只是未知”；同时，他又以知是知非归本好恶之情，那都是对的。盖于此情理的认识原不同乎物理；认识物理依靠后天经验，有待冷静观察，而情理却本乎人心感应之自然，恰是不学不虑的良知，亦即我前文所说“无私的感情”（见第六章第七节）。不有孝悌心情动于衷，说什么知孝知悌？反之，若一片孝悌心情，当下行事纵或未见，已自是孝悌了也。（应参看后文论道德一章）。

感情恒伴随本能，与之相应俱来，但又不尽然，所以必要分别看待，试回看第六章第七节便晓得。但不论其是不是伙随本能的感情，当其成为意志而行动时，总是身之事了。说身，括指从大脑以下的器官、肢体、机能、本能以及后天习惯而说。人心发出的任何活动（生命的任何表现）离不开身体，这是肯定的。

（十一）俗常有“精神”一词：这一名词究竟何所指？我们认为这应是指离身体颇远的人心活动而说；它代表着人心高度灵活自由的那种活动事实，除此不能有其他意义。

（十二）人心的灵活自由与人心之能静分不开。在巴甫洛夫学派从事高级神经活动的研究中，其所说大脑皮层愈来愈发达，抑制作用显然愈来愈增加，及所谓“主动性内抑制”，在机体内起着各种调节平衡作用，对外应付环境起控制着一动必准确作用者正谓此耳。——此请回看第五章前文。

（十三）应得指出如上（九）所言吾人理智与动物之分途，（十）所言吾人感情不尽伴随本能而来，（十一）所言精神一词盖指远于身体而代表着灵活自由的人心活动，（十二）巴甫洛夫学派说大脑愈发达愈以增进抑制作用及其所谓主动性内抑制，各点总根源只是一回事，即：在脊椎动物走上发达头脑一条路奋进无已，卒致突破了一切生物盘旋在个体存活、种族蕃衍两大问题的那圈圈，而达到人类生命的特殊境地。

同时请不要忘记第五章说过的两句话：

> 人心要缘人身乃可得见，是必然的；但从人身上得有人心充分表见出来，却只是可能而非必然。
>
> 人心不是现成可以坐享的(仅只人身是现成的)。

二、身心性向相反而不相离

此章就前章第(八)所言身心一体相联，往复相通，而身为阴极，心为阳极，性向各有所偏的那些话，重加申说。往者亡友卫西琴先生[③]于此特著见地，兹即介绍其学说大意于次。

(一)先说此学根本观念：很明显，一切生物都是活的，都有力量能有所改变显示于外。其中动物又显然较其他生物的力量为大。而力量更强大更高等又莫如人类。总起来可以说，宇宙一切都是物质，都有力量，不过力量大小高下千差万别不等而已。

(二)就人来说，男女力量是不相等的，而且是极不相同。这种不同，乃是出在身心之间往复相通的根本流向上男女彼此互不相同。具体指出说：女子以身为主，从身到心是其第一根本流，而从心到身居于第二；前者为正，后者为副。男子恰相反，心至乎此身，从心到身是其第一根本流，而从身到心居于第二；前者为正，后者为副。——以上是从其力量活动上(非从表面)认真分析来看的。

(三)上面的话须待稍加说明于后。

远从生物进化上看，男女两性身体原初是一个不分的；从现在生理构造上看，男子身体内有女性的部分，比如两乳；女子身体内有男性的部分，比如阴核。在体形上看，男子身体是往外的，女子身体是往内的；在体力上，一般说男子强过女子。

（四）身心的位置关系正要这样来理会：身外而心内，心深而身浅，心位于上端，身位于下端。觉受由外入内，施应从上达下，其间往复交流还有不少深浅等差可言，不总是一样的，更非人人都一样。这就为两端之间原有着可以伸缩的不小距离（就动物说，这距离几乎等于零，其所以不如人者在此）。

（五）正为身心间的距离远近深浅决定着一个人的力量之大小，而女子身心间的距离天生来均不及男子那么深远，所以上面说男女力量是不相等的。若问：何以在女子这距离较为浅近？此不难知。女子担负着创造人类幼体的天赋任务，当其身体长成熟有月经来之时，每月总有七天乃至十天不得舒服自在，及至结婚怀孕，其受累更深重。分娩后自乳其儿，每因心理影响（特如恼怒忧煎等）随有变化见于乳汁中，可知其身心相关如何密切。盖在女子，身体势力是天然大过其心的，心恒受到身体势力的牵掣影响，超脱不开。在她们一生，除开这中间一段——从月经开始到年老停经不能生育为止大约三十年或稍多的一段——只在其前或其后是女子而不十分那样女性时候可较轻松些。

（六）从寻常所见事实便可证明上面的话。俗常说“妇女心窄”，正为其身体势力大，身心间的距离近，禁当不住外来刺激。刺激（受）反应（施）之间迫速轻率，殊少深沉回旋于内之致。如弗洛伊德等精神分析学家善治歇斯底里症（hysteria），而患者极大多数是妇女者其理正在此④。

（七）不难看出，人从初降生到年齿渐长，身心关系随时在开展变化中。大要言之：初时心隐于身，身心浑然不分；其后则一面由于大脑机体发育慢慢完足，又一面因在社会接触增广，经验繁富，心思乃日见茁露活动，从婴儿而童年，而少年，而青年，身心之间不同程度地寖寖疏离起来。后此进趋老成练达，乃更见从容沉稳。

这里还须留心人的资性各有不同，上面所说发育开展可能有迟有早。

（八）人类社会文化自古及今不断地有所发明、发现而前进无已，正是靠着一时一代群众的这种数不尽的创造而来。人生所贵就在有所创造。然而男子女子却不一样。试数一数几千年中外过去历史上伟大思想家或事功方面的伟大人物里，有几多个妇女呢？然而任何伟大思想家或其他各样伟大人物却无一不是女子所创造——所生育。就女子力量为一切伟大创造力的根本源泉具有决定性而说，则女子力量固有其贵重过男子的力量一面，不是吗？

（九）不徒从表面形体来分别男女，而更从根本力量上认识男女天生的互不相同之后，则在其后天教育上和职业工作上男女不当强同，便是十分明白的事理。近世力反先时封建陋俗歧视女性之所为，不免多所矫枉，实不符合科学客观真理[5]。

（十）说身体力量不等于说身体。认真地说，深切地说，身体力量是身体创造力，即创造身体之力，即男子的或女子的生殖力量。说精神力量，非第因其力量发之自心，而实为有别于身体力量而说的，即说它是创造除人类幼体外一切大小事物的那种创造力。此种创造力男女皆有之，但在男子更优胜于女子。

（十一）男子的精神力量不论如何之大，要非其身体力量同样大，他将不是一个能作大事的人。譬如胆气壮盛，勇于作为，跃跃欲试，若能涵盖一切的那种气势，即属身体力量[6]。

（十二）如前说，男子力量以发之自心者为其第一根本流，女子以本乎其身者为第一根本流，在年幼时是不甚明显的。但当其发育成长各届发情期时，男子力量的第二流（身体力量）活动起来，其心比任何时候更往外活动；女子力量的第二流（内心力量）活动起来，其感觉比任何时候更往里活动。

（十三）人的力量大小高下各不相等，一个人亦且时时有所不同。称之曰伟大力量，兼涵高等之义；盖言其精神力量、身体力量同优俱胜者。但在力量高等的，却不必同时为力量大的；此以优于心思者，其身体力量或不足相副。心身力量虽相关系，但不定优则同优，胜则俱胜，其间申绌变化不可计数。要而言之，力量为高等，为低下，一视乎心思优劣而定。比如力量高者恒表见：从容、细致、周密、精确、文雅、温和、蕴藉、轻妙、灵活、优美……如是种种。反之，若迫促、粗糙、粗野、粗疏、粗暴、冷漠、板硬、尖刻、笨重、钝拙……则为力量低等之表见。力量低等与缺乏力量每相联。

（十四）愈有力量愈不怕困难；反之，畏难退缩即见出其力量衰微。凡图眼前一时省力的做事法，或为少麻烦竟尔免除其事者，或唯务袭取模仿他人者，或唯贪图享用现成财物者，大都可以如是观之。

（十五）如前说，人生贵有所创造。但究其实，何者为创造，何者不足言创造，只是相对比较的，非可截然划分者。以画家作画为例，拙巧优劣之间只有数不尽的等差，并无一定沟界。其拙劣之品，浪费纸墨，直可谓之破坏。此犹其事之小焉者。试留心阅历人世间事，原非蓄意破坏而卒落于破坏者岂可胜数？寻求其故，则咎在人的力量低下而已。是故让人的力量趋进于高等，实为广兴创造之本。前云：力量为高等、为低下，一视乎心思优劣而定；然则人心之重可贵也昭昭矣。

（十六）世间至可宝贵者莫如人，人之可贵在此心。然心之显其用却一息不得离乎此身。人心之能有任何创造者，必先从感觉不断地接取乎事物，累积吸收为创造所需的资料，而整理之，溶化之。整理溶化——经验总结——便是创造。其卒有创造成果在此焉。当最后成其创造之功也，正不知经过多少次从外达内，由上而下，既施且受，受而又施，种种往复活动矣。是心讵曾一息得离乎身哉！

（十七）但心身相联通固有距离，此便伏有着险关危机：心有可能偏远乎身而多枉动，身有可能偏远乎心而多盲动，亟须当心注意。像在人类社会文化幼稚、经验知识不足的社会那许多宗教迷信，不正亦是心偏远乎身种种枉动的产物吗？

身偏远乎心而失之于盲动者，主要有两种。一种是未假思索，发乎一时冲动的莽撞行事、粗鲁动作。更广泛地说，则凡缺乏自觉的言动皆可属于此。另一种是行事缺乏（自觉）主动精神，徒尔惯性地沿袭传统文化的轨范礼仪，掩蔽其力量衰微低下之实质者。此在古时曾有高尚优美文化的中国社会，最容易看见[7]。

三、人类的生命

我们为了说明人心，往往就说到生命，却总不免浑沦言之，现在有必要略加剖析言之如次。

（一）生命非具体之一物，只在生物体质所特有的那种现象或性能上见出来。什么现象或性能？如恩格斯曾说："生命是蛋白体的存在方式；这种存在方式，实质上就是这些蛋白体化学成分的不断地自我更新。"又说："我们所知道的最低级生物，只不过是蛋白质的简单颗粒，可是它已经呈现了生命一切本质的现象。"[8]

（二）恩格斯所说："化学成分的不断地自我更新"即昭示了生命最

简单扼要一点，下文复加以申说，且从而指出有生命与无生命如何不同——“一切生物所共通的生命现象首先在于蛋白体从自己周围摄取适当的物质予以消化，而体内较老部分则趋于分解，并被排泄。其他无生命的物体也在自然过程的行进中变化着、分解着并结合着；可是在这之后它们已不复成为原先那样东西了。(中略)所以生命即蛋白体的存在方式，首先在于蛋白体每一瞬间同时是自己又是别的东西；而这情形之发生不像无生物那样是从外面造成的某种过程之结果。反之，生命通过吸取营养和排泄来进行的新陈代谢，是其担当者(蛋白体)所自来就有的自我完成过程。”

(三)很显然，所谓生命远非只于如上所说那样而止，恩格斯所以紧接着说：

“我们关于生命的定义自然是非常不够的，因为它还远没有包括所有生命的现象，而只是限于其中最一般最单纯的现象。(中略)为了要对于什么是生命，获得真正详尽的理解，我们必须探究生命表现的所有形式，从最低级到最高级。”⑨

他说的最高级，意指人类意识活动(涵括自觉能动性、计划性)那样形式吧。

(四)很难给生命下定义或界说，所以恩格斯曾指明“僵硬的凝固不变的界线是同发展的学说不相容的”；又说“一切定义都只有微小的价值”。理解生命、认识生命，既要从生物去理解和认识，而生物乃千差万别，高下茫茫然悬远之极；你将怎么把握它呢？

(五)何况由于学术界的进步与深入，前既有尿素的合成，近且有胰岛素的合成，宇宙无机界与有机界，无生物与生物，尚且没有不可逾越的界限；那么，求生命定义于生物界内大不易，就是生物界内外的区别亦复难言之矣。

（六）然而我们不难由此看出，宇宙只是浑然一事耳。庄子说："天地与我并生，万物与我为一"；又说："道通为一"，其殆谓此乎？万象差别不善观其通，固然不可；翻转来，泯没其差别又何尝可以行？

（七）生命本原非他，即宇宙内在矛盾耳；生命现象非他，即宇宙内在矛盾之争持也。生物为生命之所寄，乃从而生生不已，新新不住。生物个体有死亡，乃至集体（某种某族）有灭绝，此不过略同于其机体内那种新陈代谢又一种新陈代谢耳。生物演进，花样翻新，物种层出不穷，要均来自生命向上奋进之势。然不免歧误纷出于其间，乃各落于所进之度而止（见第五章）；人类而外一切生物今所见者皆是也。唯独循从发头、发脑、发皮质之一系曾不稍懈地直前而进的人类（见第六章第五节前文），至今犹在发挥着宇宙生命本性，自人的体质以至社会文化日新未已，岂不可见。

（八）说新陈代谢不可泥于如上所说那些粗迹而止，更须深入幽渺以察之。

旧局是一点一点转变的，新局是一点一点创出的。新的一出现便成旧的，立刻都归属外缘条件去。只有吾人生命当下之一动是新的，其他都不是。一个当下，又一个当下，刹那不住，新新不已者，非独人类生命为然，其他生物莫不然。第以其他生物误入歧途，往复旋转，总在相似相续中，无创新之可著见；著见创新，抑且不断地创新者乃独在人类焉。要须从此著见之创新而深入幽渺以察见吾人生命上新新不已地当下之一动。

（九）吾人生命当下之一动又一动，连续地活动下去，有类近于其他生物者，有迥然不同于其他任何物类者：（1）从此身自发性而来的一动，连续地如是活动去，殆与其他生物无大异也。（2）独若从人心自觉而发的一动，继续发动不已焉——略如前云思想开悟翻新、志趣感发向上之例——则迥非其他物类之所有矣。

今且暂置前者不谈，专谈后者。后者正是人事著见创新所自出。

（十）凡眼前世界现成所有者，对于吾人生命都属外缘条件亦即旧因素，可以有利于创新，亦可以为不利，却是人总离开它不得。人只能就在其中改旧创新。新之创也，无不因于旧之改而来，历史是割断不了的。此非止言外在事物，即吾人一念之微就其内容前后关系来看，讵不如是耶？念念相续而转，其新者独在其念之乍转耳。此存乎生命幽渺之一动出自宇宙内在矛盾之争持，不属世间之所现有，而是乍然加入现世间来的，故曰新，故曰凭空而来，前无所受。凡生命当下之一动盖莫不如是；非静心自省，难于体察。然大局转变独在此者，自觉异乎自发之惰性顺延于前之势也。

吾人意识对外活动皆应乎生活需用而起，无时不在计较利害得失之中；但其同时内蕴之自觉，只在炯炯觉照，初无所为（古人云：寂而照，照而寂）。吾人有时率从自觉直心而行，不顾利害得失者，心主宰乎身；此时虽对外却从不作计较也。此不落局限性的心，无所限隔于宇宙大生命的心，俗不有"天良"之称乎，那恰是不错的。它是宇宙大生命廓然向上奋进之一表现，我说人心是生命本原的最大透露者正谓此。

（十一）若要问：为人心特征的这个自觉性究如何从一般自发性突变而来？先请回看第六章第四节就人类理智从其反本能的倾向如何发展而说的一段话——

人类果何从而得突破两大问题（个体生存、种族蕃衍）之局限乎？此即以理智之反本能，而两大问题固寄托于种种本能之上也。(中略)理智之发展也，初不过在生活方法上另辟蹊径，固将更有以取得两大问题之解决。然不期而竟以越出两大问题之外焉。此殆生命本性争取灵活争取自由，有不容已者欤！

由心静而自觉以生，自觉与心静是分不开的；必有自觉于衷，斯可谓之心静；唯此心之能静也，斯有自觉于衷焉(见第六章第六节)。

(十二)必有空隙方好自由活动。生物进化无非奋进于争取自由灵活，其每有所进正不妨看做是空隙又有所扩大。至于人类出现，特见其活动可以自由者，即在其一直奋进不懈，争取得迄今最大空隙也。(当然这是为便于说明而作此借喻。)

此其事理不难明白：神经中枢从大脑内和大脑而下的种种分工愈加深刻细密，其所分出来的便愈以让其主动于上级中枢，愈从自发活动退转为有所待而后动。有待者，有待于权衡选择也。是即行动犹豫以至延长而人心能静的由来，亦即其本能削弱而理智开启的由来。与此同时，自发活动便跃进于自觉能动了。

(十三)一句话道破：人身——人脑只是给人心(生定)开豁出路道来，容得它更方便地发挥透露其生命本性耳。论其措置是消极性的，而所收效果则将是积极的，伟大无比的。

(十四)柏格森亦尝指明“生命之升进初非以原质之合集与增益，却由于其分化与疏解”(Life does not proceed by the association and addition of elements, but by dissociation and division. 见英译本 p. 94)正为生物机体内不断分工与整合，生物乃得以进化而升高其活动能力。分工，是一分为二；整合，是合二而一；有分必有合，所重在分。

(十五)(略)

(十六)(略)

（十七）动物脑只为其躯体服务，亦即为其个体存活、种族蕃衍服务，更无其他，而人类殊不然。在生活上人有两种可能：(1)他有时可能同于动物，即头脑之用不越乎其身体的要求；(2)但他又极可能非脑为身用，而是相反地身为脑用。高等动物之脑与人脑，语其功能大有分判：前者封固于其身，后者却大敞大开超越乎身矣。动物之脑自是亦在活动，然譬犹湖泊之水洄漾有其涯际，而人脑则如长江大河向东涌流无阻焉。

个体图存、种族蕃衍两大要求发之自身，动物生活时时在自发中，谈不到有自觉。人有自觉是从自发升进而来的飞跃。这一飞跃就跳出了一切生物所旋转不已的生活圈圈，也好似围堤突破了一大缺口。是故人身有限而人心旷乎其无限焉。

行文至此，人心之不同乎其脑，心之不同乎身，昭昭矣。心非有形体之一物，心与生命同义，曾莫知其所限际；而脑也，身也，则形体有限，为生命或心所资借以显其用者。脑原从身发达出来，为其一重点部分。是身大于脑，而心广于身；乃世人徒见夫心脑关系密切，便以为心即是脑，脑即是心者，岂不谬哉！

（十八）巴甫洛夫学派，只从外面观测和论证，是生理学，非心理学，像“自觉”、“心静”这些话是他们所不谈的；然其所云主动性内抑制者则正指此。

自觉与心静在生理学家巴甫洛夫从其谨严的科学态度一向不谈，却并不否认之。他所讲的人类所特有而为动物所没有的第二信号系统实伏有心静与自觉在内；离开自觉与心静便没有此第二信号系统的出现与存在。

（十九）巴甫洛夫只讲有此信号的信号事实存在，不说明其所从来，在吾书第六章和第九章却曾有所阐说。语言交通于彼此间，自觉意识萌茁活动于各自头脑中，经过几十万年近百万年乃有如今天的人类出现。语言之后更有文字以行于久(时)远(空)，皆所以代表经验的事物的观念、概念，即知识。知识成就于意识对外活动，而实以内蕴之自觉为其根本。

(二十)因生命争取自由灵活之愈进也，心愈以开，身乃愈以降耳。更归实来说，心身升降互为因果，如秤(天平)两头，低昂时等，原不容作先后分别也。

注释

① 据唐钺译《西方心理学家文选》(北京科学出版社1959年版)第169～171页。原书为B. Rand编著，其中詹姆士各段则取自其《大心理学》的节本。兹摘引译文于后：

(上略)假如心跳不加快，呼吸不浅促，嘴唇不颤动，四肢不软化，毛孔不森竖，内脏不激荡，还有什么恐怖情绪存留？这是我们所不能设想的。假如要克服自己不好的情感倾向，那我们必须辛勤地(最初还要冷静地)把我们要养成的相反情感倾向的外部动作步步表演出来。在精神训育上没有比这个再好的格言，凡有经验的人都知道。

② 同前书第172～173页。詹姆士曾说到有些细致心情可以纯乎属于大脑(意即非关全身)，如道德上的满意、感动、好奇，问题得解决时内心的松弛等等。又说有些心态归属知识，不属于情绪一类。此盖以西方人远不若东方古人有深微的内心生活，所见不免模糊。虽模糊，却亦非全无所见。

③ 卫西琴Westharp原为德国人，后改隶美国籍，以倾慕中国古代文明，用中国文字更名曰卫中，字西琴。其学盖自音乐而入于人类心理研究，更尚谈教育问题。详见愚所作《卫西琴先生传略》一文，此不多及。卫先生著作甚富，大抵为其在外国文言学校时以中国话口授于人笔录而成，意义多半晦涩难于通晓。此一半固由其理致幽深，更一半则用词造句，自成一种偏僻习惯，不合于通常中国语文。兹所介绍者只我领会所得其二三而已。

④ 尝闻济南齐鲁大学医学院友人闲谈，他们在医学院任职或实习的男女同学很多是二十多岁快要结婚的。谁若遇有不幸失恋的事；当其临床治病时，因为心神萦绕不宁，一

般说均不能很好地尽心业务工作。但在男子仍能工作下去，在女子竟然不能工作了。工作就会出差错，发生事故。

⑤ 兹就王世宜译本《身体与生理之活动》一章略摘如次：

性腺能加紧生理上心理上与精神的活动。（中略）睾丸与卵巢具有极其重要的机能。它们产生阳细胞或阴细胞。同时它们分泌一种物质到血液中，使细胞组织体液与意识或呈阳的特性或呈阴的特性，并且予一切机能以它们的密度——紧张性。（中略）卵巢的寿命较短，而睾丸到老年还能以活动，所以老年妇女远不同于老年的男人。

男女的差别起于细胞组织本身的结构以及女人全部有机体包涵卵巢所分泌的一种特殊的化学元素。（中略）事实上，男女之间有极深远的差别。女子体中每一细胞都印有女性的记号。她的器官也是如此，她的神经系尤其是如此。（中略）我不能不就其本然加以接受。

母体在全部怀孕期间时刻受胎儿的影响。母亲的生理和心理状态总不免因胎儿而起变化。（中略）我们不应以训练男孩的智力体力的功课来训练女孩。亦不应以鼓励男孩的志趣来鼓励女孩。教育家对于男女两性特具的身体器官、心理特性以及他们天然的机能应该大加注意。

⑥ 身体的力量即创造身体的力量，对于一个人的智勇均有密切关系。《人之奥妙》一书富于科学知见，其中有如下的话：要理智充分发挥它的威力，同时需得两种情形，一是发展完善的生殖腺，二是性欲暂时受到节制。（见王世宜译本第 148 页）。这与卫先生学说完全符合。

⑦ 关于卫西琴先生学说之介绍暂止于此。至其有关男女两性婚姻、两性教育的许多见解主张，实为一极重要部分，既不易通晓又与吾书此章题目不切合，即略去不谈。

⑧⑨ 见《反杜林论》，人民出版社 1956 年版，第 83～84 页。

东西学术分途*

此文仍衍续前文阐明自觉，但以引入东西学术问题，遂尔题目别标。

上文为了使人便于认出生命新新不已之义，暂避开其顺延乎惰性者，而先就其富有自觉性者说给人。实则人心自觉之隐昧或显明往往是说不定的，即可能忽明忽昧。而且自觉之强弱深浅既程度不等，又非划然可以区分的，所以就更难言了。至于人的个性不同，难以概一而论，又不待言。

然而在种种难说之下，仍有两点可说者：

（一）就人类个体生命说，从初降生下来到长大成人，其内心自觉开发程度是随身体发育和社会交往逐渐升进的，不妨说：身先心后，心随身来[①]。

（二）就人类社会生命说，社会发展史上同样地见出在漫长自发性发展之后乃始转入社会有其自觉；基于社会自觉性而有意识规划地创造其共产主义社会的历史前途。质

* 此部分选自《人心与人生》第十三章。

言之，此亦有类乎身先而心后。

人类一切长处均从人心内蕴之自觉而来，从乎自觉就有一切，没有自觉（自觉贫乏无力）就没有一切（没有一切创造）。人类从自觉以发挥去，其前途光明，无穷伟大。此其发挥盖有两大方向之不同：一则向外，又一则向内。

言向外者，谓从生命单位——人身——以向外也。从内蕴自觉的人心向外发挥运用，便是意识作用于物——生命向外所对者莫非物也——其活动总是有对性的活动。有对性者谓其总在物我对待中，辗转不出乎利用与反抗——即利用中有反抗在，即反抗中有利用在——是已。由此而发挥去，累积经验，蔚成知识，掌握了知识遂渐次以宰制乎一切事物，原为自然界之一物的人类到后来竟若为大自然界的主宰，此其前途大势于今不既瞻之在望乎？

言其概略，固如上说，按其实际，则有不尽然。人心不每每有自反之时乎？自反即向内矣。向内以求自觉之明强，此其随时有助人类文明之发展者盖非小小；今且暂置不谈。兹特指出其从此向内一路大力发挥去，蔚然以成的种种学术，古东方人实开其先。略举如次：

（一）当人心转而向内以发挥其自觉性也，或以身内气血运行（这里属植物性神经系统本来自觉隐昧的）为自觉对象，求其深造于运用自如者，此即中国道家功夫，而印度某些宗教所传功夫亦同此一类。虽其始未超有对，却亦有可能逐渐转化深入乎无对。

（二）无对者，谓超离乎利用与反抗而归于浑全之宇宙一体也。前不云乎“当人类生命从动物式本能解放出来，便豁然开朗通向宇宙大生命的浑全无对去”（见第六章第七节），正以人类生命自始便打开了通向宇宙生命的大门；不过一般说来，人生总在背向大门时为多耳。其嘿识乎自觉而兢兢业业正面向着大门而生活，由有对通向无对，直从当下自觉以开拓去者，则中国儒家孔门之学也。

（三）儒家始终站在人生立场上，而印度佛家则否定人生，超越乎人生立场，皈依乎无对，转从无对来引导（有对中的）一切众生。

凡此请参看拙著《东方学术概观》，此不及详。

这里为阐说自觉而涉及东方学术问题，不宜漫谈学术，却须切就学术与人类生命和生活的关系来讲几点，而后此所云东方学术与人的自觉性乃同时得其说明。

（一）学术是社会的产物，因为人类意识原就是人类社会的产物，而一切学术固产生于内蕴自觉之意识作用也。

（二）学术是人类生活中所倚以解决问题的。说问题，亦即困难或障碍之谓。有真问题，有假问题。真问题是人生生活上遇到的困难、障碍；其由意识不明利而误会生出问题，便是假问题。只有能解决真问题的学术，乃为具有学术价值的真学术；破除假问题的学说附在其中。

（三）解决了困难障碍，即取得了自由。不断地争取自由，正是人类所以代表宇宙生命本性者。学术进步，不外是此奋进不已的生命本性通过人类社会交往而发挥表见出的前进。

（四）学术莫不应于问题需切而来，有什么问题，产生什么学术。当社会发展前进到了不同阶段，那时人生问题从而有所不同，便自有其不同学术出现。

（五）如我夙昔所说，人生盖有性质不相同的三大问题：1. 人对物的问题；2. 人对人的问题；3. 人对自身生命的问题。问题浅深次第昭然可睹。随着社会发展史的阶段升进而人生问题顺序引入转深，实有其自然之势的；不过个人的思想活动则非必依此顺序[2]。

（六）如上所举道家、儒家、佛家却非止是个人的思想活动，有如古西洋各家哲学的那样。此三家者各为一种生活实践功夫(不徒在口耳之间相传说)，即都是真学术在解决各不相同的人生真问题。如我夙昔所说：儒家之学适应于人生第二问题；佛家之学适应于人生第三问题；道家之学则应乎人生第一问题临末转变之时所需切者。

疑问出来了！既然学术是社会的产物，社会尚未发展到较高阶段，引入较深的人生问题，何以竟然有三家之学出现？我无可回答。我只认识得如上陈说的事实存在，而于各旧著中一向称之为文化早熟而已。

如我今资藉于达尔文、马克思以来的学术，对人心与人生得有所窥见，有所说明者，盖亦由东方古学有以启发之。不有古东方人转其向外之心而向内以发挥其自觉性也，不有其所创造的三家之学传衍于后也，我又何从而会悟到此乎？我从少年便于人生不胜其怀疑烦闷，幸有机会粗闻古今东西之学，既解决了我自己的人生问题，辄笔其所理会者出以问世，窃不自量将为沟通东西一开其端。距今五十多年前的《东西文化及其哲学》一书，即蓄此志，顾粗疏错谬远不足称其志，今行年八十，勤勤为此，其可稍补前愆乎？

我这里所说人心内蕴之自觉，其在中国古人即所谓“良知”又或云“独知”者是已。良知一词先见于《孟子》书中，孟子尝以“不学而能，不虑而知”指示给人。后来明儒王阳明(守仁)大力阐扬“致良知”之说，世所习闻。独知一词则涵于《大学》《中庸》两书所谆谆切切的慎独学说中。

慎独之“独”，正指向宇宙生命之无对；慎独之“慎”，正谓宇宙生命不容有懈。儒家之学只是一个慎独。孟子不云乎，“学问之道无他，求其放心而已矣”！宋儒大程子说，“圣贤千言万语，只是教人将已放之心约之使反复人身来，自能寻向上去，下学而上达”，既是证成孟子之言，且更申明此学无穷尽。心从乎身，便向外去而恒有其对待之物；反复人身来便归到生命上而体现了一体之仁——“仁者与物无对”（古语）。应知凡所说向内，意谓其从向外者转回来而已，非更有其所向也。一有所向，便又是外去了。果然约之使反复人身（生命）来，下学自能慢慢上达，而深入乎不测（无穷尽）。

下学云者，其殆谓此身在自然界和社会息息生活中，常不失于自觉，能勉于无支离、无违异耶？果如是也，日就月将，形气之为碍寖寖消融，而于宇宙生命本原之通透则升进不已，其是之谓上达耶？

东西学术分途的话暂时止于此。却须声明一句：向外致力，向内致力只是东西古今学术界大端风气有分殊，而人毕竟是活的，更莫得限定之。

注释

① 关于身心先后问题，如其读者感觉我有些自相抵牾，看后文自明。

② 人生有三问题，而应付问题之态度亦有三；此说发之于《东西文化及其哲学》一书，其后《中国民族自救运动之最觉悟》、《中国文化要义》、《东方学术概观》各书继续阐明，宜取而参看。大抵以后作为周妥，有胜于其前者。

人的性情、气质、习惯，社会的礼俗、制度*

一、人的性情、气质、习惯

为了讲明人心与人生，有必要分从性情、气质、习惯、礼俗、制度，这几方面来谈一谈。

兹先说性情。说情，我指人的情感意志，而情感意志(包括行动在内)所恒有的倾向或趋势，我便谓之性。

人的体质、心智皆时时在发展变化；体质、心智变化，其性情同时在变化。非唯随时代而不同，亦且因地方而有异。一般说人性者，每曰“天性”，一若“天生来如此”的，实属所见不广；不可便以为与生俱来者即属先天，出生之后所习染者乃为后天也。此即是说：所谓后天不限于出生之后，人的性情(这是与其体质、心智不相离的)一切罔非得之于后天。

说人的一切罔非得自后天，其中却亦大有分别：

第一，是其得之由物到人的演进中者。此指人的身心

* 此部分一选自《人心与人生》第十四章，二选自《人心与人生》第十五章。

虽远在太古蒙昧野蛮之时，直到好像文明颇高的今天，如此不同时代却彼此从同的，亦指地球上东西南北任何地方出生而生活的人类之所从同的。正为有此一致从同之处乃同说为人类焉。其共同点何在？那就是人的自觉能动性。从人身开出来自觉能动性，而表现为人心，开始能为生产和生活制造粗陋工具，推计其时约当百万年前后。此性格可称之曰：人类基本性格。

第二，是其得之于各不同时代或各不同地方以及不同时又兼不同地的人群生活之所感染陶铸的那种性格。此即指说今天地球上各种各族的人生来其体质、心智和性情（种族遗传）便多少有所不同的那方面，对前者而言，可称之为人类第二性格。

第三，是在第一和第二的基础上而有的后天感染陶铸；较为肤浅较易改变的那一些。在前第二性格上亦有改变之可能，至若第一基本性格虽时有隐显，但不可能改变。此即是说只能发展向前，更无后退到动物的可能了①。

人的一切罔非得自后天，虽与生俱来，不学而能者，且不可目以为先天，然则竟无所谓先天耶？是亦不然。先天即宇宙生命本原或宇宙本体。

说到此处，不妨分开宇宙生命变化流行之体与其清静无为不生不灭之体的两面；两面非一非异，二而一，一而二。但儒家之学主于前者，佛家之学则以后者为至②。我们从两家遗教领会得此意，只是虚见，非实证，多说多误，自不宜多说。然而后文在论道德和宗教时，还将涉及，请参看。

中国学者远自孟荀以来，好为性善性恶之论辩，其为说多不胜数，而可取者盖少。吾书进行至此，大意可见，不须要更多的说话，只表出结论如下：

人性之云，意谓人情趋向。趋向如何非必然如何，而是较多或较大地可能如何。事实上，人之有恶也，莫非起于自为局限，有所隔阂不通。通者言其情同一体，局者谓其情分内外。肯定了恶起于局，善本乎通，而人类所代表的宇宙生命本性恰是一直向着灵通而发展前进，昭昭其可睹，则人性善之说复何疑乎？（参看后文论道德一章）

在第二章前文又曾说人之性清明。此正谓人从动物或本能解放出来，性向非同其他动物恒落一偏，而有如素丝白纸易于染色，却又不是那样消极被动，而是其生命富有活变性和极大可塑性以积极适应其生活环境。一个人生下来非从社会生活中经过学习陶铸便不得成人而生活，且于生活既得其适应后遇到环境必要时，重又能改造变化者，全赖此焉。

人之性善，人之性清明，其前提皆在人心的自觉能动，请读者加意理会！

关于情感意志的话，前此各章说过很多。敢请读者回顾各节前文是幸！

简括地说句话：喜怒哀乐之情不外是生命本原从生物机体辟创得几许活动自由所流露的征兆。在生物进化途程中，高等动物原同人类一路向着理智生活前进，未尝不争取得一点灵活自由，遂有其一点情感可见。人的机体构造（身、脑）既愈进于精巧、细密、繁复，可喻如空隙（自由活动的余地）愈以开辟，生命乃愈得所发露。前曾说机体之在人信为其所托庇以生活者，却譬犹重门洞开，窗牖尽辟之屋宇，空气大为流通（见第七章第二节），情感之波动激扬其犹空穴之来风欤。

从情感就可谈到冲动（impulse）。假若以情感从属于心，那冲动便从属于身。假若以知与行来分别，情感尚在从知到行的较前阶段，冲动既入于其较后阶段。冲动实为吾人行动所不可少的支持力；行动起来，勇于赴前，有时奋不顾身，不计得丧者在此焉[3]。

说了冲动便要说到气质。冲动就是人的性情中属于气质的那部分。或问：既然气质属在性情之中，为何在性情一词外，另提气质一词呢？性情表露在一时，气质却较牢固少变，而是使得其性情前后表露多相类似者[4]。

兹就气质一事再作如下的分层说明：

(一)人类虽从动物式本能解放出来，但人仍自有其本能，只不像动物本能那样机械性顽强、牢固、紧迫、直率耳。不过人类生活方法既从动物依靠遗传本能者转而依靠后天的创造与学习；为给后天学习陶铸留地步，其预作安排者乃至为零弱而有限。这些与生俱来零弱有限的本能却仍具有相当机械性、惯性，在心理活动上起着作用，势力非小。而我兹云气质者，其基本成分亦即在此。例如有人好发怒斗争，有人则否；又如男女情欲或强或不强，人各不等，其彼此不同者即彼此气质之不同也。而论其事，均属本能冲动之事。

(二)一个人的气质与其体质密切相关，如形影之相随不离。古书有云“少之时血气未定，戒之在色；及其壮也，血气方刚，戒之在斗；及其老也，血气既衰，戒之在得”。那正是指出了体质有改变而气质从之的一好例。

(三)人们的体质各不相同，从而其气质亦就不同，从而性情表现多有不同，寻常说每一个人总有其个性者，即基于此而来。所谓个性即气质不同之谓；不同者即各有其所偏。人人不免各有所偏，但其偏度大小强弱不等。

(四)伟大的天才人物与一般庸俗的人的比较，大约是一面其气质偏度显得强大，而另一面其气质又清明过人，两面好像趋于相反之两极。伟大天才之所以清明过人，正因他比较通常人更障蔽少而透露大也。但他气质仍然有其所偏者在，其偏度随着其高度的透露遂显得强大。

（五）人心是灵活的，自然无偏颇，气质却相当凝固而有偏。东方三家之学不相同也，却均在主动地对气质下矫正功夫，提高其生命的自觉性，以进于生活上的自主、自如。宋儒不云乎，“学至气质变化方是有功”。避免气质用事，要为三家相通处[⑤]。

我这里所用习惯一词，极为浑括广泛，试为说明如次。

从今天人类之无所不能，回看其降生下的原初一无所能，则人们的生活能力几乎全得之于后天学习和接受社会的陶铸，岂不事实昭然。我说的习惯正是把个人的学习和社会的陶铸统括在这里一起来说它。

学习始于幼儿模仿成人，所以习惯之事既是个人的，又是社会的。没有模仿因袭无以成习惯，但社会上一种习惯固创始于个人，乃风行于群众间。虽云创始，却无不有其所资借的基础，即无不是在因袭中有所更改，掺入新成分者。其所因袭莫忘是先存在社会的。这样，所谓习惯便是从社会到个人，从个人到社会循环不已的事。

古语云“习与性成”，习惯在人的生活行止上的势力极其强大，不亚于气质。前说气质不离体质，同样地，习惯亦是附丽在身体上的。二者的分别：气质是生来的，习惯则是在降生后慢慢养成。虽二者均非不可能改变（或不自觉地在改变，或自己主动地改造），但其强大的惯性恒掩蔽着人的自觉性，人辄一时间失去自主往往贻事后之悔恨。可以说所有身心之间的矛盾冲突，罔非来自气质和习惯的问题。正为它是生命进取自由上所不可少的前提条件，所以当你不能很好地运用它，你便转而为它所左右支配了。

二、社会的礼俗、制度

我这里说的礼俗制度亦复涵括广泛。初民社会许许多多的禁忌，文明社会一时一时的风尚，均算在其内。当然最重要的如两性婚配制度、土地制度和种种生活资料所有制更在其内。如此说来，在马列主义之所谓社会经济基础者亦且在涵括，其所谓社会上层建筑自又不待言。

兹就一切礼俗制度的形成及其所以存在发展者，试为论列如次。

（一）宇宙生命虽分寄于生物个体，却又莫不有其群体即所谓社会者；人类除男女两性及亲子关系犹存有不少本能意味而外，社会的组织结构及一切生活秩序咸受成于后天礼俗制度，因时因地千态万变其不同焉。唯其如此也，我们可以说其规制来自身体本能者殊少且弱，几乎不算数，而大抵出在心理习惯之间。

（二）人类社会是在不断发展中，其发展作始于社会生产的发展，此种唯物史观原在所承认，却必须指出社会生产的发展原离不开人类心理活动，而且它亦是在发展变化前进的。

（三）当前事实表明，北美、西欧、日本等国社会生产力纵然高度发达，与其资本主义的生产关系非不矛盾尖锐，正演着极其严重的社会问题，却由于强大的国家机器维护保守其生产资料私有制，就使得社会革命渺远难期。由此可见在当前——在古代或不必然——社会生产力尽发达却非定然直接地推动上层建筑的变更；其变更是要待通过作为中介的生产资料所有制的变更乃得实现的，而此所有制却被上层建筑有力的维护着。

（四）然须知以上所说非为最后论定，只在显示上层建筑的反作用愈来愈强大有力而已。当前那许多国家资产阶级统治所以一时未得突破，帝国主义命运所以尚未终结者，可能是从世界范围来看，社会经济太落后的地方仍然太多，犹在供其肆行侵略剥削之故。似乎要待社会生产力更普遍地发展起来，反帝力量更强大起来，而后无产阶级世界革命的机运才到来吧！若是，则说生产力推动着生产关系变更前进，终不失为真理也⑥。

（五）昔人不有“存在即合理”之说乎？资本主义弊害百端，为世诟病久矣！然而环视世界，它迄今犹广大存在通行着，是必有其理由。吾人研究礼俗制度的形成、存在、发展、变化问题，不妨就此入手来探讨之。

任何礼俗制度之形成，必应于人生需要而来，没有需要不会发生，尽有其需要而无其可能，仍然不会发生和存在下去。概略地说来，所云理由者，要当循此两面——需要与可能——以求之。

（六）身体需要形著为种种之欲望，而欲望在人从来不会满足，同时人口不会不繁殖，这种来从宇宙大生命而发乎个人人身汇集以成的伟大自然势力，就是社会发展史所称为“自发性发展”的根本。论一切礼俗制度所由形成，此实为其原始动力。

不过这种深远伟大的自然原动力，虽足以涵盖一切，却不足用以说明礼俗制度古往今来的一切复杂变化。

（七）百多年来人类学者考察各地僻远未开化人种，从而推见初民社会生活规制，既见其有相类似乃至相同之一面，却又一面甚多参差不同，难可一概而论者。

礼俗制度的创造、形成、沿革、变化，要莫非人类生命的活动表现，既见出人类的聪明，亦复时时流露愚蠢于其间。兹试为分析言之于后。

（八）粗略地说，礼俗制度的创造形成，其中少不得有知识、有计虑，即属理智一面。但理智偏乎静，其支配着知识，运用着计虑的动力乃在人的感情、意志、要求方面。理性表见于感情、意志、要求之上，但人们的感情、意志、要求殊非恒衷于理性者。相反的，其非理性所许者乃所恒见不鲜焉。是盖理性之在人虽所固有，而其茁露昭显于人群社会间乃大有待于历史发展。

（九）毫无疑问，在近世资产阶级民主的礼俗制度之创造形成上，人的理智和理性起了极大作用。但从理智、理性二者却不能说明现在此制度何以迟迟延延不见其改善或被革除代替。大力维护其存在的，显然有在理性、理智之外者。要知道人类生命的活动表现，原不是都必根于理智、理性而来也。

（十）礼俗起于同风，法律本于定制。可以说，礼俗风尚属于社会之事，而法律制度却是国家的。前者不似后者有一种超居社会之上的强迫制裁力量，便是其不同处。但人类生活总须有其规制，社会总须有其秩序，我们即不妨浑括地用礼俗制度来称谓它，于必要时再分开讲。

（十一）不妨暂先作一小结于此：凡礼俗制度所以得成其效用者，大要是基于三种力量之上。

1. 是理智之力——谓人们各从自身利害得失的计虑上而同意接受遵从；为行文简便，下文简化为一“利”字以代表之。

2. 是理性之力——谓人们因其公平合理，虽不尽合自身利益，却允洽舆情而乐于支持拥护；为行文简便，下文简化为一“理”字以代表之。

3. 是强霸之力——谓人们大半在被强制之下，不得不忍受服从；为行文简便，下文简化为一“力”字以代表之。

无规制无秩序，社会生活是不可能进行的，规制秩序的建立殆无不兼有以上三种力量在。

分别言之，大要社会礼俗存乎“理”字上，其中自亦有“利”字在，却仍然不是没有“力”的因素。社会虽无军警、法庭、监狱等设施，然其排斥违俗之个人，每有甚大威势，压力可惮可畏或甚于刑罚。国家的法律制度固恃有一“力”字在，然而实际上依赖于“理”“利”二者维系其间正不在小。

（十二）生活规制、社会秩序是否亦有单纯依靠于理性、理智以建立的？今虽未之见，却可能有之，那就是未来的共产社会。那时将是有社会而无国家，有礼俗而无法制。其所以可能，首先因为各人从身体来的利害得失降低，彼此间的矛盾冲突减少，而同时发乎人心的自觉自律又达于高度也。

（十三）生物演进，物种歧出，虽有高下之第，曾无必进之阶；社会发展略示阶段，其间有未定为准者。若晓然于下列四点，庶几可得其要领。

第一，人类文明一切莫非出于后天创造，创造原不会一模一样；但从基本需要上说，异地异族不必有异，如其客观可能条件又差不多的话，则走向相同之路的分数必高。此非有内在定律，只是彼此雷同而已。

第二，个人聪明各有不同，群体何独不然？加之无绝对相同的环境条件，则一时路向差异以出。而况人固不免于疏忽错失以至愚蠢，时常走弯路，岂能期其必皆直线前进？

第三，合以上两点来说，即承认事情发展是有其于势为顺之顺序的，但固非有拘束力于其间。

第四，人在创造之中有学习，在学习之中有创造；各方文化交流，彼此传习，是全人类文明发展进步的最大因素。事实上既不少此相互启发传习的机会，则对于各单位的进程次第何能多所泥执?

总结一句话：人类文化若从其整体来看，或言其历史的总趋势，那自是在不断地有所前进中，但非所论于个别单位、个别时期。

(十四)有人说，生活用具何者为进步的，何者为落后，从乎吾人既定之实用观点便不难加以评定。但人生目的何在，难于论定，即无以为评定社会生活规制(礼俗制度)之准则。

其实你懂得了人心是怎样一回事，你便懂得人生道路该当怎样走。凡在人生观上莫知所准，“从吾所好”(古语)者，正为其于人心——亦即人之所以为人——尚无认识故耳。

(十五)从乎生物演进而有人类出现，原非有目的有计划之事，则人生良非有其目的可言者，但人类非无前途归趋之可了望。

马克思主义所主张之科学的社会主义，其有别于空想的社会主义者，盖为其所主张不徒从主观理想要求而来，更且指示出客观事实发展前途趋归在此，具有道德与科学的一致性，理性与理智的合一性，所以完全正确。从乎此种社会发展观点我们即可准以评价一切礼俗制度。

(十六)人类历史上社会单位是从其最初很小的群体，慢慢向着规模扩大而发展前进的。当其成部落，每求部落之联合；部落进而为国家，每求国家之联合。他日共产主义实现，国家消亡，将见有世界大同、天下一家的局面。那便是合全人类而为一浑整大社会了。此种从小向大之社会发展与其从低向高之发展，固很有关联，譬如原始狭小人群与其蒙昧未开化相联，他日共产主义实现则与世界大同相联；但两面究非一事。旧著《中国文化要义》曾指出：人口数量土地面积我们与欧洲皆相埒，而在欧人卒必裂为若干单位者，在我却混成一大汉族而不可分。是何为而然？盖中国传统文化虽未能以理智制胜于物，独能以理性互通于人；他们尽管身近而心不近，我们虽则身远而心不远。此非社会发展一则从低向高，一则从小向大，显然各有所偏，不相同乎[7]？

（十七）社会发展可资考验和评价的尺度，尚有第三标准，那就是个人与群体之间关系如何问题。社会或云群体为一方，社会的组成员或云个人为又一方，在此两方关系上有一个应该孰居重要的问题：以群体为重乎，抑以个人为重乎？这实在是社会生活规制上的极大问题。社会发展史上近代资本社会的出现，不是从争取人权自由、反对中古封建制度而来吗？现代社会主义不是又掉转来反对个人主义而重视社会集体吗？问其间轻重如何为得宜，事实上是随时随地而异其宜的，必不容呆定言之。第从道理上讲，却亦有可言者。

甲，人之所以可贵在其头脑心思作用（兼括理智与理性），必尽其头脑心思之用乃不负其所以为人。如其在群体中的个人恒处于消极被动地位，不得尽其心思之用而只役用其体力，那显然不对，深可嗟惜。但似此情形不是历史上所恒见的吗？历史上特从阶级分化后总是只见一小部分（一层级）人在发挥着心思作用，多数人得不到机会，经过社会发展进步乃逐渐扩展其机会于较多之人，而至今犹缺憾极大，将必待进入共产社会而后人人方才各得尽其头脑心思之用而不虚。——此从个人说。

乙，再从群体一方面来说，社会发展要在其社会所由组成的各个成员都很活泼积极主动地参加其社会生活，夫然后其社会乃为内容充实，组织健全。人类今后将从近代个人本位的社会转入社会本位固可无疑，但转入社会本位后并不意味着个人将被看轻。人的个性及其社会性在未来新社会中将同得其发展和发扬。这是社会发展的实质问题，不同乎前两标准只形见乎外者。

总起来说，评量社会发展的尺度标准盖有如上三者。三者信乎互有关联，却非一事，此必须晓得。

(十八)宇宙大生命的活动不外基于宇宙内在矛盾争持而来。其争持也，似在力反乎闭塞隔阂不通而向着开通畅达灵活自由而前进。生物演进终于出现了人类者在此，人类社会发展前途将必进达共产主义世界大同无不在此。明乎此，社会生活规制只有符顺于此方向的才算对(好)，否则，不对(不好)。不对者一时所难免或不可免，是其负面，不是正面。一切礼俗制度都应准此予以评价。不是没有标准，而是有其明确不易之标准；不是有许多标准而是只有此唯一的标准。

(十九)这唯一标准统括着上面所说三个标准。上说三个标准要必从此理会其精神意趣以为应用，即是说：必须依从社会发展观点来看问题，不能脱离(忘掉)社会发展观点而有所执着呆板地加以肯定或否定。

第三标准来自吾人理性要求，偏乎主观；而一视乎社会生产力高低的第一标准则从不可抗的伟大自然动力和理智计算而来，偏乎客观。若执着于前者而忽视了后者，且不明白二者之间的关系，便脱离社会发展观点，不为通达有识。

因此我们可以说：没有任何一种社会制度可以肯定是好的，或绝对否定之的，而只有当其有进于前，有合于其历史新陈代谢方向者方才肯定是好的。每见有人梦想一种最好的制度到处都可适用，那真乃糊涂思想!

(二十)第二标准盖以吾人好恶之情相喻相通为其本；此与第三标准有类同之处，不能求之过早。理性虽为人所固有，而在人群社会间显发其作用却恒有待于历史发展进步。中国汉族事例吾夙认为它理性早启、文化早熟者以此。

远古之时，“外人”与“敌人”曾为同义语，此正是身体笼罩乎心，分隔之势强也。古日耳曼人有言“凡能以血赢获者不欲以汗而赚取”，近世欧人犹且海盗行为与商业可得而兼。对待外人同于外物，唯恃强力以相见，殊非情理之所施。情理之所施，只能一步一步扩大其范围。大约讲理之风先见于一国之内，在国与国之间则有强权无公理，事例昭昭。然而今日看来，范围扩大之时期殆不在远。

（二十一）彼此间的争议往往以决斗定是非，此不独见于过去社会习俗，即今世界列国之间不犹且公然行之有效乎⑧？战争久已成为在国际间解决问题的办法，或不言而喻的制度矣。再如国家非一种通行的制度乎？从古以来国家恒建立于阶级统治，而阶级恒必有藉于武力乃得行其统治，以至于今未改。“战争是流血的政治，政治是不流血的战争。”试加寻思，强霸之力在人类社会生活规制上所起作用，盖无在而不可见。吾人对此应作何评价乎？

往者圣雄甘地反抗英国殖民统治，争取印度独立，有所谓“不合作运动”，作为其中心思想的“非暴力主义”实代表着人类至高精神⑨。通常彼统治阶级以暴力来，我革命阶级以暴力往（武装革命），那完全是必要的，肯定是对的。但耻于用暴力则更伟大、更崇高、更纯洁，此唯在古印度文化陶冶下的甘地能倡导之，印度群众能勉行之，既不会出现于中国，更不会发生于西洋，或其他任何地方。鄙弃一切暴力，屏除一切暴力，人类将来可能有这一天，固不能用来衡量从古到今的礼俗制度。

（二十二）暴力——强霸之力出于身而施之于身，欲望实导其先，怒气冲起于后，此斗争本能为人类同于动物所未能免。当其掩覆着理性、理智而行动，即属愚蠢可悯。人类原不是只有聪明，绝不愚蠢的呀！

人的聪明(理智、理性)是有待于渐次开发显现的，当其开发不够，就流露出愚蠢。

(二十三)大抵一种礼俗制度的兴起畅行皆基于其时代需要与环境可能而来，有利于有秩序地进行其社会生产和生活；虽则今天看它不免愚拙幼稚乃至横暴残忍，却总是当地当时人们的创造表现，有行乎其不得不行者在；殆庄子所云“意者其有机缄而不得已邪?”

反之，假如你像恩格斯《反杜林论》中杜林那样，对于古奴隶制度以及其他类似现象，全不了解其制度怎样发生，为何存在，历史上起何作用，大发其无用的高度的义愤，将不为你聪明正直之征，却只见得你于客观事理不够通达了。

再翻转来说，假如你是历史事件中的当事人，面临着某种制度感觉不能忍受下去而指斥而反抗则是值得同情赞扬以及赞助的。

(二十四)强霸之力这一成因，若为种种礼俗制度所以恒受讥弹反对的由来，它在社会发展上将随着历史而渐次减退，以至最后可能退出于历史，这是不错的。

(二十五)前文曾举出凡礼俗制度所得以有效存在的三种力量：理智之力，理性之力，强霸之力；那是为暂先作一小结提出来说的，实则论其力量固不止此。虽云不止此数，其他却不妨统括之曰惰性之力。世间礼俗制度在其发生或建立之后，惟借惰力以存在者恒见不鲜。举其特别昭著之例，有如印度、日本等处的贱民制度，北美南非各地的种族歧视陋俗，在社会尽有自觉地要求其革除的运动历时很久很久，或在国家以法令条文三番五次地明示其废除之后，竟然余势犹存，极不容漠视[10]。其他不如是昭著的事例更多不胜数。

(二十六)生命本性是要自由活动的，但同时却有其势若相反而恒相联不离的惰性。群体生活中的礼俗制度正和个体生活中的气质、习惯是同一样的东西，自始便有些惰性(指其预先规定下来)，而愈到后来惰性愈重。有它，原是为便利于进行生活的，而不利即伏于其中。因此，一切礼俗制度莫非利弊互见，略分早、中、晚三期来说，早期利多弊少，中期利弊各半，晚期弊多利少。大抵推行尽利之后，总要转入末路，难于维持。正为任何规制(死的)不足以适应社会的发展变化(活的)，不能维持，犹想维持，惰性毕现，只应斥为愚蠢而已。

(二十七)聪明出于头脑，愚蠢却与身体大有关系。这里说身体，盖指气质与习惯。礼俗制度之在群体生命同于气质习惯之在个体生命，原为吾人所资以进行生活的方法、手段、工具(或云必要条件)。说它惰性愈趋愈重者即指其愈来愈僵硬化，末后几于失去任何意义，既不能起有利作用，就转落于不利而为病。然问题固不在它——它原非是自己表见作用的。问题在人心有失其自觉灵活，未能为之主也。所谓愚蠢者岂有他哉，即此灵明有失，惰性露头是已，非二事也。

虽然强暴多有为惰性之表见者，但惰性既非恒必借于强力而见，更且强霸之力从智勇所出者岂在少乎？(例如武装革命及一切正义之战。)是故惰性愚蠢决定非二，而强霸之力之为愚蠢或否，要当视乎其来从惰性或否而定。凡此必须明辨莫混。

注释

① 阶级性应属此第三层内，但又非很容易改变的，原因有二，当社会阶级现实存在时，息息生活于其中，此其难改者一。要改转到无产阶级这面来，便须公而忘私；此身为有私之本，心不离身，身是很难忘的，此其二。然而从乎基本性格自觉明强的人又有何难耶？

② 佛家关于此心直通宇宙本体非有二的说话甚多，兹略附存备览。

龙树菩萨“心赞”云：诸佛出生处，堕地狱未减，成佛原未增，应敬礼此心。

禅宗大德有云：即心是佛，佛即是心。又有云：有人识得心，大地无寸土。

《大乘起信论》有一心二门之说：一者心真如门，二者心生灭门；二门不相离，二门皆总摄一切法(宇宙一切事物)。

《楞严经》有云：尔时阿难及诸大众蒙佛如来微妙开示，身心荡然得无罣碍。是诸大众各个自知心遍十方，见十方空如观手中所持叶物。一切世间诸所有物，皆即菩提妙明元心。心精遍圆，含裹十方。反观父母所生之身，犹彼十方虚空之中吹一微尘，若存若亡。如湛巨海流一浮沤，起灭无从。了然自知获本妙心，常住不灭。

楞严在此前，有七处征心之文，嫌其太长，不录。

《起信》《楞严》两书向来皆疑其非真传自印度，而是出于中国人撰著，我读之有同感，但吾意仍可取以代表佛家。

③ 英国哲学家百船·罗素著《社会改造原理》一书，值得参考。此书特指出冲动是人类行为的重要源泉，指出资本主义社会鼓励人的占有冲动，流弊甚多，改造到社会主义将发扬人的创造冲动，大有利于人群。

④ 自古儒家既多有关于人性的讨论，临到宋儒遂提出有"气质"一词，从而"理""气"对举，却又非划然两事，俾在问题上便于分疏，自属学术思想之一进步。例如说"论性不论气，不备；论气不论性，不明"(程伊川语)。"气质之性只是此性堕在气质之中，故随气质而自为一性"(朱晦庵语)。我这里所说的气质亦与昔人所说约略相当，但读者仍宜就吾前后文寻绎其所谓，固不容相混为一。

⑤ 三家同一主动地对气质下矫正功夫，同以人心自觉为其入手处，还更有以提高其自觉；所不同者：道家功夫用在此身，儒家功夫用在此心，佛家直彻底解放生命，还于不生不灭，无复气质之存。

⑥ 1858年恩格斯从英国写致马克思信中说有如下的话：英国无产阶级实际上日益资产阶级化了，因而这一所有民族中最资产阶级化的民族，看来想把事情最终导致这样地步，即除了资产阶级还要有资产阶级化的贵族和资产阶级化的无产阶级。

当时英国无产阶级所以资产阶级化者，实为当时英国是一剥削全世界的民族之故。今日西欧、北美、日本等国家都在对广大第三世界进行着剥削，固宜其无产阶级难免于资产阶级化而起来革命之渺远难期也。

⑦ 请参看旧著《中国文化要义》一书。

⑧ 1972年春末吾行文至此，正是从巴基斯坦分裂出来新成立的孟加拉国得到国际上广泛承认之时。东巴要求独立起因盖远，其事之成，固因苏联支持印度发动战后第三次

印巴战争。故而文中为言如此。

⑨ 甘地倡导的“不合作运动”，又云“不抵抗运动”是对于强霸的英国一种彻底不妥协精神，一种大无畏精神，每受到暴力摧残愈见坚卓刚大，当在得到广大印度人民群众响应起来时，英国卒不得不让印度独立焉。往者二三百年多次武装暴动所未能奏效者，乃以此收其功；此实为自有人类历史以来唯一无二的奇迹。

⑩ 1972 年 4 月曾有“日本部落解放同盟”代表团来北京参观访问，当时《人民日报》第六版曾有资料说明。从明治维新“身份解放令”以来法律上不再有歧视，但八十余年至今社会仍存在歧视——在就业、通婚、受教育等方面有所歧视。印度的贱民制度更举世闻名，远从 2500 年前佛教即予破除，近则甘地领导其破除运动，竟然余势至今犹存。全世界各地大约无处不有此陋俗，中国亦尝有之，梁任公《中国文化史》中曾述及。

宗教与人生*

宗教之为物，饥不可以为食，渴不可以为饮，夏不祛暑，冬不御寒，对于此身生活问题不见有任何用场。然它从远古发生在人群社会间，势位崇高，虽经历近代资产阶级革命前夕之批判思潮，现代无产阶级革命中的反对运动，竟尔根深蒂固，既不见消亡，且时复肆其活动，是何故耶？是即人生非若动物之囿止于身体存活而已，更有其超乎身体、主宰乎身体的精神一面，必精神安稳乃得遂顺地生活下去之故耳。宗教虽于身体不解饥渴，但它却为精神时多时少解些饥渴。[①]

宗教无疑的是人类在其文明史上所有的一伟大作品，犹之乎人类生活中恒有国家和政治之出现那样。它们（宗教、国家）既出于人的聪明，亦来自人的愚蠢；既各有其有利于人、造福于人的一面，亦各有其有害于人、为祸于人的一面（随时随地不同）。不论其为利为害、为祸为福，总之皆人之所自为，不从外来。一味致其赞颂，或一味加以

* 此部分选自《人心与人生》第十六章。

诟骂，皆不免类似梦中人说些梦话，不为明达。宗教之出现既早于国家，而如我所测，消亡将远在其后。宗教殆且与人类命运同其终始(此语似若惊人，但不容终闷)。吾书若非于此一大事有以剖说明白，则人心与人生是怎样一回事，便终不得明白。然此非简短数言可了。此章有待论述者既多，将分为数节言之如后。

一、世界文明三大系

人类有所发明创造先后早晚不齐，为事所恒有；其居先者辄从而传播扩展于四周外，盖亦自然之势。却有不少一度居先而未能持续发展之文明，如所见于史籍者，则今不足举数。若其在空间上扩展既远，在时间上绵延且久，卓然成为世界文明三大辐射中心者，则唯在西方之希腊、罗马，东方之印度与中国焉。

所谓文明辐射中心者，试以中国为例：中国文字不夙为其左右邻近各族所传习采用乎？迄今朝鲜、日本、越南各国之地名、人名犹依用汉字从可征已。中国学术载籍同为彼邦所传习讲求；以此之故，往往吾国失传之书转得借以收回。中国医术传于日本者，号之曰汉医，其在朝鲜则对西医而名之为东医。乃至有关立国之法制典章亦率多取则于我。杨鸿烈著《中国法律在东亚诸国之影响》一书指出日本法律受中国法律影响者凡 1600 年之久。

古印度文明之传播于其域外者，不必多举其事，只就佛教广远地流传世界各方(主要向南、向北、向东传播)之一端可以概见。

再就古希腊、罗马文明来说，我们不能不承认人类现代文明实从欧美发端后乃扩展到全世界的；而此欧美文明固明明导源于希腊罗马也。

有此辐射中心出现于世，未足异也；最为奇妙者，乃在此出现辐射之三方在应付人生问题上竟自各有其特殊精神，或云有其人生活动的不同方向(态度)彼此略不相袭，斯则可注意者。

今将先指明人类文明内实有其为主为从之两不同部分。为主部分包括社会制度和社会人生的一切是非取舍价值判断，或总括之曰：精神面貌。至如俗所称物质文明的那些生活资料、生产资料和有关自然界的科学知识、技术种种在人生生活上居于从属地位的那些方法、手段、工具等等，为文化上从属部分。

凡作为一项方法、手段者，其价值如何就是从其费力多少、效率高下之间加以比较、商量来决定，而作为一社会人生表见其精神面貌不同的那种是非取舍、价值判断则不是这样。那是极其严肃郑重不苟的。前者可随其所宜，灵活运用；后者则为原则，在所必遵。

申言以明之，此所说严肃郑重的是非取舍，乃指道德上那种是非取舍而说。不过，道德观念在远古野蛮人尚缺乏，那时他们似只有宗教迷信敬畏之心情。后世的道德其物，原从宗教分离发展而来，有待人类头脑大进于开明。不论是道德，是宗教，总皆人类社会生活中极其紧要成份。地不论东西，时不论今古，设若一社会人心竟尔丧失其严肃郑重不苟的是非取舍，其结果未有不陷于混乱、灭亡者。

道德和宗教良非一事，其分判将于后文言之。而彼此相联通几若不可离者，盖以其表见在是非取舍上同此尊严绝对意味，而在人类生命深处实属同一根源之故。

但历史迄今为止，俗常所谓宗教，所谓道德至多隐约地通于人类生命深处，而实则形成于人类生命浅层，浑涵于礼俗、风尚、法制仪文之间，难以语乎宗教之真、道德之真。以其植根不深，故而随时随地转变更易，却亦自有其权威，为其时其地的社会生活所赖以维持进行之具。

二、有关宗教问题的疏释

是宗教，不是宗教，其分别何在？如我从事实归纳所得理解，宗教不拘大小、高下、深浅，要必具备两条件如次：

甲，宗教在人的理智方面恒有其反智倾向即倾向神秘超绝，总要在超知识、反知识之处建立其根据；

乙，宗教在人的情感意志方面恒起着慰安勖勉作用，俾人们感情动摇、意志颓丧者，重自振作生活下去。如所云安心立命者是。

凡于此两条件缺一不备者，便不为宗教。上文所说宗教高下悬殊，等差甚多，而性质上自有其一贯线索者，即指此。

若问此贯乎一切宗教的线索者，究从何来？此盖从人类生命既超离禽兽类型，其心乃不必为身而用，出世倾向即隐伏于此，不可免地有时发露，且在螺旋式地发展中，卒必贯彻而来也。昔年旧著有云：

宗教者出世之谓也。方人类文化之萌而宗教萌焉。方宗教之萌而出世之倾向萌焉。（见《东西文化及其哲学》第113页）

宗教的真根据是在出世。出世间者，世间之所依托，世间有限也，而托于无限；世间有对（相对）也，而托于无对（绝对）；世间生灭也，而托于不生灭。（见《中国文化要义》第106页）

世间宗教复杂万状，其中实有一贯不易者在，此为一方面。另一面，从其出世倾向表见的高下等差来说，则约可区分三大等级：

初级者——此总括通常所云多神教，其所崇信而仰赖的对象，或为族性祖先，或为乡邦神祇，或为一山一水之神乃至具有神灵之任何一事一物，总若超居现前知识和推理界域之外，而能为福、为祸于人，一经奉祀礼拜、致其祈祷之后，便觉有希望可恃，乃至梦寐亦得安稳焉。费尔巴赫的一句名言“依赖感乃是宗教的根源”，正谓此耳。

高级者——大有进于前，其所崇信而仰赖者在主宰全世界之唯一大神，如所云“上帝”、“天主”、“真主”者，基督教新旧各派，伊斯兰教各派即为此级之标准型。人类生命的卓越伟大精神和慧悟能力往往于此表现发挥，殊非前此多神教之所及。试分析言之：

(一)生物生命原不限于其个体，人类生命尤见廓然恢通，其情乃无所不到。于是而有“上帝如父，人人如兄弟之相亲”，平等、博爱之教。其教恒能传播普于世界各方者在此。

(二)仁必有勇，更加以相信死后升天永生，自不难舍身命以赴义。其教义信一神，反多神，悍然与旧社会为敌，即惨遭杀戮迫害，其势乃如火益炽。基督教因以大兴，莫之能御者在此。

(三)在宗教本义自是信神超自然而临于自然。但慧悟之士不难从宇宙万有唯一大神转入泛神思想，涵宗教于哲学，恰亦通达无悖。其所以人无贤愚每每一皆信从者在此。

(四)人生意味最忌浅薄；反之，宗教上的贞洁禁欲主义和慷慨自我牺牲精神(例如清苦循世的修道院和不避艰险去蛮荒传教)，正代表着人类生命力之高强，颇能吸引志趣不凡之人。此一级昭著的出世倾向，远超一般多神教之上者在此。

最高级——唯从佛教中可以见之。佛教原不简单(例如有大乘、小乘、人天乘)，既传播远近各方，历时二三千年之久，其随时随地转变复杂更不可阐述。然有识者固不难得其真，是诚唯一圆满之出世法也。下节将试为指明之。

前章讲到社会礼俗制度时，宗教既在其中，对宗教为一般的考察论断大致均可适用。却另有下列三大问题：

(一)宗教与迷信鬼神问题；

(二)宗教与科学；

(三)宗教与道德。

尚待特加分疏申论于后。

(一)关于宗教与鬼神种种迷信问题主要存在初级宗教中，高级宗教同亦有之，在最高级则涉及不多。(详后)

人类为何需要宗教？宗教又何为迷信鬼神几若相关不离？此可分从数点说明如次。

(甲)我们可以说，当人类有文明创造之初便有宗教，甚且可以说人类有宗教乃有其文明创造。何以言之？社会(群居)生活是先天决定于人类生命本质的，必在群居中乃有文明创造，而赖以维系团聚此人群者，总少不得某些对象的崇信礼拜。申说其理约有数端：

(1)远古初期人群是血缘族姓之群，固可能从身体本能方面理解其成因，但既经发达了头脑心思的人类必要更在心理上(精神上)得其凝合维系之道才行。群内统一的崇信礼拜便应运而自然发生建立起来。只在建立起群内统一的崇信礼拜时，群的生活乃得以稳固顺利进行去。盖为人们言语行事何者为可，何者不可，在群内少不得有些规矩准则。此规矩准则恒必归之神秘乃具威严而人莫敢犯。此即宗教之为用于早期人群，甚且长时延续到后来者。

(2)初民蒙昧无知，而其心灵脆弱，对于外界威胁到此身特别敏感。特别是于威猛的自然现象(雷、电、洪水、地震、疫疠等)，时来时去，莫知其所以然，辄幻想其有神灵作主；而惊骇畏惮之余，祈祷从之，逐为各方各族之所同然。

(3)生死、祸福，事最莫测难知，而事之最牵动扰乱人的感情意志者恰恰亦即在此。费尔巴赫有绝妙的话说“若世上没有死这回事，那亦就没有宗教了”，又说“唯有人的坟墓才是神的发祥地”。此所以鬼神观念与夫祈祷禳祓的行为乃为一般宗教所不可少。我们正不妨据此以为判别何者是宗教，何者非宗教的标准所在。宗教实即借此以起到其在人群中的作用，建立其大无比的影响势力。

(4)人生所不同于动物者，独在其怀念过去，企想未来，总在抱着前途希望中过活。时而因希望的满足而快慰，时而因希望的接近而鼓舞，更多的是因希望之不断而忍耐勉励。失望与绝望于他是太难堪。然而所需求者不得满足乃是常事，得满足者却很少。这样狭小迫促，一览而望尽的世界谁能受得？于是人们自然就要超越现前知识界限，打破理智冷酷，辟出一超绝神秘的世界，使其希望要求范围更拓广，内容更丰富，意味更深长，尤其是结果更渺茫不定，一般的宗教迷信就从这里产生。人们生活更靠希望来维持，而它(宗教)便是能维持希望的。——此情况既见之甚早甚早，亦将延续及于久远之后世。

(5)费尔巴赫曾说“唯弱者乃需要宗教，唯愚者乃接受宗教”；此其言自是有所见。同一人也，当其意气壮盛时所绝不置信者一旦突遭变故嗒然沮丧，困惑无措，他便即信受了。一切迷信之得势，大都舍弃智力而任凭感情之所致。反之其鄙薄迷信者，每每不过意气自雄而已，未必悉出智力之明。可知宗教所以与迷信密切相联之根本缘由在此。

(乙)以上说明人们情感意志零弱，是其落归迷信鬼神而走向宗教一途的由来。世上初级宗教——多神教类，多建立于此。乃至高级宗教——唯一大神教几乎亦莫能外。

在这里有必要对迷信一为剖析。说迷信是说人自蔽其明。人何为而自蔽其明？心有所牵于外，则蔽生而明失也。人是富于感情的动物，而任何少许隐微的贪着、恐惧、恚恨等等诸般心情均将构成一丝牵挂而自失其明，况其情念又重者乎？世人之落归迷信恒在此。此是浅一层的分析。更深一层言之，从乎向上心而否定人生志切出世者宜为正信而非迷信了。然人的欣厌好恶皆根于俱生我执而来。此与生俱来的深隐我执(不是现于意识上的分别我执)完全是迷妄的，其由此而来的厌离世间之念同属迷妄也何疑?

“佛陀”为梵音，其义则觉悟之意。“心、佛、众生”三无差别，是佛家恒言。众生与佛原自无别，其别只在迷与悟之间而已。然迷妄岂有实在性?譬如迷于东西方向者，东西何尝为之易位?众生自性是佛，固未尝以迷而改；一朝觉来，依还是佛。问题只在无始以来习气重重，积习难返耳。出世之念仍身处迷中，正信不异迷信——此为深一层分析。

(二)宗教与科学——此一问题与一切宗教均有关系。关系简单明确，即二者在人类文明中各有其领域是已。

宗教与科学同为社会的产物，既同构成于人们的心思，又同为人生而服务。但在心思活动上既不同其动机，更且不同其对象。科学知识以现前个别事物为入手对象，虽步步深入研究，有所联通，蔚成体系，但不及于浑全宇宙，不作最初、最终任何究极不谈。解决当前疑问是其动机。疑问解决，达于实用，又复促其前进。此中大有人制胜乎物的主动精神在。社会生产力发达升高有赖于此，同时亦即推动着历史车轮。反之，震于外界无边广大威力，自己每处在胁迫被动中，心神不安，却是宗教信仰起因。此即其早期出现的动机不相同矣。其后则有进于此者：伟大宗教显示出人类的一种深切关怀憧憬，若不容已。其所憧憬者若在当前万物流逝之外，又实隐寓其中，即尔真实不虚，却又若有待实现。盖人生自我对神秘的无边宇宙之依存究竟若何，有不容恝置。此其动机显然复不同前。再言其构思中之对象，外则泛及一切，内则反躬自省，莫得而限定之。特于宇宙究极不能不涉想幽渺，其或出以幻构，落于迷信仰赖，抑或深有会悟，得其安心立命之道，则种种各有可能。社会的生产和生活必有礼俗制度乃得进行，而此则为礼俗制度奠立基础，又辅翼之[②]。宗教也，科学也，事实上各有其领域，岂不昭昭乎？

(三)宗教与道德——此一问题与一切宗教均有关系。关系是简单明确的，即二者在人类文明中密切比邻，虽非一事，却相联通也。

道德之真义应在人莫不有知是知非之心，即本乎其内心之自觉自律而行事。但俗所云道德却不如是逼真。盖因人生活于社会中，而各时各地的社会恒各有其是非之准，即所谓礼俗者，为通常所循由而成习惯，合者为是，不合者为非；道德于此，乃与礼俗几有不可分之势。社会礼俗率由宗教演来，是则宗教与道德之所以密切为邻也。夙昔欧洲社会每于不信宗教之人辄视为不道德之人，或视为道德上可疑之人正为此耳。

更有进于此者：宗教信徒每当对越神明，致其崇仰、礼拜、祈祷、忏悔的那一时刻，心情纯洁诚敬，便从尘俗狭劣中超脱出来。这实在是一极好方法来提高人们的德性品质，也就是提醒其知是知非的理性自觉，稍免于昏昧。一般人的德性品质常资藉信仰宗教而得培养，是所以说道德宗教二者实相联通也。

更深入地说明其故，则在人类生命深处宗教与道德同其根源是已。此根源即人心之深静的自觉。心静与自觉分不开，早经指说于前(第六章第六节)心静之深浅度颇多等差，而自觉之明度随以不等，殊难用言语区划之。这里浑括说“深静的自觉”，其间犹且涵有等级。大抵体貌恭肃，此心诚一不二，庶几得之。粗浮之气仍待渐次消除，乃可步步深入静境，非可期于一朝。人之能自主其行事，来从自觉之明，所以成其自觉自律的道德在此。非此不为真道德。宗教信仰要在必诚必敬，一分诚敬一分宗教信仰；否则尚何宗教之可说？宗教、道德，二者在人类生命深处同其根源者谓此[③]。

然此二者当其表见在社会人生上却不相同。兹引用旧著之文如下：

> 宗教最初可说是一种对于外力之假借，此外力却实在就是自己，其所仰赖者原出于自己一种构想。但这样转一弯过来，便有无比奇效。因为自己力量原自无边，而自己不能发现。宗教中所有对象之伟大、崇高、永恒、真实、美善、纯洁原是人自己本具之德，而自己却相信不及。经这样一转弯，自己随即伟大、随即纯洁于不自觉。其自我否定每每就是另一方式并进一步之自我肯定。

质言之，(高级)宗教是一种方法，帮助人提高自己品德，而道德则要人直接地表出其品德，不借助于方法。佛教所谓人天乘、小乘、大乘者，其乘即乘车、乘船之乘，正是明显点出来方法工具之意。道德则要人率真行事，只要你一切老实率真，品德自然渐渐提高也。二者之不同在此。

若再申明其不同则宗教倾向出世，而道德则否。二者于此，有时可发生很大抵触。圆满的出世法唯于佛教大乘见之，如我旧著所云：

> 宗教最后则不经假借，彻达出世，依赖所依赖泯合无间，由解放自己而完成自己。(见《中国文化要义》第 107～108 页)

须知出世是佛教小乘，偏而未圆；大乘菩萨“不舍众生，不住涅槃”出世了仍回到世间来，弘扬佛法，利济群生，出而不出，不出而出，方为圆满圆融。

有关宗教的问题固不止此，今我分疏解释姑止于此。

三、世间、出世间

说世间，主要在说人世间；然人固离开其他众生不得，说世间即统宇宙生命现象而言之耳。生物既不能离无生物而有其生，则世间者又实浑括生物、无生物为一体而言之也。

然则说出世间又何谓乎？世间生物、无生物统在生灭变化、新陈代谢、迁流不已之中，似乎无从出越得，而实不然。有此即有彼，有世间即有出世间；出世间者，世间之所托；世间生灭也，而托于不生灭。然二之则不是，世间、出世间不一不异。宇宙乃有森然只是现象，其本体则一耳。现象、本体可以分别言之，而实非二事，是即不一又不异矣。世间、出世间即哲学家所说现象与本体也。现象是生灭的，本体则无生灭可言。从乎佛家言语，“即一切法”而“离一切相”，那便是出世间了。

然佛家所谓出世间，非徒存乎想象言说如彼哲学家之所为也。世间原是生灭不已的，必也当真不生不灭乃为出世间。不生不灭，不可以想象——想象本身恰是生灭法——却非不可以实践。假如许可世间生灭是事实，那么，出世间不生不灭，毋宁是更真实的事。④

略说次第深入的人生三大问题。

此所云人生次第深入的三大问题者，在前第十三章讲“东西学术分途”时，既经提出说过：（一）人对物的问题，（二）人对人的问题，（三）人对自身生命问题。

如前所说，真的学术皆为解决真的问题而产生的，要解决问题都要通过行动实践才得解决，殊非徒在头脑、口、耳之间像西洋哲学家那样想一想、说一说(只解释世界而非改造世界)而止。所谓问题，就是生活中所遇到的障碍或困难之类；解决了困难障碍，就获得了(某种)自由、自在。不断地这样争取前进，将是有其浅、深、先、后次第的。一问题的解决，恒即引入其进一层的问题。人生不外如是无穷无尽地走着，人类历史不外如是逐步地发展着。请试审思之，难道不是吗？

距今六十年前的我，志切出世，便发觉一般人所要解决的问题总是生活上的问题，而相反地我却不是要生活下去，我要从生命中解放出来。这里显然是两个在性质上不相同的问题：前一是顺着走，后一则是逆着行的；前一障碍在外物，后一则障碍即自身。那么，还有没有性质上为第三问题的存在呢？多番审思，四顾观察，乃知确有介乎此二者之间的一个问题，这就是：人对人的问题。

人和人之相处始于亲(父母)子、兄弟、夫妇、一家人之间，其彼此将顺照顾，自属常事；但彼此相忤，大成问题者夫岂少见？面对这样问题，能否像因外物为碍的那样来对待，譬如排除之、消灭之来解决呢？首先主观感情上不许可(不忍)，更且客观事实上不许可。说事实上不许可者，就在人是天然离不开旁人而能生活的。从事实上就决定了你必须有与人相安共处之道才行。此即见其性质殊不相同。当然有不少走向决裂的，尤其常见于人群与人群之间的决斗、战争。以决斗、战争来解决人对人的问题，不是号为文明的人类直到今天依然行之未已吗？却须知得、却须注意：此时相斗的两方正是彼此互以对外物的态度来相对待了，即是转归于第一问题去了。至于人对人的这个问题，其不同乎人对自身生命之求解放自由，很显明，无烦多说。因此总结下来人生实有此性质不同的三问题存在，即不能减少，亦无可增多。

此人生三大问题之说，愚发之五十多年前，为旧著《东西文化及其哲学》全书理论上一根本观念。从今天看来此书多有错误之处，其可存者甚少，然此根本观念却是不易之论。所以后来旧著《中国民族自救运动之最后觉悟》更有所申说，其文视初著较妥切明白，又有为上方所未及详论者，兹录取如下，用作结束。

人类生活中所遇到的问题有三不同；人类生活中所秉持的态度（即所以应付问题者）有三不同；因而人类文化将有次第不同之三期。

第一问题是人对于物的问题，为当前之碍者即眼前面之自然界；——此其性质上为我们所可得到满足者。

第二问题是人对于人的问题，为当前之碍者在所谓“他心”；——此其性质上为得到满足与否不由我一方决定者。

第三问题是人对于自己的问题，为当前之碍者乃还在自己生命本身；——此其性质上为绝对不能满足者。

第一态度是两眼常向前看，逼直向前要求去，从对方下手改造客观境地以解决问题，而得满足于外者。

第二态度是两眼常转回来看自家这里，“反求诸己”，“尽其在我”，调合融洽我与对方之间，或超越乎彼此对待，以变换主观自适于这境地为问题之解决，而得满足于内者。

第三态度——此绝异于前二者，它是以取消问题为问题之解决，以根本不生要求为最上之满足。

问题及态度各有浅深前后之序；又在什么问题之下，有其最适相当的什么态度。虽人之感触问题，采取态度，初不必依其次第，亦不必适相当，而依其次第适当以进者实合乎天然顺序，得其常理。人类当第一问题之下，持第一态度走去，即成就得其第一期文化；从而自然引入第二问题，转到第二态度，成就其第二期文化；又将自然引入第三问题，转到第三态度，成就其第三期文化。

此章共分三节，是前后互相照应的。不难明白世界文明三大系之出现，恰是分别从人生三大问题而来。现代文明仍属在第一期中，但正处在第一期之末，就要转入第二期了。社会主义取代资本主义的世界大转变行将到来，那正是把人生第二问题提到人们面前，要人们彼此本着第二态度行事，而其第一态度只用于对付大自然界了。

注释

① 精神一词，指离身体稍远乃至颇远的人心活动而说，它代表着那种灵活自由的人心活动事实，此外无它意义。见第十章前文。

② 日本天皇根原于宗教而有万世一系之观，其社会礼俗制度屡经更代，尤以明治维新为一大变，至第二次世界大战后又有所变。此天皇者未来远景难说，似在今天维系一般人心仍自有些效用。所谓社会秩序有赖宗教奠基又辅翼之者，此其显明之一例。

③ 友人王星贤见示印度诗人泰戈尔英文论著中有 inner conciousness 一词，且在俄国文豪托尔斯泰之英文书札和论文同亦有之。又泰戈尔文中且见有 our inner most being 一类之词语。此两家皆于人生有体认，于宗教有深识，宜乎其言正可佐证吾说。凡宗教必有礼节仪文，在行礼之前或且有斋戒沐浴一日至三日者。所有这些礼文条件我简括地用“体貌恭肃，此心诚一不二”一句话表之，要知道其意义全在引导人心神静穆和虔敬，勿驰骛于外而后自觉得明也。

④ 有关出世间的问题，详见著者《唯识述义》一书。

道德——人生的实践*

一、道德之真

人们在社会中总要有能以彼此相安共处的一种路道，而后乃得成社会共同生活。此通行路道取得公认和共信便成为当时当地的礼俗。凡行事合于礼俗，就为其社会所崇奖而称之为道德；反之，则认为不道德而受排斥。礼俗总是随其社会所切需者渐以形成出现，而各时代各地方的社会固多不同，那么，其礼俗便多不相同，其所指目为道德者亦就会不同了。然而不同之中总有些相同之点，因为人总是人，总都必过着社会生活。

然人类特征固在其自觉能动性，道德之真要存乎人的自觉自律。其行事真切感动人心者，所受到的崇敬远非循从社会一般习俗之可比。有时举动违俗且邀同情激赏，乃至附和追从焉。此又不论古今中外所恒见不鲜者。正唯此之故，社会风尚遂有转变改良乃至发生革命。

* 此部分选自《人心与人生》第十八章。

是故有存乎一时一地的所谓道德，那是有其不得不然之势的；但那只是一方面，而另一方面则道德原自有真，亦人类生命之势所必然。

兹就有关道德的一些问题简要地分别进行阐明如后——

1. 敢问道德之真如何？如吾书前文之所云“生命本性就是莫知其所以然的无止境的向上奋进，不断翻新”(见第四章)，人在生活中能实践乎此生命本性便是道德。“德”者，得也；有得乎道，是谓道德；而“道”则正指宇宙生命本性而说。

2. 生命寄于生物而见，那即是从一切生物的生活上见之，而生命本性既从生物进化史的大势上昭然可见，又赓续表见于从古到今的人类社会发展史。试一回顾前瞻，当必憬然有悟。人生于此，岂不当率性而行乎！

3. 既曰率性而行便是道德，则其事当不难，顾何以道德乃若稀见可贵，而人之不道德却纷纷然充斥于世邪？此盖以人类发达了头脑心思作用而降低其他官体作用，亦即反乎动物各依种族遗传本能生活之路，而特依重理智于后天；此一突出的绝大进步，正得之有所减损而非得之于有所增益。说有所减损者，即指动物式本能的减损，为生命本性留出空白活动余地也。正为率性非定然，其向上奋进乃可贵。道德者人生向上之谓也。

4. 人或向上或堕落，大有可以进退伸缩者在。此其所以然就在身心两极之分化(见第十章)。人之一言一动乃至一念之萌，皆来自身心无数次往复之间(见第十一章)。头脑心思大大发达了的人类，自是应当心主乎其身的，但事情却不必然。往往心从身动，心若无可见者。必若心主乎此身，身从心而活动，乃见其为向上前进；反之，心不自主而役于此身，那便是退堕了。

5. 说心从身动，心若无可见者：如新生婴儿有身矣，人心之用未显，未有自觉故也。未开化之初民社会，其人行事亦有类似情形者皆以自觉之贫乏。故必有自觉乃可言心。说向上前进必在心主乎此身，身从心以活动者，有自觉乃有自主之可言也。

6. 心是灵活向上的。人心要缘人身乃可得见是必然的；但从人身上得有人心充分表见出来，却只是可能而非必然。现成的只此身，人心不是现成可以坐享的(回看第五章)。此即是说：心寻常容易陷于身中而失其灵活向上。

7. 心为身用，自觉昏昏不明，殆为人类生活常态。此时若无违其社会礼俗，即无不道德之讥评。然而既有失其向上奋进之生命本性，那便落于失道而不德。

8. 古人说过“形色，天性也。唯圣人乃可以践形”(见《孟子》)。形色是指身体。人身(包括人脑)原为生命本性开豁出路道来，容其充分发挥表露。人之未能率性者辜负此身矣。古代儒家不外践形尽性之学，固自明白言之。

9. 吾书之言人心也，则指示出事实上人心有如此如此者；其从而论人生也，即其事实之如此，以明夫理想上人生所当勉励实践者亦即在此焉。人心与人生非二也，理想要必归合乎事实。——此第一章之文正点明伦理学的实践与自然科学社会科学所阐发之理合一。

10. 科学的社会主义家马克思、恩格斯资藉于科学论据以阐发其理想主张，不高谈道德而道德自在其中。

11. 文学上，艺术上，农工生产技术上……种种方面的创造发明，莫非生命灵活自由的表现，莫不表现了人的主动性创造性，而道德则是其更伟大更可贵的创造表现。

12. 总结说来，道德不离开事实而高于事实，在原有基础上有所提高，自新不已。

13. 说事实即指此身及其可能性。说身，指机体、机能、体质、气质和习惯(回看第十四章)。上文说人寻常容易陷于身中者，即囿于自己气质，习惯之谓。个人的习惯和社会礼俗相关联，多半随和礼俗，此庸俗的道德，缺乏独立自主，古人说："乡愿，德之贼也。"(见《孟子》)非讲求真道德者之所取。"学至气质变化方是有功"(语出宋儒程明道)，是讲求真道德者之言。

14. 一言一行独立自主，方显示生命本质，其根本要在内心自觉之明强。自觉贫弱便随俗流转去了。或不无自觉而惮于违俗，皆由心不胜习，苟从身以活动。对善而言恶，昔人(王船山)有言俗便是恶者，虽严厉哉，固有以也。

15. 世上既惮于违俗，不认真以求是者，亦有悍然违俗而作恶者，此两面似乎差距甚大，而其实不然。人之一言一行皆循从其气质和习惯而活动的。各个人当时现有的气质和习惯是其活动的基础条件，活动只在这上面发生，既离开不得，亦非止于原样不动。

16. 若问：生命力强大何谓邪？其内在矛盾大耳。心身是矛盾统一的两面，身在心中，心透过身而显发作用，一般莫不如是。身的开豁大，心的透露大，其矛盾争持大，是谓生命力强大。

17. 人的生命力大小强弱不同等和人的体质气质各有所偏，皆有其生来秉赋(比较是主要的)之一面及其后天养成之一面。但道德不道德之分，全从向上抑或堕落而分，不在其他。向上或堕落总是一步一步乃至一寸一分而来的。虽则其间亦包含由量变而突变的变化。乃至忽上忽下时进时退的事情，然向上者更容易向上，堕落者更容易堕落。

18. 在向上与堕落的问题上，防微杜渐靠自觉。此在尚乏内心自觉的幼儿一时谈不上，却慢慢亦就有了。当其慢慢有自觉的同时，亦就慢慢进入后天养成一方面来，亦就是渐从气质问题趋重于习惯问题。

19. 世俗之见以为道德即是好习惯之谓，德育就在养成好习惯，那是错误的。德育之本在启发自觉向上，必自觉向上乃为道德之真。习惯和社会环境总分不开，好习惯往往不过是社会所需要的道德非真道德。

20. 道德要在有心。要在身从心而活动。说身，正是在说气质和习惯。所谓堕落就是落在气质习惯上不能自拔。凡此之义，上文已有明示。现在要指出者：懈惰是背离生命本性的，从一点小事以至罪大恶极者皆由一息之懈来。问题极其简单。

21. 至今犹代表宇宙生命本性的人类奔向前程；其他物种所由千差万别者正为其各自歇止于所进达之度，遂落于盘旋中了。何为而有歇止有不歇止？歇止者在个体图存种族蕃衍两大问题之得解决上自安自足，从而亡失其向上不断争取自由争取灵活之生命本性也。不歇止者反之，不自安足于现前的存活传种，从乎生命本性赓续奋进也。问题只在一则懈(松劲)一则不懈(不松劲)。一息之懈便失道而不德。在人生实践上，其理犹是生物进化史上所见之理也。

22. 造作很大罪恶者，总经过许多心计和凶狠魄力，表面看去极不简单了，而我却说它问题极其简单，因其全副生命工具(头脑智力，体魄精力)用在邪路上去，其几唯在一息之懈也。一息之懈而主(心)从(身)易位矣，气质、习惯于是用事。一息又一息，容易相续，不容易回头，而大恶以成。

23. 一切恶出于自私，而通于一切之善者就在不自私，以至舍己而为公。此理至浅，人人晓得。更须晓得是公非私，是私非公，皆于当前情景比较对待上见之，非可孤立看待者。自私者唯局于其一身是固然矣；若其范围虽大于此身，却仍然联系在此，如局于一家一国者，便仍然是自私。往往有人把较大范围的自私也看成道德，那是错误的。反之，若当前不存在其他较大问题，则照顾一身的病痛岂得为自私乎？一句话：善本乎通，恶起于局。盖为生命本性是趋向于通的。

24. 行止之间于内有自觉(不糊涂)，于外非有所为而为，斯谓道德。说“无所为而为”者，在生命自然地向上之外，在争取自由灵活之外，他无所为也。体认道德，必当体认“廓然大公”，体认“无私的感情”始得，请回顾第七章各节。

25. 隐伏身中而为恶行之本者非一，而势力强大莫如下列三因素：

1. 发于男女性欲本能；
2. 发于愤怒仇恨的斗争本能；
3. 争夺强霸权力的欲望。

人类虽从动物式本能大得解放，但仍为动物之一，犹留有一些本能，而如上前两种本能为最强，当其冲动起来，便会一切不顾。末后权力欲则特见于生命力大的人，在一般人较差[①]。

二、社会生活中的道德

人类生命既有其个体一面，又有其群体一面，人生的实践亦须分别言之。上章主要从个体一面申说道德之真在自觉向上，以身从心。此章将申说人类群居(社会)生活中的道德则在务尽伦理情谊(情义)，可以“尽伦”一词括之。

就人类说，其社会生命一面实重于其个体生命一面。一切文明进步虽有个人创造之功，其实先决条件都来自社会。人类社会的文明进步正是宇宙大生命的唯一现实代表，一个人在这上面有所贡献，就可许为道德，否则，于道德有欠。

所谓贡献者，莫偏从才智创造一面来看。人类由于理智发达乃特富于感情(远非动物所及)；感情主要是在人对人相互感召之间(人于天地百物亦皆有情，顾无可言相互感召)；伦理情谊之云，即指此。伦者，伦偶；即谓在生活中彼此相关系之两方，不论其为长时相处者抑为一时相遭遇者。在此相关系生活中，人对人的情理是谓伦理。其理如何？即彼此互相照顾是已。更申言以明之，即理应彼此互以对方为重，莫为自己方便而忽视了对方。人从身体出发，一切行动总是为自己需要而行动；只在有心的人乃不囿于此一身，而心中存有对方。更进一层，则非止心中存有对方而已，甚且心情上所重宁在对方而忘了自己。例如母亲对于幼子不是往往如此吗？举凡这轻重不等种种顾及对方的心情，统称之曰伦理情谊。情谊亦云情义；义是义务。人在社会中能尽其各种伦理上的义务，斯于社会贡献莫大焉；斯即为道德，否则，于道德有欠。

这里需加剖辩或申明的几点如次。

1. 在母亲的心情中，幼子最为所重，往往为了其子不顾自身安危；这种事不可一例看待。盖各人的气质不同，有的出于父母本能，有的行动中不失自觉之明。道德应属于后者，不属于前者。此一辨析不可少，却甚微细不易辨别。

2. 旧中国有五伦(君臣、父子、夫妇、兄弟、朋友)之说，其所指说偏乎此一人对彼一人的关系。今说人对人的关系应当包含个人对集体、集体对个人那种相互关系在内，亦包含集体对集体的关系在内。乃至国际上国家与国家之间，国家与联合国之间，既然同是在生活上互相依存的两方就同属于伦理，都有彼此顾及对方，尊重对方之义，都有道德不道德问题。

3. 处在彼此相关系中，其情其义既若规定了的，却又是有增有损，转变不定的。此即因彼此在生活上互相感召，有施有报，要视乎其事实情况如何，顺乎生命之自然而行。若看成死规矩，被社会礼俗所束缚，那至多有合于一时一地的社会道德，不为道德之真。

人对人的问题虽存于彼此之间，但人身有彼此而生命无内外，浑包对方若一体。从乎自觉能动性，采取主动解决问题，自是在我。若期待对方，责望对方，违失于道矣。唯责己者为不失自觉，是以古人云“反求诸己”(语出《孟子》)。但问题或未易得到解决，则“尽其在我”是曰尽伦。

伦理道德上的义务是自课的，不同乎国家法律所规定的那种义务是集体加之于我的。后者具有强制性，而前者非强制性的，正为其出于生命自由自主之本性故耳。法律上的义务恒与权利相对待，而道德上的义务则否，义务只是义务而已。为什么只讲义务不提权利？此可从两面来讲明。人非有所享用享受不能生活，而生活是尽义务的前提，显然生活权利不能没有。其所以不提来说，正为事先存在了。须知这义务原是从伦理彼此相互间生出来的；我既对四面八方与我有关系的人负担着义务，同时四面八方与我有关系的人就对我负担着义务；当人们各自尽其对我的义务那时，我的权利享受不是早在其中了吗？

情也，义也，都是人类生命中带来的。生命至大无外；代表此至大无外之生命本性者今唯人类耳。古人有言“宇宙内事乃己分内事”(宋儒陆象山语)。若远若近对一切负责者是在人(人类生命)，在我自己。

总之，从乎人类生命的伟大，不提个人权利是很自然的事情。——此是又一面的讲明。

生命是活的，所以道德——生命力量的表现——也是活的。伦理互相以关系之对方为重，而不执定具体之某一方为重，实在其妙无比。譬如国家(集体)在危难中则个人非所重；若在平时生活中则国家固应为其成员个人而谋。

“义者，宜也”，古语明白点出义即适宜之意。古人又说要“由仁义行”，不要“行仁义”(见于《孟子》)。情理原不存于客观，若规定一条情理而要人们践行之，那便是行仁义了，往往不适当，不足取。世或以“三纲五常”的教训——那正是以行仁义为教——归咎孔孟，固非能知孔孟者。

孔孟论调太高，只能期之于人类文明高度发达之共产社会。一般说来，在社会生命一面之所谓道德既要在尽伦，而人与人的关系随历史发展和各方情况却不一样，则以适合其时其地的社会要求为准。一时一地社会虽不相同，但从宇宙大生命来看，要求秩序稳定(社会生产顺利进行)，又要求有所前进(改良乃至革命)却是同的。当需要稳定时，力求有助于稳定的行事，当需要改革时发动改革，那便合乎时宜，便是道德。总之，义各有当，不可泥执一格。

智、仁、勇三者是道德的内涵素质，或云成分。三者都是人类生命中所有，发而为人群中可敬可爱之行事，是曰道德。三者既相联带而其在人又各有所长短厚薄不同；同时亦随社会发展和文明进步而各有风尚表见不同。除个别人或少数人外，人类心理且是随其社会发展而有其发展变化的。

一般地说，古时人仍然性情淳厚心地朴实，较为近道，而难免明智不足；近代人则智力较长，知识进步，却嫌仁厚不足。自非出类拔萃自觉能动的极少数人外，大多在人与人关系上顺从其时其地生活规制以行事，不出乎庸俗道德。前者于社会发展固自著有创进之功，后者亦非无助力于其间。从人类道德发展史来说，此可喻如个体生命身体头脑在发育，尚未达成年。必从人类历史的自发性进入自觉性，由社会主义革命而实现共产主义的社会人生，乃见其为道德的成长期。成年期的发展将是很长很长的，其长数十倍于前不止。究竟有多长，非今测虑所及，何必妄谈。

任何事物有生即有灭，有成即有毁，地球且然，太阳系且然，生活于其间的人类自无待言矣。然人类将不是被动地随地球以俱尽者。人类将主动地自行消化以去，古印度人所谓“还灭”是也。此即从道德之真转进于宗教之真。道德属世间法，宗教则出世间法也。宗教之真唯一见于古印度早熟的佛教之内，将大行其道于共产主义社会末期，我之测度如此。

注释

① 人性恶之说，盖出于一种误会。要晓得气质(本能属此)、习惯原为应付个体图存、种族蕃衍两大问题的工具手段，工具手段原居从属地位而心为之主，恶行之出现，不过主从关系颠倒之所致耳，非其本然。正为此心一懈即失主了。

略谈文学艺术之属*

真、善、美三词常见于世，三者固皆人生所有事。真与善，吾书既多言及之，而未及于美，此章将略为一谈。

文学艺术总属人世间事，似乎其所贵亦有真之一义。然其真者，谓其真切动人感情也。真切动人感情斯谓之美，而感情则是从身达心，往复心身之间的。此与科学上哲学上所求之真固不同也。

说文学，涵括诗歌、词曲、小说、戏剧、电影等等。说艺术，涵括音乐、绘画、舞蹈、雕塑、建筑等等。凡此者大抵可以美或不美为其概括地评价。美者非止悦耳悦目，怡神解忧而已。美之为美，千百其不同，要因创作家出其生命中所蕴蓄者以刺激感染乎众人，众人不期而为其所动也。人的感情大有浅深、厚薄、高低、雅俗之不等，固未可一例看待。但要而言之，莫非作家与其观众之间藉作品若有一种精神上的交通。其作品之至者，彼此若有默契，若成神交，或使群众受到启发，受到教育。上溯远古，自

* 此部分选自《人心与人生》第十九章。

有人类历史便见其肇始于社会文化中，随文化之渐发达而发达，多有变化以迄于未来之世。如我所测，未来之世其必更将居于社会文化最重要地位。

人的个体生命即人身，通过其种种感觉器官与环境相接乃发生感觉、感情，一切文学艺术总都建立在这上面。所谓文学艺术包罗宽广。今不妨先加如次之分别：

一、依照巴甫洛夫分别第一信号系统第二信号系统之说，文学艺术作品极大多数当是从第一信号系统以与人类生命发生交涉，其动人感情是直接的真切的，但亦有些作品形之于文字符号或口语者，如小说诗文书籍及弹词说书等等，只能间接地通于人，其动人力量应逊于前者。

二、人的各感觉器官通常是在各不同等条件下生出各种感觉的。味觉、触觉密切联系于身，视觉听觉更能感通乎心。前者只引生低级趣味，后者则远不止此。如是，各种感受在人的心理上生命上所产生影响，所起作用乃大不相等。这里特别要提出来说的是听觉，亦即是音乐给人的影响作用最大。

三、徒事观赏，缺乏全身地主动地活动。假如自己奏乐，或自己歌咏，或自己舞蹈，则感情抒发，其在生命上所起作用，应大不同于前者。再进一层言之：假如整个社会人生艺术化——从人的个体起居劳动以至群体的种种活动，从环境一切设施上主动被动合一地无不艺术化之，那应当是人类文化最理想优美的极则吧！下一章将讨论及之。

这里且就我对于文学艺术的一些见解分条陈述如次：

(1)巴甫洛夫曾有人的“艺术型”和“思维型”二者分别不同之说。可以设想有的人主要是运用第一信号系统，有的人主要是运用第二信号系统；这就把人分成两个类型，一则恒在具体形象上着眼，一则恒从抽象理致上用心。当其各自陷入极端病态时，前者相当于歇斯底里的病人，后者相当于患神经衰弱症者[①]。就笔者自己来说，我恰属于思维型，平素于绘画音乐极见拙钝无能，而在理论思维工作上颇不后于人；虽好动笔为文，却从来不作诗词。

(2)基于生理上男女性的本能之强，凡有关乎此的文学艺术乃最能引诱人的兴味，最能召致人的美感。试看文学艺术任何一方面自古至今的创作，如其不全是围绕在此，至少亦必涉及乎此。但此一本能既经过种族遗传逐渐升华，又经过后天教育(社会礼俗在内)的陶冶，便多变化隐约文饰，非必那样直接粗率耳。

(3)前一本能而外，仅居其次的莫如斗争本能，极能引发人们兴奋豪情，具有刺激美感、快感之力。世俗于美人而外便数到英雄，正为此耳。画家常取题材，于娇美花卉而外，每及于雄猛之狮虎者亦在此。又如武侠小说，惊险影片，某种舞蹈姿势，球类竞技等等，其引发人们兴趣，成为群众娱乐之事者，要莫不在此。

(4)如探究之本能、游戏之本能、自由冀求之本能种种，亦皆为文学艺术各方面创作中所常利用，兹不一一举例。

(5)然须知生命本性在于流畅。生命得其畅快流行则乐，反之，顿滞则苦闷。是故文学作品(小说、戏剧)引人嬉笑固俗所欢迎，其使人堕泪悲泣者乃具更大吸引力。二者同样促使生命流行，然前者(嬉笑)之动人感情不免浅薄，而后者(悲恻)之动人却深得多也。

(6)艺术技巧与科学知识迥然两事。后者要待经验积累总结以得之，属理智；前者要靠本能，视乎天资之所近，殆有不学不虑者。试看世间不少音乐之才、绘画之才早早显露于童稚之年，又如古初蒙昧之民绝少知识，而其图画雕刻遗迹之存者却能生动有致，可知也。不过初民身体势力方强，其所为音乐往往粗猛激烈耳。

(7)那些意境甚高的文艺作品，感召高尚深微的心情，彻达乎人类生命深处，提高了人们的精神品德。此如陶渊明的诗，倪云林的画，恬淡悠闲，超旷出尘；又如云冈石窟，龙门造像，静穆柔和，耐人寻味；或如欧洲中世建筑仿古罗马式哥特式大教堂，外高耸而内闳深，气象庄严，使人气敛神肃，起恭起敬，引向神秘出世之思。如此其例多不胜举，总皆由人心广大深远通乎宇宙本体。

(8)从乎身心之两极分化而文学艺术或联属于身，或联属于心，既有所不同，便可进而指出：西洋文艺界有所谓写实主义、印象主义者，有如西画力求逼肖实物实景之类；而中国人反之，以为作画不在摹拟外界对象求其形似，却在能创造地表现自我内在精神或意趣，故而盛行写意一派而轻视“画匠”。此其趣尚不同十分明显。除在末流上彼此各有所短而外，较核论之，西洋未免浅薄却踏实，中国可能入于高深却嫌空疏。其分别正在前者从身出发而后者则向往乎心也。

(9)在文化早熟之古东方每见有上三千年或更古的陶冶、铸造或雕塑建筑，艺术价值极高，大为后世之所鉴赏者。盖其人方当开化非久，身体既浑朴雄壮而又内慧早发，生命力卓越后世难可企及也。

笔者才非艺术型，平素于文学艺术方面甚少用心，兹所能剖论者止于如上所陈。但于早熟的古中国文化实预兆着人类未来社会人生之艺术化窃有所见，试论之于下一章。

注释

① 此据北京科学出版社 1955 年译出的《巴甫洛夫选集》内“人的艺术型和思维型”一文撮举大意。

未来社会人生的艺术化*

如我所测，当资本主义被社会主义所取代之后，更且有共产社会实现之时，宗教衰亡将十分明显。社会主义时期甚长，共产社会时期更长至难可估计。在此漫长时期之后半或晚期，将从道德之真转入宗教之真而出世间法盛行。此即是宗教在迫近衰亡之后重复兴起。何以言之？盖人类入于社会主义时期以至共产社会时期，是最需切道德而道德又充分可能之时。那时道德生活不是枯燥的生活，恰是优美文雅的生活，将表现为整个社会人生的艺术化。正是在此生活中，客观条件更无任何缺乏不足之苦，人们方始于苦恼在自身初不在外大有觉悟认识，而后乃求解脱此生来不自由之生命也。一面主观上有出世觉悟，一面客观上亦备足了修出世法的可能条件，而后真宗教之兴起，此其时矣。正如我五十多年前之所说：世界最近未来是古中国文明之复兴，而古印度文明则为远远的人类前途之预兆且预备下其最好参考资料。

* 此部分选自《人心与人生》第二十章。

一、宗教失势问题

宗教失势在今天科学发达和经济繁荣的国家是最明显的事实，正如上文所云虚有其表而已。然亦有不可一概而论者，如当前之苏联等是已。苏联等国情况之奇特，一面在其执政党标榜无神论，鼓行反宗教运动，另一方面在其社会群众间乃表见出宗教热。有的国家主张无神论多年，但现在不断有报道说又出现了宗教热，不只是老年人而且在青年中也有此种现象，且似有影响及于其领导。

解答此问题，首先一句话：人不是动物，不能过动物那样的生活。动物生活完全由其机体生理因素来决定，紧紧系属于个体图存、种族蕃衍两大本能系统，超越不出。尽管人的生活也好像为此而忙碌一生，却无奈他发达了头脑心思作用，就有超越于此之上的意识和感情。意识会把自己“客观化”，在生活中或顾盼自喜，或自觉不耐烦而生厌，或自觉无聊，甚且不想活下去。难道这不是人世间的事实吗？

再进一层确切言之，逐求享受和名利者不过是人心牵累于身之庸人耳。人心广大深远通乎宇宙，生命力强的人在狭小自私中混来混去是不甘心的，宁于贞洁禁欲，慷慨牺牲，奔赴理想，一切创造有其兴味。中世纪欧洲的修道院和冒险受苦去蛮荒传教，便是人心的一种出路。入于近代非唯其社会上经济界政界奋力创业的人不脱离宗教信仰生活，就是科学界的人物也是出入于实验室和教堂之间，维持着一种心理上的平衡。换言之，近代资本社会原是在宗教——特别是新教——庇荫下兴隆起来的。

当初西欧个人发财致富的那样社会人生，原在借助宗教而取得人们精神上一种调剂平衡的，而今天东欧有的国家一面既缺失社会主义高尚远大精神领导，而一面又武断地唱其无神论要废除宗教，其势就非反激出人们的宗教热不可了。

简捷说一句话：在社会风尚中，在人们头脑中，必新有宗主以换取宗教，而后宗教方将自行消退，否则，是不行的。

不要轻视西欧北美仅存门面的宗教，它在人们精神上失掉着落时难有弥缝之力，却依然在弥缝。费大力气消灭宗教是笨伯，是历史的插曲不是正文。正文将是在人类奔赴共产主义的同时社会上兴起高尚优美的道德生活。

二、以美育代宗教

人的思想中既有知识成分，又受情感的支配。知识虽足以影响情感，有时且转变之，但行止之间恒从乎情感所向。这是一般人的一般情况。近代以来西洋人科学知识猛进之后，对于宗教信仰若依若违，不能遽然舍弃，正为情感上远有不能断然出之者耳。此恍惚依恋之情，则在教堂每周礼拜生活直接感受者实具维系之力。感受或深或浅，当然视乎其人与客观之所遇而非一定。但一般说来，其所感受尽在不言之中，而非神父或牧师的说教。质言之，教堂一切设施环境和每周礼拜生活直接对整个身心起着影响作用，总会使你（苟非先存蔑视心理）一时超脱尘劳杂念，精神上得一种清洗。或解放，或提高。这得之什么力量？这得之于艺术魔力，非止于种种艺术的感受，而且因为自己在参加着艺术化的一段现实生活。这种生活便是让人生活在礼乐中。礼乐是各大宗教群集生活所少不得的。宗教全藉此艺术化的人生活动而起着其伟大影响作用，超过语言文字。

距今五十多年前，我在《东西文化及其哲学》旧著中，便有如下的指出：

1. 个人本位生产本位的社会经济改归为社会本位消费本位，这便是所谓社会主义；西方文化的转变萌芽在此。

2. （从个人立场）计较个人利害得失的心理，根本破坏那在协作共营生活中所需的心理。

3. （国家）法律（借着刑赏）完全利用人们计较利害得失的心理去统驭人……废除统驭式的法律之外，如何进一步去陶养性情自是很紧要的问题。

4. 近来谈社会问题的人如陈仲甫（独秀）俞颂华诸君忽然觉悟到宗教的必要（原文见《新青年》及《解放与改造》各刊物）……我敢断言一切宗教都要失势有甚于今。成了从来所未有的大衰歇……

5. 从未有舍开宗教而用美术作到伟大成功如同一大宗教者，有之，就是周孔的礼乐。以后世界是要以礼乐换过法律的。

以上各点散见于原书第五章谈世界未来文化之中，读者不难查看。

当世界进入社会主义以至共产社会实现之时，如吾书原文之所云：

一、随着改正经济而改造得的社会不能不从物的（享用）一致而进为心的和同——总要人与人间有真的妥洽才行；

二、以前人类似乎可说物质不满足时代，以后似可说转入精神不安宁时代；物质不足必要之于外，精神不宁必求之于己；

三、以前就以物质生活而说，像是只在取得时代，而以后像是转入享受时代——不难于取得而难于享受！若问如何取得，自须向前要求，若问如何享受，殆非向前要求之谓乎？

揭开来说：人与人的协作共营生活不是那么随随便便容易成功的！人生不是生活资料丰足便会没有问题的！人生天天在解决问题，问题亦确乎时时有所解决。但一个问题的解决就引进一个更高深的问题而已；此外无他意义。

宗教在过去人类历史上是大有助于社会人生之慰安行进的，而种种艺术——礼乐——则是其起到作用的精华所在。今后很长时间宗教落于残存，而将别有礼乐兴起，以稳度新社会生活。试为剖说如后。

礼乐是什么？礼乐原不过是人类生活中每到情感振发流畅时那种种的活动表现，而为各方各族人群一向所固有者而已。人们当欢喜高兴时就会有欢乐的活动表现；人们当悲痛哀伤时，就会有哀悼的活动表现。心里有什么，面容体态表现出什么。个人如是，群体则更有所举动。这都出自生命的自然要求和发作。但因人非是动物式本能生活(行乎其所不得不行，止乎其所不得不止)，其伸缩，起落，出入的可能太大，就有过与不及的问题。过与不及都不好，皆于生命不利。中国古人(周、孔)之所为制作和讲求者，要在适得其当，以遂行人情，以安稳人生就是了。岂有他哉！

有典礼之礼，有生活上斯须不离之礼。前者见于古今中外一般习俗中，后者则为一种理想生活，即我所云完全艺术化的社会人生。前者例如一个人从降生到死亡，有几次较重要关节，中国古代就有冠、婚、丧、祭之礼，外国宗教就有洗礼、婚礼、丧葬等礼，其在群体生活中，则有如建国或大举出师、行军或会议开幕，或各种纪念日皆各有其不同礼文仪式。而有礼必有乐，说到礼，便有乐在内。其礼其乐皆所以为在不同关节表达人的各式各样情感。扼要说明一句：礼的要义，礼的真意，就是在社会人生各种节目上要人沉着、郑重、认真其事，而莫轻浮随便苟且出之。

人们为什么恒不免随便苟且行事？随便苟且行事又有何等弊害？

应当指出：倾身逐物是世俗人通病。这亦难怪其然。人一生下来就要吃，要穿，要宫室以蔽风雨……总之一切有待于外物以资生活。既唯恐其物之不足，又且拣择其美恶。重物则失己，生命向外倾欹，是其行事随便苟且的由来。当其向外逐求不已，唯务苟得，在自己就丧失生命重心，脱失生活正轨，颠颠倒倒不得宁贴；而在人们彼此间就会窃取争夺，不惜损人利己；人世间一切祸乱非由此而兴乎？说弊害，更何有重大于此者？

人生是与天地万物浑元一气流通变化而不隔的。人要时时体现此通而不隔的一体性而莫自私自小，方为人生大道。吾人生命之变化流通主要在情感上。然逐求外物，计算得失，智力用事，情感却被排抑。自财产私有以来，人的欲念日繁，执着于物，随在多有留滞，失其自然活泼；同时，又使人与人的情感多有疏离，失其自然亲和。礼乐之为用，即在使人从倾注外物回到自家情感流行上来，规复了生命重心，纳入生活正轨。

下文分条更为一些层次曲折较细地说明。

一、先要晓得中国古礼是出于我夙来所说的理性早启，文化早熟，原为当时统治阶层而设者，却大可为今后人类新社会所需要的文化设施作参考。说参考，当然不是模仿采用。将来的事情留待后人为之，此不多言。

二、再谈到今后的婚礼，此殆无可取则于古者；因那时的礼俗(如古书《仪礼》、《礼记》所传者)是阶级社会的，又是宗法社会的，情势自然不相合。今后婚姻将只是男女两个人之间的事情，结合或分离将甚自由。有人设想未来社会中无所谓家庭、无所谓婚姻者，那不过是由于一种对婚姻和家庭之累的反感而生的幻想。却不晓得人类心理发展趋势和社会文化发展趋势均不如是。男女两性尽可自由结合，却不会出之以轻浮随便。相反的，必然看成是一件大事(一生大节目)，各自认真郑重而行。我用不着设想其婚礼是如何如何，但相信必然有文雅优美的一次典礼，双方亲友群众齐来致贺的。在这样郑重其事的结合上，家庭将必稳固和美，而其子女首先受益。

三、人生不免有死，则丧、葬、祭祀为与他相关系之人所有事。今后其礼如何不必多所推想，要之，此在人情固不容草草。“慎终追远，民德归厚”(语出《论语》)，礼不为一人一家而设，而实为社会之事。人们各祭自己的先人亲人和其他值得共同纪念之人而外，用不着滥祭其他鬼神。多祭其他鬼神，无非为了求福赎罪的宗教迷信；而此则抒发感情，自尽其心就是了。

四、就一人一生节目言之，大略如上，就社会群体生活来说，一年四时不可少地总有几个节日或纪念日，必将各有其礼，这里用不着为今后演变多所设想。世界大同之世各方各族于彼此同化之中仍自有从其地理历史衍下来的风俗，无可疑也。

世界各方礼俗今后虽不是整齐划一的，却在社会文化造诣上或先或后进达一种高明境界当必相同，亦就是将必有共同的精神品质。试为一申说如下：

1. 有礼俗而无法律，因为只有社会而无国家了。这亦就是没有强制性的约束加于人，而人们自有其社会组织秩序。此组织秩序有成文的，有不成文的，一切出于舆情，来自群众。旧日的刑赏于此无所用之，而只有舆论的赞许、鼓励或者制裁。

2. 主管经济生活、文化教育生活而为群众服务的各项研究、设计、行政事务机关及其领导人当然都少不得。此领导人物的产生，则一出于社会尊尚贤智以及人们爱好互相学习之风。

3. 人在独立自主中过着协作共营的生活，个人对于集体，集体对于个人，互相以对方为重，社会所由组成的各个成员都能很活泼地积极主动地参加其社会生活，其社会乃内容充实、组织健全，达于社会发展之极致。

4. 如上三则而外，诸如消灭三大差别——脑力劳动与体力劳动之差别，城市与乡村之差别，农与工之差别的消灭；生活乐趣寓于生产劳动，从事劳动无异自娱享受；人们各尽所能，各取所需；如是种种，凡往昔科学的社会主义家之所推测者，信必一一实现，非为空想。但惜前人只着眼政治经济方面，而于社会文教方面顾未及详。一若教育之普及提高不言而喻，在阶级泯除、国家消亡之后，社会公共生活的条理秩序如何形成与维持，自有一切无难者[①]。殊不知事情不那样轻易简单。凡从政治经济方面所推测信必实现之种种，无不赖有人们精神面貌转变为其前提。信乎旧日宗教此时将代以自觉自律之道德，然为人们自觉自律之本的高尚品质、优美感情，却必有其涵养和扶持之道。否则，是不行的。

此为人们行事自觉自律之本的优美感情、高尚品质，如何予以涵养和扶持的具体措施，且亦是在建设社会主义途程中定将逐渐出现的。这就是在生产劳动上在日常生活上逐渐倾向艺术化，例如环境布置的清洁美化，或则边劳动边歌咏佐以音乐之类。其要点总在使人集中当下之所从事，自然而然地忘我，自然而然地不执着于物，而人则超然于物之上。

人类如何自反而体认此身此心的学问也势将注意讲求，从而懂得要有以调理身心，涵养德性，且懂得其道不在对人说教而宁在其生活的艺术化。唯其社会人生之造于此境也，人的自觉性发展乃进入高度深刻中，亦便是达于人类心理发展之极峰。

中国因其历史发展一向特殊，社会生产力长期淹滞，今天要急起直追者自在发展生产上。在生产力大进之后，社会财富日增，将不失勤俭之度而往古的礼乐文明渐以兴起，此盖可以预料者。其风尚及设施随即为各方所取则而普及于世界，是又可以预料者。

积极革命精神即是道德精神。苏联倡言反宗教，却恰在全世界宗教衰退时际而独独冒出宗教热来。难道这是宗教要复兴？这不过是为宗教道德两落空，人们不耐烦的表现而寻求其精神出路耳。走向社会主义是当前世界主流，其所需要、其所可能者唯是道德之路而非宗教之路，此其形势明白可睹。

“以道德代宗教”创见于中国往古之世，其风流衍数千年，旧著《中国文化要义》第六章即有陈述。我早年(《东西文化及其哲学》1921年)敢于倡言世界最近未来将为古中国文化之复兴者，意正指此。此其关键转捩所在，即在人类文化生活将从人生第一问题——人对物的问题转换进入人生第二问题——人对人的问题是已。人生三大问题之说，备见于旧著各书，请参看，此从省。此处且略分疏从宗教向道德过渡之理。

宗教本身原是出世的，却在人世间起着维持世间的一个方法的作用。它有助于循从一时一地的庸俗道德，或且能提高人们的精神和品质。其道全在假借着超然至上的一个信仰对象，即视乎其皈依之诚而著其人品提高之度焉。道德本身在人世间具有绝对价值，原不是为什么而用的一种方法手段。宗教在人每表现其从外而内的作用；反之，道德发乎人类生命内在之伟大，不从外来。人类生活将来终必提高到不再分别目的与手段，而随时随地即目的即手段，悠然自得的境界。

此境界便是没有道德之称的道德生活。

宗教所起作用从来有藉于具体的艺术影响(见前文)，而往古中国的礼乐制度原从(古宗法)宗教转化而来，纳一切行事于礼乐之中，即举一切生活而艺术化之。所谓“礼乐不可斯须去身”(语出《礼记》)者，不从言教启迪理性，而直接作用于身体血气之间，便自然地举动安和，清明在躬——不离理性自觉。

宗教是社会的产物，一切无非出于人的制作。人们在世俗得失祸福上有求于外的心理，是俗常宗教崇信所由起，亦即宗教最大弊害所在。此弊害以学术文化之进步稍有扫除，但唯礼乐大兴乃得尽扫。即唯恃乎此，而人得超脱其有求于外的鄙俗心理，进于清明安和之度也。要之，根本地予人的高尚品质以涵养和扶持，其具体措施唯在礼乐。

不有以美育代宗教之说乎？于古中国盖尝见之，亦是今后社会文化趋向所在，无疑也!

我所谓社会人生的艺术化指此。

注释

① 列宁著《国家与革命》一书中有如下的话，道理很简单：人们既然摆脱了资本主义的奴役制，摆脱了资本主义剥削制所造成的无数残暴、野蛮、荒谬和卑鄙的现象，也就会逐渐习惯于遵守数百年来人们就知道的数千年来在一切处世格言上反复说到的起码的公共生活规则，自动地遵守这些规则，而不需要暴力，不需要强制，不需要服从，不需要国家这种实行强制的特殊机构。原书类此的说话不止此一段，皆从省，不录。

中国文化要义(节选)

《中国文化要义》绪论*

一、此所云中国文化

文化，就是吾人生活所依靠之一切。如吾人生活，必依靠于农工生产。农工如何生产，凡其所有器具技术及其相关之社会制度等等，便都是文化之一大重要部分。又如吾人生活，必依靠于社会之治安，必依靠于社会之有条理有秩序而后可。那么，所有产生此治安此条理秩序，且维持它的，如国家政治、法律制度、宗教信仰、道德习惯、法庭警察军队等，亦莫不为文化重要部分。又如吾人生来一无所能，一切都靠后天学习而后能之。于是一切教育设施，遂不可少；而文化之传播与不断进步，亦即在此。那当然，若文字、图书、学术、学校，及其相类相关之事，更是文化了。

俗常以文字、文学、思想、学术、教育、出版等为文化，乃是狭义的。我今说文化就是吾人生活所依靠之一切，

* 此部分选自《中国文化要义》第一章。

意在指示人们，文化是极其实在的东西。文化之本义，应在经济、政治乃至一切无所不包。

然则，若音乐戏剧及一切游艺，是否亦在吾人生活所依靠之列？答：此诚为吾人所享受，似不好说为“所依靠”。然而人生需要，岂徒衣食而止？故流行有“精神食粮”之语。从其条畅涵泳吾人之精神，而培养增益吾人之精力以言之，则说为一种依靠，亦未为不可耳。

此云中国文化，是说我们自己的文化，以别于外来的文化而言；这亦就是特指吾中国人夙昔生活所依靠之一切。文化本从传递交通而有，于此而求“自有”、“外来”之划分，殆不可能。不过以近百年世界大交通，中国所受变于西洋者太大，几尽失其故步，故大略划取未受近百年影响变化之固有者目为中国文化，如是而已。

又文化无所不包，本书却不能泛及一切。中国既一向详于人事而忽于物理，这里亦特就其社会人生来讨论，如是而已。

二、中国文化个性殊强

从文化比较上来看，中国文化盖具有极强度之个性，此可于下列各层见之：

（一）中国文化独自创发，慢慢形成，非从他受。反之，如日本文化、美国文化等，即多从他受也。

（二）中国文化自具特征（如文化构造之特殊，如法学上所谓法系之特殊，如是种种甚多），自成体系，与其他文化差异较大。本来此文化与彼文化之间，无不有差异，亦无不有类同。自来公认中国、印度、西洋并列为世界三大文化系统者，实以其差异特大而自成体系之故。

（三）历史上与中国文化若先若后之古代文化，如埃及、巴比伦、印度、波斯、希腊等，或已夭折，或已转易，或失其独立自主之民族生命。唯中国能以其自创之文化绵永其独立之民族生命，至于今日岿然独存。

（四）从中国已往历史征之，其文化上同化他人之力最为伟大。对于外来文化，亦能包容吸收，而初不为其动摇变更。

（五）由其伟大的同化力，故能吸收若干邻邦外族，而融成后来之广大中华民族。此谓中国文化非唯时间绵延最久，抑空间上之拓大亦不可及（由中国文化形成之一大单位社会，占世界人口之极大数字）。

（六）中国文化在其绵长之寿命中，后一大段（后两千余年）殆不复有何改变与进步，似显示其自身内部具有高度之妥当性调和性，已臻于文化成熟之境者。

（七）中国文化放射于四周之影响，既远且大。北至西伯利亚，南迄南洋群岛，东及朝鲜日本，西达葱岭以西，皆在其文化影响圈内。其邻近如越南如朝鲜固无论；稍远如日本如暹罗缅甸等，亦泰半依中国文化过活。更远如欧洲，溯其近代文明之由来，亦受有中国之甚大影响。近代文明肇始于十四五六世纪之文艺复兴；文艺复兴，实得力于中国若干物质发明（特如造纸及印刷等术）之传习，以为其物质基础。再则十七八世纪之所谓启蒙时代理性时代者，亦实得力于中国思想（特如儒家）之启发，以为其精神来源①。

中国文化之相形见绌，中国文化因外来文化之影响而起变化，以致根本动摇，皆只是最近一百余年之事而已。

三、试寻求其特征

我们于此，不尽地愿问：何谓中国文化？它只是地理上某空间，历史上某期间，那一大堆东西吗？抑尚有其一种意义或精神可指？从上述中国文化个性之强来说，颇使人想见其植基深厚，故而发挥出来的乃如此坚卓伟大；其间从本到末，从表到里，正必有一种意义或精神在。假若有的话，是不是可以指点出来，使大家洞然了悟其如是如是之故，而跃然有一生动的意义或精神，映于心目间？——本书《中国文化要义》就想试为进行这一工作。

我们工作的进行：第一步，将中国文化在外面容易看出的，常常被人指说的那些特异处，一一寻求而罗列起来。最后我们若能发见这许多特点，实不外打从一处而来；许多特征贯串起来，原都本于唯一之总特征；那就是寻到了家。中国文化便通体洞然明白，而其要义可以在握。

这不过大致计划如此，其余曲折，随文自详于后。

本书着笔于抗战之第五年(1941)。我们眼看着较后起的欧洲战争，几多国家一个接一个先后被消灭，真是惊心；而中国却依然屹立于其西部土地上。论军备国防，论经济、政治、文化种种力量，我们何曾赶得上那些国家？然他们或则几天而亡一个国家，或则几星期而亡一个国家，或则几个月而亡一个国家；独中国支持至五年了，而未见涯涘。显然对照出，不为别的，只是中国国太大而他们国嫌小而已。国小，没有退路，没有后继，便完了。国大，尽你敌人战必胜攻必取，却无奈我一再退守以后，土地依然甚广，人口依然甚多，资源依然甚富。在我还可撑持，而在敌人却已感战线扯得太长，时间拖得太久，不禁望洋兴叹了。平时我们的国大，自己亦不觉；此时则感触亲切，憬然有悟。

这自是祖宗的遗业，文化的成果，而后人食其福。但细想起来，食其福者亦未尝不受其累。中国之不易亡者在此，中国之不易兴或亦在此。譬如多年以来中国最大问题，就是不统一。假如中国只有广西一省这般大，不是早就统一了吗？

国大，既足为福，又足为祸，必不容等闲视之；其所以致此，亦必非偶然。吾人正可举此为中国文化之一大特征，而加以研究。往日柳诒征先生著《中国文化史》，就曾举三事以为问：

中国幅员广袤，世罕其匹；试问前人所以开拓此抟结此者，果由何道？

中国种族复杂，至可惊异。即以汉族言之，吸收同化无虑百数；至今泯然相忘，试问其容纳沟通，果由何道？

中国开化甚早，其所以年祀久远，相承勿替，迄今犹存者，又果由何道？

此三个问题，便是三大特征。再详言之：

一、广土众民②，为一大特征；

二、偌大民族之同化融合，为一大特征；

三、历史长久，并世中莫与之比，为一大特征。

从以上三特征看，无疑地有一伟大力量蕴寓于其中。但此伟大力量果何在，竟指不出。

如吾人所知，知识实为人类文化力量之所在？西洋人"知识即强力"(Knowledge is power)之言极是。中国文化在过去之所以见优胜，无疑地亦正有知识力量在内。但中国人似非以知识见长之民族。此观于其开化甚早，文化寿命极长，而卒不能产生科学，可以知道，科学是知识之正轨或典范。只有科学，才算确实而有系统的知识。只有科学，知识才得其向前发展之道。中国人始终走不上科学道路，便见其长处不在此。

又如吾人所知，经济力量是极大的，今世为然，古时亦然。然试问其是否在此呢？无疑地中国过去之制胜于邻邦外族，正有其经济因素在内。然说到经济，首在工商业，中国始终墨守其古朴的农业社会不变，素不擅发财。如何能归之于经济力量？

然则是否在军事和政治呢？当然，没有军事和政治的力量，中国是不会存在并且发展的。不过任人皆知，中国文化最富于和平精神；中国人且失之文弱。中国政治向主于消极无为；中国人且亦缺乏组织力。若竟说中国文化之力量，在于其军事及政治方面，似亦未得当。

恰相反的，若就知识、经济、军事、政治，一一数来，不独非其所长，且毋宁都是他的短处。必须在这以外去想。但除此四者以外，还有什么称得起是强大力量呢？实又寻想不出。一面明明白白有无比之伟大力量，一面又的的确确指不出其力量竟在哪里，岂非怪事！一面的的确确指不出其力量来，一面又明明白白见其力量伟大无比，真是怪哉！怪哉！

即此便当是中国文化一大特征——第四特征。几时我们解答了这个问题，大约于中国文化要义亦自洞达而无所疑。

著者往年(1930)曾为文指出两大古怪点，指引不肯用心的人去用心。两大古怪点是：

一、历久不变的社会，停滞不进的文化；

二、几乎没有宗教的人生。

现在即以此为第五及第六特征，稍说明于次。

先说关于宗教一点。中国文化内宗教之缺乏，中国人之远于宗教，自来为许多学者所同看到的。从十七八世纪，中国思想和其社会情状渐传到西洋时起，一般印象就是如此。直至最近，英国罗素(B. Russell)论中国传统文化有三特点[③]，还是说中国“以孔子伦理为准则而无宗教”，为其中之一。固然亦有人说中国是多宗教的[④]；这看似相反，其实正好相发明。因为中国文化是统一的，今既说其宗教多而不一，不是证明它并不统一于一宗教了吗？不是证明宗教在那里面恰不居重要了吗？且宗教信仰贵乎专一，同一社会而不是同一宗教，最易引起冲突；但像欧洲以及世界各处历史上为宗教争端而演之无数惨剧与长期战祸，在中国独极少见。这里宗教虽多而能相安，甚至相安于一家之中，于一人之身。那么，其宗教意味不是亦就太稀薄了吗？

次言中国文化停滞不进，社会历久鲜变一点。这涵括两问题在内：一是后两千年的中国，竟然不见进步之可怪；再一是从社会史上讲，竟难判断它是什么社会之可怪。因为讲社会史者都看人类社会自古讫今一步进一步，大致可分为几阶段；独中国那两千多年，却难于判它为某阶段。两问题自有分别，事情却是一件事情。

后一问题之提出，实以民 17 至 22 年之一期间最为热闹。有名之《中国社会史论战》即在此时，论战文章辑印至四巨册，而其余专著及散见者尚多。但中国究竟是什么社会呢？却议论不一，谁都认不清。于是《中国社会史论战》编辑者王礼锡氏，就有这样说话：

> 自秦代至鸦片战争以前这一段历史，是中国社会形态发展史中之一段谜的时代。这谜的一段，亦是最重要的一段。其所以重要者，是因为这一个时代有比较可征信的史料，可凭藉来解答秦以前的历史；并且这是较接近现代的一段；不明了这一段，便无以凭藉去解释现代社会的来踪。这一段历史既是把握中国历史的枢纽，却是这个时代延长到两千多年，为什么会有二三千年不变的社会？这是一个迷惑人的问题。多少中外研究历史的学者，迷惘在这历史的泥坑！⑤

再则，中国的家族制度在其全部文化中所处地位之重要，及其根深柢固，亦是世界闻名的。中国老话有“国之本在家”及“积家而成国”

之说；在法制上，明认家为组织单位[6]。中国所以至今被人目之为宗法社会者，亦即在此。研究中国法制史者说：

> 从来中国社会组织，轻个人而重家族，先家族而后国家，轻个人，故欧西之自由主义遂莫能彰；后国家，故近代之国家主义遂非所夙习。……是以家族本位为中国社会特色之一。（陈顾远著《中国法制史》第63页）

研究中国民族性者说：

> 中国与西方有一根本不同点：西方认个人与社会为两对立之本体，而在中国则以家族为社会生活的重心，消纳了这两方对立的形势。（庄泽宣著《民族性与教育》第560页）

凡此所说，大致都是很对的。而言之深切善巧者，又莫如卢作孚先生：

> 家庭生活是中国人第一重的社会生活；亲戚邻里朋友等关系是中国人第二重的社会生活。这两重社会生活，集中了中国人的要求，范围了中国人的活动，规定了其社会的道德条件和政治上的法律制度。（中略）人每责备中国人只知有家庭，不知有社会；实则中国人除了家庭，没有社会。就农业言，一个农业经营是一个家庭。就商业言，外面是商店，里面就是家庭。就工业言，一个家庭里安了几部织机，便是工厂。就教育言，旧时教散馆是在自己家庭里，教专馆是在人家家庭里。就政治言，一个衙门往往

就是一个家庭；一个官吏来了，就是一个家长来了。（中略）人从降生到老死的时候，脱离不了家庭生活，尤其脱离不了家庭的依赖。你可以没有职业，然而不可以没有家庭。你的衣食住都供给于家庭当中。你病了，家庭便是医院，家人便是看护。你是家庭培育大的，你老了，只有家庭养你，你死了，只有家庭替你办丧事。家庭亦许倚赖你成功，家庭却亦帮助你成功。你须用尽力量去维持经营你的家庭。你须为它增加财富，你须为它提高地位。不但你的家庭这样仰望于你，社会众人亦是以你的家庭兴败为奖惩。最好是你能兴家；其次是你能管家；最叹息的是不幸而败家。家庭是这样整个包围了你，你万万不能摆脱。（中略）家庭生活的依赖关系这样强有力，有了它常常可以破坏其他社会关系，至少是中间一层障壁。（卢作孚著《中国的建设问题与人的训练》，生活书店出版）

我们即以此列为第七特征。

就吾人闻见所及，一般谈到中国文化而目为可怪者，其事尚多多。例如中国开化既早，远在汉唐，文化已极高，学术甚富，而卒未产生科学，即一可怪之事。

中国人自古在物质方面的发明与发见，原是很多。在16世纪以前的西洋，正多得力于中国这些发明之传过去。举其著者，如(1)罗盘针(2)火药(3)钞票(4)活字版印刷术(5)算盘等皆是，而(6)造纸尤其重要。威尔斯在其历史大纲第三十四章第四节 *How Paper Liberated the Humen Mind* 说得最明白：他以为欧洲文艺复兴，可以说是完全得力于中国造纸之传入。还有铁之冶炼，据说亦是中国先发明的。从这类事情说去，物质科学便在中国应该可以产生出来，何以竟不然？

总上所说，中国学术不向着科学前进这一问题，我们列为第八特征。

继此又应指出民主、自由、平等一类观念要求，及其形诸法制如欧洲所有者，始终不见于中国，亦事属可异。自由一词，在欧洲人是那样明白确实，是那般宝贵珍重，又且是口中笔下行常日用不离；乃在中国竟无现成词语适与相当，可以翻译出来。最初传入中土，经严几道先生译成“自繇”二字，其后乃以“自由”二字沿用下来。张东荪先生近著《理性与民主》一书，其第五章论“自由与民主”有云：“我敢说中国自古即无西方那样的自由观念。……”他费许多研究证明中国只有“无人而不自得”的“自得”一词，似略可相当；此外便没有了。试问：若非两方社会构选迥异，何致彼此心思头脑如此不能相应？我们不能说这恰证明中国过去是封建社会，封建文化中当然没有近代之自由观念。西方自由观念更古之渊源不说，当中世纪人们向贵族领主以武力争取或和平购买自由，即成立了不知多少之宪章及契约，固非忽然出现于近代者。

况且中国若属封建社会，封建社会的人求自由如饥渴，则当清季西洋近代潮流传来，便应踊跃欢喜于解放之到临，何以中国人的反应竟大不然。严几道先生曾形容那时中国人“闻西哲平等自由之说，当口呿舌矫，骇然不悟其义之所终”⑦。

但平等精神民主精神，在中国却不感生疏。此其证据甚多，参看梁任公《先秦政治思想史》等书可得其概，不烦枚举。大约在古代，则孟子所发挥最明彻不过，如“民为贵，社稷次之，君为轻”，“君之视臣如草芥，则臣视君如寇仇”，“闻诛一夫纣矣，未闻弑君也”等是。……虽然如此，却要晓得其所发挥仅至民有(Of the people)与民享(For the people)之意思为止，而民治(By the people)之制度或办法，则始终不见有人提到过。更确切地说：中国人亦曾为实现民有、民享而求些办法设些制度，但其办法制度，却总没想到人民可以自己作主支配这方面来，如举行投票表决，或代议制等。一时没想到犹可说，何以始终总想不到此？这便是最奇怪之处。若并民有、民享意思而无之，根本相远犹可说，很早很早就已接近，却又始终逗不拢。假如不是两方社会构造迥殊，何致彼此心思头脑又如此不能相应呢？

我们即以民主、自由、平等一类要求不见提出，及其法制之不见形成，为中国文化第九特征。然而合第八、第九两特征而观之，科学与民主之不出现，正又不外前述第五特征所谓中国只有中古史而无近代史，文化停滞那一问题。所以这些特征分别来说亦可，归并起来亦可。如此可分可合之例，是很多的，以后仍要叙到。

现在我们且试看十七八世纪欧洲人眼中所见中国文化之特点是什么。十七八世纪欧洲人所醉心于中国者，因不止一方面；而中国的社会与政治，发生之刺激作用最大。在此社会与政治方面最引他们注意者，约为下列几点：

一、政治之根本法则与伦理道德相结合，二者一致而不分，而伦理学与政治学终之为同一的学问——这是世界所知之唯一国家。

二、此政治与伦理的共同基础，在于中国人所称之“天理天则”，理性于是对于君主的权力发生了不可思议的效果。

三、他们看中国所谓天理天则，恰便是他们所说的“自然法”，因而相信中国之文物制度亦与自然同其悠久而不变。

融国家于社会人伦之中，纳政治于礼俗教化之中，而以道德统括文化，或至少是在全部文化中道德气氛特重，确为中国的事实。“伦理学与政治学终之为同一的学问”，于儒家观念一语道着。孟德斯鸠著《法意》，论及中国文物制度而使译者严先生不能不“低首下心服其伟识”者在此。梁任公先生著《先秦政治思想史》所为提出“德治主义”“礼治主义”等名词者在此。其文甚繁，不去征引。我们再只要举征一件事——

法学家谈世界法系，或列举十六系九系八系，或至少三系四系，而通常则曰世界五大法系。不论是多是少，总之中国法系却必占一位置。这不止为中国法系势力所被之广大，更为中国法系崭然独立自具特彩。其特殊之点，据说是：

(一)建国之基础以道德礼教伦常，而不以法律；故法律仅立于补助地位。……

(二)立法之根据以道德礼教伦常，而不以权利。各国法律在保障人权，民法则以物权债权为先，而亲族继承次之。此法律建筑于权利之上也，我国则仅是(以义务不以权利)……

(三)法律既立于辅助道德礼教伦常之地位，故其法常简，常历久不变(从汉代以讫清末不变)……⑧

说至此，我们尽可确言道德气氛特重为中国文化之一大特征。——我们列它为第十特征。

然而我们若回想前列第六特征——中国缺乏宗教——则将恍然第十第六两点，实为一事；不过一为其正面，一为其负面耳。即宗教缺乏为负面，道德特重为正面，又大可以归并起来。不过在进行研究上，分别亦有分别的好处。

第九特征第十特征，其内容皆涉及政治。因而使我们联想到中国人的国家。从前中国人是以天下观念代替国家观念的。他念念只祝望“天下太平”，从来不曾想什么“国家富强”。这与欧洲人全然两副头脑，虽不无古人伟大理想作用于其间，但它却是反映着两千年来的事实的。此事实之造成，或由于地理上容易形成大一统之局，又历史上除短时期外缺乏国际间的竞争，以及其他等等，此时尚难深究其故。总之，事实上中国非一般国家类型中之一国家，而是超国家类型的。自来欧美日本学者，颇有人见到此点，而在国内亦曾有人指出过。

德国奥本海末尔(Feranz Oppenheimer)的名著《国家论》，是从社会学来讲国家之发生和发展以至其将来的。他认为其将来趋势，要成为一种“自由市民团体”。那时，将无国家而只有社会。但中国从他看来，却早就近于他所谓自由市民团体了⑨。

其后大约在民二十三年美国社会学家派克(Robert E. Park)在燕京大学讲学一年，临末出一集刊，亦见有类似的话。大意亦言中国不是一国家，而实为一大文化社会，如同欧西之为一大文化社会者然。

日本宿学长谷川如是闲，则说过一句妙语：

> 近代的英国人，以国家为“必要之恶”(Necessary evil)；中国人自两千年之古昔，却早把国家当作“不必要之恶”了。(《东西学者之中国革命论》第152页，新生命书局版)

清华大学史学教授雷海宗先生，于其著作中则说：

> 两千年来的中国，只能说是一个庞大的社会，一个具有松散政治形态的大文化区，与战国七雄或近代西洋列国，绝然不同。

关于此问题，我们后面要讨论，这里不再多叙。以上各家说法自必各有其所见，而其认定中国为一特殊之事，不属普通国家类型，却相同。我们即以此列为中国文化第十一特征。

上面提到的雷海宗先生，有《中国文化与中国的兵》一书出版。他根据历史，指出中国自东汉以降为无兵的文化。其所谓无兵的，是说只有流氓当兵，兵匪不分，军民互相仇视，或因无兵可用而利用异族外兵，那种变态局面。有兵的正常局面，大致分两种：一种是兵与民分，兵为社会上级专业，此即古之封建社会；一种是兵民合一，全国皆兵，近代国家类多如此。中国历史上这两种局面都曾有过，但后世却没有了，中国之积弱在此。虽然颇有人否认其说，但我们感觉亦值得注意研究。我们列它为第十二特征。

往年历史学教授钱穆先生曾有一论文，称中国文化为“孝的文化”[10]。近则教授谢幼伟先生，又有《孝与中国文化》一书出版。他强调说：

> 中国文化在某一意义上，可谓为“孝的文化”。孝在中国文化上作用至大，地位至高；谈中国文化而忽视孝，即非于中国文化真有所知。（见谢著《孝与中国文化》青年军出版社出版）

他于是从道德、宗教、政治各方面，分别加以论证以成其说，此不征引。此书与前面雷氏一书，皆是些散篇论文之汇印本；可惜非系统的著作，殊不足以发挥这两大论题。然其问题之提出，总是有意思的。我们列它为中国文化第十三特征。

又是蒋星煜先生著《中国隐士与中国文化》一书出版。他指出“隐士”这一名词和它所代表的一类人物，是中国社会的特产；而中国隐士的风格和意境，亦绝非欧美人所能了解。虽在人数上他们占极少数；然而中国的隐士与中国的文化却有相当关系。这些话不无是处，惜原书皆未能认真地予以论证发挥。我们今取它为第十四特征，而研究之。

始上之例，再去寻取一些特征，还可以有；但我们姑止于此了。

注释

① 参看朱谦之著：《中国思想对于欧洲文化之影响》，商务印书馆出版。

② 中国疆土为430万方英里，或1110万方公里，大于欧洲全土。战前日本帝国面积，约为我百分之六；只我东北四省几已倍之。中国人口，据中央研究院社会科学研究所22年估计，为4亿3千万人，居全世界人口五分之一。

③ 罗素在其所著《中国之问题》一书中，论中国传统文化特点有三：(一)文字以符号构成，不用字母拼音；(二)以孔子伦礼为准则而无宗教；(三)治国者为由考试而起之士人，非世袭之贵族。

④ 参看王治心编《中国宗教思想史大纲》，中华书局出版。

⑤ 见王礼锡作《中国社会形态发展史之谜的时代》一文，《中国社会史论战》第三辑，上海神州国光社出版。

⑥ 见陈顾远著《中国法制史》第74页，商务印书馆出版。

⑦ 严详孟德斯鸠著《法意》第19卷第17章，商务印书馆出版。

⑧ 见杨鸿烈著《中国法律思想史》第一章导言中，商务印书馆出版。

⑨ 参看陶希圣译奥本海末尔著《国家论》第92页及208页，新生命书局出版。

⑩ 1930年11月重庆大公报星期论文。

从中国人的家说起*

一、文化之形成及其个性

中国一直是一个没有经过产业革命的农业社会；中国传统的风教礼俗，无疑地自安与它相适应。尤其有见于两千年文化颇少变革，更不难推想其间(经济基础与其上层建筑之间)相互适应已达于高度，上下左右扣合紧密。但我们没有理由可以遽行论断一切中国风教礼俗，就为这种经济所决定而形成。相反的，说不定中国生产工具生产方法两千余年之久而不得前进于产业革命，却正为受了其风教礼俗的影响。——此层随后可以谈到。

经济为人生基本之事，谁亦莫能外，则在全部文化中其影响势力之大，自不能想见。随着社会经济的变迁，而家庭制度不得不变，固亦人所共见之事实。但仍不能说它在文化中片面具有决定力。黄文山先生在其文化学(Culturalogy)建设论中①，引有吴景超先生的三句话：

* 此部分选自《中国文化要义》第二章第三、四两节。

一、同样的生产方式，在不同时间与空间内，与不同的制度及思想并存；

二、文化中别的部分有变动，而在其先找不到生产方式有何变动；

三、在不同的生产方式之下，却找到相同的制度及思想。

黄先生又引人类学权威鲍亚士(Franz Boas)的话，指出“经济条件无疑地比地理条件与文化间之关系较密切，因为经济即构成文化之一部分；然它不是唯一决定者，它一方决定，一方被决定”。就在马克思、恩格斯，虽创为唯物史观，其持论亦并不如流俗所传那样。根据恩格斯给布洛赫的信(1890年9月)，即明白指斥如以经济为唯一决定因素即属荒唐；而肯定经济虽为根基，但其上层建筑如政治宗教等一切，亦同样地在历史过程中，有着他们的作用；而且亦影响于经济，有着一种交互作用。——假如是这样的话，那么，彼此间意见亦无甚不同。

却是我们不要以为文化就是应于人们生活所必要而来的——这是第一。必要亦不是客观的——这是第二。更不可把必要局限在经济这范围——这是第三。一切机械观所犯错误大抵不出此三点。明白这负面的三句话，而后再理会其正面原有的关系，自不落于机械观，方为善巧。

文化之形成，既非一元的，非机械的，因此所以各处文化便各有其个性。日本关荣吉著《文化社会学》一书，其全书的主张和立场，就是要以国民性、阶级性、时代性，去理解各个类型文化，而后于人类文化乃可得其正确的理解。我此处所云个性，盖相当于他所说之国民性。在他书内，曾就近代文化中之德谟克拉西，而指证英国人德国人法国人苏联人之间如何如何不相同[②]。此即他所谓国民性，我所谓个性之表见。

任何一处文化，都自具个性；惟个性之强度则不等耳。中国文化的个性特强，前于第一章已经陈说。中国人的家之特见重要，正是中国文化特强的个性之一种表现。日本稻叶君山曾有如下的话：

> 保护中国民族的唯一障壁，是其家族制度。这制度支持力之坚固，恐怕万里长城也比不上。一般学者都说古代罗马的家族制度精神之覆灭，是基督教侵入罗马之结果。但中国自唐代有奈思特留斯派(景教)传入以来，中经明清两代之传教以讫于今，所受基督教影响不为不久，其家族制度却依然不变。且反转而有使基督教徒家族化之倾向。佛教在中国有更长久之历史；但谓佛教已降服于此家族制度之下，亦不为过。此真世界一大奇迹！我们说中国和欧美社会之间横划着一鸿沟，全不外这些事实[3]。

还有史学家雷海宗教授亦说过：

> 佛教本是反家族的或非家族的，但传入中国后，就很快地中国化。(中略)超度七世父母的盂兰盆会，在一般人意识中，是佛教的最大典礼。至于与家族无关的佛学奥义，并非一般信仰所在。把一种反家族的外来宗教，亦变成维持家族的一种助力。(见《智慧周刊》第四期《时代的悲哀》一文)

据我们所知，佛教、基督教都是家族制度的敌人，本是不相容的(详见后文)，乃竟如此。此可见中国家族制度之强固为何如，因此，黄文山先生在其《从文化学立场所见的中国文化及其改造》一文中，就郑重地说：

> 我深信中国的家族伦理，实在是使我们停留在农业生产，不能迅速地进入资本主义生产之唯一关键。（见黄著《文化学论文集》第181页）

照黄先生的话，则中国所以没有产业革命不能生产社会化者，正在此。那就是说：中国家族制度实在决定了中国社会经济的命运，乃至中国整个文化的命运！这话是否足为定论，今且不谈。总之，中国人的家是极其特殊的，从我的引证这许多话里可以看出了。

二、阶梯观与流派观

独系演进论（Vnilinean development）是说文化演进各处都循着一条路线，其表现之不同等，便是代表此一条路线的各阶段。各阶段是固定的，而在时间上则有些民族进得快，有些进得慢；但他们总都会逐段前进，不会越级突过。阶段之划分，则学者间各有其说法。或则就整个文化划分阶段；或则就文化之某部门而划分之。大体说，这在今日看来已是40年前乃到50年前的旧观念。从近二三十年民族学和人类学之探究，他们的假说几乎已全被否认。不但整个文化难以划分为阶段，便是文化之某部门亦不能断其有一定的阶段。例如：母系氏族未必先于父系氏族；乱婚亦不是最初社会现象；群婚亦不是以前的普遍制度；家族亦不是氏族以后的产物。宗教的演进阶段，不论是拉卜克的六阶段，斯宾塞的鬼魂崇拜，涂尔干温德的图腾阶段说，亦都不成立。艺术方面则几何体与写实体并没有先后次序。经济方面，狩猎、畜牧、农业三种生产方法，石、铜、铁三种器具，其次序亦都不是没有例外[④]。

有几种迷误见解，这里必须予以点醒。——

一种是把一切人类不分种族不分地域，都看成相同的。

一种是对各处社会文化的不同，不容否认时，则持大同小异之说，以为不足重视。

一种是恒进步论，以为历史总是前进的，一天一天都在前进中，动辄说“历史车轮”如何如何。这直是笑话[⑤]。除是把全人类历史作一整体看，另当别论外；各时各地的历史尝如此。进固有，退亦常有，盘旋而不进不退者亦有；那种种情态，简直难说得很。

一种是循序渐进观，曾未意识到有躐等越级，或突变，或尚有他途难料度之事。此其自己虚构无据，如前已明。要知生命创进不受任何限制虽然可能有其势较顺之顺序，却并无一定不易之规律。

照我们的见解，又是如何呢？

人类社会之进化，不外乎是沿着生物进化来的；二者同为宇宙大生命之表现，前者实为后者之继续。在根本原理上，盖不少相同或相通之处。在生物界中，并非有进无退，人类社会亦然。在生物界中，虽不妨有高下之第，却无必进之阶。譬如动物中有高等动物；高等动物中有灵长类；而人类又居其顶点。其间高下自是不等；但所有各类系各种别之在进化程中，则好似树上枝干分出横生，并非是一条线上的各阶段。进化论上是说人猿同祖，即两枝来自一干脉。说猿猴更进即为人类，那是没知识人的话。猿猴已自走向另一路去，何能再进化到人。纵观世界人类各族，此一文化，彼一文化，于形形色色不同之中，又浅深高下不等，正亦犹是。不可误以流派为阶梯。

然而文化界与生物界，亦有大不相同处。物种衍至今日，已属先天遗传之事，创新之机泯没难见。即以人工育种，改良之度至为有限。而人类文化虽根于本能却大体出于吾人后天之制作。时时可有创新，时时可以更改；尤其是其彼此间之交换传习莫之能御。因此，生物界中种与种是隔的；文化界中一国一国却是通的。牛无变马之可能，而东方的日本，数十年间竟可西洋化。在过去之世，不甚交通，一处一处各有机遇不同，其历史或进，或退，或盘旋而不进不退，不可一概而论。较其大体，不进者宁居多数。自近百年世界大交通以来，彼此刺激，互相引发，各处文化愈来愈相接近，可能最后通为一体。其间除高下悬绝，濒于消灭者不计外，大体上又皆有不容不进之势。

所以我们若把全人类历史作一整体看，略去各地各时那些小情节不谈，则前进之大势自不可掩。那么，演进论经修正后还是可以讲的。据说人类学界，近年又有“新演进论”出来⑥。他们没有了不可免的定律，而却有某种发展的原则或趋势，可以指出。他们所讲者，取概略形式，而容许特殊的变态。他们又发见“殊途同归”之理。旧说以为类同的事物皆打从同样历程而来；现在知道这样事甚少。而世界上类同的事物，由不同之历程而来者颇有之。其实，以我看人类文化前途，正应该把旧演进论之同途同归观念修改为殊途同归就对了。

如我判断，人类文化史之全部历程，恐怕是这样的：最早一段，受自然(指身体生理心理与身外环境间)限制极大，在各处不期而有些类近，乃至有某些类同随后就个性渐显，各走各路。其间又从接触融合与锐进领导，而现出几条干路。到世界大交通，而融会贯通之势成，今后将渐渐有所谓世界文化出现。在世界文化内，各处自仍有其情调风格之不同。复次，此世界文化不是一成不变的；它倒可能次第演出几个阶段来。

注释

① 见黄著《文化学论文集》，中国文化学会在广州印行版。

② 见关荣吉著《文化社会学》，张资平译本第 116 页，上海乐群书店出版。

③ 稻叶原作似刊于日文杂志，《东方杂志》载之，题为《中国社会文化之特质》。此据双流刘鉴泉先生所著《外书》第二册转引。

④ 林惠祥著《文化人类学》第 42 页，商务印书馆出版。

⑤ 潘光旦著《人文史观》，有论姓氏婚姻家庭存废问题一篇，曾讥笑说古时人相信有运命鬼，18 世纪后半以后的欧洲人美洲人和今天的中国人却相信了一个进步鬼，可参看。

⑥ 林惠祥著《文化人类学》第 58 页，商务印书馆出版。

集团生活的西方人*

一、中西社会对照来看

现在我们继续研究“中国人的家”这一个问题，莫妙于把中西社会对照来看。

一时一地之社会构造，实即其时其地全部文化之骨干；此外都不过是皮肉附丽于骨干的。若在社会构造上，彼此两方差不多，则其文化必定大致相近；反之，若社会构造彼此不同，则其他便也不能不两样了。此并非说，其他都是被决定的，不过指出这里是文化要领所在。我们选择“中国人的家”这一问题为研究入手处，正为此。然而昔人说得好，“不识庐山真面目，只缘身在此山中”，中国人关在中国社会构造里面，反而弄不清头脑。且先看看人家，再看看自己，那便立即恍然了。

西洋自中世纪到近代，自近代到最近，始终就在团体与个人这两端，此高彼低一轻一重之间，翻覆不已。这是

* 此部分选自《中国文化要义》第三章。

他们生活上亦是思想上闹来闹去的最大问题之一（甚至可说唯一大问题），所谓“个人主义”、“自由主义”、“社会主义”、“极权主义”、“全体主义”……如是种种，热闹非常，聚讼不休。但在我们历史上却一直未曾听说过。假若你以“个人主义”这句话向旧日中国人去说，可能说了半天，他还是瞠目结舌索解无从。因为他生活经验上原无此问题在，意识上自难以构想。虽经过几十年西洋近代潮流之输入，在今天百分之九十九的中国人，亦还把它当作自私自利之代名词，而不知其理。中西社会构造之悬殊，此其明证。

顷所谓此高彼低翻覆不已者，必须不嫌词费，在这里叙明它。这最好就从德谟克拉西说起——

德谟克拉西，虽远自希腊已征见于政体，但毕竟为近代乃有之特色。西洋社会人生，从中世到近代为一大转变。其间经过所谓“宗教改革”、“文艺复兴”、“人文主义”、“启蒙运动”、“人权宣言”……外观上形形色色，骨子里一贯下来，原都相通。德谟克拉西风气，即构成于此。即经种种运动，许多奋斗，以至革命流血，而后乃得奠定其原则，实现其制度。这当然不是往世之所有，亦不是他方所能有了。

要知道近代这一转变，实在是对于其中世社会人生之反动。所谓从“宗教改革”以至“人权宣言”一贯相通的，无非“我”之觉醒[①]，直接间接皆个人主义、自由主义之抬头。个人主义、自由主义，是近代文化之主潮；从思想到实际生活，从生活的这一面到生活的那一面，始而蓬勃，继而弥漫，终则改变了一切。它不是别的，它是过强的集团生活下激起来的反抗，见出一种离心倾向，而要求其解放者。所以果能从这一点，向上追寻，向下观望，则前后变化无不在目；而社会演进上中西之殊途，对照着亦可看出了。

德谟克拉西风气，实为人类社会生活一大进步之见证。所谓民主制度，正不外一种进步的团体生活。进步的，乃对于不进步而说。其特征在：团体中各个分子从不自觉渐有了自觉，从被动渐转入主动；团体于是乃不能不尊重其个人自由，并以团体公事付之公决。盖社会契约说(Doctrine of Social Contract)不合于人类历史实情，学者之论证已明。人类之集团生活，不出于自觉地结合；其间多数人之处于被动，从古已然。必待经济进步，文化增高，而后渐渐改变。此改变在任何一较高文化社会要莫能外。然以西洋中古社会，其集团性太强，对于个人压制干涉过甚，从而其反动之来亦特著。离心倾向于社会生活，虽非佳兆；然在此，则适以救其偏而得一均衡。均衡是最好的事。团体生活经其分子自觉主动地参加，尤见生动有力。一二百年间，西洋社会所以呈现高度之活泼，进步如飞，造成晚近之灿烂文明，要得力于此。

但此所谓近代潮流者，到今天早已退落，成为过去之事了。其转捩就在头一次欧洲大战中；从那次大战后到现在，完全为另一潮流所代兴。这就是与个人本位相反的社会本位思想，与崇尚自由相反的讲究统制，不惜干涉人们的一切。

为什么转变到如此相反，实为百余年前的人所梦想不到[②]。寻其转变之由，盖当个人解放之初，经济上深得个人营利自由竞争好处者，后来社会上却大受其弊。特别是盲目生产，经济上陷于无政府状态，演为周期恐慌不能自休，在内则阶级斗争，在外则民族斗争，整个世界苦痛不安，人类文明有自毁之虞。方利弊互见之时，早已有反对理论，乃至反对的运动。然而它未发挥到尽头处，事实上不会转弯。卒以第一次大战结束前后，时机到来，此伏流遂涌为高潮。虽因各处背景条件不同，表现之姿态各异，然其倾向一致固自明白。要而言之，集团又压倒了个人，保护干涉替代了放任自由，最近潮流正为近代潮流之反动。

最近三十年来其各自之宛转变化，不过更加证明他们的问题在此，不详论亦可。现在要问的是：他们西方人究竟怎样走进这问题中，而我们中国人何以会留在这问题外?

二、中西文化的分水岭

以我所见，宗教问题实为中西文化的分水岭。中国古代社会与希腊罗马古代社会，彼此原都不相远的。但西洋继此而有之文化发展。则以宗教若基督教者作中心；中国却以非宗教的周孔教化作中心。后此两方社会构造演化不同，悉决于此。周孔教化“极高明而道中庸”，于宗法社会的生活无所骤变(所改不骤)，而润泽以礼文，提高其精神。中国遂渐以转进于伦理本位，而家族家庭生活乃延续于后。西洋则由基督教转向大团体生活，而家庭以轻，家族以裂，此其大较也。

试依据历史一步一步加以指证，则西方人是怎样走进这问题中，便不难明白。以下先叙希腊罗马古代社会。

希腊罗马古代社会，不但与近代欧洲社会不同，抑且与他们中古社会亦两样，却转而与我们中国多分相似。此看法人古朗士(Fustel De Coulanges)著《希腊罗马古代社会研究》可知。古氏著作极精审，为此项研究中之名著，今有李玄伯先生译本，在商务出版。译者颇为用心，于其所述许多情节有合于中国古礼古俗者，均引经据典为之证明。虽李君注文，未必皆是；然固有助于读者了解西洋古代社会，正与吾土多相肖似。

书中所述，一言总括就是：崇拜祖先，以家族体系组成的社会，所谓宗法社会者是。其社会所由组成，一恃乎宗教。他们亦有法律，亦有政治，亦有战争，亦有社交娱乐；但一切一切原本宗教，而为宗教之事。那时人对于神敬畏甚至；但家各有神，不能相通，不但不能相通，且各守私阏，隐相排斥嫉忌。所以严译甄克斯著《社会通诠》，论到宗法社会的宗教，亦是说：（一）可私而不可公，（二）本乎人而不出于天，（三）宜幽不宜显，是其三大特征。积若干家而"居里"；积若干"居里"而为部落；积若干部落而为邦。社会组织之扩大，与宗教观念信仰对象之开展，要必相因相待。社会组织最大止于邦；信仰亦至于邦神而止。然而每个小范围（家、居里、部落）仍各自保有其祭祀、佳节、集会与首领，此即谓之多神教。

后来罗马以希腊、意大利千数邦中之一，而竟可征服其余，似为意想不到之事。这自是人类社会单位向前扩大之势不可遏；而罗马恰亦具有其特殊条件，并且遵循了巧妙途径，盖人类生活经过好多世纪不能不变，意识方面开展进步，情操亦即不能株守于家神邦神的信仰崇拜。势不免要打破了邦，而前进于更大组织局面。此时罗马人恰好不是单纯一族一宗教者，而是杂糅的。乃至"罗马"之名，亦难确定其属于何种语言。有谓为特拉文者，有谓为希腊文者，有谓为拉丁文者，更有人信其为爱特利文。古时人依宗教为结合；两城邦若有共同信奉，即算亲戚。罗马的宗教既为杂糅的，因而多与其他城邦有关系。罗马即注意保存这些亲戚关系的证据。例如它保存"爱纳"的纪念，它就为意大利、西西里、希腊、特拉斯、小亚细亚各处三十个城的亲戚。——以上所说，即其特殊条件。它的政策最巧妙处，是不强迫那些被征服者信奉它的神，却将被征服者的神移来增加到罗马。罗马于是有较他邦皆多的神，仿佛宗教的总汇。它就利用宗教的吸引力，助成其统治。

罗马以不违于当时人心理习惯的巧妙政策，配合它对于各邦之实力征服，着着进展，而罗马帝国之伟大局面遂以造成。然亦正由当时家神邦神的宗教精神失坠，仅存习惯，邦的组织寖失其维系之故。现在这伟大局面造成了，它自己却还没有与这伟大局面相应的伟大宗教。只以旧宗教之衰而罗马兴，罗马盛时，旧宗教乃益衰。而由于宗教荒虚，人们精神无主，罗马亦不能衰矣。

罗马当时于此紧要处，既无善法，社会之腐化堕落遂不可免。直到基督教从东方传来，填补这一空缺，西洋古代文明乃得一意外的续命汤，卒且孕育出其近代文明。——这是后话。

三、基督教与集团生活

如史书所云："斯巴达人白昼处于露天之下，夜宿营幕之中，饮食相共，人无独居之时，亦罕家庭生活"[3]。这自是集团生活一极端之例，与其尚武善战相联，并非那时社会生活之通例。然而我们要知道希腊罗马古代社会，却一般地通是集团生活。它虽以家作核心，而以(一)附属人数众多，(二)阶层分别，(三)家长威权，(四)产业共有，种种情形，其生活不能不说是集团的。生活是集团的，但以其精神低浅，意识狭隘，不可能为大集团。大集团不再以一家一姓作核心，必待基督教伊斯兰教等宗教出来，而后得以构成。严译《社会通诠》有云："种人排外之不深，异族之能即于和，而大邦有缔造之望者，其景教之力也。"正谓此。自宗法制度既破，凡说到集团，就是超家族的；只有超家族的组织，乃足以当集团之称。

以下我们试看基督教怎样开出超家族的集团组织来。基督教精神全然与旧的宗教相反，可约之为三大点：

第一，神绝对唯一。此与从前有多少家多少邦，即有多少神者，完全不同了。神不在世界内，而超于其上以主宰之。宗教之意义与形式，至此全改变。畏神者(畏神震怒降祸)变为爱神。对神亦不须供饮食牺牲；祈祷亦迥非符咒。

第二，兼爱同仁，以上帝为父，人人皆如兄弟之相亲。此与从前分别族内族外，自私于内，而相仇于外者，完全不同了。教义公开宣传，热心救世，一反各守私阏者之所为。

第三，超脱世俗。此与旧宗教之逐逐营营于现世生活者，完全不同了。盖以分灵肉为二事，每人只肉体生活这一半，是属于现前社会的；而灵魂自由，可径按于上帝。既然宗教所求不在现世，愈少参加世上事物愈好。所以耶稣说“与凯撒以凯撒所应有，与上帝以上帝所应有。”古代之宗教政治混一者，至此乃分开，而国家政府得以独立。又宗教垂诫于人的义务，却不管人间一切权利之事。权利之事，由法律去规定。基督教是第一个不以法律隶属于自己的宗教(罗马法典之进步大得力于此)。

然而，我们不可误会大集团生活就从宗教家的意识要求造出来，造成西方人之集团生活的，是事实不是理想。不过这些事实，却特别与基督教有关。那就是从基督教所引起之血的斗争。

基督教之起，实对当时社会具有极大革命性。第一，它推翻各家各邦的家神邦神，反对一切偶像崇拜，不惜与任何异教为敌。所谓“基督教不以建立其自身之祭坛为满足。必进而毁灭异教之祭坛”。第二，它打破家族小群和阶级制度，人人如兄弟一般来合组超家族的团体，即教会。教会这一组织，是耶稣所曾坚决嘱咐于他们信徒的，早期教徒们亦都相信，为保持他们的信仰纯洁及专一，这一结合乃非常必要。据说其最初组织，亟望基督重来，天国实现，教徒衣食相共，不分界限；并有产业归公之制度。似此一面其内部结合既极其坚实，一面其对外行动又极其激烈，团体精神自尔达于高度。排他既强，被排亦烈，到处不能为人所容；而遭受残杀之结果，则是使他们自身团结更形坚强。

而且基督教虽想要政教分开而事实不许，很快又混合一处(纪元325年定基督教为罗马帝国之国教)。基督教虽不想以强力残杀异教然事实终落到这一步。盖当那时，文化不能不以宗教作中心；以其特具统摄抟结作用，任何组织生活离不了它。如其设想那时宗教离开政治而自存，似有可能；如其设想那时政治离开宗教，倒想像不出其可能。中古封建的统治，既资藉于宗教；而宗教自身又复政治化。——如教皇包揽政务，或自己兼秉政务，主教教士予闻诸侯政务等皆是。并且教会中的大主教、主教、修道院住持等，亦都成了封建阶级的一部分。此其结果，就有两点：

> 一点是使得集团生活内部之统制过强。盖宗教信仰不过抟结人心，国家权利则更拘限人身。二者相合以行其统制，人诚无所遁逃这种统制过强的集团生活，为后来引起反动之本；异常重要。
>
> 一点是使得集团间斗争频繁激烈。盖权利所在，最易启争端；宗教不挟有权力，其争端犹或不多。宗教界别，最易形成集团对抗；权力之争，不资藉于宗教组织，其斗争或不必为集团的。今二者相合，遂使当时之宗教问题、政治问题、种族问题、私人恩怨、种种搅混不清；相寻无已。其间大小惨剧，长短战争，绵历千有余年，难解难休。这千余年频繁激烈的斗争，即是锻炼成西方人集团生活之本，异常重要。

上面所称“宗教问题”，初时是基督教与异教之争；后来基督教扩展了，对外斗争渐少，而内部宗派之争又起；至新教发生而益烈。又上面所称“权力之争，不资藉于宗教组织，其斗争或不必为集团的”，此如中国历史上改朝换代，争王争帝者是。其争只在二三领袖之间，其余多数人均不过从属工具，并无深切界别，形成集团对抗。所以像韩信事楚，又可以归汉。项伯楚人，竟保护了沛公。诸葛兄弟，可以分在吴蜀魏三方去。这种斗争，是不十分激烈的。

凡团体必须有内外界别；若没有一定界别，便难成团体。反之，界别愈严，则团结愈固。此其一。又团体必须有其对抗者或竞争者，而后其生活振奋组织紧张。反之，若缺乏此类对象，则必日就懈散，甚至团体消失。此其二。又团体境遇不顺，遭受折磨，其分子向心力转强。反之，若境遇顺好，则其分子或不内向，甚至且发生离心倾向而内争起来。此其三。审此三者，则知锻炼集团生活之最佳机会，莫过于基督教在欧洲所引起之血的斗争了。人当斗争时，便思集合团体；而有了团体后，亦更易引起斗争。团体与斗争，殆相联不离。孟德斯鸠《法意》上说：“争之与群，乃同时并见之二物”，正谓此。反之，散漫与和平相联。愈散漫愈和平；愈和平愈散漫。西洋自有基督教以后，总是过着集团而斗争的生活——虽然基督教是主张和平的。中国自受周孔教化以后，大体过着散漫而和平的生活——虽然孔子亦说“必有武备”的话。中国一面且另谈。西洋这一面不为别的，只为基督教一因素加入到西洋文化来，于促使其社会走上此路之条件正相符合之故。

自然西洋人之集团生活，并不能全归功于基督教。除了先自希腊罗马流传下来者不计外，后进的蛮族生活亦是一个因素。他们原是集体行动的(游牧侵掠皆集体行动与农业平静分散者异)，又以蛮族文化浅、冲动强，感受基督教之后就很执着；所有许多血斗惨剧，多因于此(此指 Religious intolerance)。

四、欧洲中古社会

集团生活，在生死危难中固可得好的锻炼；但在日用常行之间养成它，同属必要。前者可得某牢韧的向心力和纪律习惯；至若组织能力，法治精神，和一般公德则多有赖于后者。于此，我们宜一述欧洲中古社会生活。

欧洲中古社会，在其政治经济各方面，到处所见亦罔非东一个集团西一个集团，为其人日常生活之所依。如封建制度中那些大小单位，如各处的基尔特(Guild)，如各自主城市等皆是。

据历史来看，此封建社会并非从其上世演进之结果，而宁为其倒退。在政治上，它是由于大帝国之失势解体，给予雄霸者在各地方上起来的机会，而使一切零弱者不得不各有所依附以求存。这样，就形成了许多封建集团。虽说自上而下有若干层级，以大统小，以小事大，等差甚严。却不是条理井然的一个体系，而宁为错杂峙立的几团势力。在经济上，它是由于伊斯兰教徒突然出现于历史舞台，征服了地中海东西南三面，使过去为各地文明及商业交通的大动脉，以新月旗与十字架之敌对，而骤先断绝。古代经济遭蛮族残侵而犹存者，乃于是而溃灭。八世纪以来，商业衰歇，商人消逝，都市生活亦同归没落。继罗马金币而起之新币制，即是与古代经济或云地中海经济断绝关系的证据。同时多瑙河、易北河、扎勒河可能的交通，恰都生阻，亦不能有常规的贸易。整个西欧，自八世之末反拨到自然经济的农业社会。社会生存，完全建筑在土地占有上。国家的军事制度，行政制度，因之而弛散分解，最高主权便无法保障。其政治上封建制度之形成，盖又基于此经济事实[④]。于此时，那些封建制度下经济自给自足的大小单位，恰又不期而然构成集团的生活。

所以这一倒退或顿挫，正给欧洲人以培养集团生活之良好机会。其后，商业复兴，都市再起，则于既往养成的集团生活，又启其进步之机。——这是后话，而亦就是前面我们所说“进步的团体生活”之由来。首尾过程，宛然在目。

当时封建制度下的农业社会，千余年间前后自有许多变化，各地方尤难尽同。然一般说，就是大地产和庄园制度。兹参考各书略述如次。

据说，大地产平均约包含三百个农场(田舍)或一万英亩，以至更多。他们都是教会或修道院或贵族之所有。如此广大田地，不易接连一起，有时分散很远。虽分散，但具有一种强有力的组织。在昔商业能运销其生产品，都市提供其日用品时，它以生产兼消费之双重资格参加一般经济活动，此时商业中断，每一大地产构成如人们所称呼“闭关的大地产经济”。耕作所需器具，家人所需衣物，都要设立作坊自行生产。

全部地产常区分为若干部分，每部分或不止一村庄，而在一庄园Manor管辖之下。庄园不仅是一种经济组织，而且是一集体社会。它支配其居民之全部生活，自成一小世界，而以其地主为首领。居民不仅是地主的佃农，更且是他的臣民。从农业上说，却算一种“合伙组织”(Share Holding Arrangement)，大部分农人连贵族在内，都像是股东。他们之间，虽阶级不同却同是基督徒，所以能以人与人的关系相处，相互有其权利与义务。不论是自由民或农奴，每人对公众事务有发言权。此外参加者，有不少各式各样工匠，以及牧羊饲猪养蜂等人。他们亦各有其身份、义务和应享权利。

农民大别为自由民和农奴两种。自由民居极少数；这是保有他依附臣服之初所订契约的。他自有其土地，有权可得脱离团体。他还可以赴诉于国王之法庭。其大多数则是农奴。这是只凭惯例的佃户(Customary Tenant)，随附于地面，不得自由离去。全庄土地除地主保有者外，其余则共同享有。在共同享有地上，各佃户又恒有其世袭使用之部分，以自养其家小，以纳贡于地主。诸如草原、牧场、森林、沼泽等，更是共同不分彼此的。在耕作刈获上，不唯地主之地安佃户合力为之；即佃户各自使用部分，亦是大家通力合作的。磨房、糟房、榨葡萄汁器具，乃至烹饪的灶火，常为公共利用之设备。

在地主贵族之下，代表他管理全般行政事物且兼理法庭者，有管家(Bailiff)，代表农奴并分派他们工作者，有督工(Provost)，还有其他吏员等多人。庄园亦即为一司法单位，其裁判权之大小，视其侵蚀王权而不同。它按照一般习惯及其庄园自来形成之惯例，并取得地主同意，以判决案件，处理内部一切问题。

庄园为社会基层，亦是宗教生活一单位而为教会组织之基层。这里有教堂，有教区牧师。牧师通常是地主和全体居民的朋友，为他们传道，并指教一切。他以命名礼(洗礼)、坚信礼、婚礼、葬礼种种仪式，及星期祷告、节日宴集或禁食等习惯，范成他们一生中并一年中的社会生活。教堂前面的草地，常是他们的游戏场；乡村的舞蹈大会，亦常在那里举行。就是那教堂的钟声，亦给他们全体精神上一种维系。

因为全般生活，环绕着地主和教堂为中心，有这般的集团性；所以其一切建筑，自堡垒、邸第、礼拜堂、厅房、住房、农奴的茅舍、各种作坊机房、仓库以至马棚、牛栏等，自都有其内外前后的配合布置，如记载或图画之所示[⑤]。

以上不厌琐细地说这许多，意在指证西方人在中古农业生活里，实是集团的。像卢作孚先生所说“农业民族的经济单位，非常简单，只需要一个家庭”；像冯友兰先生所说“在未经产业革命地方，无论东方西方都是生产家庭化，一个家庭是一个经济单位”，由此皆证明其全然不对，他们皆以其所见于中国者，来臆测一般中古社会；还以其臆想的中古文化，来解释中国的事情。而不知像中国一家人一家人各自过活，恰是中古世界所稀有。根本上在他们所谓“公开耕地制度”(The Open Field system)下，农人们几乎一举手一投足都必是协同的，都不免受约束的，更何有一家为一经济单位的事。甄克斯《社会通诠》上说“古之田法，以族姓乡社为么匿者也；今之田法，以一民小己为么匿者也。”英语么匿 Unit 便是单位的意思。必至近代社会，乃“散乡社之局，成地主之制”，“人得自由，而土地为其产业”。

其次再看他们中古的工商业。在上述乡村各种作坊之外，11 世纪下半期有集中的工商业起来，渐发达于各都市间。这些工商业者亦都过着集团生活，直至十七八世纪乃先后解体，而为近代自由制度所替代。这在英语名为“基尔特”(Guild)，中译“同业公会”或“行会”。它一面为自愿的组织，一面含有合法的权力。它一面照顾到消费者之公众利益，一面基于生产者自身的要求。其详情各处不一，此可不述。所不可不知者，就是他们团结之固干涉之强进而形成一种力量，伸入地方政治，操持地方政治，绝非中国商人工人所能梦见。大约某地某业之基尔特，即为当地此行业之垄断性团体，不轻易给人参加的机会。收学徒亦有严格规定，高其年限，并限制每一师傅收极少人数，既以排他而保护其同业利益，就不得不杜绝内部之有自由行动、自相竞争之事，而严密其监视，加强其干涉。更为其不致以独占而妨碍消费者公众利益，引起不平；所以同时力求货真价实，公平交易，而不许偷工减料与过分利得。如此则必需监视与干涉之事更多，所以就逐渐发展出来极烦琐极拘泥的无数规条，成功其一套极周到之管理技术。而为执行其管理，基尔特自身便俨然成一小政府了。它有选举之领袖职员，有行政之组织及各种会议，有自治之规约，有其财政及金库，有裁决争议之法庭。再则，论其组织自是基于经济意义而来；但当时任何组织却总离不了宗教。所以基尔特，除有经济的机能外，复有其种种之社会的机能。各业多各有其守护神，及节日聚餐、游行赛会、共同娱乐、种种社交；对于贫病死丧，互相顾恤。他们各有其旗帜，甚至还穿着特殊服装[6]。

这里更有些好的佐证：

> 使梓人丙为丁筑室而不坚，俄而圮焉。不独丙偿之也，丙之同行当共偿之。使贾人庚有逋于辛，辛之索者不独于庚也，庚之同社皆可以索，古俗民之相联系以为责任有如此者。所最怪者，则古商贾行社所有之执抵权利，行于中叶。假如有伦敦商负伯明罕商债，不以时还。设于时，伦敦有他商在伯明罕者，则执其货以抵前负；以其同行社故。（见严详《社会通诠》国家刑法权分第十一）

这好比说，如其你我两家同在天津一个同业公会，我在上海欠他家的债，而你的货物到上海，却会被他扣来作抵，视你我如一家。那么，当时一个同业公会组织之密且强，事实岂不甚明！

五、近代社会之萌芽

在彼时一同兴起者，就是城市自泛体，通称“自由都市”。基尔特是一些职业组织；城市自沉体是地方组织。亦可说，基尔特是一些经济组织；自主城市是笼罩于其上的政治组织。

古代希腊罗马文化，皆以城市为中心；近代文明更是著名的“都市文明”；只有中古不是。但中古后半期，即 11 世纪末期 12 世纪初期，工商业和城市逐渐复兴，便由此以渡进到近代了。工商业及城市之复兴，在色彩上亦在事实上，为一种对中古封建文化之反攻，以至将其颠覆为止。这种反攻势力之本身，便是“自由空气”。如史家所说，工商业人多是从封土中逃出者，或解放者，城市之兴起，都是对封建诸侯之和平的或武力的反抗。他们(工商业人)都是“自由人”，为一崭新阶级。其意味，直与一个人进身为僧侣，或进身为骑士，相近似；即所谓“布尔乔亚”者是。但他们必须结成有力团体，始能自存，始能反攻而达成其历史任务。这团体，便是上面说的两种组织；两种组织互有助长作用，而同为他们所凭藉。在团体作用上说，基尔特对内干涉较强，自主城市对外之抵抗较强。二者同为集团生活之好例，后者更为进步的团体生活之导源。

城市复兴之物，各地莫不趋向自主(大抵皆先备城防，特设司法)，但其后来成就则等差不齐。极盛时期，有些大城市俨同一个独立国家，有主权，有海陆军队，对内施行统治，对外宣战媾和。他们不独讲求其市政，并且讲求外交。据说今日国际间一些外交方式和技术，还是沿自那时的。临末入于近代以来，各民族国家一个一个成立，许多城市先后并合在内，而保有一种地方自治。如日耳曼境内汉堡等三大城市，直迟至 19 世纪初乃并入德国。假若除去初兴及临末不论，中间至少约四百年，为这些数不清的城邦与封建诸侯相争，又彼此间争锋之时。中古欧洲千余年扰攘，其后半期当以此为有力因素。近代西洋人的国家意识及其爱国心情，首先养成于这范围较小而亲切确实的地方，而后扩大起来到民族国家。特别是他们的政治能力(组织国家的能力)，都在这里养成。

前段只说了基督教如何引起斗争，予集团生活以血的锻炼；而于基督教自身之团体组织，还没有说。然而这里却是西方人学得了团体组织之本。第一，于此确认个人隶属团体，团体直辖个人。第二，于此公认团体中个个人都是同等的。此其重要，可说非常重要。中国所缺乏的，就是这个。——就是没有机会有此认识。至于教会内部组织从大单位到小单位自成系统，此可不叙。我们只引录何炳松教授《中古欧洲史》第十六章之一段话于此：

> 自罗马帝国西部瓦解以后，西部欧洲制度之最永久而且最有势力者，莫过于基督教之教会。（中略）中古史而无教会，则将空无一物矣。⑦

中古教会与近世教会（无论新教或旧教），绝不相同，言其著者，可得四端：

第一，中古时代无论何人均属于教会，正如今日无论何人均属于国家一样。无论何人不得叛离；不忠于教会者可以死刑处之。

第二，中古教会除广拥土地外，并享有教税。凡教徒均有纳税之义务，正与今日吾人捐输国税者同。

第三，中古教会实无异国家，既有法律又有法庭，并有监狱，有定人终身监禁之罪之权。

第四，中古教会不但执行国家之职务，且有国家之组织。教皇为最高立法者，亦为最高司法者，统治西部欧洲一带之教会，政务殷繁。凡教皇内阁阁员及其他官吏合而为“教皇之朝廷”（Buria），各地教会文书往来，以拉丁文为其统一之文字。

引录这一段话的用意，只在让人想见彼时教会之强大，生息于其中之西方人将受到怎样的教训与磨炼。

注释

① 参看蒋方震译《近世我之自觉史》前半部，商务印书馆出版。

② 英国前首相自由党首领劳合乔治曾深有此叹，见1934年2月报纸。

③ 见冯雄译桑戴克著《世界文化史》第117页，商务印书馆出版。

④ 具见Henri Pirenne著《中古欧洲社会经济史》，胡伊默译本，商务印书馆出版。

⑤ 参考胡译《中古欧洲社会经济史》，何炳松编译《中古欧洲史》。冯雄译《世界文化史》，《各国社会经济史丛书》(以上均商务版)。Hayes and Moon合作《中古世界史》，伍蠡甫译本，世界书局版。民18年著者为河南村治学院旨趣书，有云：中国社会一村落社会也；求所谓中国社会者不于三十万村落其焉求之。或日欧洲国家独不有村落乎？曰其古之有村落也，则中世封建社会组织之基层。其今之有村落也，则近代资本社会组织之点线。是社会有村落，而非即村落以为社会，固不得谓为村落社会也。正指此意而言。

⑥ 以上参考胡译《中古欧洲社会经济史》，许译《英国社会经济史》，徐译《德国社会经济史》，陈译《中古及近代文化史》，冯译《世界文化史》，均商务印书馆出版。又伍译《中古世界史》，世界书局出版。

⑦ 何炳松《中古欧洲史》，商务印书馆出版。此段首句采自第25页。以下见第172页及129页。

中国人缺乏集团生活*

一、西人所长吾人所短

团体与个人是西洋人的老问题；全部西洋史几乎都表见在这问题上面。他们在这问题上所受教训及锻炼既多，自然有许多长处。这许多长处，亦可分两面来看。关于个人一面的，且容后谈。关于团体一面的，可以约举为四点：

第一，公共观念；

第二，纪律习惯；

第三，组织能力；

第四，法治精神。

这四点亦可总括以“公德”一词称之。公德，就是人类为营团体生活所必需的那些品德。这恰为中国人所缺乏，往昔不大觉得，自与西洋人遭遇，乃深切感觉到。距今45年前梁任公先生倡“新民说”，以为改造社会，挽救中国之本。他第一即揭“公德”为论题，已予指出。今在本书讨究

---

* 本部分选自《中国文化要义》第四章。

工作上，还要不放松地说一说。

先从末后第四点说起，此处所云法治精神，盖就西洋人之执法与中国人之徇情，对照而说。在大团体中一办公机关，应付众人，处理百事，只有订出律条而拘守之，无论什么人来一律看待。然后乃少费话，免纠纷，公事进行得快，而秩序以立，群情以安。其中虽不免忽视个别情形，而强不齐以为齐，竟不洽情不中理者，却是不如此，大事小事都将办不成。法治之必要即在此。然而在家庭间亲族间就不然了。一家之中，老少，尊卑，男女，壮弱，其个别情形彰彰在目，既无应付众人之烦，正可就事论事，随其所宜。更且以密迩同处，一切隐微曲折彼此无不了然相喻，难以抹杀不顾。而相亲如骨肉，相需如手足，亦必求其细腻熨帖，乃得关系圆满，生活顺畅。此时无所用其法治，抑且非法所能治，虽无所谓为徇情，而凡所斟酌，却莫非情致不同。

徇情的问题，是在较大范围中乃发生的。此因其一面范围渐大，人数渐众，颇非随便应付得了，渐有用法之必要；另一面则亲疏厚薄，其间自有差别，尚难尽舍人情而专用法。中国人的生活，既一向欹重于家庭亲族间，到最近方始转趋于超家庭的大集团；“因亲及亲，因友及友”其路仍熟，所以遇事总喜托人情。你若说“公事公办”，他便说你“打官话”。法治不立，各图侥幸，秩序紊乱，群情不安。当然就痛感到民族品性上一大缺点，而深为时论所诟病了。

次说到组织能力。此所谓组织能力，即指如何作团体一分子的能力，其要素在对于团体之牢韧的向心力和耐烦商量着向前进行的精神。有人说“中国人不是自暴自弃，就是自尊自大；他或者不要发言权不要监督权，乃至不要自由权作一个顺民亦可以，或者就是要想作皇帝的，乃至想给他皇帝也不作的。”① 这种情形，确随处可见。例如近几十年自有“有限责任股份公司”这种组织以来，往往都是极少几个人把持其事，多数股东不闻不问，听受支配。只要分到股息，心满意足，假如亏折，自认晦气而已。除非蓄意寻事，鲜有考研内情，查问账目的。又如民国七八年以来，各地学生会，其中热心的废寝忘食，真可牺牲一切；但事情必须听他主张。如果他的主张行不去，他的意见没人听，马上心灰意懒，好歹不问了。赌起气来，闹到分裂散伙亦可以；相持不下，将团体之事搁起来不进行亦可以。又如乡镇地方之事，由地方官以命令行之，大家听从没有话说；或由一二领袖作主，亦可行得通。一旦地方官好意召集众人，以问题付之公议解决，往往就议论歧出，商量不到一处，事情反而办不动。此时再下命令，他们亦不愿听了。总之，或者受人支配作一个顺民；或者让他作主，众人都依他的。独于彼此商量大家合作，他却不会。凡此种种，例证甚至。时论所讥“一盘散沙”，“没有三人以上的团体，没有五分钟的热气”，大抵指此。

其实，这是不足怪的。中国人原来个个都是顺民，同时亦个个都是皇帝。当他在家里关起门来，对于老婆孩子，他便是皇帝。出得门来，以其巽顺和平之第二天性，及其独擅之“吃亏哲学”(见后)，遇事随和，他便是顺民。参加团体众人之中，不卑不亢的商量，不即不离的合作，则在他生活中夙少此训练(尤以士人生活及农人生活为然)。

组织能力缺乏，即政治能力之缺乏；盖国家正不外一个大团体。45年前梁任公先生尝论中国人无政治能力，而辩其非困于专制政体。他反诘说：若谓为专制政体所困，则何以专制政体所不能及之时如鼎革之交，专制政体所不能及之事如工商业如教育等，专制政体所不能及之地如殖民海外，特别是如百年前之旧金山者，均无所表见[②]。另在其《新大陆游记》中略点出其理由说，中国有“族民”而无西洋之“市民”，有族自治或乡自治而无西洋之市自治。西洋之市自治为其政治能力之滥觞，而中国之族自治乡自治则其政治能力之炀灶[3]，虽于中西社会演进之两条路，尚未言之深切著明，而所见正自不差了。

再其次，论纪律习惯。所谓纪律习惯，盖指多人聚集场面，无待一条一条宣布，而群众早已习惯成自然的纪律。在消极一面，例如：开会场中不交谈，不咳嗽，走路不作声响，出入不乱挤，一举一动顾及前后左右而不妨碍旁人等。在积极一面，例如：坐则循序成列，行则排队成行，发言则当机得时，动作则彼此配合照应，种种细节，难以枚举。无论消极积极，扼要一句话：必求集体行动起来，敏捷顺利，效率要高，不因人多而牵扰费时。试看车站或戏院售票的门窗前，西洋人自然鱼贯成行，顺序而进；中国人却总是争前窜后，虽有警察，犹难维持秩序。其实不守顺序之结果，事务进行反而缓慢，甚至进行不得。只有各守顺序，乃得让大家较快达到目的。西洋人从事实教训上深明此理；中国人事实不够，所以还不明白。又在开会场中，中国人还当他在家里一样，耳目四肢只为其个人用，不曾意识到团体的要求，妨碍公务于不自知，更为习见不鲜。

二、中国人缺乏集团生活

所谓集团生活，诸如前述诚然形形色色；但亦有其一致之点可指：

(一)要有一种组织，而不仅是一种关系之存在。组织之特征，在有范围(不能无边际)与主脑(需有中枢机关)。

(二)其范围超于家族，且亦不依家族为其组织之出发点。——多半依于地域，或职业，或宗教信仰，或其他。

(三)在其范围内，每个人都感受一些拘束，更且时时有着切身利害关系。

合于此三条件者，即可说是集团生活；不合的，便不是。我们以此为衡，则中国人是缺乏集团生活的。

第一，中国人百分之几十以上，怕都不在宗教组织中，一个中国青年到印度，人家问他是哪一教；他回答：任何宗教都不是。当地人闻之全都诧讶不解。这回答若在欧洲中古，亦将为人所不解的。然而这不是中国青年界极普通情形吗？我却非说百分之九十的中国人都是这样。大多数中国人，恰与此相反。他们于圣贤仙佛各种偶像，不分彼此，一例崇拜，尚不及日本人进甲庙则不进乙庙，拜乙神则不拜甲神之稍有区别。区别都没有，尚何组织可言。

第二，说到国家组织，中国人亦大成问题，如本书第一章所列中国文化第十一特征，即其问题之提出。于此而成问题，中国人之缺乏集团生活乃非同小可。在后边将特加论列。此不多说。

从国家放得很松来推想，则地方自治体和职业自治体可能很发达。不错，中国社会秩序之维持，社会生活之进行，宁靠社会自身而不靠国家；地方自治和职业自治是相当有的。可惜从现存史籍中，大多不易考见，颇难论定。而说到地方自治，更有可注意者两点；一点是中国有乡自治而没有市自治，恰与西洋地方自治肇始于都市者相反；一点是地方自治体欠明确欠坚实，与官治有时相混。

关于前一点，梁任公先生在其早年《新大陆游记》中即已提出：

> 吾国社会之组织，以家族为单位，不以个人为单位；所谓家齐而后国治也。西方人之自治力发达固早，吾中国人地方自治亦不弱于彼。顾何以彼能组成一国家，乃我不能？则彼之所发达者，市制之自治；而我之所发达者，族制之自治也。试游我国之

乡落，其自治规模确有不可掩者。恒不过区区二三千人耳，而其立法行政之机关秩然具备。若此者，宜其为建国之第一基础也。乃一游都会之地，则其状态之凌乱不可思议矣。凡此皆能为族民不能为市民之明证也。吾游美洲观于华侨而益倍。彼既脱离其乡井，以个人资格来居最自由之大都市，顾其所赍来所建设者，仍舍家族制度无他物，且其所得以维持社会秩序之一部分者，仅赖此焉。

任公先生晚年著《中国文化史》，其社会组织篇第七章讲乡治，第八章讲都市。他经历多年研究之最后结果，还是"中国有乡自治而无市自治"一句话。乡治章中，特将他自己家乡——广东新会县茶坑乡——自治组织之梗概述出④而作结论云：

此种乡自治，除纳钱粮外，以讼狱极少，几与地方官府全无交涉。窃意国内具此规模者，尚所在多有。虽其间亦恒视得人与否为成绩之等差；然大体盖相去不远。此盖宗法社会蜕余之遗影，以极自然的互助精神，作简单合理之组织，其于中国全社会之生存及发展，盖有极重大之关系。

的确，这与中国社会之生存发展有极重大之关系。或径直说：这即是中国社会所以数千年生存发展，可大可久的基础。一定要认识它，乃认识得中国文化。但它是与西洋集团生活有区别的，看后文自详。

再说后一点，地方自治体欠明确欠坚实，与官治有时相混。此谓其有时似属自治，有时又代以官治，一时一代兴废无定。且其组织、权限与区划，亦变更无常。即以民国以来言之，县以下基层组织忽而并大，忽而划小。制度纷更，几于朝令而夕改；单是名色，不知换了多少次。我们要谈的虽在过去之中国，然借今证古，显见其根基之不固。反观西洋，便不然了。1789 年法国大革命时，于封建特权，农奴制度，行会制度种种一扫而空。教会田产被没收，教士改民选。种种改革几无所不至。独立整理地方制度，对旧有 45000 城乡自治区，以其为第 12 世纪第 13 世纪中自治制度及地方政府生机所寄之个体，故保存而无改[5]。到 1921 年，又经过一百几十年了，社会交通进步，单位自然减少，还保有 37963 区。英国则自 9 世纪起，地方大小各区划沿用无改，其间只有一种叫 Hundred 的是消灭了[6]。这可见西洋人的地方自治体，是怎样地坚实有根基。质言之，他们当真是一个单位一个团体；而我们则乡党之间关系虽亲，团体性依然薄弱，若有若无。——以上论地方团体。

再论到职业团体一面。第一，中国农人除为看青而有"青苗会"一类组织外，是没有今所谓农会的。他们不因职业而另自集中，便天然依邻里乡党为组织，就以地方团体为他们的团体。而地方团体则常常建筑于家庭关系之上，如上已说。还有散在乡村以农人而兼为工人商人的，当然亦归属于此。第二，只有少数集于城市或较为聚处一地的工人商人，始形成中国的职业团体，而仍无今所谓工会商会。农会，工会，商会，这些都基于新法令而来。非旧日有的。旧日工人商人的职业自治组织如何，今已不易考见其详；而在其"行"、"邦"、"公所"、"会馆"之间，却有下列缺点可指：一是大抵没有全国性的组织如今所谓"全国商会联合会"之类——此见其同业之自觉殊有限；二是于同业组织中，仍复因乡土或族姓关系而分别自成组织，大大弛散其同业组织——此见乡党意识宗教意识之强行于行业意识；三是由"同行是冤家"一句谚语，可知其同行业者彼此之嫉忌竞争，缺乏西洋中世纪基尔特那样坚密团体精神。

在士农工商四民之中，士人原为一种行业。他们止于微有联络而已，谈不到有团体。因为他们一面是最富有个性的人，一面又是缺乏共同利害的人。如其说中国人散漫，那第一是从他们来的，第二是从农人来的。士人和农人，是构成中国社会之最重要成分；他们散漫，中国便不得不散漫了。

三、团体与家庭二者不相容

集团生活，在中国不能说没有，只是缺乏。中西之不同，只是相对的，不是绝对的。然而我们早说过，人类社会之进化实为生物进化之继续。在生物界中就没有绝对不同之事，虽植物动物亦不过是相对的不同，其他更不用说。盖凡生物之所现示，皆为一种活动的趋势或方向，但有相对之偏胜，而无绝对的然否。要画一条线，是画不出来的。虽画不出界限，而由小同之趋向发展去，却可能相反对，成了极严重问题。西方人集团生活偏胜，中国人家族生活偏胜，正是分向两方走去，由此开出两种相反的文化。

集团生活与家庭生活，二者之间颇不相容；而基督教恰为前者开路，以压低后者。关于此点，已故张荫麟教授有一论文，曾予指出。

> 在基督教势力下，个人所负宗教的义务，是远超过家族的要求。教会的凝结力，是以家族的凝结力为牺牲的。《新约》里有两段文字，其所表现之伦理观念与中国传统伦理观念相悖之甚，使得现今通行的汉译本不得不大加修改。其一段记载耶稣说“假若任何人到我这里，而不憎恶他的父母妻子儿女兄弟姊妹，甚至一己的生命，他就不能做我的门徒”。又一段记载耶稣说“我来并不是使世界安宁的，而是使它纷扰的；因为我来了将使儿子与他父

亲不和，女儿与他母亲不和，媳妇与他婆婆不和”(以上两段并见韩亦琦氏新译本)。(中略)基督教一千数百年的训练，使得牺牲家族小群而尽忠超越家族的大群之要求，成了西方一般人日常呼吸的道德空气。后来(近代)基督教势力虽为别的超越家族的大群(指民族国家)所取而代之，但那种尽忠于超越家族的大群之道德空气，则固前后如一。(张著《论中西文化的差异》，《思想与时代》第十一期。)

为西方人集团生活开路的是基督教；同时不待说周孔教化便为中国人开了家族生活之路。严格讲，家族生活集团生活同为最早人群所固有，并非自他们而开始。但这好比本能生活理智生活同为动物界所固有，却到节足动物脊椎动物出现，而后本能理智两路始分一样。中西社会构造既于此而分途，所以我们正应该指出西方之路开于基督，中国之路开于周孔，而以宗教问题为中西文化的分水岭。

当基督教传到中国来，此两相反之趋向遭遇一处，这方一直未曾受变于那方。相反的，倒是那方妥协于这方。除《新约》译文对于原文不得不修改外，他们教会人士且承认了中国人敬祖先和祭拜孔子各种礼俗。这种妥协承认，后来虽不免争执冲突而一度翻案(罗马教皇1742年断然不许行中国礼)，但末后(1939)终究还是承认了[7]。此诚亦见出中国文化之深固不拔，但所以能取得对方承认的，还在其近情近理。盖敬祖先不过尽人子孝思之诚，拜孔子则敬其为人师表，全没有什么说不通之处也。迨新教起来，基督教本身既有变化，教会组织后来亦大不同于前，彼此遂慢慢相安。还有佛教精神与中国家族伦理亦是不合的，而它到中国后，卒亦受变于中国。此即前引稻叶君山、太虚法师等所说，基督教和佛教都屈服了的话。

* * *

从家族生活发展去，岂止不成国家，抑且一个真的大地方自治体亦难构成。前引梁任公的话，说中国有族民而无市民；有族自治乡自治而无都市自治；他正是无意中发觉了此一问题。凡此亦当并论于后。

注释

① 见傅大龄《真正中国人及其病源》一文，《国闻周报》第九卷 17 期。

② 见梁氏所著《新民说》。华人之移植旧金山系以帆船而往，远在 1851—1874 年间，距美国开国不过数十年耳。

③ 此梁氏原著词句，滥觞为导源之意，炀灶为前人掩蔽后人之意。

④ 梁著《中国文化史》，见《饮冰室合集》之专集第 18 册，中华书局出版。

⑤ 桑代克著《世界文化史》，冯译本第 568 页，商务版。

⑥ 海烈斯著王检译《各国地方自治纲要》第 225 页，大东书局出版。

⑦ 当 16 世纪耶稣会士利玛窦等在中国传教，以中国礼俗与彼教无悖，取承认态度。其后教会内部发生争执，罗马教皇与中国皇帝之间亦因而冲突，卒至决裂翻案，一时天主教在中国几致绝灭，后来中国方面不甚认真而缓和下来，1939 年罗马教皇亦卒加以解释而承认中国礼之可行。

中国是伦理本位的社会*

一、何谓伦理本位

即此缺乏集团生活，是中国人倚重家庭家族之由来，此外并不须其他解释(如冯卢诸君所说者)。盖缺乏集团生活与倚重家族生活，正是一事之两面，而非两事。这是既经上面种种指证中西社会生活之不同以后，十分明白的事。

是人类都有夫妇父子，即都有家庭；何为而中国人的家庭特见重要？家庭诚非中国人所独有，而以缺乏集团生活，团体与个人的关系轻松若无物，家庭关系就自然特别显著出了。——抑且亦不得不着重而紧密起来。西洋人未始无家庭，然而他们集团生活太严重太紧张，家庭关系遂为其所掩。松于此者，紧于彼；此处显，则彼处隐。所以是一事而非两事。在紧张的集团中，团体要直接统制干涉到个人；在个人有自觉时候，要争求其自由和在团体中的地位。团体与个人这两面是相待而立的，犹乎左之与右。

* 本部分选自《中国文化要义》第五章。

左以右见，右以左见。在西洋既富于集团生活，所以个人人格即由此而茁露。在中国因缺乏集团生活，亦就无从映现个人问题。团体与个人，在西洋俨然两个实体，而家庭几若为虚位。中国人却从中间就家庭关系推广发挥，而以伦理组织社会消融了个人与团体这两端(这两端好像俱非他所有)。

我从前曾为表示中国西洋两方社会生活之不同，作了两个图[①]，其第一图如下：

中国西洋对照图之一

图例：

1. 以字体大小表示其位置之轻重
2. 以箭形线一往一复表示其直接互相关系
3. 虚线则表示其关系不甚明确

这种不同实是中西文化路径不同。论者徒有见于近代产业兴起，家庭生活失其重要，不复巩固如前，同时个人之独立自由，亦特著于近代思潮以后，其间互有因果关联，从而蔚成西洋近代国家；便设想个人隐没于家庭，家庭生活杲重如中国者，当必为文化未进之征，而类同于西洋之中古。于是就臆断其为社会演进前后阶段之不同。他不从双方历史背景仔细比较以理解现在，而遽凭所见于后者以推论其前，焉得正确！

然则中国社会是否就一贯地是家族本位呢？否，不然。我们如其说，西洋近代社会是个人本位的社会——英美其显例；而以西洋最近趋向为社会本位的社会——苏联其显例。那我们应当说中国是一“伦理本位的社会”。“家庭本位”这话不恰当，且亦不足以说明之。只有宗法社会可说是家族本位，此见甄克斯《社会通诠》。中国却早蜕出宗法社会，章太炎先生作《社会通诠商兑》尝辨明之[②]。要知：在社会与个人相互关系上，把重点放在个人者，是谓个人本位；同在此关系上而把重点放在社会者，是谓社会本位；皆从对待立言，显示了其间存在的关系。此时必须用“伦理本位”这话，乃显示出中国社会间的关系而解答了重点问题。若说家族本位既嫌狭隘，且嫌偏在一边。

人一生下来，便有与他相关系之人（父母、兄弟等），人生且将始终在与人相关系中而生活（不能离社会），如此则知，人生实存于各种关系上。此种种关系，即是种种伦理。伦者，伦偶；正指人们彼此之相与。相与之间，关系遂生。家人父子，是其天然基本关系；故伦理首重家庭。父母总是最先有的，再则有兄弟姊妹。既长，则有夫妇，有子女，而宗族戚党亦即由此而生。出来到社会上，于教学则有师徒；于经济则有东伙；于政治则有君臣官民；平素多往返，遇事相扶持，则有乡邻朋友。随一个人年龄和生活之开展，而渐有其四面八方若近若远数不尽的关系。是关系，皆是伦理；伦理始于家庭，而不止于家庭。

吾人亲切相关之情，发乎天伦骨肉，以至于一切相与之人，随其相与之深浅久暂，而莫不自然有其情分。因情而有义。父义当慈，子义当孝，兄之义友，弟之义恭。夫妇、朋友乃到一切相与之人，莫不自然互有应尽之义。伦理关系，即是情谊关系，亦即是其相互间的一种义务关系。伦理之“理”，盖即于此情与义上见之。更为表示彼此亲切，加重其情与义，则于师恒曰“师父”，而有“徒子徒孙”之说；于官恒曰“父母官”，而有“子民”之说；于乡邻朋友，则互以伯叔兄弟相呼。举整个社会各种关系而一概家庭化之，务使其情益亲，其义益重。由是乃使居此社会中者，每一个人对于其四面八方的伦理关系，各负有其相当义务；同时，其四面八方与他有伦理关系之人，亦各对他负有义务。全社会之人，不期而辗转互相联锁起来，无形中成为一种组织。——前说“中国人就家庭关系推广发挥，以伦理组织社会”者指此。此种组织与团体组织是不合的。它没有边界，不形成对抗。恰相反，它由近以及远，更引远而入近；泯忘彼此，尚何有于界划？自古相传的是“天下一家”，“四海兄弟”。试问何处宗法社会有些超旷意识？——宗法社会排他性最强。如只是家族本位、宗法制度，怎配把中国民族在空间上恢拓这样大，在时间上绵延这样久？要知家族宗法之依稀犹存，正为其有远超过这些者，而非就是这些。

那么，其组织之重点又放在哪里呢？此且看后文。

二、伦理之于经济

大抵社会组织，首在其经济上表著出来。西洋近代社会之所以为个人本位者，即因其财产为个人私有。恩如父子而异财；亲如夫妇而异财；偶尔通融，仍出以借贷方式。儿子对父母，初无奉养责任；——社会无此观念，法律无此规定[③]。父母年老而寓居其子之家，应付房租饭费。其子或于免费，或减收若干者，非恒例。如同各人有其身体自由一样，“财产自由”是受国家法律社会观念所严格保障的。反之，在社会本位的社会如苏联者，便是以土地和各种生产手段统归社会所有。伦理本位的社会于此，两无所以。

伦理社会中，夫妇、父子情如一体，财产是不分的。而且父母在堂，则兄弟等亦不分；祖父在堂，则祖孙三代都不分的，分则视为背理(古时且有禁)。——是曰共财之义。不过伦理感情是自然有亲疏等差的，而日常生活实以分居为方便；故财不能终共。于是弟兄之间，或近支亲族间，便有分财之义。初次是在分居时分财，分居后富者或再度分财于贫者。亲戚朋友邻里之间，彼此有无相通，是曰通财之义。通财，在原则上是要偿还的；盖其分际又自不同。然而作为周济不责偿，亦正是极普通情形。还有遇到某种机会，施财亦是一种义务；则大概是伦理上关系最宽泛的了。要之，在经济上皆彼此顾恤，互相负责；有不然者，群指目以为不义。此外，如许多祭田、义庄、义学等，为宗族间共有财产；如许多社仓、义仓、学田等，为乡党间共有财产；大都是作为救济孤寡贫乏，和辅助教育之用。这本是从伦理负责观念上，产生出来的一种措置和设备，却与团体生活颇相近似了。

从某一点上来看，这种伦理的经济生活，隐然亦有似一种共产。不过它不是以一个团体行共产。其相与为共的，视其伦理关系之亲疏厚薄为准，愈亲厚，愈要共，以次递减。同时，亦要看这财产之大小，财产愈大，将愈为多数人之所共。盖无力负担，人亦相谅；既有力量，则所负义务随之而宽。此所以有“蛇大窟窿大”之谚语。又说“有三家穷亲戚，不算富；有三家阔亲戚，不算贫”。然则其财产不独非个人有，非社会有，抑且亦非一家庭所有。而是看作凡在其伦理关系中者，都可有份的了，谓之“伦理本位的社会”，谁曰不宜。

中国法律早发达到极其精详地步。远如唐律，其所规定且多有与现代各国法典相吻合者。但各国法典所致详之物权债权问题，中国几千年却一直是忽略的。盖正为社会组织从伦理情谊出发，人情为重，财物斯轻，此其一。伦理因情而有义，中国法律一切基于义务观念而立，不基于权利观念，此其二。明乎此，则对于物权债权之轻忽从略，自是当然的。此一特征，恰足以证明我们上面所说财产殆属伦理所共有那句话。

三、伦理之于政治

就伦理组织说，既由近以及远，更引远而入近，故而无边界无对抗。无边界无对抗，故无中枢，亦即非团体。非团体，即无政治。政治非他，不外团体公共之事而已。但一家族却可自成范围而有中枢，有其公共事务即政治。不过这按之前说集团生活三条件(见第四章)，不算真团体。中国过去之乡政与国政，大抵都是本于这种方式。

旧日中国之政治构造，比国君为大宗子，称地方官为父母，视一国如一大家庭。所以说“孝者所以事君，弟者所以事长，慈者所以使众”；而为政则在乎“如保赤子”。自古相传，两三千年一直是这样。这样，就但知有君臣官民彼此间之伦理的义务，而不认识国民与国家之团体关系。因而在中国，就没有公法私法的分别，刑法民法亦不分了。一般国家罔非阶级统治；阶级统治是立体的。而伦理关系则是平面的。虽事实逼迫到中国要形成一个国家，然条件既不合(后详)，观念亦异。于是一般国家之阶级统治，在这里不免隐晦或消融了。

不但整个政治构造，纳于伦理关系中；抑且其政治上之理想与途术，亦无不出于伦理归于伦理者。福利与进步，为西洋政治上要求所在；中国无此观念。中国的理想是“天下太平”。天下太平之内容，就是人人在伦理关系上都各自作到好处(所谓父父子子)，大家相安相保，养生送死而无憾，至于途术呢，则中国自古有“以孝治天下”之说。近代西洋人不是相信，从人人之开明的利己心可使社会福利自然增进不已吗？这正好相比。这是说：从人人之孝弟于其家庭，就使天下自然得其治理；故为君上者莫若率天下以孝。两方目标虽不同，然其都取放任而不主干涉又却相近。孟德斯鸠《法意》上有段话，大致不差：

(前略)是故支那孝之为义，不自事亲而止也，盖资于事亲而百行作始。惟彼孝敬其所生，而一切有于所亲表其年德者，皆将为孝敬之所存。则长年也，主人也，官长也，君上也，且从此而有报施之义焉。以其子之孝也，故其亲不可以不慈。而长年之于稚幼，主人之于奴婢，君上之于臣民，皆对待而起义。凡此谓之伦理；凡此谓之礼经。伦理、礼经，而支那所以立国者胥在此(严译本19卷19章)。

四、伦理有宗教之用

中国人似从伦理生活中，深深尝得人生趣味。像孟子所说：

仁之实，事亲是也。义之实，从兄是也。智之实，知斯二者弗去是也。礼之实，节文斯二者是也。乐之实，乐斯二者。乐则生矣；生则恶可已也！恶可已，则不知足之蹈之，手之舞之！

朱注："乐则生矣"，谓事亲从兄之意油然而生，如草木之有生意。既有生意，则其畅茂条达自有不可遏者；所谓"恶可已"也。其又盛，则至于"手舞足蹈"而不自知矣！

固然其中或有教化设施的理想，个人修养的境界，不是人人现所尝得的。然其可能有此深醇乐趣，则信而不诬。普通人所尝得者不过如俗语"居家自有天伦乐"，而因其有更深意味之可求，几千年中国人生就向此走去而不回头了。

反之，鳏、寡、孤、独，自古看作人生之最苦，谓曰“无告”。此无告二字，颇可玩味。“无告”，是无所告诉；何以无所告诉，便为最苦？固然有得不到援助之意，而要紧尚不在援助之有无，要在有与我情亲如一体的人，形骸上日夕相依，神魂间尤相依以为安慰。一啼一笑，彼此相和答；一痛一痒，彼此相体念。——此即所谓“亲人”，人互喜以所亲者之喜，其喜弥扬；人互悲以所亲者之悲，悲而不伤。盖得心理共鸣，衷情发舒合于生命交融活泼之理。所以疾苦一经诉说，不待解救，其苦已杀也。西洋亲子异居，几为定例；夫妇离合，视同寻常。直是不孤而孤之，不独而独之；不务于相守，而恒相离；我以为变，彼以为常。藉此不同的习俗，而中国人情之所尚，更可见。

同时又因为中国是职业社会而不是阶级社会(详后)之故，每一家人在社会中地位可能有很大升降，这给予家庭伦理以极大鼓励作用。一家人(包含成年的儿子和兄弟)，总是为了他一家的前途而共同努力。就从这里，人生的意义好像被他们寻得了。何以能如此？其中有几点道理：(一)他们是在共同努力中。如所谓：“三兄四弟一条心，门前土地变黄金”、“家和万事兴”一类谚语，皆由此而流行。熙熙融融，协力合作，最能使人心境开豁，忘了自己此时纵然处境艰难，大家吃些苦，正亦乐而忘苦了。(二)所努力者，不是一己的事，而是为了老少全家，乃至为了先人为了后代。或者是光大门庭，显扬父母；或者是继志述事，无坠家声；或者积德积财，以遗子孙。这其中可能意味严肃、隆重、崇高、正大，随各人学养而认识深浅不同。但至少，在他们都有一种神圣般的义务感。在尽了他们义务的时候，睡觉亦是魂梦安稳的。(三)同时，在他们面前都有一远景，常常在鼓励他们工作。当其厌倦于人生之时，总是在这里面(义务感和远景)重新取得活力，而又奋勉下去。每每在家贫业薄寡母孤儿的境遇，愈自觉他们对于祖宗责任之重，而要努力兴复他们的家。历史上伟大人物，由此产生者不少。

中国人生，便由此得了努力的目标，以送其毕生精力，而精神上若有所寄托。如我夙昔所说，宗教都以人生之慰安勖勉为事；那么，这便恰好形成一宗教的替代品了④。

盖人生意味最忌浅薄，浅薄了，便牢拢不住人类生命，而使其甘心送他的一生。饮食男女，名位权利，固为人所贪求；然而太浅近了。事事为自己打算，固亦人之恒情；然而狭小了。在浅近狭小中混来混去，有时要感到乏味的。特别是生命力强的人，要求亦高，他很容易看不上这些，而偏对于相反一面——如贞洁禁欲，慷慨牺牲——感觉有味，权利欲所以不如义务感之意味深厚，可能引发更强生命力出来，表见更大成就者，亦正为此。这种情形，是原于人的生命本具有相反之两面：一面是从躯壳起念之倾向；又一面是倾向于超躯壳或反躯壳。两面中间，则更有复杂无尽之变化。宗教正是代表后一倾向。其所以具有稳定人生之伟大作用者，就为它超越现实，超越躯壳，不使人生局于浅近狭小而止。生命力强的人，得其陶养而稳定，庸众亦随之而各安其生。中国之家庭伦理，所以成一宗教替代品者，亦即为它融合人我泯忘躯壳，虽不离现实而拓远一步，使人从较深较大处寻取人生意义。它实在是那两面中间变化之一种。

以上皆说明伦理有宗教之用。意谓中国缺乏宗教，以家庭伦理生活来填补它。但我们假如说中国亦有宗教的话，那就是祭祖祀天之类。从前在北京有太庙、社稷坛、天坛、地坛、先农坛等，为皇帝行其典礼之处。在老百姓家里则供有“天地君亲师”牌位。礼记上曾说明“万物本乎天，人本乎祖”，祭天祭祖的意义是一贯地在于“报本反始”。从这种报本反始以至崇德报恩等意思，他可有许多崇拜（例如四川有“川主庙”，祀开创灌县水利工程的李冰父子之类)。不以拜天而止，不能称之曰拜天教；不以拜祖先而止，亦不是宗法社会的祖先教。它没有名称，更没有其教徒们的教会组织。不得已，只可说为“伦理教”。因其教义，恰不外乎这伦理观念；而其教徒亦就是这些中国人民。正未知是由此信仰而有此社会，抑或由此社会而有此信仰?总之，二者正相合相称。

五、此其重点果何在

中国人的神情，总是从容不迫。这自然是农业社会与工商业社会不同处。然而一个人在家里较之在团体组织中，亦是不同的。就在这宽松自然不甚经意的家人父子生活中，让人的情感发露流行。同时又以为职业社会之故，在实际生活上使得这一家人相依为命(后详)，于是其情感更深相缠结、扩演之结果，伦理的社会就是重情谊的社会。反之，在中国社会处处见彼此相与之情者，在西洋社会却处处见出人与人相对之势。非唯人民与其政府相对，劳工与其业主相对，甚至夫妇两性亦且相对，然此自是西方文化成熟后之情形；溯其来源，皆甚远。西方且另谈。中国之所以走上此路，盖不免有古圣人之一种安排在内，非是由宗法社会自然演成。

这即是说：中国之以伦理组织社会，最初是有眼光的人看出人类真切美善的感情，发端在家庭，培养在家庭。他一面特为提掇出来，时时点醒给人——此即“孝悌”、“慈爱”、“友恭”等。一面则取义于家庭之结构。以制作社会之结构——此即所谓伦理。于此，我们必须指出：人在情感中，恒只见对方而忘了自己；反之，人在欲望中，却只知为我而顾不到对方。前者如：慈母每为儿女而忘身；孝子亦每为其亲而忘身。夫妇间、兄弟间、朋友间，凡感情厚的必处处为对方设想，念念以对方为重，而把自己放得很轻。所谓“因情而有义”之义，正从对方关系演来，不从自己立场出发。后者之例，则如人为口腹之欲，不免置鱼肉于刀俎；狎妓者不复顾及妇女人格，皆是。人间一切问题，莫不起自后者——为我而不顾人；而前者——因情而有义——实为人类社会凝聚和合之所托。古人看到此点，知道孝弟等肫厚的情感要提倡。更要者，就是把社会中的人各就其关系，排定其彼此之名分地位，而指明相互间应有之情与义，要他们时时顾名思义。主持风教者，则提挈其情，即所以督责其义。如古书所云：“为人君止于仁；为人臣止于敬；为人子止于孝；为人父止于慈；与国人交止于信。”如是，社会自然巩固，一切事可循轨而行。此种安排提倡，似不出一人之手，亦非一时之功。举其代表人物，自是周公孔子。

伦理社会所贵者，一言以蔽之曰：尊重对方。何谓好父亲？常以儿子为重的，就是好父亲。何谓好儿子？常以父亲为重的，就是好儿子。何谓好哥哥？常以弟弟为重的，就是好哥哥。何谓好弟弟？常以哥哥为重的，就是好弟弟。客人来了，能以客人为重的，就是好主人。客人又能顾念到主人，不为自己打算而为主人打算，就是好客人。一切都是这样。所谓伦理者无他义，就是要人认清楚人生相关系之理，而于彼此相关系中，互以对方为重而已。

我旧著于此，曾说“伦理关系即表示一种义务关系；一个人似不为其自己而存在，乃仿佛互为他人而存在者”⑤。今见张东荪先生《理性与民主》一书第三章，论人性与人格，恰有同样的话：

在中国思想上，所有传统的态度总是不承认个体的独立性，总是把个人认作“依存者”(Dependent Being)不是指其生存必须依靠于他人而言，乃是说其生活在世必须尽一种责任，无异为了这个责任而生。

张先生还有一段话，足以印证上面我的说话：

我尝说，中国的社会组织是一个大家庭而套着多层的无数的小家庭。可以说是一个“家庭的层系”(A. Hierarchical System of families)所谓君就是一国之父，臣就是国君之子。在这样层系组织之社会中，没有“个人”观念。所有的人，不是父，即是子。不是君，就是臣。不是夫，就是妇。不是兄，就是弟。中国的五伦就是中国社会组织；离了五伦别无组织，把个人编入这样层系组织中，使其居于一定之地位，而深以那个地位所应尽的责任。如为父则有父职，为子则有子职。为臣则应尽臣职，为君亦然。(中略)在一个家庭中、不仅男女有别是出于生理，即长幼之分亦成于天然。用这种天然的区别来反映在社会的组织上，则社会便变由各种不同的人们配合而成的了(见张著《理性与民主》第8页)。

此外则费孝通教授最近在伦敦经济学院，一篇《现代中国社会变迁之文化症结》讲演，向英国人以他们的 Sportsman Ship 比喻中国的社会结构，其意见亦是相印证。此不具引。

在中国没有个人观念；一个中国人似不为其自己而存在。然在西洋，则正好相反了。张先生书中，把西洋个人观念之渊源，从希腊文化、希伯来文化、罗马法等说起，极有学术价值。但我们先不说那样远。我只指出它是近代产物，打从中古西洋人生之反动而来。谁都知道，西洋近代潮流主要在“个人之觉醒”。促使“个人之觉醒”者，有二：第一，是西洋中古基督教禁欲主义逼着它起反动，就爆发出来近代之欲望本位的人生；肯定了欲望，就肯定个人。第二，是西洋中古过强的集团生活逼着它起反动，反动起来的当然就是个人了。一面有欲望之抬头，一面个人又受不了那过分干涉；两面合起来，不是就产生人权自由之说了吗？近代以来，所谓“个人本位的社会”，即由这样对中古革命而出现于世。在社会组织上是个人本位；到法律上，就形著为权利本位的法律。于是在中国弥天漫地是义务观念者，在西洋世界上却活跃着权利观念了。在中国几乎看不见有自己，在西洋恰是自己本位，或自我中心。——这真是很好的一种对映。

此其相异，于中西日常礼仪上即可看出。如西洋人宴客，自己坐在正中，客人反在他的两旁。尊贵的客人，近在左右手；其他客人便愈去愈远。宴后如或拍影，数十百人皆为自己作陪衬，亦复如是。中国则客来必请上座，自己在下面相陪。宴席之间，贵客高居上座离主人最远；其近在左右手者，不过是末座陪宾了。寻其意味，我则尊敬对方，谦卑自处；西洋则自我中心，示其亲昵。——这完全是两种精神。

权利一词，是近数十年之舶来品，译自英文 rights。论其字之本义，为“正当合理”，与吾人之所尚初无不合。但有根本相异者，即它不出于对方之认许，或第三方面之一般公认，而是由自己说出。例如子女享受父母之教养供给，谁说不是应当的？但如子女对父母说“这是我的权利”，“你应该养活我；你要给我相当教育费”——便大大不合中国味道。假如父母对子女说“我应当养活你们到长大”；“我应给你们相当教育”；——这便合味道了。就是父母对子女而主张自己权利，亦一样不合。不过沿着自幼小教导子女而来的习惯，父母责子女以孝养，听着好像不如是之不顺耳而已。其他各种关系，一切准此可知。要之，各人尽自己义务为先；权利则待对方赋予，莫自己主张。

这是中国伦理社会所准据之理念。而就在彼此各尽其义务时，彼此权利自在其中；并没有漏掉，亦没有迟延。事实不改，而精神却变了。自第一次大战后，世界风气亦有许多转变，却总没有转变到如此。他们一种转变是：个人对于国家，当初只希望它不干涉者，此时转而希望它能积极负责。于是许多国家的新宪法(1919 年德宪为其代表)，于人民消极性权利之外，多规定些积极性权利，类如什么生存权、要工作权、受教育权等。又一种转变是：社会本位思想抬头了，国家要采干涉主义，加重人民的义务。于是新宪法又添上：如何运用财产亦是人民的义务，如何受教育亦是人民的义务，如何工作亦是人民的义务，乃至选举投票亦是人民的义务，国家得从而强制之。这两种转变，显然都是出于一个趋势，就是国家这一团体愈来愈见重要。虽是一个趋势，而因为说话立场不同，有时站在这面，有时站在那面，却不免矛盾起来。其所以起矛盾者，即为两面各自主张其权利，而互以义务课于对方。若以我们伦理眼光来看，在国家一面，要把选举认为是国民的权利而尊重之，而以实行公开选举为国家必践之义务。在国民一面，则承认国家有权召集我们投票，承认投票是我们的义务而履行之。其他准此推之，无不迎刃而解。试问还有什么分歧，还有什么矛盾呢？但习惯于自我中心的西方人，则不会这样想这样说。他或者就为个人设想，为个人说话——他若是个人本位主义者，便如此。他或者就为国家设想，为国家说话——他若是团体本位主义者，便如此。

前曾说，在社会与个人相互关系上，把重点放在个人者，是谓个人本位；同在此关系上，把重点放在社会者，是谓社会本位。诚然，中国之伦理只看见此一人与彼一人之相互关系，而忽视社会与个人相互间的关系。——这是由于他缺乏集团生活，势不可免之缺点。但他所发挥互以对方为重之理，却是一大贡献。这就是，不把重点固定放在任何一方，而从乎其关系，彼此相交换；其重点实在放在关系上了。伦理本位者，关系本位也。非唯巩固了关系，而且轻重得其均衡不落一偏。若以此理应用于社会与个人之间，岂不甚妙！

团体权力与个人自由，在西洋为自古迄今之一大问题，难于解决。平心而论，各有各理，固执一偏，皆有所失。最合理想的解决，是这样：

一、平常时候，维持均衡，不落一偏；

二、于必要时，随有轩轾；伸缩自如。

但有何方法能达成这理想呢？如果说："两边都不要偏，我们要一个均衡！"则只是一句空话，不着边际，说了等于不说。如要有所指示，使人得所循守，而又不偏到一边去，那只有根据伦理，指示站在团体一面必尊重个人，而站在个人一面，则应以团体为重。此外更无他道。

注释

① 见旧著《乡村建设理论》第 54 页。

② 严先生据《社会通诠》以排满为宗法思想。章先生则据历史指证春秋战国许多不排外之事，以明中国早与宗法社会条件不合，参看本书第八章。

③ 但对于无谋生能力不能维持生活之父母，则民法上大都规定其子女有扶养之义务。

④ 亡友王鸿一先生尝谓：鸟兽但知有现在，人类乃更有过去未来观念，故人生不能以现在为止。宗教即为解决此三世问题者，是以有天堂净土，地狱轮回一类说法。中国人则以一家之三世——祖先、本身、儿孙——为三世。过去信仰，寄于祖先父母，现在安慰寄于家室和合，将来希望寄于儿孙后代。比较之宗教的解决为明通切实云云，附此以备参考。

⑤ 见《中国民族自救运动之最后觉悟》第 86 页，中华书局出版。

以道德代宗教[①] *

一、宗教是什么

家族生活、集团生活同为最早人群所固有；但后来中国人家族生活偏胜，西方人集团生活偏胜，各走一路。西方之路，基督教实开之；中国之路则打从周孔教化来的，宗教问题实为中西文化的分水岭。凡此理致，于上已露其端。现在要继续阐明的，是周孔教化及其影响于中国者；同时，对看基督教所予西洋之影响。于此，必须一谈宗教。

人类文化都是以宗教开端；且每依宗教为中心。人群秩序及政治，导源于宗教；人的思想知识以至各种学术，亦无不导源于宗教。并且至今尚有以宗教包办一切的文化——西藏其一例。不仅文化不甚高的时候如此，便是高等文化亦多托庇在一伟大宗教下，而孕育发展出来——近代欧美即其例。我们知道，非有较高文化不能形成一大民族；而此一大民族之统一，却每都有赖一个大宗教。宗教

* 本部分选自《中国文化要义》第六章。

之渐失其重要，乃只挽近之事耳。

盖人类文化占最大部分的，诚不外那些为人生而有的工具手段、方法技术、组织制度等。但这些虽极占分量，却只居从属地位。居中心而为之主的，是其一种人生态度，是其所有之价值判断。——此即是说，主要还在其人生何所取舍，何所好恶，何是何非，何去何从。这里定了，其他一切莫不随之。不同的文化，要在这里辨其不同。文化之改造，亦重在此，而不在其从属部分。否则，此处不改，其他尽多变换，无关宏旨。此人生态度或价值判断寓于一切文化间，或隐或显，无所不在。而尤以宗教、道德、礼俗、法律，这几样东西特为其寄寓之所。道德、礼俗、法律皆属后起，初时都蕴孕于宗教之中而不分。是即所以人类文化不能不以宗教开端，并依宗教作中心了。

人类文化之必造端于宗教尚自有故。盖最早之人群，社会关系甚疏，彼此相需相待不可或离之结构未著；然若分离零散则不成社会，亦将无文化。宗教于此，恰好有其统摄凝聚的功用。此其一。又社会生活之进行，不能不赖有一种秩序；但群众间互相了解，彼此同意，从理性而建立秩序，自不能期望于那时的人。而且因冲动太强，identity不畏死，峻法严刑亦每每无用，建立秩序之道几穷。宗教恰好在此处，有其统摄驯服的功用。此其二。此两种功用皆从一个要点来，即趁其在惶怖疑惑及种种不安之幻想中，而建立一共同信仰目标。一共同信仰目标既立，涣散的人群自能收拢凝聚，而同时宰制众人调驯蛮性的种种方法，亦从而得到了。

宗教是什么？此非一言可答。但我们却可指出，所有大大小小高下不等的种种宗教，有其共同之点，就是：一切宗教都从超绝于人类知识处立他的根据，而以人类情感之安慰意志之勖勉为事[②]。分析之，可得两点：

一、宗教必以对于人的情志方面之安慰勖勉为其事务；

二、宗教必以对于人的知识方面之超外背反立其根据。

世间不拘何物，总是应于需要而有。宗教之出现，即是为了人类情志不安而来。人类情志方面，安或不安，强或弱，因时代变化而异。所以自古迄今，宗教亦时盛时衰。——这是从前一面看。从后一面看：尽管宗教要在超绝于知识处立足，而如何立足法（如何形成其宗教），却必视乎其人之知识文化而定。人类知识文化各时各地既大为不等，所以其宗教亦就高下不等。

据此而谈，人类文化初期之需要宗教，是当然的。因那时人类对于自然环境，一切不明白；由于不明白，亦就不能控制；由于不能控制，亦就受其威胁祸害，而情志遂日在惶怖不安之中。同时，其只能有极幼稚之迷信，极低等之宗教，亦是当然的。因那时人的知识文化，原只能产生这个。在此后，一般说来，人类对付自然之知能是进步了。而天灾虽减，人祸代兴，情志不安的情形还是严重。且其法律和道德虽渐渐有了，还不足以当文化中心之任；为了维持社会，发展文化，尤其少不了宗教。所以上古中古之世，宗教称盛。必待有如欧洲近代文明者出现，局势乃为之一变。

二、宗教在中国

宗教在中国，有其同于他方之一般的情形，亦有其独具之特殊的情形。文化都是以宗教开端，中国亦无例外。有如王治心《中国宗教思想史大纲》所述，最早之图腾崇拜、庶物崇拜、群神崇拜等，即其一般的情形。其自古相传未断之祭天祀祖，则须分别观之：在周孔教化未兴时，当亦为一种宗教；在周孔教化既兴之后，表面似无大改，而留心辨察实进入一特殊情形了。质言之，此后之中国文化，其中心便移到非宗教的周孔教化上，而祭天祀祖只构成周孔教化之一条件而已。

往者胡石青先生论中国宗教[3]，似未曾留心此分别。兹先引述其说，再申明我的意见。

胡先生列世界宗教为三大系：希伯来一系，印度一系，而外中国亦为一系。他说："大教无名，唯中国系之宗教足以当之。"其内容"合天人，包万有"约举要义则有三：

一、尊天。"天之大德曰生"，"万物本乎天"，人之存在，不能自外于天地。

二、敬祖。"人为万物之灵"，而"人本乎祖"，究本身之由来，不能自外于祖先。

三、崇德报功。渔牧工农，宫室舟车，文物制度，凡吾人生活日用皆食古人创造之赐，要莫能外。——按祭孔应属于此一则中。

此三原则，皆有充量诚信之价值；决不利用人民因理智不到而生畏惧之弱点，以别生作用。亦不规定入教之形式，不作教会之组织，以示拘束。与此不悖之各地习俗或外来宗教，亦不加干涉，不事排斥，亘古不见宗教战争。故实为人类信仰中之唯一最正大最自由者。——以上均见胡著《人类主义初草》第一篇第三章。

胡先生一面不把中国划出于宗教范围外，一面亦不曾歪曲了中国的特殊事实，贬损了中国的特殊精神。这是一种很通的说法，我们未尝不可以接受之。却是我愿点出：凡此所说，都是早经周孔转过一道手而来的，恐怕不是古初原物。如我推断，三千年前的中国不出一般之例，近三千年的中国，则当别论。胡先生似不免以近三千年的中国为准，而浑括三千年前的中国在内。以下接续申明我的意见。

前于第一章列举"几乎没有宗教的人生"为中国文化一大特征。说中国文化内缺乏宗教，即是指近三千年而言。何以说中国文化，断自周孔以后，而以前不计？则以中国文化之发展开朗，原是近三千年的事，即周孔以后的事，此其一。中国文化之流传到现在，且一直为中国民族实际受用者，是周孔以来的文化。三千年以上者，于后世生活无大关系，仅在文化史上占分量而已，此其二。周孔以来的中国文化，其中有一些成分显然属于宗教范畴；何以说它缺乏宗教，说它是“几乎没有宗教的人生”？则以此三千年的文化，其发展统一不依宗教做中心。前说，非较高文化不能形成一大民族，而此一大民族文化之统一，每有赖一大宗教。中国以偌大民族，偌大地域，各方风土人情之异，语音之多隔，交通之不便，所以树立其文化之统一者，自必有为此一民族社会所共信共喻共涵育生息之一精神中心在，唯以此中心，而后文化推广得出，民族生命扩延得久，异族迭入而先后同化不为碍。此中心在别处每为一大宗教者，在这里却谁都知道是周孔教化而非任何一宗教。

两千余年来中国之风教文化，孔子实为其中心。不可否认地，此时有种种宗教并存。首先有沿袭自古的祭天祀祖之类。然而却已变质，而构成孔子教化内涵之一部分。再则有不少外来宗教，如佛教、伊斯兰教、基督教等。然试问：这些宗教进来，谁曾影响到孔子的位置？非独夺取中心地位谈不到，而且差不多都要表示对孔子之尊重，表示彼此并无冲突，或且精神一致。结果，彼此大家相安，而他们都成了“帮腔”。这样，在确认周孔教化非宗教之时，我们当然就可以说中国缺乏宗教这句话了。

三、周孔教化非宗教

中国数千年风教文化之所由形成，周孔之力最大。举周公来代表他以前那些人物；举孔子来代表他以后的人物；故说“周孔教化”。周公及其所代表者，多半贡献在具体创造上，如礼乐制度之制作等。孔子则似是于昔贤制作，大有所悟，从而推阐其理以教人。道理之创发，自是更根本之贡献，启迪后人于无穷。所以在后两千多年的影响上说，孔子又远大过周公。为判定周孔教化是否宗教，首先要认清孔子为人及孔门学风。

孔子及其门徒之非宗教论者已多。例如美国桑戴克（Lynn Thorndike)《世界文化史》一书所说就很好，他说：

> 孔子绝不自称为神所使，或得神启示，而且“子不语怪、力、乱、神”。
>
> 孔子没后，弟子亦未奉之为神。
>
> 孔子不似佛之忽然大觉但“学而不厌”，“过则勿惮改”。
>
> 孔子绝无避世之意，而周游列国，求有所遇，以行其改革思想(这对于宗教出世而说，孔子是世俗的)。
>
> 孔子尝答弟子曰：“未能事人，焉能事鬼”，“未知生，焉知死”，“务民之义，敬鬼神而远之，可谓知矣”，其自表甚明。

在费尔巴哈《宗教本质讲演录》中，曾说“唯有人的坟墓才是神的发祥地”，又说“若世上没有死这回事，那亦就没宗教了”。这是绝妙而又精确的话。世间最使人情志动摇不安之事，莫过于所亲爱者之死和自己的死。而同时生死之故，最渺茫难知。所以它恰合于产生宗教的两条件：情志方面正需要宗教，知识方面则方便于宗教之建立。然在宗教总脱不开生死鬼神这一套的，孔子偏不谈它。这就充分证明孔子不是宗教。

随着生死鬼神这一套而来的，是宗教上之罪福观念，和祈祷禳祓之一切宗教行为。但孔子对人之请祷，先反问他："有诸?"继之则曰："丘之祷也久矣!"对人媚奥媚灶之问，则曰："不然，获罪于天无所祷也!"

宗教所必具之要素，在孔子不具备；在孔子有他一种精神，又为宗教所不能有。这就是他相信人都有理性，而完全信赖人类自己所谓"是非之心，人皆有之"，什么事该作，什么事不该作，从理性上原自明白。一时若不明白，试想一想看，终可明白。因此孔子没有独断的标准给人，而要人自己反省。例如宰我嫌三年丧太久，似乎一周年亦可以了。孔子绝不直斥其非，和婉地问他："食夫稻，衣夫锦，于汝安乎?"他回答曰"安"，便说："汝安则为之。夫君子之居丧，食旨不甘，闻乐不乐，居处不安，故不为也。今汝安，则为之!"说明理由，仍让他自己判断。又如子贡欲去告朔之饩羊，孔子亦只婉叹地说"赐也！尔爱其羊，我爱其礼!"指出彼此之观点，而不作断案。谁不知儒家极重礼，但你看他却可如此随意拿来讨论改作；这就是宗教里所万不能有的事。各大宗教亦莫不各有其礼，而往往因末节一点出入，引起凶争惨祸。试举一例，以资对照：

> 英王亨利第八曾亲身审判信奉 Zwingli 主张之新教徒，并引据圣经以证明基督之血与肉，果然存在于仪节之中，乃定以死刑，用火焚而杀之。1539 年国会又通过法案曰"六条"(SixArticles)，宣言基督之血与肉果然存在于行圣餐礼时所用之面包与酒中，凡胆敢公然怀疑者，则以火焚之。(下略)(见何炳松《中古欧洲史》第 278 页)

这是何等迷信固执不通！在我们觉得可骇亦复可笑，其实在他们是不足怪的。宗教上原是奉行神的教诫，不出于人的制作。其标准为外在的，呆定的，绝对的。若孔子教人听行之礼，则是人行其自己应行之事，斟酌于人情之所宜，有如礼记之所说“非从天降，非从地出，人情而已矣”。其标准不外而在内，不是呆定的而是活动的。

四、中国以道德代宗教

孔子并没有排斥或批评宗教(这是在当时不免为愚笨之举的)，但他实是宗教最有力的敌人，因他专从启发人类的理性作功夫。中国经书在世界一切所有各古代经典中，具有谁莫与比的开明气息，最少不近理的神话与迷信。这或者它原来就不多，或者由于孔子的删订。这样，就使得中国人头脑少了许多障蔽。从《论语》一书，我们更可见孔门的教法，一面极力避免宗教之迷信与独断(Dogma)，而一面务为理性之启发。除上举宰我、子贡二事例外，其他处处亦无非指点人用心回省。例如——

己所不欲，勿施于人。

曾子曰，吾日三省吾身：为人谋而不忠乎？与朋友交而不信乎？传不习乎？

三人行必有我师焉；择其善者而从之，其不善者而改之。

见贤思齐焉，见不贤而内自省也！

子曰，已矣乎！吾未见能见其过，而内自讼者也！

司马牛问君子，子曰，君不忧不惧。曰，不忧不惧斯谓之君子已乎？子曰，内省不咎，夫何忧何惧。

子曰，吾与回言终日，不违如愚。退而省其私，亦足以发，回也不愚。

论语中如此之例，还多得很，从可想见距今 2500 年前孔门的教法与学风。他总是教人自己省察，自己用心去想，养成你自己的辨别力。尤其要当心你自己容易错误，而勿甘心于错误。儒家没有什么教条给人；有之，便是教人反省自求一条而已。除了信赖人自己的理性，不再信赖其他。这是何等精神！人类便再进步一万年，怕亦不得超过罢！

请问：这是什么？这是道德，不是宗教。道德为理性之事，存于个人之自觉自律。宗教为信仰之事，寄于教徒之恪守教诫。中国自有孔子以来，便受其影响，走上以道德代宗教之路。这恰恰与宗教之教人舍其自信而信他，弃其自力而靠他力者相反。

宗教道德二者，对个人，都是要人向上迁善。然而宗教之生效快，而且力大，并且不易失坠。对社会，亦是这样。二者都能为人群形成好的风纪秩序，而其收效之难易，却简直不可以相比，这就为宗教本是一个方法，而道德则否。宗教如前所分析，是一种对于外力之假借，而此外力实在就是自己。它比道德多一个湾，而神妙奇效即在此。在人类文化历史上，道德比之宗教，远为后出。盖人类虽为理性的动物，而理性之在人，却必渐次以开发。在个体生命上，要随着年龄及身体发育成长而后显。在社会生命上，则须待社会经济文化之进步为其基础，乃得透达而开展。不料古代中国竟要提早一步，而实现此至难之事。我说中国文化是人类文化的早熟，正指此。

孔子而后，假使继起无人，则其事如何，仍未可知。却恰有孟子出来，继承孔子精神。他是最能切实指点出理性，给人看的。

后来最能继承孟精神的，为王阳明。他就说：“只好恶，便尽了是非。”他们径直以人生行为准则，交托给人们的感情要求，真大胆之极！我说它“完全信赖人类自己”，就在此。这在古代，除了中国，除了儒家，没有谁敢公然这样主张。

径直以人生行为的准则，交托于人们的感情要求，是不免危险的。他且不言，举一个与宗教对照之例于此：在中国的西北如甘肃等地方，回民与汉民杂处，其风纪秩序显然两样。回民都没有吸鸦片的，生活上且有许多良好习惯。汉民或吸或不吸，而以吸者居多。吸鸦片，就懒惰，就穷困，许多缺点因之而来。其故，就为回民是有宗教的，其行为准于教规，受教会之监督，不得自便。汉民虽号称尊奉孔圣，却没有宗教规条及教会组织，就在任听自便之中，而许多人堕落了。

这种失败，孔孟当然没有看见。看见了，他仍未定放弃他的主张。他们似乎彻底不承认有外在准则可循。所以孟子总要争辨义在内而不在外。在他看，勉循外面标准，只是义的袭取，只是“行仁义”而非“由仁义行”——其论调之高如此；然这是儒家真精神。这才真是道德，而分毫不杂不假，不可不知。

但宗教对于社会所担负之任务，是否就这样以每个人之自觉自律可替代得了呢？当然不行。古代宗教往往归乎政治之上，而涵容礼俗法制在内，可以说整个社会靠它而组成，整个文化靠它作中心，岂是轻轻以人们各自之道德所可替代！纵然倚重在道德上，道德之养成似亦要有个依傍，这个依傍，便是“礼”。事实上，宗教在中国卒于被替代下来之故，大约由于二者：

一、安排伦理名分以组织社会；

二、设为礼乐揖让以涵养理性。

二者合起来，遂无事乎宗教[4]。此二者，在古时原可摄之于一

“礼”字之内。在中国代替宗教者，实是周孔之“礼”。不过其归趣，则在使人走上道德之路，恰有别于宗教，因此我们说：中国以道德代宗教。

五、周孔之礼

道德、宗教皆今世才有之名词，古人无此分别，孔子更未必有以道德代宗教的打算。不过我们从事后看去，中国历史上有此情形，而其关键则在孔子而已。孔子深爱理性，深信理性。他要启发众人的理性，他要实现一个“生活完全理性化的社会”，而其道则在礼乐制度。盖理性在人类，虽始于思想或语言，但要启发它实现它，却非仅从语言思想上所能为功。抽象的道理，远不如具体的礼乐。具体的礼乐，直接作用于身体，作用于血气；人的心理情致随之顿然变化于不觉，而理性乃油然现前，其效最大最神。这些礼乐，后世久已不得而见，其流传至今者不过儒书(如《礼记》、《仪礼》等)上一些记载而已。在把它通盘领会以后，我们知道礼乐设施之眼目，盖在清明安和四字。

这里且以清明安和四字点出理性是什么，并形容之。而显然与理性相违者，则有二：一是愚蔽偏执之情；一是强暴冲动之气。二者恒相因而至；而有一于此，理性即受到妨碍。质言之，人即违失于理性。这是孔子所最怕的。孔子本无所憎恶于宗教，然而他却容受不了这二者。这二者在古代宗教每不能免；他既避之若不及，于是亦就脱出宗教之路。

人类的最大祸患，即从人类而来，天灾人祸二者相较，人祸远凶过天灾。人祸之所由起及其所以烈，实为愚蔽偏执之情与强暴冲动之气两大问题。若得免于二者，自私未足为祸。更实在讲，若免于二者，则亦无自私；不过此理深细，人多不识罢了。总之，愚蔽、强暴、自私是一边；清明安和的理性，又是一边；出于此则入于彼。人而为祸于人，总由前者；从乎理性，必无人祸。古时儒家彻见及此，乃苦心孤诣努力一伟大的礼乐运动，以求消弥人祸于无形。它要把人生一切安排妥当而优美化之，深醇化之，亦即彻头彻尾理性化之。古时人的公私生活，从政治、法律、军事、外交，到养生送死之一切，既多半离不开宗教，所以它首在把古宗教转化为礼，更把宗教所未及者，亦无不礼乐化之。所谓“礼乐不可斯须去身”，盖要人常不失于清明安和，日远于愚蔽与强暴而不自知。

儒家之把古宗教转化为礼，冯友兰先生见之最明，言之甚早。他先以一篇论文发表，后又著见于他的《中国哲学史》417—432 页。他引证儒家自己理论，来指点其所有祭祀丧葬各礼文仪式，只是诗，只是艺术，而不复是宗教。这些礼文，一面既妙能慰安情感，极其曲尽深刻；一面复见其所为开明通达，不悖理性。

礼乐使人处于诗与艺术之中，无所谓迷信不迷信，而迷信自不生。孔子只不教人迷信而已，似未尝破除迷信。他的礼乐有宗教之用，而无宗教之弊；亦正唯其极邻近宗教，乃排斥了宗教。

六、以伦理组织社会

设为礼乐揖让以涵养理性，是礼的一面；还有“安排伦理名分以组织社会”之一面，略说如次：

前章讲中国是伦理本位的社会，此伦理无疑地是脱胎于古宗法社会而来，犹之礼乐是因袭自古宗教而来一样。孔子自己所说“述而不作”，大约即指此等处。而其实呢，恰是寓作于述，以述为作。古宗教之蜕化为礼乐，古宗法之蜕化为伦理，显然都经过一道手来的。礼乐之制作，犹或许以前人之贡献为多；至于伦理名分，则多出于孔子之教。孔子在这方面所作功夫，即论语上所谓“正名”。其教盖著于“春秋”，“春秋以道名分”(见庄子《天下篇》)正谓此。

我起初甚不喜“名分”之说，觉得这诚然是封建了。对于孔子之强调“正名”，颇不感兴趣；所以《东西文化及哲学》讲孔子处，各样都讲到，独不及此。心知其与名学、论理不甚相干，但因不了然其真正意义所在，亦姑妄听之。我之恍然有悟，实在经过几多步骤来的。领悟到社会结构是文化的骨干，而中国文化之特殊，正须从其社会是伦理本位的社会来认识，这是开初一步。这是早先讲东西文化及其哲学时，全未曾懂得的。到讲乡村建设理论时，固已点出此伦理本位的社会如何不同于西洋之个人本位的社会或社会本位的社会；然只模糊意识到它是家族本位的宗法社会之一种蜕变，还未十分留意其所从来。最后方晓得孔子特别着眼到此，而下了一番功夫在。这就是我以前所不了然的“名分”与“正名”。假若不经过这一手，历史亦许轻轻滑过。而伦理本位的社会未必能形成。

封建社会例有等级身份等区别；此所谓“名分”似又其加详者。等级身份之所以立，本有其政治的意义和经济的意义；但其建立与巩固，则靠宗教。盖一切宗法的秩序，封建的秩序要莫不仰托神权，而于宗教植其根，此验之各地社会而皆然者。阶级身份之几若不可逾越不可侵犯者，正为此。中国之伦理名分，原出于古宗法古封建，谁亦不否认；却是孔子以后，就非宗法封建原物，愈到后来愈不是。此其变化，与礼乐、宗教之一兴一替，完全相联为一事，同属理性抬头之结果。

我们试举几个浅明事例——

印度和中国，同为具有古老传统的社会，在其社会史上皆少变化进步。但他们却有极端不同处：印度是世界上阶级身份区别最多最严的社会，而中国却最少且不严格(这种较量当然不包含近欧美社会)。像印度之有几千种区别，举其著者犹有八十几种，在中国人是不得其解的，且不能想像的。像印度有那种“不可摸触的人”，中国人听说只觉好笑，没有人会承认这事。此一极端不同，与另一极端不同相联。另一极端不同是：印度宗教最盛，而中国恰缺乏宗教，前者正是由于宗教，而使得社会上固执不通的习俗观念特别多；后者之开豁通达，则理性抬头之明征也。

再一个例，是日本。日本渡边秀方著《中国国民性论》一书(北新书局译本)，曾指出中国人计君恩之轻重而报之以忠义，不同乎日本武士为忠义的忠义(见原书第23页)。如诸葛亮总念念于三顾之恩，其忠义实由感激先帝知遇；在日本的忠臣更无此计较之念存。难道若非三顾，而是二顾或一顾，就不必如此忠义吗？他不晓得这原是伦理社会的忠义和封建社会的忠义不同处，而却被他无意中点出了。封建社会的关系是呆定的；伦理社会，则其间关系准乎情理而定。孟子不是说过：君之视臣如手足，则臣视君如腹心；君之视臣如犬马，则臣视君如国人；君之视臣如土芥，则臣视君如寇仇。儒家的理论原如是，受儒家影响的中国社会亦大致如是。唯日本过去虽承袭中国文化，而社会实质不同于中国，亦犹其后来之袭取西洋文化而社会实质不同于西洋一样。关于此层(日本社会是封建的而非伦理的)，本书以后还论到，可参看。

三则，中国社会向来强调长幼之序，此固伦理秩序之一原则，封建秩序所鲜有。然即在重视长幼之序中，仍有谚语云“人长理不长，哪怕须拖尺把长”，可见其迈往于理性之精神。

从上三例，恰见有一种反阶级身份的精神，行乎其间。其所以得如是结果，正由当初孔子所下的功夫(所谓“正名”，所谓“春秋以道名分”），初非强调旧秩序，而是以旧秩序为蓝本，却根据理性作了新估定，随处有新意义加进去。举其显明之例：世卿（卿相世袭），在宗法上说，在封建上说，岂非当然的？而春秋却讥世卿非礼。又如杀君杀父于宗法封建之世自应绝对不容；然而依春秋义例，其中尽多曲折。有些是正杀君的罪名，使乱臣贼子惧；有些是正被杀者的罪名，使暴君凶父惧。后来孟子说的“闻诛一夫纣，未闻杀君”，正本于此。司马迁说“春秋文成数万，其指数千”，如此之类的“征言大义”、“非常异义可怪之论”，是很多的。旧秩序至此，慢慢变质，一新秩序不知不觉诞生出来。

新秩序，指伦理社会的秩序，略如我前章所说者。其诞生尚远在以后——须在封建解体之后，约当西汉世。不过寻根溯源，不能不归功孔子。孔子的春秋大义，对当时封建秩序作修正功夫，要使它理想化，结果是白费的。但虽没有其直接的成就，却有其间接地功效：第一便是启发出人的理性，使一切旧习俗旧观念都失其不容怀疑不容商量的独断性，而凭着情理作权衡。固然那些细微曲折的春秋义例，不能喻俗；而情理自在人心，一经启发，便蔚成势力，寖寖乎要来衡量一切，而莫之能御。此即新秩序诞生之根本。第二便是谆谆于孝弟，敦笃家人父子间的恩情，并由近以及远，善推其所为，俾社会关系建筑于情谊之上。这又是因人心所固有而为之导达，自亦有沛然莫御之势。中国社会上温润之气，余于等威之分，而伦理卒代封建为新秩序者，原本在此。

伦理之代封建为新秩序，于此可举一端为证明。例如亲兄弟两个，在父母家庭间，从乎感情之自然，夫岂有什么差别两样？然而在封建社会一到长大，父死子继，则此兄弟两个就截然不同等待遇了——兄袭爵禄财产，而弟不与。此种长子继承制由何而来？梅因

(Henrv S. Maine)在其《古代法》名著中，曾指出一个原则："凡继承制度之与政治有关系者，必为长子继承制"。大抵封建秩序宗法秩序，都是为其时政治上经济上有其必要而建立；而超家庭的大集团生活则具有无比强大力量，抑制了家庭感情。及至时过境迁，无复必要，而习俗相沿，忘所自来，此一制度每每还是机械地存在着。战前(1936)我到日本参观其乡村，见有所谓"长子学校"者，讶而问之。乃知农家土地例由长子继承，余子无分。余子多转入都市谋生，长子多留乡村；因而其教育遂间有不同。此足见其去封建未久，遗俗犹存。其实，就在欧洲国家亦大多保留此种风俗至于最近，唯中国独否。中国实行遗产均分诸子办法，据梁任公先生《中国文化史》说，几近两千年了(见《饮冰室合集》之专集第 18 册)。这不是一件小事，这亦不是偶然。这就是以人心情理之自然，化除那封建秩序之不自然。所谓以伦理代封建者，此其显著之一端。在一般之例，都是以家庭以外大集团的势力支配了家庭关系，可说由外而内；其社会上许多不近情理不平等的事，非至近代未易纠正。而此则把家庭父子兄弟的感情关系推到大社会上去，可说由内而外，就使得大社会亦从而富于平等气息和亲切意味，为任何其他古老社会所未有。这种变化行乎不知不觉；伦理秩序初非一朝而诞生。它是一种礼俗，它是一种脱离宗教与封建，而自然形成于社会的礼俗。——礼俗，照一般之例恒随附于宗教，宗教例必掩护封建，而礼俗则得封建之支持。但此则受启发于一学派，非附丽于宗教，而且宗教卒自此衰歇。它受到社会广泛支持，不倚靠封建或任何一种势力，而且封建正为它所代替。

即此礼俗，便是后两千年中国文化的骨干，它规定了中国社会的组织结构，大体上一直没有变。举世诧异不解的中国社会史问题，正出在它身上。所谓历史鲜变的社会，长期停滞的文化，皆不外此。何以它能这样长久不变？18世纪欧洲自然法思潮中魁斯奈（Francois Quesnay）尝解答说：中国所唤作天理天则的，正是自然法其物，中国文物制度正是根本于自然法，故亦与自然同其悠久。这话不为无见。礼俗本来随时在变的，其能行之如此久远者，盖自有其根据于人心，非任何一种势力所能维持。正如孟子所说"圣人先得我心之所同然"，孔子原初一番启发功夫之恰得其当，实最关紧要。

以我推想，孔子最初着眼的，与其说在社会秩序或社会组织，毋宁说是在个人——一个人如何完成他自己；即中国老话"如何作人"。不过，人实是许多关系交织着之一个点，作人问题正发生在此，则社会组织社会秩序自亦同在着眼之中。譬如古希腊一个完满的人格与最好的市民，两个观念是不易分别的。这就是从团体（城市国家）之一分子来看个人，团体关系遂为其着眼所及。中国情形大约最早就不同，因而孔子亦就不是这看法，而着眼在其为家庭之一员。而在家庭呢，又很容易看到他是父之子，子之父……一类的伦偶相对关系，而置全体（全家）之组织关系于其次。一个完满的人格，自然就是孝子、慈父……一类之综合。却不会说，一个完满的人格，就是最好的"家庭之一员"，那样抽象不易捉摸的话。——这是开初一步。两条路就从此分了：一则重在团体与个人之间的关系；一则重在此一人与彼一人之间的关系，且近从家庭数起。一个人既在为子能孝，为父能慈……而孝也，慈也，却无非本乎仁厚肫挚之情；那么，如何敦厚此情感，自应为其着眼所在。——这是第二步。而孔子一学派所以与其他学派（中国的乃至世界的）比较不同之点，亦遂著于此；这就是人所共知的，孔子学派以敦勉孝弟和一切仁厚肫挚之情为其最大特色。孝子、慈父……在个人为完成他自己；在社会，则某种组织与秩序亦即由此而得完成。这是一回事，不是两回事。犹之希腊人于完成其个人人格时，恰同时完成其城市国家之组织，是一样的。不过，市民在其城市国家中之地位关系与权利义务，要著之于法律；而此则只可演为礼俗，却不能把它作成法律。——这是第三步。而儒家伦理名分之所由与，即在此了。

礼俗与法律有何不同？孟德斯鸠《法意》上说：

> 盖法律者，有其立之，而民守之者也；礼俗者，无其立之，而民成之者也。礼俗起于同风；法律本于定制。（严译本19卷12章）

这是指出二者所由来之方式不同。其实这一不同，亦还为其本质有着区别：礼俗示人以理想所尚，人因而知所自勉，以企及于那样；法律示人以事实确定那样，国家从而督行之，不得有所出入。虽二者之间有时不免相滥，然大较如是。最显明的，一些缺乏客观标准的要求，即难以订入法律；而凡有待于人之自勉者，都只能以风教礼俗出之。法律不责人以道德；以道德责人，乃属法律以外之事，然礼俗却正是期望人以道德；道德而通俗化，亦即成了礼俗。——明乎此，则基于情义的组织关系，如中国伦理者，其所以只可演为礼俗而不能成法律，便亦明白。

张东荪先生在其所著《理性与民主》一书上说，自古希腊罗马以来，彼邦组织与秩序即著见于其法律。唯中国不然。中国自古所谓法律，不过是刑律，凡所规定都必与刑罚有关。它却没有规定社会组织之功用，而只有防止人破坏已成秩序之功用。社会组织与秩序大部分存在于"社"中，以习惯法行之，而不见于成文法（见原书62—67页，原文甚长，大意如此）。他正亦是见到此处，足资印证。不过为什么，一则走向法律，一则走向礼俗，张先生却没有论到。现在我们推原其故，就是：上面所言之第三步，早决定于那开初一步。西洋自始(希腊城邦)即重在团体与个人间的关系，而必然留意乎权力(团体的)与权益(个人的)，其分际关系似为硬性的，愈明确愈好所以走向法律，只求事实确定，而理想生活自在其中。中国自始就不同，周孔而后则更清楚地重在家人父子间的关系，而映于心目者无非彼此之情与义，其分际关系似为软性的，愈敦厚愈好，所以走向礼俗，明示其理想所尚，而组织秩序即从以奠定。

儒家之伦理名分，自是意在一些习俗观念之养成。在这些观念上，明示其人格理想；而同时一种组织秩序，亦即安排出来。因为不同的名分，正不外乎不同的职位，配合拢来，便构成一社会。春秋以道名分，实无异乎外国一部法典之厘订。为文化中心的是非取舍，价值判断，于此昭示；给文化作骨干的社会结构，于此备具；真是重要极了。难怪孔子说“知我者其唯春秋乎；罪我者，其唯春秋乎!”然而却不是法典，而是礼。它只从彼此相对关系上说话，只从应有之情与义上说话，而期望各人之自觉自勉(自己顾名思义)。这好像铺出路轨，引向道德；同时，使前所说之礼乐揖让乃得有所施。于是道德在人，可能成了很自然的事情。除了舆论制裁(社会上循名责实)而外，不像法典有待一高高在上的强大权力为之督行。所谓以道德代宗教者，至此乃完成；否则，是代不了的。

不过像春秋所设想的那套秩序，却从来未曾实现。此即前面所说：“孔子对当时封建秩序，作修正功夫，要使它理想化，结果是白费。”其所贻于后世者，只有那伦理秩序的大轮廓。

注释

① 关于中国缺乏宗教之故，常燕生先生尝从地理历史为之解说。见于《国论》第三卷第十二三四期合刊《中国民族怎样生存到现在》一文。兹引录于此，备参考。——

中国民族是世界一切古文化民族中，唯一生长于温带而非生长于热带的民族。中国文化不起于肥饶的扬子江流域或珠江流域，而起于比较贫瘠的黄河平原。原始的中国人……有史之初他们所处自然环境，是比较清苦的。这里没有像尼罗河流域那样定期泛滥，亦没有像恒河平原那样丰富的物产。黄河大约在古代已经不断地给予两岸居民以洪水的灾害。西北方山脉高度，挡不住沙漠吹来的冷风。人类在洪水期间，就只好躲到山西西南部的高原里去，和毒蛇猛兽争山林之利。黄河既然不好行船，因此交通比较困难，知识变换的机会较少。人们需要终日胼手胝足，才能维持他们的生活，因此没有余暇以骋身外之思。像埃及和印度那样宏大的宗教组织和哲理，以及由宗教所发生想象丰富的神话文学，不能产于中国。中国原始的宗教，大抵是于人事有关的神祇崇拜及巫术之类。这样，使中国老早已接受了现代世界"人"的观念。中国民族是第一个生在地上的民族；古代中国人的思想眼光，从未超过现实的地上生活，而梦想什么未来的天国。

唐虞夏商的史实，未易详考。但有一件事，是我们知道的，就是当时并没有与政权并峙的教权，如埃及式的僧侣，犹太式的祭司，印度式的婆罗门，在中国史上还未发见有与之相等的宗教权力阶级。中国古代君主都是君而兼师的；他以政治领袖而兼理教务，其心思当然偏重在人事。中国宗教始终不能发展到唯一绝对的大神观念，当然亦是教权不能凌驾政权之上的原因。在宗教上的统一天国尚未成熟之前，政治上的统一帝国已经先建立起来；因此宗教的统治，便永不能再出现了。

商民族或许是古代唯一最先崇拜大神的人。上帝之观念，自淮河流域的商人带来，加入中国文化系统。然而商民与其先进的夏民族的关系，正和亚述人与巴比伦人的关系相似。武力征服之后，文化上建设能力却不充分，免不得沿袭其被征服民族文化遗产。因此上帝观念之输入，不过使旧有宗教之上增加一个较大的神，而未能消减或统治了原有的多神。并且受了原始中国人实际思想之同化，所谓上帝已与天地之"天"的观念合而为一。因为中国古文化的特质，是近于唯物的；其所崇奉之每一神祇，就代表一件有利于民生的实物(如天地山川等)。上帝于是乃成了自然界一个最大物质的代表。后来墨子——他是宗教的商民族之遗裔——想替中国增设一个以上帝崇拜为中心的宗教，终归没有成功，似乎那时间已经太晚了。

此外王治心著《中国宗教思想史大纲》，于此问题亦有类似之解说。又近见新出版《东方与西方》第一第二期有许思园《论宗教在中国不发达之原因》，唐君毅论《墨子与西方宗教精神》两文，皆值得参看。

② 见《东西文化及其哲学》第 90 页。

③ 见胡著《人类主义初草》第 34 页。此书胡氏自印，坊间无售处。

④ 旧著《东西文化及其哲学》曾说孝弟的提倡，礼乐的实施，二者合起来，就是孔子的宗教。见原书第 140—141 页，可参看。

理性——人类的特征*

我常常说，除非过去数千年的中国人都白活了，如其还有他的贡献，那就是认识了人类之所以为人。而恰恰相反地，自近代以至现代，欧美学术虽发达进步，远过前人，而独于此则甚幼稚。二十多年来我准备写《人心与人生》一书，以求教当世；书虽未成，而一年一年果然证实了我的见解。在学术发达，而人祸弥以严重之今日，西洋人已渐悟其一向皆务为物的研究，而太忽略于人。以致于物所知道的虽多，而于人自己却所知甚少。最近学者乃始转移视线，而致力乎此，似乎还谈不到什么成就。

何以敢说他们幼稚呢？在现代亦有好多门学问讲到人；特别是心理学，应当就是专来研究人的科学。但心理学应该如何研究法，心理学到底研究些什么（对象和范围），各家各说，至今莫衷一是。这比起其他科学来，岂不证明其幼稚！然而在各执一词的学者间，其对于人的认识，却几乎一致地与中国古人不合，而颇有合于他们的古人之处。

* 本部分选自《中国文化要义》第七章，第一、二节略去。

西洋自希腊以来，似乎就不见有人性善的观念；而从基督教后，更像是人生来带着罪过。现在的心理学资藉于种种科学方法，资藉于种种科学所得，其所见亦正是人自身含着很多势力，不一定调谐。他们说："现在需要解释者，不是人为什么生出许多不合理的行为，而是为什么人居然亦能行为合理。"[①]此自然不可与禁欲的宗教，或把人身体认为罪恶之源的玄学，视同一例；却是他们不期而然，前后似相符顺。

恰成一对照：中国古人却正有见于人类生命之和谐。——人自身是和谐的（所谓"无礼之礼，无声之乐"指此）；人与人是和谐的（所谓"能以天下为一家，中国为一人"者在此）；以人为中心的整个宇宙是和谐的（所以说"致中和天地位焉，万物育焉"，"赞天地之化育，与天地参"等）。儒家对于宇宙人生，总不胜其赞叹；对于人总看得十分可贵；特别是他实际上对于人总是信赖，而从来不曾把人当成问题，要寻觅什么办法。

此和谐之点，即清明安和之心，即理性。一切生物均限于"有对"之中，唯人类则以"有对"超进于"无对"。清明也，和谐也，皆得之于此。果然有见于此，自尔无疑。若其无见，寻求不到。盖清明不清明，和谐不和谐，都是生命自身的事。在人自见自知，自证自信，一寻求便向外去。而生命却不在外。今日科学家的方法，总无非本于生物有对态度向外寻求，止于看见生命的一些影子，而且偏于机械一面。和谐看不到，问题却看到了。其实，人绝不是不成问题。说问题都出在人身上，这话并没有错。但要晓得，问题在人；问题之解决仍在人自己，不能外求；不信赖人，又怎样？信赖神吗？信赖国家吗？或信赖……吗？西洋人如此；中国人不如此。

孔子态度平实，所以不表乐观（不倡言性善），唯处处教人用心回省（见前引录《论语》各条），即自己诉诸理性。孟子态度轩豁直抉出理性以示人。其所谓“心之官则思”，所谓“从其大体……从其小体”，所谓“先立乎其大者，则小者不能夺”，岂非皆明白指出心思作用要超于官体作用之上，勿为所掩蔽。其“理义悦心，刍豢悦口”之喻，及“怵惕”“恻隐”等说，更从心思作用之情的一面，直指理性之所在。最后则说“无为其所不为，无欲其所不欲，如此而已矣!”何等直截了当，使人当下豁然无疑。

日本学者五来欣造说：在儒家，我们可以看见理性的胜利。儒家所尊崇的不是天，不是神，不是君主，不是国家权力，并且亦不是多数人民。只有将这一些(天、神、君、国、多数)，当作理性之一个代名词用时，儒家才尊崇它。这话是不错的。儒家假如亦有其主义的话，推想应当就是“理性至上主义”。

就在儒家领导之下，两千年间，中国人养成一种社会风尚，或民族精神，除最近数十年浸浸澌灭，今已不易得见外，过去中国人的生存，及其民族生命之开拓，胥赖于此。这种精神，分析言之，约有两点：一为向上之心强，一为相与之情厚。

向上心，即不甘于错误的心，即是非之心，好善服善的心，要求公平合理的心，拥护正义的心，知耻要强的，嫌恶懒散而喜振作的心……总之，于人生利害得失之外，更有向上一念者是，我们总称之曰“人生向上”。从之则坦然泰然，怡然自得而殊不见其所得；违之则欠恨不安，仿佛若有所失而不见其所失。在中国古人，即谓之“义”，谓之“理”。这原是人所本有的，然当人类文化未进，全为禁忌(Taboo)、崇拜、迷信、习俗所蔽，各个人意识未曾觉醒活动，虽有却不被发见。甚至就在文化已高的社会，如果宗教或其他权威强盛，宰制了人心，亦还不得发达。所以像欧洲中古之世，尚不足以语此。到近代欧洲人，诚然其个人意识觉醒活动了，却惜其意识只在求生存幸福，一般都是功利思想，驰骛于外，又体认不到此。现代人生，在文化各方面靡不迈越前人，夫何待言；但在这一点上，却丝毫未见有进。唯中国古人得脱于宗教之迷蔽而认取人类精神独早，其人生态度，其所有之价值判断，乃悉以此为中心。虽因提出太早牵制而不得行[②]，然其风尚所在，固彰彰也。

在人生态度上，通常所见好像不外两边。譬如在印度，各种出世的宗教为一边，顺世外道为一边。又如在欧洲，中古宗教为一边，近代以至现代人生为一边。前者否定现世人生，要出世而禁欲；后者肯定现世人生，就以为人生不外乎种种欲望之满足。谁曾看见更有真正的第三条路？但中国人就特辟中间一路（这确乎很难），而殊非斟酌折衷于两边（此须认清）。中国人肯定人生而一心于现世；这就与宗教出世而禁欲者，绝不相涉。然而他不看重现世幸福，尤其贬斥了欲望。他自有其全副精神倾注之所在。

> 德之不修，学之不讲，闻义不能徙，不善不能改，是吾忧也！
>
> 食无求饱，居无求安，敏于事而慎于言，就有道而正焉，可谓好学也已。（以上均见《论语》）

试翻看全部《论语》，全部《孟子》，处处表见，如此者不一而足，引证不胜其引证。其后“理”“欲”之争，“义”“利”之辨，延两千余年未已，为中国思想史之所特有，无非反复辨析其间之问题，而坚持其态度。语其影响，则中国社会经济亘两千余年停滞不进者，未始不在此。一直到近代西洋潮流输入中国，而后风气乃变。

儒家盖认为人生的意义价值，在不断自觉地向上实践他所看到的理。宽泛言之，人生向上有多途：严格地讲，唯此为真向上。此须分两步来说明：第一，人类凡有所创造，皆为向上。盖唯以人类生活不同乎物类之“就是这么一回事”也，其前途乃有无限地开展。有见于外之开展，则为人类文化之迁进无已；古今一切文物制度之发明创造，以至今后理想社会之实现，皆属之。有存乎内之开展，则为人心日造乎开大通透深细敏活而映现之理亦无尽。此自通常所见教育上之成就，以至古今东西各学派各宗教之修养功夫（如其非妄）所成就者，皆属之。前者之创造在身外；后者之创造，在生命本身上。其间一点一滴，莫不由向上努力而得，故有一于此，即向上矣。第二，当下一念向上，别无所取，乃为真向上。偏乎身外之创造者遗漏其生命本身，务为其本身生命之创造者（特如某些宗教中人），置世事于不顾。此其意皆有所取，不能无得失之心，衡以向上之义犹不书符合。唯此所谓“人要不断自觉地向上实践他所看到的理”，其理存于我与人世相关系之上，“看到”即看到我在此应如何；“向上实践”即看到而力行之。念念不离当下，唯义所在，无所取求。古语所谓圣人“人伦之至”者，正以此理不外伦理也。此与下面“相与之情厚”相联，试详下文。

人类生命廓然与物同体其情无所不到。所以昔人说：

> （上略）是故见孺子之入井，而必有怵惕恻隐之心焉；是其仁之与孺子而为一体也。孺子犹同类者也。见鸟兽之哀鸣觳觫，而必有不忍之心焉；是其仁之与鸟兽而为一体也。鸟兽犹有知觉者也。见草木之摧折，而必有悯恤之心焉；是其仁之与草木而为一体也。草木犹有生意者也。见瓦石之毁坏，而必有顾惜之心焉；是其仁之与瓦石而为一体也。（见《王阳明全集·大学问》）

前曾言：一切生物均限于“有对”之中，唯人类则以“有对”超进于

“无对”，盖指此。辗转不出乎利用与反抗，是曰“有对”；“无对”则超于利用与反抗，其恍若其为一体也。此一体之情，发乎理性；不可与高等动物之情爱视同一例。高等动物在其亲子间、两性间、乃至同类间，亦颇有关切之情可见。但那是附于本能之情绪，不出乎其生活(种族蕃衍、个体生存)所需要，一本于其先天之规定。到人类，此种本能犹未尽泯，却也大为减弱。是故，笃于夫妇间者，在人不必人人皆然；而在某一鸟类，则个个不稍异，代代不稍改。其他鸟兽笃于亲子之间者，亦然。而人间慈父母固多，却有溺女杀婴之事。情之可厚可薄者，与其厚则厚，薄则薄，固定不易者，显非同物也。动物之情，因本能而始见；人类情感之发达，则从本能之减弱而来，是岂可以无辨？

理智把本能松开，松开的空隙愈大，愈能通风透气。这风就是人的感情，人的感情就是这风。而人心恰是一无往不通之窍。所以人的感情丰啬，视乎其生命中机械成分之轻重而为反比例(机械成分愈轻，感情愈丰厚)，不同乎物类感情，仅随附于其求生机械之上。人类生命通乎天地万物而无隔，不同乎物类生命之锢于其求生机械之中。

前曾说，人在欲望中恒只知为我而顾不到对方；反之，人在感情中，往往只见对方而忘了自己(见第五章)。实则，此时对方就是自己。凡痛痒亲切处，就是自己，何必区区数尺之躯。普泛地关情，即不啻普泛地负担了任务在身上，如同母亲要为他儿子服务一样。所以昔人说“宇宙内事，即己分内事”(陆象山先生语)。人类理性，原如是也。

然此无所不到之情，却自有其发端之处，即家庭骨肉之间是。爱伦·凯(Ellen Key)《母性论》中说，小儿爱母为情绪发达之本，由是扩充以及远；此一顺序，犹树根不可朝天。中国古语“孝悌为仁之本”，又曰“亲亲而仁民，仁民而爱物”，其间先后、远近、厚薄自是天然的。“伦理关系始于家庭，而不止于家庭”，这是由近以及远。“举整个社会各种关系而一概家庭化”(见第五章)，这是更引远而入近，唯恐其情之不厚。中国伦理本位的社会之形成，无疑地，是旨向于“天下为一家，中国为一人”。虽因提出太早，牵制而不得行[3]，然其精神所在，固不得而否认也。

中国伦理本位的社会，形成于礼俗之上，多由儒家之倡导而来，这是事实。现在我们说明儒家之所以出此，正因其有见于理性，有见于人类生命，一个人天然与他前后左右的人，与他的世界不可分离。所以前章“安排伦理组织社会”一段，我说孔子最初所着眼的，倒不在社会组织，而宁在一个人如何完成他自己。

一个人的生命，不自一个人而止，是有伦理关系。伦理关系，即是情谊关系，亦即是其相互间的一种义务关系。所贵乎人者，在不失此情与义。“人要不断自觉地向上实践他所看到的理”，大致不外是看到此情义，实践此情义。其间“向上之心”，“相与之情”，有不可分析言之者已。不断有所看到，不断地实践，则卒成所谓圣贤。中国之所尚，在圣贤；西洋之所尚，在伟人；印度之所尚，在仙佛。社会风尚民族精神各方不同，未尝不可于此识别。

人莫不有理性，而人心之振靡，人情之厚薄，则人人不同；同一人而时时不同。无见于理性之心理学家，其难为测验者在此。有见于理性之中国古人，其不能不兢兢勉励者在此。唯中国古人之有见于理性也，以为“是天之所予我者”，人生之意义价值在焉。外是而求之，无有也已！不此之求，奚择于禽兽？在他看去，所谓学问，应当就是讲求这个的，舍是无教育。所谓教育，应当就是教导培养这个的，舍是无教育。乃至政治，亦不能舍是。所以他纳国家于伦理，合法律于道德，而以教化代政治(或政教合一)。自周孔以来二三千年，中国文化趋重在此，几乎集全力以倾注于一点。假如中国人有其长处，其长处不能舍是而他求。假如中国人有其所短，其所短亦必坐此而致。中国人而食福，食此之福；中国人而被祸，被此之祸。总之，其长短得失，祸福利害，举不能外乎是。

凡是一种风尚，每每有其扩衍太过之处，尤其是日久不免机械化，原意浸失，只余形式。这些就不再是一种可贵的精神，然而却是当初有这种精神的证据。若以此来观察中国社会，那么，沿着“向上心强”“相与情厚”而余留于习俗中之机械形式，就最多。譬如中国人一说话，便易有“请教”“赐教”等词，顺口而出。此即由古人谦德所余下之机械形式，源出于当初之向上心理。又譬如西洋朋友两个人同在咖啡馆吃茶，可以各自付茶资。中国人便不肯如此，总觉各自付钱，太分彼此，好难为情。此又从当初相与之情厚而有之余习也。这些尚不足为病。更有不止失去原意，而且演成笑话，滋生弊端者，其事亦甚多，今举其中关系最大之一事，即中国历代登庸人才之制度。中国古代封建之世，亦传有选贤制度，如《周礼》、《礼记》所记载者，是否事实，不敢说。从两汉选举，魏晋九品中正，隋唐考试，这些制度上说，都是用人唯贤，意在破除阶级，立法精神彰然而不可掩。除考试以文章才学为准外，其乡举里选，九品中正，一贯相沿以人品行谊为准。例如“孝廉”、“孝悌”、“贤良”、“方正”、“敦厚”、“逊让”、“忠恪”、“信义”、“劳谦”等，皆为其选取之目。这在外国人不免引以为异，却是熟习中国精神之人，自然懂得。尽管后来，有名无实，笑话百出，却总不能否认其当初有此一番用意。

注释

① 语出心理学家麦独孤 Mc Dougall，氏擅说本能，亦被玄学之讥。

②③ 关于此两点提出太早，牵制不得行之故，在后面第十三章有说明。

阶级对立与职业分途*

一、何谓阶级

从第二章到第七章，全为说明中国社会是伦理本位，与西洋往往复于个人本位社会本位者，都无所以。但伦理本位只说了中国社会结构之一面，还有其另一面。此即在西洋社会，中国古代则贵族地主与农奴两阶级对立，近代则资本家与劳工两阶级对立。中国社会于此，又一无所以。假如西洋可以称为阶级对立的社会，那么，中国便是职业分途的社会。

我们要讨论阶级问题，第一还须问清楚，何谓阶级？一般地说，除了人类社会之初起和人类社会之将来，大概没有阶级之外，在这中间一段历史内，阶级都是有的。

从宽泛说，人间贵贱贫富万般不齐，未尝不可都叫作阶级。但阶级之为阶级，要当于经济政治之对立争衡的形势求之。这里既特指西洋中古近代为例，而论证像那样“阶

* 本部分选自《中国文化要义》第八章。

级对立”的阶级非中国所有，则兹所说亦即以此种为限。而且真的阶级，在文化过程中具有绝大关系的阶级，亦只在此。所以即此，固已得其要。

总起来说，在一社会中生产工具与生产工作分家，占有工具之一部分人不工作，担任工作之一部分人不能自有其工具，就构成对立之阶级。对立云者，在一社会中，彼此互相依存，分离不开；而另一面又互相矛盾，彼此利害适相反也。

此种经济关系，当然要基于一种制度秩序而存立。例如，中古社会上承认封建地主之领有其土地，以及其他种种；近代社会上承认资本家之私有其资产，以及其他种种。不论宗教、道德、法律、习惯，都这样承认之保护之。此即造成其一种秩序，其社会中一切活动即因之而得遂行。

阶级之发生，盖在经济上对他人能行其剥削，而政治上则土地等资源均各被人占领之时。反之，在当初自然界养生资源，任人取给；同时，社会没有分工，一个人劳力生产于养活他自己外，不能有多余，阶级便不会发生。无疑地，阶级不是理性之产物，而宁为反乎理性的。它构成于两面之上：一面是以强力施于人；一面是以美利私于己。但它虽不从理性来，理性却要从它来。何以言之？人类虽为理性的动物；然理性之在人类却必渐次以开发。在个体生命，则有待于身心之发育；在社会生命，则有待于经济之进步。而阶级恰为人类社会前进程中所必经过之事。没有它，社会进步不可能。此其理须稍作说明。

人类的特长在其心思作用(兼具理性与理智)。凡社会进步，文化开展，要莫非出于此。但这里有一明显事实：一个人的时间和精力，假若全部或大部分为体力劳动所占据，则心思活动即被抑阻，甚至于不可能。而心思不活动，即无创造，无进步，又是万要不得的事。那么，腾出空闲来给心思自在地去活动，即属必要。——老实说，有眼光的人早可看出，自有人群那一天起，造物即在向着人类心灵之开辟而前进之继续。但既没有造物主出面发言，人们又不自觉，谁能平均支配，让每个人都有其一部分空闲呢？其结果便落在一社会中一部分人偏劳，一部分人悠闲了。——此即是人世对立的两阶级之出现。从古代之奴隶制度，到中古之农奴制度，再到近世之劳工制度，谁曰“天地不仁”，却是自有其历史任务的。后人谈起学术来，都念希腊人之赐；谈起法律制度来，都念罗马人之赐。那就不可不知当初都是以奴隶阶级之血汗换得来的。同样，中古文明得力于农奴，近世文明得力于劳工。凡一切创造发明，延续推进，以有今昔者，直接贡献固出自一班人；间接成就，又赖有一班人。设若社会史上而无阶级，正不知人类文明如何得产生？

然则人类就是这样以一部分人为牺牲的生活下去吗？当然不是。历史显然昭示，进步之所向，正逐步地在一面增加生产之中，而一面减轻人力(特别是体力)负担——此即经济之进步。由于经济之进步，而人们一面享用日富，一面空闲有多；求知识受教育之机会，自然大为扩充。人们的心思欲望，亦随以发达——此即文化之进步。凡此文化之进步，在一社会中上下一阶级亦岂无所分享？而在心思欲望抬头之后，他们此时当然不能安于其旧日待遇。社会构造至此，乃不能不有一度变更调整。调整之后，略得安处，而经过一时期又有进步，又须调整，社会构造又一变。如是者，自往古讫于未来，盖划然有不可少之三变。第一变，由古代奴隶制度到中古农奴制度。这就是由完全不承认其为人(只认他作物)，改变到相当承认其为人。在前奴隶生产所得，全部是主人的：只不过主人要用其中一部分养活奴隶。今农奴生产所得，除以一部分贡缴地主外，全部是自己的。他开始同人一样亦有他的一些地位权利，但尚非真自由人。第二变，由中古农奴制度到近世劳工制度。这就是由相当承认其为人的，改变到完全承认了。大家都正式同处在一个团体里面。团体对任何个人，原则上没有差别待遇。彼此各有自由及参政权。不过在生活实质上(生产劳动上和分配享受上)，则还不平等——即经济上不平等。第三变，由近世劳工制度到阶级之彻底消灭。这就是社会主义之实现；经济不平等；继其他之不平等而同归消除。其他之不平等，更因经济之平等而得以消除净尽。社会当真回复到一体，而无阶级之分。凡此社会构造之三变，每一变亦就是国家形势之改变——由奴隶国家到封建国家，再到立宪国家，最后到国家形式之化除。而每一度国家形式之改变，亦即是政治之进步。经济进步、文化进步、政治进步，事实上循环推进，非必某为因而某为果。

关于国家必由阶级构成，和阶级在政治进步上之必要作用，容后再谈。兹先结束上面的话。由上所说，人类历史先形成社会阶级，然后一步一步次第解放它。每一步之阶级解放，亦就是人类理性之进一步发展。末了平等无阶级社会之出现，完全符合于理性要求而后已。此其大势，彰彰在目，毫无疑问，上面说，阶级虽不从理性来，而理性却要从阶级来，正指此。因此，孟子所说的："劳心者治人，劳力者治于人；治人者食于人，治于人者食人。"那在当时倒是合乎历史进步原则。而许行主张"贤者与民并耕而食，饔飧而治"，不要"厉民以自养"，其意虽善，却属空想，且不免要开倒车了。

二、中国有没有阶级

对于人类文化史之全部历程，第二章曾提出我的意见说过。除了最初一段受自然限制，各方可能互相类似，和今后因世界交通将渐渐有所谓世界文化出现外，中间一段大抵各走一路，彼此不必同。像上面所叙之社会阶级史，恰是在那中间一段。凡所说阶级如何一步一步解放，只在叙明其理有如此者(即极容易如此演进)，不是说之必然如此。浅谈之人，闻唯物史观之说，执以为有一定不易之阶梯。于是定要把中国历史自三代以讫清末，按照次第分期，纳入其公式中。遇着秦汉后的两千年，强为生解而不得，宁责怪历史之为谜，不自悟其见解之不通，实在可笑。我自己的学力，根本不够来阐明全部中国历史的；而我的兴趣亦只求认识百年前的中国社会。本书既非专研究中国社会史之作，对此亦不多谈。第为讨论阶级问题，以下要说一说百年前的中国社会，并上溯周秦略作解释。

百年前的中国社会，如一般所公认是沿着秦汉以来，两千年未曾大变过的。我常说它是入于盘旋不进状态，已不可能有本质上之变革。因此论“百年以前”差不多就等于论“两千年以来”。但亦有点不同。一则近百年到今天尚未解决之中国问题，正形成于百年前的中国社会之上，故对它亟有认识之必要。同时，我们对近百年的事知道较亲切，亦复便于讨论。再则在阶级对立与职业分途之间，两千年来虽大体趋向于后者，却亦时而进(向着阶级解消而职业分途)，时而退(向着阶级对立)，时而又进，时而又退，转转往复。而百年前之清代，正为其趋向较著之时，所以就借它来说。又所谓“百年以前者”，初非在年限上较量，盖意指中国最近而固有之社会情形，未受世界大交通后之西洋影响者而言。

在农业社会如中国者，要讨论其有没有阶级、则土地分配问题自应为主要关键所在。此据我们所知，先说两点：

第一，土地自由买卖，人人得而有之。

第二，土地集中垄断之情形不著；一般估计，有土地的人颇占多数。

对于第一点，大约人人都可承认，不待论证。第二点易生争论，须得一为申说。中国土地广大、人口众多，而地籍不清理者久而又久。故土地分配情况究竟如何，无人能确知。就耳目常识之所及，则北方各省自耕农较多，东南西南佃农较多。然在南方某些地方并不见土地集中者，亦非罕例。同时北方如山东之单县曹县，亦有大地主累代相承。抑且不止此。好些地方，一县城东之情形或与其城西不同，城南又异乎城北。总之，话难讲得很。因此，论者恒不免各就所见而主张之。我自然亦只能就我所见者而说，但平情而论，不作过分主张。

我家两代生长北方，居住北方，已经可说是北方人。我所见者，当然亦就是北方的情形。北方情形，就是大多数人都有土地。虽然北平附近各县(旧顺天府属)有不少“旗地”(八旗贵族所有)，但他们佃农却有永佃权。例不增租夺佃，好像平分了地主的所有权(类如南方地面权地底权)。我所曾从事乡村工作之河南山东两省地方，大地主虽亦恒有，但从全局大势论之，未见集中垄断之象。特别是我留居甚久之邹平，无地之人极少。我们在邹平全县所进行之整理地籍工作，民国廿六年上半年将竣事，而抗战遽作，今手中无可凭之统计报告。但确实可说一句：全县百分之九十以上的人都有土地，不过有些人的地很少罢了。这情形正与河北定县——另一乡村工作区——情形完全相似。定县则有《定县社会概况调查》一巨册，其中有关于此问题之报告[①]。据其报告，分别在不同之三个乡区作调查：一区 62 村，10445 家；一区 71 村，6515 家；一区 63 村，8062 家。总起来，可得结论如下——

一、百分之九十以上人家都有地。

二、无地者(包含不以耕种为业者)占百分之十以内。

三、有地100亩以上者占百分之二；300亩以上者占千分之一二。

四、有地而不自种者占百分之一二。

此调查工作系在社会调查专家李景汉先生领导之下，又得当地民众之同情了解与协助，绝对可靠。而准此情形以言，对于那一部分人有地而不事耕作，一部分人耕作而不能自有土地的阶级社会，相离是太远了。我承认这情形不普通。但我们两个乡村工作团体，当初之择取邹平定县为工作区域，却并没有意在山东全省中或河北全省中，特选其土地最不集中之县分。乃结果竟不期而然，两处情形如此相同，则至少这情形在北方各省亦非太不普通了。

既然如此，那么，南方各省土地集中，佃农颇多，又何自而来呢？这一半来自工商业势力，一半来自政治势力。从封建解放后之土地自由经营，其本身是不可能发展出这局面来的。只有由工商业发财者，或在政治上有钱有势者，方能弄到大量土地并维持之。而一般说来，中国的工商业家和官吏，出在北方者远不如南方之多。土地分配情形，南北所以不大同，其故似在此。由政治势力而直接地或间接地使全国土地见出集中垄断之势，那对于从封建解放出来的社会说，即是形势逆转。此种逆转，势不可久。历史上不断表演，不断收场，吾人固已见之矣。

故我以自耕农较多之北方和佃农较多之南方，两下折中起来，以历史顺转时期和其逆转时期，两下折中起来，笼统说："土地集中垄断之情形不著，一般估计，有地的人颇占多数。"——土地集中垄断情形，是有的，但从全局大势来说，尚不著；以有地者和无地者相较，当不止51对49之比，而是多得多。自信所说绝不过分。

中国工商业发达，尽管像先秦战国那样早，像唐代元代那样盛，却是从唐代至清季(鸦片战争)一千二百年之久，未见更有所进(某些点上，或反见逊退)。其间盖有两大限制存在。我们知道工商业是互相引发的。要商业上有广大市场，乃刺激工业生产猛进；要工业生产增多，乃推动着商业向前。反之，无商则工不兴。无工则商亦不盛。而商业必以海上交通，国际互市为大宗。西洋古代则得力于地中海，到后来更为远洋贸易。近代工业之飞跃，实以重洋冒险，海外开拓为之先，历史所示甚明。然中国文化却是由西北展向东南，以大陆控制沿海，与西洋以沿海领导内地者恰相反，数千年常有海禁。虽然亦许禁不了，且有时而开禁。

所以综而论之，至多不过给予外商与我交易机会，而少有我们商业向海外发展，推销国货的情形。这样，就根本限制了商业只为内地城乡之懋迁有无；其所以刺激工业生产者之有限可知。在内地像长江一带，有水运方便还好；否则，凡不便于运输，即不便于商业。以旧日交通之困难，内地社会虽甚广大，正不必即为现成市场。直接限制了商业，即间接限制了工业。同时，工业还有其本身之限制。

工业本身一面之限制，是人们的心思聪明不用于此；因之，生产工具生产技术无法进步，而生产力遂有所限(关于此层详论在后)。近代西洋在此方面之猛进，正为其集中了人们的心思聪明于此之故。

那面限制了商业发展，这面限制了工业进步。在工业上复缺乏商业的刺激，在商业上复缺乏工业为推进。他且不谈，就在这两大限制之下，中国工商业往复盘旋两千多年而不进，试问有什么稀奇呢！似此只附于农业而立的工商业，虽说便于发财而不免购求土地，却又不能为发财而经营它，其势不能凌越农业而操纵了土地，则甚明白，所以，由此而垄断土地，形成地主佃农两阶级，那是不必虑的。而在这种工商业本身，一面没有经过产业革命，生产集中资本集中之趋势不著，一面循着遗产诸子均分之习俗，资本纵有积蓄，旋即分散；所以总不外是些小工小商。像近代工业社会劳资两阶级之对立者，在此谈不到，所不待言。可以说，秦汉以来之中国，单纯从经济上看去，其农工生产都不会演出对立之阶级来。所可虑者，仍在政治势力之影响于土地分配。

三、何谓职业分途

我们知道经济上之剥削阶级，政治上之统治阶级，例必相兼。上面对于经济上有无阶级之对立，已略为考查；下面再看它政治上阶级的情况如何，俾资互证。

中国社会在政治上之得解放于封建，较之在经济上尤为显明。中国之封建贵族，唯于周代见之。自所谓“分封而锡土，列爵而不临民，食禄而不治事”(见《续文献通考》)实际即早已废除。战国而后，自中央到地方，一切当政临民者都是官吏。官吏之所大不同于贵族者，即他不再是为他自己而行统治了。他诚然享有统治之权位，但既非世袭，亦非终身，只不过居于一短时之代理人地位。为自己而行统治，势不免与被统治者对立；一时代理者何必然？为自己而行统治，信乎其为统治阶级；一时代理者，显见其非是。而况作官的机会，原是开放给人人的。如我们在清季之所见，任何人都可以读书；任何读书都可以应考；而按照所规定一一考中，就可以作官。这样，统治被统治常有时而易位，更何从而有统治被统治两阶级之对立？英国文官之得脱于贵族势力而依考试任用，至今未满百年。以此较彼，不可谓非奇迹。无怪乎罗素揭此以为中国文化三大特点之一也。

今人非有相当本钱。不能受到中等以上教育。但从前人要读书却极其容易；有非现在想象得到者：

第一，书只有限的几本书，既没有现在各门科学外国语文这样复杂，除了纸笔而外，亦不需什么实验实习的工具设备。

第二，不收学费的义塾随处可有。宗族间公产除祭祀外，莫不以奖助子弟读书为第一事，种种办法甚多。同时，教散馆的老师对于学生收费或多或少或不收，亦不像学校那种机械规定。甚至老师可以甘愿帮助学生读书。

第三，读到几年之后，就可一面训蒙，一面考课，藉以得到膏火补助自己深造。

那时一个人有心读书，丝毫不难。问题不在读书上，而在读了书以后，考中作官却不那样容易。一般说，其百分比极少极少。人家子弟所以宁愿走农工商各途者，就是怕读了书穷困一生“不发达”，而并非难于读书。所谓“寒士”、“穷书生”、“穷秀才”，正是那时极耳熟的名词。但却又说不定那个穷书生，因考中而发迹。许多旧小说戏剧之所演，原属其时社会本象。

我承认像苏州等地方，城里多是世代作官人家，而乡间佃农则不存读书之想，俨然就是两个阶级。但此非一般之例。一般没有这种分别。“耕读传家”、“半耕半读”，是人人熟知的口语。父亲种地为业而儿子读书成名，或亲兄弟而一个读书，一个种地，都是寻常可见到的事。在中国耕与读之两事，士与农之两种人，其间气脉浑然相通而不隔。士与农不隔，士与工商亦岂隔绝？士、农、工、商之四民，原为组成此广大社会之不同职业。彼此相需，彼此配合。隔则为阶级之对立，而通则职业配合相需之征也。

由于以上这种情形，君临于四民之上的中国皇帝，却当真成了“孤家寡人”，与欧洲封建社会大小领主共成一统治阶级，以临于其所属农民者，形势大不同。试分析之：

一、他虽有宗教亲密迩相依之人，与他同利害共命运，但至多在中央握权，而因为没有土地人民，即终无实力。

且须知这种权贵只极少数人，其余大多数，是否与他同利害共命运，尚难言之。像明嘉靖年间裁减诸藩爵禄米，“将军”(一种爵位)以下贫至不能自存。天启五年以后，行限禄法，而贫者益多，时常滋事。当时御史林润上言，竟有“守土之臣每惧生变”之语，是可想见。

二、他所与共治理者，为官吏。所有天下土地人民皆分付于各级官吏好多人代管。官吏则来自民间(广大社会)，又随时可罢官归田或告老还乡；其势固不与皇帝同其利害，共其命运。

三、官吏多出自士人。他们的宗族亲戚邻里乡党朋友相交，仍不外士、农、工、商之四民。从生活上之相依共处，以至其往还接触，自然使他们与那些人在心理观念上实际利害上相近，或且相同。此即是说：官吏大致都与众人站在一面，而非必相对立。

四、诚然官吏要忠于其君；但正为要忠于其君，他必须“爱民如子”和“直言极谏”。因只有这样，才是获致太平而保持皇祚永久之道。爱民如子，则每事必为老百姓设想；直言极谏，则不必事事阿顺其君。所以官吏的立场，恰就站在整个大局上。

只有一种时机：他一个人利禄问题和整个大局问题，适不能得其一致，而他偏又自私而短视；那么，他便与大众分离开了。然此固谈不到什么阶级立场。

政治上两阶级对立之形势，既不存在；这局面，正合了俗说“一人在上万人在下”那句话。

秦以后，封建既不可复，而皇室仍有时动念及此者，即为其感到势孤而自危。这时候，他与此大社会隔绝是不免隔绝，对立则不能对立。古语“得人心者昌，失人心者亡”，正是指出他只能与众人结好感，而不能为敌。而万一他若倒台，天下大乱一发，大家亦真受不了。彼此间力求适应，自有一套制度文化之形成。安危利害，他与大社会已牵浑而不可分。整个形势至此，他亦不在大社会之外，而与大社会为一。

一般国家莫非阶级统治；其实，亦只有阶级才能说到统治。在中国看不到统治阶级，而只见有一个统治者。然一个人实在是统治不来的。小局面已甚难，越大越不可想像。你试想想看：偌大中国，面积人口直比于全欧洲，一个人怎样去统治呢？他至多不过是统治的一象征，没有法子真统治。两千年来，常常只是一种消极相安之局，初未尝举积极统治之实。中国国家早已轶出一般国家类型，并自有其特殊之政治制度。凡此容当详论于后。这里要点出的，是政治上统治被统治之两面没有形成，与其经济上剥削被剥削之两面没有形成，恰相一致；其社会阶级之不存在，因互证而益明。本来是阶级之“卿、大夫、士”，战国以后阶级性渐失，变成后世之读书人和官吏，而职业化了。他们亦如农工商其他各行业一样，在社会构造中有其职司专务，为一项不可少之成分。此观于士农工商四民之并列，及“禄以代耕”之古语，均足为其证明。古时孟子对于“治人”、“治于人”之所以分，绝不说人生来有贵贱阶级，而引证“百工之事固不可耕且为”之社会分工原理。可见此种职业化之倾向，观念上早有其根，所以发展起来甚易。日本关荣吉论文化有其时代性，复有其国民性，政事之由阶级而变到职业，关系于文化之时代性；然如中国此风气之早开，却是文化之国民性了。

我们当然不能说旧日中国是平等无阶级的社会，但却不妨说它阶级不存在。这就为：

一、独立生产者之大量存在。此即自耕农、自有生产工具之手艺工人、家庭工业等。各人作各人的工，各人吃各人的饭。试与英国人百分之九十为工资劳动者，而百分之四为雇主者相对照，便知其是何等不同。

二、在经济上，土地和资本皆分散而不甚集中，尤其是常在流动转变，绝未固定地垄断于一部分人之手。然在英国则集中在那百分之四的人手中，殆难免于固定。

三、政治上之机会亦是开放的。科举考试且注意给予各地方以较均平之机会。功勋虽可荫子，影响绝少，政治地位未尝固定地垄断于一部分人之手。今虽无统计数字可资证明，推度尚较 19 世纪末 20 世纪初之英国情形为好。英国虽则选举权逐步开放，政治机会力求均等；然据调查其 1905 年以上半个世纪的情形[②]，内阁首相及各大臣、外交官、军官、法官、主教、银行铁路总理等，约百分之七十五还是某些世家出身。他们几乎常出自 11 间“公立学校”和牛津剑桥两大学。名为“公立学校”，其实为私人收费很重的学校。普通人进不去，而却为某一些家庭祖孙世代读书之地。

所以近代英国是阶级对立的社会，而旧日中国却不是。此全得力于其形势分散而上下流通。说它阶级不存在，却不是其间就没有剥削，没有统治。无剥削即无文化，其理已说于前。人类平等无阶级社会尚未出现，安得而无剥削无统治？所不同处，就在一则集中而不免固定，一则分散而相当流动。为了表明社会构造上这种两相反之趋向，我们用“职业分途”一词来代表后者，以别于前之“阶级对立”。

于此，有两层意思要申明：

一、如上所说未构成阶级，自是中国社会之特殊性；而阶级之形成于社会间，则是人类社会之一般性。中国其势亦不能尽失其一般性。故其形成阶级之趋势，两千年间不绝于历史。同时，其特殊性亦不断发扬。二者迭为消长，表见为往复之象，而未能从一面发展去。

二、虽未能作一面发展，然其特殊性彰彰具在，岂可否认？凡不能指明其特殊性而第从其一般性以为说者，不为知中国。我于不否认其一般性之中，而指出其特殊性，盖所以使人认识中国。

注释

① 据李景汉《定县社会概况调查》，则该处土地分配情形有如下之三例：

第一例：东亭乡 62 村 10445 家，除 155 家不种地外，种地为业者 10290 家。其中种地 100 亩以上者 200 家，即占百分之二，种地百亩以下者 10070 家，即百分之九十八。又调查其中之 6 村 838 家，除 48 家不种地外，种地者 790 家。其中完全无地而以佃种为生者 11 家；余 779 家均自有土地多少不等。

第二例：第一区 71 村 6555 家，除 379 家不种地外。种地者 6176 家。其中多少自有土地者 5529 家，完全无地者 647 家。无地佃农视前例为多，然亦只占十分之一强。有地百亩以上者，在6555家中占百分之二，有地 300 亩以上者占千分之一。有地而不自种者，占百分之一。

第三例：第二区 63 村 8062 家，除 323 家不种地外，种地者 7739 家。其中多少自有土地者 7363 家，余为无地之佃农雇农，约占百分之五。在有地者之中，100 亩以上占百分之二，300 亩以上占千分之三。

以上均见该书第 618—663 页。

② 此参取英人所著《苏联的民主》第 319—334 页所述，书为邹韬奋译，生活书店出版。

中国是否一国家*

一、中国之不像国家

第一章列举中国文化特征，曾以中国不属一般国家类型，列为其中之一（第十一特征）。中国何以会这样特殊，这就为一般国家都是阶级统治；而中国却趋向职业分途，缺乏阶级对立，现在就这问题一为申论。

中国之不像国家，第一可从其缺少国家应有之功能见之。此即从来中国政治上所表见之消极无为。历代相传，“不扰民”是其最大信条；“政简刑清”是其最高理想。富有实际从政经验，且卓著政绩如明代之吕新吾先生（坤），在其所著《治道篇》上说：

> 为政之道，以不扰为安，以不取为与，以不害为利，以行所无事为兴废除弊。（见《呻吟语》）

* 本部分选自《中国文化要义》第九章。

这是心得，不是空话。虽出于一人之笔，却代表一般意见；不过消极精神，在他笔下表出的格外透彻而已。所以有一副楹联常见于县衙门，说“为士为农有暇各勤尔业，或工或商无事休进此门”，知县号为“亲民之官”，犹且以勿相往来诏告民众，就可想见一切了。

事实上，老百姓与官府之间的交涉，亦只有纳粮、涉讼两端。河北省民间谚语，说“交了粮，自在王”，意思是：完过钱粮，官府就再管不到我(亦更无其他管制)。至于讼事，你不诉于官，官是不来问你的。太平有道之世，国与民更仿佛两相忘，则是中国真情。

这种无为而治，如其不是更早，说它始于西汉总是信而有征的。当时相传曹参为相而饮酒不治事，汲黯为太守而号曰“卧治”，如此一类有名故事可见。但我们不可就信他们只是受黄老思想的影响。主要是因为中国伦理本位职业分途的社会构造，于此时慢慢展开，其需要无为而治的形势(详第十章)，就被明眼人发见了。

前引长谷川如是闲的话“近代英国人以国家为必要之恶，而不知中国人却早已把它当作不必要之恶”，正是指此而说的。

复次，中国之不像国家，又可于其缺乏国际对抗性见之。国家功能，一面是对内，一面是对外。中国对内松弛，对外亦不紧张。照常例说，国际对抗性之强弱似与其国力大小不无相关。然在中国，国力未尝不大，而其国际对抗性却总是淡的，国际对抗性尽缺乏，而仍可无害于其国力之增大。此缺乏国际对抗性，有许多事实可见。——

第一就是疏于国防。

第二就是户籍地籍一切国势调查，中国自己通统说不清。这原是国际对抗的本钱家当，时时要算计检讨，时时要策划扩充的。自家竟然一切不加清理，足见其无心于此。

第三就是重文轻武，民不习兵，几于为“无兵之国”。所以我们在

第一章中，曾据雷海宗教授《中国文化与中国的兵》一书，所指出之“中国自东汉以降为无兵的文化”，列以为中国文化特征之一(第十二特征)。盖立国不能无兵；兵在一国之中，例皆有其明确而正当之地位。封建之世，兵与民分，兵为社会上级专业；中国春秋以前，合于此例。近代国家则兵民合一，全国征兵，战国七雄率趋于此，而秦首为其代表，用是以统一中国。但其后两千年间，不能一秉此例，而时见变态。所谓变态者：即好人不当兵；当兵的只有流氓匪棍或且以罪犯充数，演成兵匪不分，军民相仇之恶劣局面。此其一。由此而驯至全国之大，无兵可用。有事之时，只得借重异族外兵，虽以汉唐之盛，屡见不鲜，习为常事。此其二。所谓无兵者，不是没有兵，是指在此社会中无其确当安排之谓。以中国之地大人多，文化且高于四邻，而历史上竟每受异族凭陵，或且被统治，讵非咄咄怪事。无论其积弱之因何在，总不出乎它的文化。看它的文化非不高，而偏于此一大问题，少有确当安排，则谓之“无兵的文化”，谓其积弱正坐此，抑有何不可？

最后，则从中国人传统观念中极度缺乏国家观念，而总爱说“天下”，更见出其缺乏国际对抗性，见出其完全不像国家。于此，梁任公先生言之甚早。(见梁著《先秦政治思想史》第一章)

像今天我们常说的“国家”、“社会”等，原非传统观念中所有，而是海通以后新输入的观念。旧用“国家”两字，并不代表今天这含义，大致是指朝廷或皇室而说。自从感受国际侵略，又得新观念之输入，中国人颇觉悟国民与国家之关系及其责任；常有人引用顾亭林先生“天下兴亡，匹夫有责”的话以证成其义(甚且有人径直写成“国家兴亡，匹夫有责”)，这完全是不看原文。原文是：

> 有亡国，有亡天下。亡国与亡天下奚辨？曰：易姓改号，谓之亡国；仁义充塞，而至于率兽食人，人将相食，谓之亡天下，(中略)是故，知保天下然后知保其国。保国者，其君其臣肉食者谋之；保天下，匹夫之贱与有责焉耳矣。

此出顾氏《日知录》论正始风俗一段。原文前后皆论历代风俗之隆污，完全是站在理性文化立场说话。他所说我们无须负责的“国”，明明指着朝廷皇室，不是国家；他所说我们要负责的“天下”，又岂相当于国家？在顾氏全文中，恰恰没有今世之国家观念存在！恰相反，他所积极表示每个人要负责卫护的，既不是国家，亦不是种族，却是一种文化。他未曾给人以国家观念，他倒发扬了超国家主义。

“夷狄而中国，则中国之；中国而夷狄，则夷狄之。”——这是中国思想正宗，而顾先生所代表者正是这个。它不是国家至上，不是种族至上，而是文化至上。于国家种族，仿佛皆不存彼我之见；而独于文化定其取舍。三十年前，我生父亦即以痛心固有文化之澌灭，而不惜以身殉之[①]。此种卫道精神，近于宗教家之所为，却非出于迷信而宁由于其宝爱理性之心。像共产党为了争求一种理想文化，不惜打破国界，其精神倒不无共同之处。

梁任公著《先秦政治思想史》，述各家思想不同，而言政治莫不抱世界主义，以天下为对象，其彀的常向于其所及知之人类以行，绝不以一部分自画。而儒家态度则尤其分明。

后世读书人之开口天下闭口天下，当然由此启发。然不止读书人，农工商等一般人的意识又何尝不如此。像西洋人那样明且强的国家意识，像西洋人那样明且强的阶级意识(这是与国家意识相应不离的)，像他们那样明且强的种族意识(这是先乎国家意识而仍以类相从者），在我们都没有。中国人心目中所有者，近则身家，远则天下；此外便多半轻忽了。

中国人头脑何为而如是？若一概认为是先哲思想领导之结果，那便不对。此自反映着一大事实：国家消融在社会里面，社会与国家相浑融。国家是有对抗性的，而社会则没有，天下观念就于此产生。于是我有中国西洋第二对照图，如下：

中国	西洋
天　下	天　下
团　体	团　体
家　庭	家　庭
个　人	个　人

中国西洋对照图之二

图例：

(1)“天下”泛指社会或世界人类或国际等；

(2)“团体”指国家或宗教团体或种族团体或阶级团体等；

(3)“家庭”兼家族亲戚等而言；

(4)字体大小即其意识强弱位置轻重之表示。

从个人到他可能有之最大社会关系，由下至上共约之为四级，如上图。四级各具特征：

一、个人——出发点；

二、家庭——本于人生自然有的夫妇父子等关系；

三、团体——设有界别的组织；

四、天下——关系普及不分畛域。

在西洋人的意识中生活中，最占位置者为个人与团体两级；而在中国人则为家庭与天下两级。此其大较也。

有人说：历史上中国的发展，是作为一世界以发展的，而不是作为一个国家②。这话大体是不错的。

二、国家构成于阶级统治

在欧洲小国林立，国际竞争激烈，彼此间多为世仇。人民要靠国家保护自己，对国家自然很亲切；国家要藉人民以与邻国竞争，亦自必干涉一切而不能放任。但在同等面积之中国，却自秦汉大一统之后，无复战国相角形势；虽有邻邦外族，文化又远出我下，显见得外面缺乏国际竞争。从而内部亦懈弛下来；而放任，而消极。正如近百年来，我们处于世界新环境中，政治上又不得不积极起来一样。此种地理的和历史的因素，谁亦不否认。然而其社会构造本身不适于对外抗衡竞争，不适于对内统治，却是基本的。此即上面我所云"国家消融在社会里面，社会与国家相浑融"那一大事实。

难道"社会"与"国家"，必是分别对立的吗？从西洋历史事实所形成之观念，确是如此的。奥本海末尔在其名著《国家论》序言中，说道：

> 与国家观念相对立的社会观念，最初于洛克(Locke)见之；从此以来，此种对立愈益确定。

他并说明：始而是第三阶级起来自己认作是"社会"，而据以反对封建之"国家"。继而是第四阶级起来，又自己认作"社会"，而把第三阶级当作"国家"以反对之。他们观念中共同之处，便是同认"国家"起源于侵犯自然法而存续下来的特权集体；"社会"方为顺乎自然法的人道结合型。他们盖同认“国家”为魔鬼之城(Civitas Diaboli)，而“社会”则为上帝之城(Civitas Dei)。他们所不同者：前者宣称资本主义社会便是自然法过程之结果；后者却谓这过程尚未到达其目的，必待社会主义社会出现乃是。大约在西欧，都是这样观念。只有德国学者多半崇拜国家，恰颠倒之，以国家为天堂，以社会为地狱。但其后亦转变过来，而接受西欧观念了；如马克思等其著者。奥本海末尔声明自己亦是如此。

奥氏全书繁征博引，正亦不外指出此一问题在历史上如何兴起，及其将如何消掉。他大意说，人类求生存，为获得其所必需之资料，有两个不同的手段。一是人们自己劳动，或以自己劳动与别人劳动为等价交换，此即谓之经济手段。又一是强把别人劳动无代价收夺过来，此即谓之政治手段。社会，便是从经济手段发达而来，而国家，则起源于政治手段。自古迄今，人类历史之发展要不外经济手段对于政治手段之争衡，逐步驱除它，以至最后胜利而后已。最后，政治手段全消灭，有社会而无国家。国家就变成他所说之“自由市民团体”，其组织纯基于自然关系，无复武力统治在内。——读者试取前章讲社会阶级之所以形成而终于要解放者，与此互参，则其间理致自易明白。

国家寄托在武力上，这是没有疑问的。但说武力专为行剥削而来，而国家即起源于此、存在于此，则不免太偏。纵然国家可能起源于此；但国家之所以留存下来，而且还有其一段发展，显然不在此。国家之所以存在，是为它一面能防御外来侵扰，一面能镇抑内里哄乱，而给社会以安定和秩序。无安定，无秩序，大家不能生活。安定和秩序，能得之于理性，自然最好。但于对外讲不通之时，或对内讲不通之时，其势只有诉之于武力。掌握武力而负担此对内对外之责任者，即国家。必要到人类文化较之今日远有高度发展，单恃理性即足以解决一切，而后武力自然可废，国家自然亦必变形。然这却必待经济极高进步之后，只可期诸未来，非所语于过去。

国家必然是一种武力统治，其理如上已明。但何以又必是阶级统治呢？这因为武力不过是一工具。还必得有一主体操持它；此主体恒为一阶级。照理说，武力应属于国家，国家即为其主体。但这不过是一句空话。要实际作到，必须全国人无论何时，始终只有一个意志而无二。试问事实上可能不可能呢？照眼见之事实，一国之内恒有阶级、种族、宗教、职业、地域种种不同，而不免各有立场。其间意志统一而出于非勉强之时，殊不多遘。特别是阶级不能没有；而阶级间之矛盾，有时虽外患当前亦不能掩盖，在对内问题上更不待言。武力既经常地为对内统治的后盾，则操持此武力者为谁，岂不明白？故而此主体例以国家尸其名，而实际则为一阶级——统治兼剥削的那一阶级。在封建之世，几乎那全阶级就是一武力集团，其为阶级统治最彰露。后来文化进步如近代国家者，则武力渐隐，阶级在法律上似不存在。然其经济上剥削被剥削之事实，既托存于法律秩序；而法律秩序之维持，则有国家的军警法庭为后盾。此不过其施行统治较为间接而已。固依然是阶级统治也。

其次我们还要知道，设若不是阶级便难当主体之任。主体与工具，必须相称。若不相称，宁可主体大而工具小，万不能主体小而工具大；那就不是力量，反而是累赘阻碍了。前章说，国家是一大强制力。强制必有两面，两面人数虽不必相当，但总不能以一人对大众。所以像中国历史上，全国庞大武力而以一人一姓为其主体，即太不相称，为事实所不许。只有在中原逐鹿，两军相对情势下，要拥戴服从一个首领，乃能作战取胜；那一时，此首领很像就是武力的主体。一旦对方消灭了，则此方诸将领即无永甘服从于一人之必要。此为历代创业之主最难应付的大问题，宋太祖曾明白说出。且亦只有他“杯酒释兵权”，得以轻松度过。其余，对于他所共图天下的那些功臣，总不免猜忌残杀，事证多不胜举，其故正在此。所以中国历史定例，争天下时固非武力不可；得天下后，就要把武力收起来，不能用武力统治。古语所谓“马上得天下，不能马上治之”，所谓“偃武修文”，意义岂不甚明。雷海宗教授曾指证，偌大国家不仅边疆御寇借用外兵，甚至要借外兵保卫畿辅治安。似此无兵情形，正有所自来，而非无原无故。

国家构成于阶级统治，中国则未成阶级，无以为武力之主体而难行统治；这是中国不像国家之真因，历代帝王所以要轻赋薄敛，与民休息，布德泽，兴教化，乃至有所谓“以孝治天下者”，皆隐然若将放弃其统治，只求上下消极相安。在他盖无非从善自韬养之中，以绵永其运祚。你说它不敢用力亦可，你说它无力可用，亦无不可。数千年政治上牢不可破之消极无为主义，舍此便不得其解。

三、中国封建之解体

以上当然皆就秦汉后的中国而说话。其缺乏阶级，不像国家，自是负面；而伦理本位，职业分途，即社会以为国家，二者浑融莫分，乃为正面。凡此社会形态之特殊，伏根必很远；但其显露出来，则在封建解体之后。关于正面，下章再细讲。现在继续谈其负面之两点：

一、其缺乏阶级不像国家之何所从来。（因）

二、其缺乏阶级不像国家之何所归趋。（果）

于是我们便要谈中国封建之解体问题。

第二章已经申明，人类文化史不是独系演进的，而中国刚好与西洋殊途。上章讲阶级问题，述及历史可分五大段之理，则于唯物史观所说相当予以认可。现在来谈中国封建之解体，即是承认中国亦经过封建时代如西洋社会史者，而确指其与西洋之殊途正在于此。

于此有两大事实先要提请注意：

一、西洋在封建社会后资本社会前，那一过渡期间，政治上曾表见王权集中。但旋即转入限制王权(宪政)，故其为期甚短。恰相反地，此在西洋极短暂者，在中国却极绵长。中国封建削除，同一表见王权集中；乃不料此一集中，竟无了局。它一直拖长两千余年，假如不是近百年受近代西洋影响，中国历史突起变化，还望不见它的边涯。

二、还有与此政治上长期不进不变之局面恰相配的，是其经济上之长期停滞。尽管其工商发达，早征见于先秦，而两千多年后，依然不过那样。假如不是近代西洋资本主义工业文明传过来，它可能长此终古！

这是谁亦不能否认的，却亦是最不可解的。信如论者所说，秦汉以来之两千年是一段谜的时代。谈中国社会史，而于此没有惬心当理之分释，即一切等于白说。忽视它，抹杀它，更属可笑。然而在一些为迷信和成见所误之人，却苦于无法不加以抹杀，看下文便知。

讨论之初，应问明白：何为封建？封建和解脱于封建，以何为分判？简单说，封建是以土地所有者加于其耕作者之一种超经济地强制性剥削，为其要点。他如经济上之不出乎自然经济，社会上之表见身份隶属关系，政治上之星罗棋布的大小单位，意识上之不免宗教迷信等，大抵皆与此要点天然相联带者。解脱于封建，就是解除这些，而以解除其要点(特制剥削)为主。再问：怎样可以得到解除呢？通常应不外像奥本海末尔所说，经济手段对于政治手段之一次确定的制胜。

两种手段，目的是相同的。若经济手段较见顺便，而政治手段不大行得通之时，则政治手段渐被放弃，而自然趋向于经济手段。这种顺便者日以顺便，行不通者日以行不通，即是经济手段一次确定地胜利，而封建式剥削遂以解除了。像英国大体便是如此。在法国则要经过暴力革命，其政治手段之行不通，大于其经济手段之顺便。盖各处社会情势不同，历来随之亦异。

中国究竟已否从封建中解放出来呢？如众所共见，多年来中外人士聚讼纷纭，莫衷一是。不少学者(如李季等)，认为中国封建已崩解于先秦战国，而秦以后的社会即须另说[③]。这大致算得平允。但有的学者却认为从东周起，一直到鸦片战争之漫长时期，全都是封建社会。其所以如是主张，好像不管联带而见的那些事情如何，而单把握了农村中之强制剥削一个要点，说它是中国一直存在着的。这亦不为无理，却是疑问亦正多。

第一，如我们在邹平定县各处之所见，其土地是封建解放后的土地，其人是封建解放后的人，明白无疑。固有少数佃农雇农，不能自有其土地，而受到剥削；那只等于近代工人之受剥削而止。所谓超经济地强制性剥削；那只等于近代工人之受剥削而止。所谓超经济地强制性剥削，实未有之。此以《定县社会概况调查》所述当地租佃情形，可为确证(见原书第 629—635 页)。我不敢否认中国一直有强制剥削存在于农村的话；却在全国之中究竟占多少，不无疑问。此种相反例证之存在，足使前项主张，失掉一半根据。

第二，封建之世耕作者随附于土地而不得去之情形，后来中国并未见有。似不能径以地少人稠，另外又乏出路(工商业)，即作束缚于土地看。因而所谓强制性剥削之存在，这里又须打一折扣。——以上第一第二两点，皆对那一个主要点而提出疑问。

第三，在经济上、社会上、政治上、意识上其他联带而见的那些事情，按中国或见或不见，难资判定；而大体论之，宁证明其封建已得解放(论者所以单把握一要点而立论，似即为此)。特如流行谚语“耕读传家”、“朝为田舍郎，暮登天子堂；将相本无种，男儿当自强”之所表现者，试问世上焉得有此封建社会？

最后要指出其最严重的缺点，是把秦汉与东周明明不可混同之二物而强混同之。对于上面所提两大事实，直仿佛不看见，不肯深求其故，而漫然以封建概一切。是何足以服人？然而这在他们实亦是无法的。因为他们不承认中西可能殊途，固执着社会进化只许在一条线上走；又迷信历史总是在步步前进中，不知其或进或不进，原无一定。而此两大事实，却刚好必从下面两层来解释：

一、中国社会史自秦汉后，已入于盘旋往复之中(不是进步慢)；

二、中国封建之解体，别有其路线，不同于西方。

前一层自然又是由后一层来的。秦汉以来之谜，恰藏在中国封建解体之特殊中，由此入手，即不难阐明一切。

我们何以看出这个窍来？因为我们既有见于中国之缺乏阶级，再看到那两大事实，便恰好互资印证而有悟。如上章所讲，设若没有阶级则社会进步不可能；而阶级则必资于经济进步、文化进步、政治进步之循环推进，而一步一步得到解放。此盖为历史常理。现在阶级缺乏的中国，其经济长期停滞，其政治一成不变，岂非刚好一致相符而共证明其为历史之一种变局！中国之有过封建阶级，既不成问题；则此变局开端显然就在封建之解体上。此时我们试取西洋封建之所以解体者，来与中国相勘对，应不难寻得其变化之路线。

西洋封建之所以解体者，要在经济进步。唯工商业发达，人竞逐于商业利润产业利润，而后乃不复费气力在农村中，为人对人之强制剥削。这就是由经济手段之顺便，引诱得封建阶级放弃其政治手段，这最为彻底。唯工商业发达，第三阶级兴起，领导群众争取个人自由，而后人对人之强制剥削乃不复行得通。这就是强迫封建阶级非放弃其政治手段不可，这样最为决定。此时政治手段虽尚有待于进一步之清除，但它绝不会翻回头了。无疑地，这是经济进步推进了文化和政治，使整个社会改换了一个局面。这亦可说是通常的一条路。

再来看中国，中国社会构造当战国之际演着划时代的变化，至秦并天下而开一新纪元。正所谓“今天下车同轨、书同文、行同伦”，而无复多关阻、异政令、种种隔阂不通的情形。像封建之世，自上至下分若干等级，而星罗棋布于地面上之许多大小单位，已经削除，而全国统一于一王。王权集中，实行专制。同时，分封锡土之土地制度，亦变为土地自由买卖，任民所耕不限多少。这一变化，是什么变化呢？假如米诺贾托夫的话不错，“封建制度，就在于其政治关系之地域色彩，和土地关系之政治色彩”，那应该就是从封建下得其解放了。然而解放是否亦得之于经济进步呢？这就难讲。经济进步是有的，商品生产、货币经济、都市兴起、交通发达，史册皆有可征。但求如西洋对于政治手段那所谓引诱所谓强迫者，则难得其迹象。相反的，且见出其经济手段制胜之不彻底不决定；政治手段不时回头。质言之，此虽亦不能不有其一定经济条件，然不是由经济之进而被推进者，毋宁是由文化和政治转而影响了经济。

何谓“政治手段不时回头？”在上章曾说过：

> 由政治势力而直接地或间接地使土地见出集中垄断之势，那对于从封建解放出来的社会说，即是形势逆转。此种逆转，势不可久；历史上不断表演，不断收场。

显然地像西汉末，问题便非常严重。论人则被奴役者那样多，论土地则那样被集中垄断。而直接间接都出自政治势力。于是才引出了王莽“王田制”的大改革。历史上似此或大或小之例，迄今断绝。而同时“限田”、“均田”等一类运动，亦同样不绝于历史。中国历史就是这样逆转顺转两力相搏之历史。究其故，无非在社会之进步，阶级之解放，不由经济所推进——如真由经济所推进，政治手段便不会回头了——而宁由文化和政治开端。

所谓中国封建解体，是由文化和政治开端者，其是体表现即在贵族阶级之融解，而士人出现。我们知道，封建阶级(实则并包封建而上至古代之贵族阶级)，第一是建立在武力上，第二是宗教有以维系之。从来贵族与武装与宗教三者相联；西洋如此，到处亦皆如此。因此，除后世以遂利殖产而起之阶级，或稍形散漫外，凡贵族阶级在其社会中例必为集团之存在。何以故？集团与斗争相联；凡以武力为事者，岂有不成集团的？而宗教对于人之凝聚力，自来为集团之本，尤所不待言。今武力与宗教二者相兼，其理决定。然而奇怪的是中国竟有些例外。梁任公《中国文化史》，尝论中国贵族政治最与欧洲异者，有三点：第一，无合议机关，如罗马元老院(或中古各国之阶级会议)者。第二，贵族平民身份不同，然非有划然不可逾越之沟界。第三，贵族平民在参加政治上，其分别亦只是相对的，而非平民即不得闻政。第一点易晓，故不多说。后两点，他都指出春秋时代一些事实以证成其说(文繁不引)。其实这三点，恰透露当时贵族不成一集体。第一，若有合议制行于贵族间，是即其为一集体而存在之征；今不然，可想见其不是。第二点则见其内外界别不严。第三点更见其未甚垄断而排外。凡此又皆集团不足之象也。大抵阶级成见不深者，其种族成见亦不深，其国家成见亦不深，三者恒相关联。此由梁任公先生为后两点所指证之许多事例中，即可见出。又章太炎先生所著《社会通诠商兑》一文，亦同藉春秋时代许多事例，辨明中国早没有像一般宗法社会那样种族排外情形。但你试以西洋古罗马之事来对照，就知其何等不同。罗马征服了远近多少邦族、建立其伟大之罗马帝国，而罗马人——此为一族亦为一阶级——却只限于其原来参加宗教典礼之家族而并不增加。罗马所扩充者，一为其统治对象，一为其国有土地；至于那些被征服的人则不予承认。换言之，他们始终被视为外人或敌人。他们要求得作罗马人，而罗马怒斥为万分不合理。至于流血革命以求之，发生所谓“社会战役”，而仍未得解决。间有一些曲折办法，例如先自卖为罗马人奴隶，再经合法之解放，以辗转侪于罗马公民之列，皆甚费事。此一阶级问题，盖历数百年而后泯除。我们不要以罗马人为怪，其实可怪的倒是中国人！

何以中国封建阶级其自身这样松散，其对人这样缓和？此无他，理性早启而宗教不足；宗教不足，则集团不足也。封建所依靠者，厥为武力和宗教；而理性恰与此二者不相容，理性启，则封建自身软化融解，而无待外力之相加。其松散，正由人们心思作用萌露活动，宗教统摄凝聚之力不敌各人自觉心分散之势。而当时的周公礼乐，复使人情温厚而不粗暴，少以强力相向，阶级隔阂不深，则又其对人缓和之由来。颇有人说，中国是没有经过奴隶社会的。或者说它，从氏族共产而转入封建之世(杜畏之说)。或者说它，经过一段亚细亚的生产时代而到封建(李季说)。我于此未用心考究，不敢判断。但觉得没有经过奴隶社会之说似近真。奴隶社会的阶级比之封建的阶级，要远为严酷，像罗马的情形，怕是难免。唯中国得免于奴隶社会，而后中国人精神上得免于此一严重伤痕，而后封建期的阶级问题乃亦比较轻松，而竟自趋于融解。由此而风度泱泱数千年一直是阶级意识不强，种族意识不强，国家意识不强，以至于今。无论是少受宗教的锢蔽，或少受奴隶社会的创伤，这一切都是历史的负面，而其正面则为理性早见。理性早见，是我民族历史特征，直从古代贯彻于后世。

贵族阶级之融解，盖早伏于其阶级之不甚凝固，缺乏封畛。在此宗教不足的社会里，贵族而脱失于武力，其所余者还有何物？那就只有他累积的知识和初启的理性而已。这就是士人。中国封建毁于士人。他力促阶级之融解，而他亦就是阶级融解下之产物，为中国所特有。中国封建之解体，是不外乎阶级之解消，而仿佛得以理性相安代替武力统治。它不同乎西洋之以新阶级代旧阶级，为武力更易其主体。此即其先由文化和政治开端之说也。

士人原是后来有的名词，我今却追上去用以兼括古时亦可属于此一类之人。他的特点，在曾受教育而有学养。如故张荫麟教授所说：

> 为什么“士”字，原初专指执干戈佩弓矢的武士，后来却变为专指读书议论的文人？懂得这个变迁的原因，便懂得春秋前的社会和秦汉后的社会的一大差别。在前一时代所谓教育，就是武士的教育，而且武士是受教育的人。在后一时代所谓教育，就是文士的教育，而且唯有文士是最受教育的人。“士”字，始终指特别受教育的人；但因教育的内容改变，它的涵义亦就改变了。（见张著《东汉前中国史纲》，第56页）

士人非他，即有可以在位之资而不必在其位者是也。其有可以在位之资与贵族同，其不必定在位与贵族异。假使一天，贵族少至绝迹，而在民间此有可以在位之资者推广增多，政治上地位悉为他们所接替，人无生而贵贱者，这就是中国封建解体之路。而春秋战国实开其机运。一方面春秋列国多兴亡变动，他们的来源增广，其人渐多。一方面战国霸主竞用贤才，相尚以养士，他们的出路大辟。孔子恰生在春秋与战国之间，以讲学闻政为诸子百家倡，就起了决定性作用。

要知此一脉路，是有如下之理由的，当封建之世自然是武士教育(其实是文武合一)，但其后何以遽然一变文而不武，甚且陷于文弱之弊呢？此即以理性之启，而早伏重文轻武之机于古了。士的头脑渐启，兴趣渐移，一旦脱失于其群，即舍去旧生涯。虽舍武而就文，却又没有宗教那一套。且不论宗教气分稀薄，怀疑论(除墨家外皆怀疑派，见第六章)渐兴，根本就没有教会组织，宗教职务，及其税收财产，可依以为生如西洋者。这些人其势要各自分散。除少数人外，要凭藉知识头脑为生；除庸碌无能外，要走向政治活动去。约计之为三项：

一、甘于淡泊，依农工生产自食其力者。——此项自必为数甚少，然古籍却多有可征。④

二、庸庸碌碌靠相礼授徒以糊口者。——此项为数谅不在少。

三、有才气的则讲学、闻政、游说、行侠，或且兼营货殖。——在此风气下者，亦许居多数。

此第三项即封建之破坏者。他们有可以在位之资，而无其权位；所以就反对世卿，排斥任子之制，乃至君位亦要禅让才合理想。一旦上台，便与贵族为敌，废封建，置郡县，以官吏代贵族。贵族浸不能世有其土其民。封建束缚下之土地人民，乃先先后后得到解放。虽孔子曾无意破坏封建井田，只图变通而理想化之。然而此时几个主要角色，如李悝、吴起、商鞅等，却竟是他的再传三传弟子。而一向公族无权，游士擅政，如三晋秦楚者，其宗法根基既薄，封建势力不固，亦就着手最先，或完成较早。至秦并天下，遂竟全功。其事非此所及缕述。然从一切载籍中，很可看出那些在列国之间往来奔走不休，和聚在一起“不治而议论”的各种场合，正是一代社会大变革之酝酿发酵所在。而一个个得其君者，或为相，或为守，均得出其平素所怀以施于实际。在他们或不过图富图强，宁知历史任务即不觉完成于其间。作为当时之大关键者，则盛极一时的讲学，和大规模的养士是也。⑤

总起来说，封建之解放，在中国有与西洋恰相异者：

> 西洋封建解放，起于其外面之都市新兴势力之抗争侵逼；中国则起于其内部之分化融解。西洋是以阶级对阶级，以集体对集体，故卒为新阶级之代兴。中国新兴之士人，是分散的个人，其所对付之贵族阶级亦殊松散。及至阶级分解后，以职业分途代阶级对立，整个社会乃更形散漫。
>
> 西洋以工商发达为打破封建之因，文化和政治殆随经济而变，颇似由物到心，由下到上。中国以讲学养士为打破封建之因，文化和政治推动了经济（士人无恒产，不代表经济势力，而其所作为则推动了经济进步，李悝、商鞅其显例），颇似由心到物，由上而下。

以上是说明中国封建解体之由来，同时亦就是指出：中国从这里起，便缺乏阶级，不像国家。

次一步，要问：它从这里向下去，是否能达于阶级消灭而不要国家呢？这当然不可能。它第一不能保没有外患，第二不能保没有内哄。凡人所以要国家者，它一样不能免掉。它尽管趋向于不像国家，而事实却逼到它成为一个国家。逼到它要有一强大武力，以对内对外。有武力非难，而谁来控制此武力，却是一大难题。因它已不能返回到两阶级之对立，就缺乏其适当之主体。缺乏适当主体之武力，一面不免于萎弱，一面不免于恣横。前者，即雷海宗教授指摘之“无兵的文化”所由来。后者，则为奥本海末尔所说之政治手段，强制支配土地，强制剥削农民，若将逆转到封建。但其势萎弱亦不能萎弱下去，逆转亦不能逆转下去。两千余年来，前进不能，后退不可，就介于似国家非国家、有政治无政治之间，而演为一种变态畸形——这就是缺乏阶级不像国家之所归落的地步。

四、中国政治之特殊

西洋在以新代旧之间，其阶级确已得解放了一步。其社会构造、国家形式已经改变(可称革命)，从人类历史进程上说，确已得进了一步。中国虽则未尝不向着解放走，仿佛若将以职业代阶级，以理性相安代武力统治者。但始终牵延于这种仿佛之中，近而封建之解放不彻底，远而阶级之彻底消除不可期。此两千余年间政治之特殊，须得在此一说；第一，把政治作为伦理间之事，讲情谊而不争权利，用礼教以代法律；是曰政治之伦理化。这是把阶级国家融摄在伦理社会中之结果。第二，对内对外皆求消极相安，而最忌多事、几于为政治之取消；是曰政治之无为化。此盖为阶级缺乏，武力萎弱之所必至。第三，权力一元化，而特置一自警反省之机构于其政治机构中，政治构造国家形式却从此永绝进步之机。前两点，在前既有叙说，不更赘；第三点尚有待阐明于后。——

此所云“权力一元化”，是指中国从来没有，亦永不发生“钳制与均衡”的三权分立的事。这是什么原故？我们且寻看西洋是怎样发生的，便不难勘对出来。这在西洋以英国肇始，原非出自一种理想规划，而是事实慢慢演成的。三权之中，当然以立法行政之分离对立为首要。此二者，当初皆包于王权之中，何曾另外有什么立法机关？明确地分开，肇始于近代，而渊源于以中古。中古之巴力门，其构成原是以贵族僧侣为主，再加市民代表等。后此两权分立，实由原初国内不同阶层之两面对抗而来。从不同之阶层势力言之，则此时计有(一)国王，(二)贵族僧侣，(三)都市第三阶级；而其间以第三种势力之关系最大。削除封建，是他们与王权合作之功；转回头来，限制王权，又是他们与贵族联合之力。始而国王代表行政权，而贵族市民组成之议会则握有立法权。其后国王无复实权，退出了此对抗形势。相对抗者，便为第二第三两大势力。他们此时固非分掌行政立法两机关，却是各结政党，凭藉此两机关，时时运用，以相竞争。再往后，到最近几十年，上院无复实权，贵族们又退出了此对抗形势。则有后起的劳工阶级及其政党，起来参加，仍为两大势力之抗衡。是历史昭示：没有分离对峙之社会形势，则分权制度不能得其运用。但中国的社会形势如何呢？照上面所说，中国封建以贵族阶级内部分化而解体；士人假借王权，扩充王权，其自身固不能构成一种势力；抑且使整个社会从此走向职业分途，日就散漫。在全国中，寻不见任何一种对抗势力，则权力统于一尊，夫何待言。

封建解体后，中国政治之大趋向，及其所向之鹄的，除了有时倒退之外，从未变更此趋向。正为理想始终未达到，而又非无其可能，所以人们总抱着希望在努力。——努力实现其制度所应有者，或修缮其制度，乃至重新调整之，却未尝舍此而他谋。那么，是否后胜于前，可以见出其一步进一步呢？此亦未能。除细节上有些讲求外，根本不见进步。尽管不见进步，而两千多年间经过多次之改朝换代，竟亦没有新思想或不同的运动发生。那么，是否中国人太笨呢？亦不是。此其故，约言之有三层：第一，任何政治制度莫不基于其社会内部形势外面环境而立，其中，内部形势尤为主要基础。中国自封建解体后，社会形势散漫，一直未改。而没有新形势，则人们新的设想新的运动不会发生。在散漫形势下，权力之一元化是不会变的。权力一元化不变，其救治之道只有这多，没有新鲜的。第二，中国制度似乎始终是礼而不是法。其重点放在每个人自己身上，成了一个人的道德问题。它不是借着两个以上的力量，互相制裁，互相推动，以求得一平均效果。而恒视乎其人之好不好。好呢，便可有大效果，不好，便是恶果。因此就引人们的眼光都注到人身上，而不论是向某个人或向一般的人要求其道德，都始终是有希望而又没有把握的事。那么，就常常在打圈子了。两千余年我们却多是在此等处努力。第三，中国历史已入于循环中，为重复之表演，可看下章。

五、西洋政治进步之理

然而在西洋封建解体后，其政治却显然一步进一步，有迹象可寻。这是什么原故呢？此即为其社会有阶级，即以阶级作阶梯，而得升进。此理在上一章为说明阶级问题，已曾论及。何谓政治进步？政权从少数人手中逐步开放给众人，政治渐进于民主，便是。其最后鹄的，在国家变成一自治团体，不再有统治被统治之阶级存在。为达于此无阶级之一境，中间却要赖阶级作过渡。阶级在此之作用有种种：——

第一，民主期于尊重人权，而肇始于限制王权。王权人权各有分际而不相凌越，此为最善。但欲以个人抗王，而求得其均衡，谁能有这个力量？征之历史，这都是靠阶级的力量来达成的。最初得力贵族阶级——英国大宪章即其好例。其后则得力资产阶级；末后，则劳工阶级力量不可少。阶级新陈代谢，各有其时代任务不同。且亦不能保那一阶级力量尊重人权，那一阶级不尊重人权，正要借着阶级力量与阶级力量之相角而得之均衡，以保持此两种之不失于一偏。

第二，政治民主之本义，在于政权公开，凡团体内事，大家商量，共同作主。此在古代之所以能一见于希腊城邦者，一则为其小国寡民，一则以其为奴隶主之社会。唯其小国寡民，一切不出乎众人耳目之所接，心思之所及，然后会议取决之制乃运用得来，而不徒为一虚名。唯其为如隶主，生产之事有人代劳，自己乃有空闲，有资财精力，以从事乎政治。即此可证明其不是靠阶级，便不得出现了。近代民主政治萌芽于中古。英国大宪章时代之贵族会议(Council of magnates)，便是政权先公开于贵族僧侣这一圈内。在此圈外，不民主，在此圈内，就算相当民主了。其后 1254 年 1265 年，乃陆续增加各郡市平民代表在内。初则合开会议，其后分为贵族民众两院。今天英国之巴力门就是以这样开头。始而其权小，继而其权一步一步加大起来，以至于无所不能为。始而其权在贵院，继而渐移于民院，以至末后民院几乎握全权。始而其议员之选举权，限制于某范围内，继而一次一次又一次扩大其范围。以至末后实行普选。

民主诚非皆由平稳进步中得之，但要晓得暴力革命更要靠阶级力量。革命虽似突变，实则其所得而解决之问题，仍不过那一时之问题；其所实现之民主，仍限于那一时可能有之民主。革命要靠阶级、革命后亦还需要阶级统治，以待社会进步，一新阶级起来，再度革命。所以平稳渐进或革命突变，在全部历史进程上看，无大两样，同一需要阶级作过渡。

第三，除前两点，在实现民主上，阶级有其直接作用外，还有其一种间接作用。此即近二百年所有工具发明，文化进步，实大得力于资产阶级之统治。它的好处，在一面杜绝了封建式大小战争，而给社会以长期安定；又一面破除了封建式种种束缚限制，而给一切人以大解放。就在种种发明迭兴，文化飞速进步之中，政治民主乃得一步推进一步。

总之，西洋以其为阶级社会，是一个国家，就资藉于其阶级，而政治得以进步。特地叙出如上，意在对照中国，缺乏阶级，不像国家，遂永绝进步之机。

注释

① 关于著者先父之事，具详《桂林梁先生遗书》，商务印书馆出版。捐生前夕，所遗敬告世人书，告儿女书等多缄，均影印在内。其要语云：国性不存，我生何用！国性存否，虽非我一人之责；然我既见到国性不存，国将不国，必自我一人先殉之，而后唤起国人共知国性为立国之必要。——国性盖指固有风教。

② 见林语堂著《中国文化之精神》。

③ 见李季著《中国社会史论战批判》，神州国光社出版。

④ 参看张荫麟著《东汉前中国史纲》第六章，又《左传》、《国语》、《国策》等书，多可考见。

⑤《饮冰室合集》内文集第四册梁任公亦有论中国封建解体不同于外国之一段话，录此参考：

(上略)欧洲日本封建灭而民权兴，中国封建灭而君权强，何也？曰，欧洲有市府，而中国无有也，日本有士族，而中国无有也。(中略)近世欧洲诸新造国，其帝王未有不凭藉市府之力而兴者。然则欧洲封建之灭，非君主灭之，而人民灭之也。(中略)日本明治维新，主动者皆藩士。诸藩士各挟其藩之力，合纵以革幕府，而奖王室。及幕府既倒，知不可以藩藩角立，乃胥谋而废之。然则日本封建之灭，非君主灭之，灭藩士灭之也。(中略)中国不然。与封建为仇者，亦君主也。封建强，则所分者君主之权；封建削，则所增者君主之势。(中略)论者知民权之所以不兴，由于为专制所压抑，亦知专制所以得行，由于民权之不立邪？不然，何以中国封建之运之衰，远在欧洲之先，而专制之运之长，反远在欧洲之后也。

又梁氏于贵族政治实有以启发民权之理，亦见到一些：

(上略)要而论之，吾国自秦汉以来，贵族政治早已绝迹。欧美日本于近世最近世而始几及之一政级，而吾国乃于两千年前得之。(中略)宜其平等自由，早陵欧美而上，乃其结果全反是者，何也？贵族政治者，虽平民政治之蟊贼，然亦君主专制之悍敌也。试征西史，(中略)贵族政治固有常为平民政治之媒介者焉。凡政治之发达。莫不由多数者与少数者之争而胜之。贵族之于平民，固少数也；其于君主，则多数也。故贵族能裁抑君主，而要求得相当之权利，于是国宪之根本即以相立。后此平民亦能以之为型，以之为楯，以彼裁抑君主之术，还裁抑之，而求得相当之权利，是贵族政治之有助于民权者，一也。君主一人耳，自尊曰圣曰神；人民每不敢妄生异想。驯至视其专制为天赋之权利。若贵族而专制也，则以少数之芸芸者与多数之芸芸者相形见绌，自能触其恶感，起一“吾何畏彼”之思想，是贵族政治之有助于民权者，二也。畴昔君主与贵族相结以虐平民者，忽然亦可与平民相结以弱贵族。而君主专制之极，则贵族平民义可相结，以同裁抑君主。三者相牵制相监督，而莫或得恣。是贵族政治之有助于民权者，三也。有是三者，则泰西之有贵族而民权反伸，中国之无贵族而民权反缩，盖亦有由矣。(下略)

治道和治世*

一、中国社会构造

中国之缺乏阶级不像国家，是其负面，而伦理本位职业分途，即社会以为国家，二者浑融莫分，则为其正面。关于负面已说于上，正面的伦理本位职业分途，在前亦已点出，但说得不够。本章将更从正面申说之。

前曾说：家族生活集团生活同为最早人群所固有；而其后中国人家族生活偏胜，西洋人集团生活偏胜。继此，则中国由家庭生活推演出伦理本位，同时亦就走向职业分途。而西洋却以集团生活遂尔辗转反复于个人本位社会本位之间；同时亦就演为阶级对立。阶级对立，还是集团间的产物，不发生于伦理社会。伦理社会自然要职业分途，二者相联，且有其相成之妙。

何以说阶级对立是集团间的产物呢？阶级所由兴，不外是被外族征服统治，或由内部自起分化之二途。前者是

* 本部分选自《中国文化要义》第十章，第二节、第四节略去。

集团之二合一，后者是集团之一分二。要之阶级形成于权力之下，而权力则生于集团之中，此不易之理也。假如说集团是立体的，则伦理社会便是平面的。伦理为此一人与彼一人（明非集团）相互间之情谊（明非权力）关系。方伦理社会形成，彼此情谊关系扬露之时，则集团既趋于分解，而权力亦已渐隐。此其势，固不发生阶级对立。

伦理秩序著见于封建解体以后，职业分途即继此阶级消散而来，两方面实彼此顺益，交相为用，以共成此中国社会。例如：遗产均分于诸子，而不由长子独自继承，即此伦理社会之一特色，西洋日本皆所罕见，在我却已行之两千年。盖伦理本位的经济，财产近为夫妇父子所共有，远为一切伦理关系之人所分享。是以兄弟分财，亲戚朋友通财，宗族间则培益其共财。财产愈大者，斯负担周助之义务亦愈广。此大足以灭杀经济上集中之势，而趋于分散，阻碍资本主义之扩大再生产，而趋近消费本位（对生产本位而说）。所谓“不患寡，而患不均；不患贫，而患不安”，在西洋恒见其积个人之有余者，在中国恒欲以补众人之不足。遗产均分，不过顺沿此情势而来，又予以有力之决定。有人说：封建社会的核心，是其长子继承制度，英国社会所以能产生资本主义，正是靠此长子继承制，预先集中了经济上的力量。由封建领主之商业化，和大资产者的大垦牧公司合起来便造成今天他们资本社会的始基。中国所以总不能进一步到资本主义社会，并不是受了封建社会的桎梏；实实在在就为中国这种遗产制度，把财产分割零碎，经济力量不得集中之故。这话确是有见地①。当知，凡此消极使社会不演成阶级对立者，便是积极助成了职业分途。

试再取西洋来对照，将更有深一层之明了。西洋资本主义，全从个人营利，自由竞争而发达起来，其前提则在财产所有权归于个人掌握，个人能够完全支配其财物。只有这样，才促进人们利己心的活动；只有这样，才增高人们利用其财物的能率。然而这却是由近代法律袭用罗马法，才有的事。罗马法是所有权本位的法律，全副精神照顾在物权债权这些问题上。而中国法律则根据于伦理组织、其传统精神恰好与此相反(忽略这些问题)。在西洋没有这种近代法律，则中世农村那种协同生活的基础不致破坏净尽，近代自由竞争演成的阶级社会无由出现。反转来看中国，便恍然此伦理本位的社会组织，非独事实上成为一个人在经济上有所进取之绝大累赘，抑且根本上就不利于此进取心之发生。黄文山先生曾十分肯定地说："我深信中国的家族伦理，实在是使我们停留在农业生产、不能迅速进入资本主义生产之唯一关键。"[②]或即指此。

伦理社会这块土地，不适于资本主义之滋生茁长，这是没有疑问的。但若人们在经济上的进取心根本缺乏了，不亦是社会上一大危机吗？这却又从职业分途之一方面，可得其救济。一个人生在阶级社会里，其一生命运几乎就已决定了。特别是封建社会为然，而资本社会亦不例外。农奴固然不能转为贵族，劳工亦难得作资本家。他们若想开拓自己前途，只有推翻这种秩序，只有大革命。但在中国这职业分途的社会，便不然。政治上经济上各种机会都是开放的。一个人为士为农工为商，初无限制，尽可自择。而"行行出状元"(谚语)，读书人固可致身通显，农工商业亦都可以白手起家。富贵贫贱，升沉无定，人人各有前途可求。虽然亦有有凭藉与无凭藉之等差不同，然而凭藉是靠不住的。俗语说得好："全看本人要强不要强。"所以进取心，在这里恰好又普遍得到鼓励。伦理本位就是这样藉职业分途为配合，得以稳稳行之两千余年，得以通行到四方各处。不然，是不行的。

中国社会之所以落于职业分途者，主要是因为土地已从封建中解放，而生产则停留在产业革命以前，资本之集中垄断未见。此时从生产技术言之，小规模经营有其方便，大规模经营非甚必要。同时，又没有欧洲中世那样的行会制度(基尔特)。于是社会上自然就只是些小农小工小商，零零散散各为生业了。冯友兰先生所谓“生产家庭化”，所举一家子石印馆，一家子铁匠铺之例，正指此。无论种田，做工或做买卖，全靠一家大小共同努力，俗所云“父子兵”，天然成为相依为命的样子。中国人常爱说“骨肉之情”、“手足之情”，盖其事实有如此者。此即伦理情谊由职业分途而得巩固加强。反之，若在阶级社会便不然。像近代大工厂大公司，将一家大小拆散为男工、女工、童工，各自糊口，几乎不必相干，固不必说。即在中世纪，亦无合一家大小以自营生业者其事，而是生活于集团之中，有异乎伦理之相依。更且纵着有集团与集团之分，横着有阶级与阶级之分。其分离对立相竞相克之势，掩没了人生互依关系，尤使伦理观念难以发生。

中国不是没有行会，却不像欧洲那样竟为坚实之集团，正为重心分寄于各家庭家族了。因其不成集团，所以在师徒东伙之间，又为伦理之相依。它可能有私人恩怨，各个不同；却没有从行会分化出之阶级对立，如欧洲之所见者。阶级只是集团间的产物，于此又可证明。近代工业社会，劳资两方相维以利，相协以势，遇事依法解决，彼此不发生私人感情。而此则师徒东伙朝夕相处，可能从待人厚薄、工作勤惰上，彼此深相结纳。在劳资两方必不同一立场共一命运者，而在此可能同甘苦共患难。盖阶级对立之势成，则伦理关系为之破坏。反之，阶级分化不著，则职业各营乃大有造于伦理。又因富贵贫贱升沉无定，士农工商各有前途可求，故有家世门祚盛衰等观念。或追念祖先，或期望儿孙，父诏其子，兄勉其弟，皆使人倍笃于伦理，而益勤于其业。

从读书人授徒应试，到小农小工小商所营生业，全是一人一家之事(与其他人几乎不甚相干)。人人各自奔前程，鲜见集体合作，既不必相谋，亦复各不相碍(阶级社会则相碍)。因此，中国社会特见散漫。中国人之被讥为一盘散沙，自私自利(见第一章)，其中盖不无误会(见第十三章)，然而这一倾向，不得说自是极可怕的倾向。其所以终不大显弊病，则职业分途又从伦理本位得其配合补救之故。前说，中国就家人父子兄弟之情，推广发挥，以伦理组织社会，举社会各种关系而悉伦理化之，亦即家庭化之。务使其情益亲，其义益重。由是居此社会中者，每一个人对于其四面八方的伦理关系，各负有相当义务；同时其四面八方与他有伦理关系之人，亦对他负有义务。全社会之人，不期而辗转互相联锁起来，无形中成为一大家庭。观其彼此顾恤，夫宁有所谓自私？职业分途就是这样藉伦理本位为配合，得以稳稳行之两千年。如非近百年忽地卷入集团竞争漩涡，几遭灭顶。还是不易看出其缺点的。

还有，此伦理本位职业分途，亦正是由政治经济两方面互为影响，协调一致，以造成的。例如：土地之不易集中，资本之不易集中，经济上难为一部分人所固定地垄断，其种种因素，除如上面暨第八章所已说者外，政治上之“限民名田”、“重农抑商”一类运动，亦为一有利因素。此类运动自西汉以来，更不绝书；除北魏讫隋唐均田制度一段略有成功外，所收实效远不如其声势之大，是我们承认的。但其成功虽有限，其破坏资本主义之路却有余。盖自变封建为郡县，统治阶级既以分解散漫，流动不定。此时由政治上之无阶级而鲜垄断，亦自不容许经济上之有垄断而造阶级。主动于其间者，仍为破坏封建之士人。历史所示，甚为明白。士人有知识、有头脑，而顾无权位、无恒产；既反对权位之垄断于前，乃更反对资产之垄断于后。藉不谈士人代表理性，论其势固亦宜然。一旦在政治上有其机会，则极力主张实行。资本主义之不成，中国遂没有资产阶级之统治如欧美者。则是又由经济转而影响于政治，两方互为因果，大抵如是。阶级缺乏，则统治为难，中国政治乃不得不伦理化。由政治之伦理化，乃更使社会职业化，职业又有助于伦理。如是伦理与职业，政治与经济，辗转相成，循环扣合，益臻密洽，其理无穷。

二、中国文明一大异彩

明眼人当早看出：人类社会正是借着矛盾而得进步。虽矛盾，却不能无秩序；无秩序则社会生活不能进行。秩序而要在矛盾上建立，则强制之力夫岂可少？人类理性方待渐次开发，社会秩序纯全基于理性而立，只可期诸较远之未来，岂所论于过去？知此，则旧日中国居然仿佛见之者，不能不说是奇迹了。然而审于上面所说其社会构造之特殊者，又不难理会其故。

大概人类社会秩序，最初形成于宗教。其后，乃有礼俗、道德、法律等，陆续从宗教中孕育分化而出。于此四者之间，若者早，若者迟，若者分，若者合，若者轻，若者重，各方文化表现不同。离开宗教而有道德，在中古西洋殆难想象；离开法律而有秩序，在近代国家弥觉希罕。然而在旧日中国却正是以道德代宗教，以礼俗代法律，恰与所见于西洋者相反。道德存于个人，礼俗起自社会；像他们中古之教会，近代之国家，皆以一绝大权威临于个人临于社会者，实非中国之所有。

先就后一层来说。外国人上法庭如同家常便饭，不以好讼为嫌。中国人则极不愿打官司，亦很少打官司。亲戚朋友一经涉讼，伤了感情，从此便不好见面。在欧美律师为上等职业，在中国则讼师乃为众人所深贱而痛恶。为什么如此不同？这就为他们生活于团体之中，一切靠团体，而我们则非。凡团体必有其法。试回溯中古来看，处处团体莫不各有其法及法庭：国王有法庭，教会还有其法庭，乡村有法庭，都市更有其法庭，乃至各行会亦且自有法庭。在一团体内，人们彼此间有了问题，当然上法庭解决，岂有他途？是法律皆有强制性。不过到了近代，这强制却集中统一于唯一之强大团体（国家）罢了。我们的历史发展，有异乎此（如前各章所论证）。伦理社会原非团体，那种基于情义的组织关系，只可演为礼俗而不能成法律，第六章已详。两千余年来，虽迫于事实，要之成一个国家，却总难使此伦理社会扭转到阶级武力的地域统治——总不像国家。除近年来受西洋潮流影响引起变化，今后如何归结，非此所论。就过去看，它自己早不能再有“团体权力”、“个人权益”一类观念发生（这等于另起炉灶）。而只能本礼俗以设制，融国家于社会。其组织结构根本寄托在礼俗上，而不著见于法律。法律这样东西，它几乎可说没有。其自古所谓法律，不过是刑律，为礼俗之补充辅助，不得已而用之。传统思想，贵德而贱刑。强制力在中国，是不被尊重的。它只是迫于事实不能不有之，乃至不能不用之，然论其本旨，则是备而不用的。事实上亦很少用。

我们说，强制力在中国是备而不用的，且在事实上亦很少用。其最好之证明，即一面还是有政府、有兵、有刑，而一面却消极无为而治。史家所称狱讼清简刑措不用者，非皆虚语[3]。

总结说：社会矛盾（剥削及统治），旧日中国所不能无，但它化整为零，以情代势，颇得分解缓和。其秩序，虽最后亦不能无藉于国家法律，但它融国家于社会，摄法律于礼俗，所以维持之者，固在其个人其社会之自力，而非赖强制之功。然若没有以道德代宗教之前一层，即不会引出来此以礼俗代法律之后一层。根本关键，还在前者。

三、治道和治世

所谓治道何指呢？放宽说，即指此全部社会构造(特殊政治制度在内)，及一切所以维系而运用之者。简单扼要说，则“修身为本”(或向里用力之人生)一句话，亦未尝不可以尽之。而语其根本，则在人类的理性。因为这一切不外当初启发了一点理性，在处处为事实所限之中，勉强发展出来的规模条理，还待理性时时充实它，而后它才有生命。再则，我们径不妨说，此治道即是孔子之道。试看它在过去之得以显其用，而成治世者，不都是靠孔子之徒——士人——在那里作功夫吗？

儒术自汉而定于一尊，成为中国思想之正统，汉室运祚亦以此绵远，不同于秦。是故开出此大一统之局者，不是儒家，而稳定此大一统之局者，则是儒家。事情虽不自它发之，却待它来收功。此后两千年便再不能舍儒者和儒术而求治[④]。夏曾佑先生在其《中国古代史》上说：“孔子一身，直为中国政教之原，中国历史，孔子一人之历史而已。”好像言之太过，却亦不是随便乱道。

事情自然没有那样简单。旁人可以诘问：汉初法制率因于秦，而思想作风又取黄老，岂得以一儒家概之？两千多年历史不须细数；总之应该说，儒家、道家、法家(甚至还要加上佛家)杂糅并存，方合乎事实。须知这其间原有一大矛盾在：儒家奔赴理想，而法家则依据于现实。理想上，人与人之间最为一于理而不以力。这末后，原是可以有此一天的。但理想达到之前，却总不免力量决定一切，此即谓之现实。儒家总要唤起人类理性，中国社会因之走入伦理，而远于集团，仿佛有舍力用理之可能。于是他更不肯放弃其理想。但在现实上，力固不能废，而且用来最有效。法家有见于此，如何不有他的一套主张。不独在战国角力之世，他最当时，天下一统之后，中国尽管不像国家，政刑亦还是有其必要。两千年来儒家法家相济为用，自属当然。至道家，又不过介于其间的一种和缓调剂作用。单纯道家，单纯法家，乃至单纯儒家，只可于思想上见之，实际政治上都不存在。按之历史，他们多半是一张一弛，一宾一主，递换而不常。然其间儒家自是居于根本地位，以摄取其余二者。不止实际政治如此，即在政治思想上亦复如此。此无他，就为此时中国已是融国家于社会，自必摄法律于礼俗也。近两千年儒家之地位，完全决定于此社会构造社会秩序逐渐形成之时，不是汉儒们所能争取得来，更不是任何一个皇帝一经他主张，便能从此确定不移的。

说到这里，我们便可以解答这一问题：为什么西洋在中古基督教天下之后，出现了近代民族国家，而中国却总介乎天下与国家之间，两千年如一日呢？此问题之被觉察而提出，是最近之事。在发问者，是把民族国家认作进步的东西，歉恨于中国之未成国家，而亟问其几时才得成一个国家。究竟孰为进步，不忙较量，我们且把中西作一对照：

（一）西欧（欧洲的大半部）当中古时，藉着基督教和拉丁文，形成一种文化统一的大单位，与中国当汉以后统一于孔子的伦理教化和中国文字，颇可相比。

（二）中国人意识上，仿佛知有天下而不知有国家。当时西洋人在他们文化统一的大单位内，恰亦同我们一样。像近代国家之政治的统一，和近代人之国家观念，尚未形成，而当时封建的各政治单位，原都被笼罩在文化统一的大单位下也。

（三）当时基督教会，上从罗马教廷下至各教区，不唯时常干预各政治单位的事，抑且其自身构成二大组织系统，亦仿佛就是一种统治。所以其统一是文化的，而又不仅止于文化。中国在一面是文化统一的大单位时，一面亦常常就是政治统一的大单位。即以天下而兼国家。

（四）但此基督教文化的统一，卒告分裂，而出现了近代西洋各民族国家。于是国家观念乃代天下观念而兴。人们不再统一于文化，而各求其政治之统一。这在中国却不同了。中国之文化统一始终没发生问题，因此亦就始终不改其天下观念。政治上即有时陷于分裂，总看作非正常。如西洋"各求其政治统一"者，曾未有之。

于是就要追问：为什么西洋基督教文化的统一，不免于分裂，而中国文化的统一却两千年如一日呢？此其故，约言之有五点：

（一）凡古代宗教所不能免之神话迷信独断固执，基督教都有。当人的知识日进，头脑日见明利，其信仰自必动摇失坠。儒家本非宗教，完全信赖人类自己，而务为理性之启发，固宜无问题也。

（二）中古以前，基督教出世倾向特著，一旦人们由禁欲思想翻转到逐求现世幸福之近代人生，其何能不有变动分裂发生？然在孔子自始即以郑重现世人生为教，便又没有这问题。

（三）儒家本非宗教，所以无所谓在教与否，亦没有教会之组织机构，其统一不在形式上。基督教与此相反。它有组织，便有分裂，它有形式，便有破坏。而此无拘束无形式的东西却分裂无从分裂起，破坏无从破坏起。

（四）引发西洋之宗教革命的，实为其教会教廷之腐化堕落。在事实上，这一点影响最大，假如没有这一点，则前三点可能不暴露其短。而在中国却又不发生这问题。

（五）当时拉丁文全是藉着基督教会而得通行，为其文化统一形成之一助。然只是通行在上层，于一般人不亲切，不实际。及至宗教革命，肯定了现世人生，人们兴味态度大变，各种语文及其文学，随而抬头。民族自觉由此发生，民族感情由此浓厚。作为精神维系之中心的，就不再是出世宗教，而转移到民族国家。拉丁文字亦随之代谢。文化统一的大单位，至此乃分裂为好多政治统一的小单位。然中国自有所谓“书同文、车同轨、行同伦”以来，全国文字却始终统一。此盖由中国文字以形体符号为主，不由拼音而成。尽管各地方音不同，而不碍文字之统一。尽管古今字体音韵有些改变，隔阂亦不大。其结果，且可使此文化统一的宽度继续加宽(推广到邻邦外族亦用中国文字)，深度继续加深(文学情趣、历史记忆、礼俗传习、皆濡染益深)。分裂问题不止未曾有过，恐怕是永不会发生。

中国文化以周孔种其因，至秦汉收其果，几于有一成不变之观。周孔种其因，是种封建解体之因，是种国家融化在社会里面之因。秦汉收其果，是一面收融解融化之果，还一面在种种问题上收融合统一之果。所谓一成不变之观，即从此中国便是天下(社会)而兼国家的，从此便是以儒家为治道之本而摄取法家在内的。秦汉后的中国，政治上分裂虽不尽免，却不再有“各求其政治统一”之事，如西洋各民族国家者。一则为中国人差不多已经同化融合到一处，没有各别民族之可言，更为此文化之所陶铸，阶级消纳于伦理，国家隐没于社会，人们定然要合不要分。分则角力，而国家显露；合则政治乃可消极，而国家隐没也。自这民族融合文化统一的大社会来说，合则为治世，为天下太平，分亦就是乱了。三千年来我们一贯精神是向着“社会走”，不是向着“国家”走。向着国家走，即为一种逆转。然国家实为人类历史所必经。于是两千年来局面，既介于封建国家与资本国家之间，更出入乎社会与国家之间。社会组织启导于儒家，儒家所以为其治道之本者在此。而法家则所以适应乎国家之需要也。假如不是近百年突被卷入国际竞争漩涡，被迫向着国家走，我们或仍抱天下意识如故，从乎其两千年所以为治者如故。

注释

① 尝见已故李蔚唐先生著作中，持论如此。李先生曾留学英国，英国较之大陆更确守长子继承制，见杨人楩译 T. S. Hoyland《世界文化要略》。

② 见黄文山著《文化学论文集》第 181 页，中国文化学学会出版。

③ 曩在邹平乡村，尝闻父老谈，在从前若地方发生命案，极属希罕。光绪廿一年某村发生一命案，远近动色相告，或走数十里往观验尸。若甚新奇，又感严重。盖计算附近一二百里幅员内，二十年光景未曾有过也。

④ 关于此点，陈顾远《中国法制史》有足资参考者：(一)原书第 54 页，论儒家思想支配中国，数千年为治之道，终莫能有外。中国法制当然经其化成。中国法系所以独异于人者，即因儒家思想在世界学术上别具丰采所致。(二)原书第 29 页，论中国法制之最大变动有四：秦商鞅、汉王莽、宋王安石、清康有为等。但法虽变，其间成败所关之一中心势力(儒家)未变。

循环于一治一乱而无革命*

一、不见有革命

中国历史自秦汉后，即入于一治一乱之循环，而不见有革命。革命指社会之改造，以一新构造代旧构造，以一新秩序代旧秩序，像资本社会代封建社会，或社会主义社会代资本主义社会那样。虽亦有人把推翻政府之事一概唤作革命，那太宽泛，非此所云。中国历史所见者，社会构造尽或一时破坏失效，但不久又见规复而显其用。它两千年来只是一断一续，断断续续而已，初无本质之变革。改朝换代不下十数次，但换来换去还是那一套，真所谓“换汤不换药”，所以说没有革命。假如不是世界大交通，因西洋近代潮流输入而引起它的变革（如今日者），无人可想象其循环之如何打破。

若究问其何以不再有革命，则凡明白上来各章所说者，不难得其解答。

---

* 本部分选自《中国文化要义》第十二章，第一节略去。

历次外族入主中国时，如元代清代，好像相当构成了阶级统治，元末清末，似亦就近乎阶级革命。其实亦未能如此。外族要自居统治一面，而把中国变成阶级社会，必于两条路中择其一：一是把中国引入较高之工业经济，而自己掌握其资本；二是凭藉武力支配一切土地，而把中国逆转到封建之世。假如他们具有近代西洋人之工业文明，则不唯清人以其近三百年之统治，即元人以其不足百年之统治，亦可能在前一路上成功，但他们不是。他们的文明程度正要受中国同化，哪里能使中国同化于他们？在后一路上，虽元人受中国同化较少，其武力统治较强，其阶级形势较著，然元人一旦北去，中国还是中国，社会卒未因之变质。清人气魄逊于元人，而比较聪明，自愿接受中国文化。他满以为只须自己保持一"统治的武力集团"之地位，一切可以中国之道治中国。不晓得"以中国之道治中国"，其社会构造(这是最主要的)不变，就和自己的打算恰相矛盾，而不得成功。一面虽有"跑马圈地"之事，而在全国比例上微乎之微，以视明代政治势力之支配土地且有逊。一面虽有满汉成见之存，而终须以考试制度登用士人，政治机会之开放不改于前代[①]。清祚之久，三倍于元，其故在此。然经济、政治俱未形成垄断，则中国依然一职业社会。只是"八旗皆兵"靡饷以自养，日久浸归无用。不过数十年，对内对外用兵即转而依靠汉人。及至洪杨事起，此"统治的武力集团"早已成了废物。即常备汉兵(绿营)亦不中用，末后起来稳定其统治者，乃在汉族保己乡土之乡勇团练(湘军淮军)。试问此时究竟谁是统治阶级，谁是被统治阶级，不亦甚难言乎！

异族统治本是造成国家一适当机会，直到异族统治而国家还造不成，则中国是社会而非国家，弥以决定。凡此皆就中国未构成阶级统治一点，阐明其没有革命之理。不过若就革命是"以一新构造代旧构造，以一新秩序代旧秩序”来说，辛亥一役应承认其为革命。它并且是中国封建解体后唯一之革命。自它以前社会构造未曾变过，自它以后，社会构造乃非变不可。克鲁泡特金在其名著《法国大革命史》上说：“一个革命的意义，是在几年之内迅速地扫荡那些已经在地上生了根几千百年的制度，使它倾覆和崩溃。”我们自辛亥以来，确是这样，今天我们尚在此一变革中，而正期待一新构造新秩序之出现。

于此又可指出两千年来所以不见有革命者，实为社会秩序社会构造寄于道德礼俗而非寄于法律制度之故。

法律制度是国家的(或教会的、如中古教会所有者)，而道德礼俗则属个人及社会的。法律制度恒有强制性，而道德礼俗则以人之自喻共喻自信共信者为基础。前者好像是外加的，而后者却由社会自身不知不觉演成。外加的，容易推翻它，自身演成，怎么推翻？凡推翻皆非无端而至，革命必由于矛盾发展，而这里却缺乏了内在矛盾。

何处社会无礼俗？但不像中国径为其社会构造社会秩序之所依托，而法律制度乃仅为其从属。礼俗从属于法制者，矛盾得礼俗之扶持，反之，如中国者，矛盾恰因礼俗而不立。何以言之？它既由阶级分解而使矛盾化整为零，由强变弱，更由伦理互以对方为重之义，而使彼此对立不起来。矛盾即因礼俗之不予承认而不立。由此易得调和妥协，就不致爆发为革命，这固然了。更要紧的，乃在矛盾虽不能就此解消，却使人常常抱着希望，致力于其解消(士人以伦理责勉君民双方，众人以伦理互勉及自勉)。解消得几分，固于礼俗益加肯定，即解消不了，亦归咎在人，谁能因此否定礼俗？这样，就使此共喻共信者数千年历久如一，从无翻案文章。社会构造不变，当然就无革命。法制虽间有变更，在此无关宏旨。盖从不越出传统礼俗范围，变于何有？历史上每次变法改制，皆发之自上，此即证明其变动所系不大。而每次大变乱之发生，亦从不闻其代表一种反对制度的大运动。此又证明其已是变无可变了。

即如辛亥革命，自一方面说，固不同于过去之变法改制而上，但至多亦只算得中国礼俗丕变之开端。必待“五四”新文化运动，直向旧礼教进攻，而后探及根本，中国乃真革命了。

二、产业革命之不见

中国所以无革命之理，似乎已说了不少，实则尚未说到要紧处。要紧处在经济之停滞不进，产业革命之不见。比超过一切问题之大问题，实为中国之无革命之因，亦为中国无革命之果。这就是说：一面由于经济之不进，而文化和政治(礼俗、法制)不变；同时一面亦由于文化和政治之不变，而经济不进步了。正为两面交相牵制，乃陷于绝地。必明白此中钤键而后于全盘问题可以豁然无复疑滞，凡上文所说者亦有待此为补充，而后其义始明。

关于产业革命何以不见于中国之一问题，时流意见甚多，旧著于此，曾各加检讨，具见《中国民族自救运动之最后觉悟》，可备参考[②]，今不拟作此类功夫，径直申明我之所见如次：

产业革命，指生产力发展到某一阶段而言。其中以机械发明，特别是蒸汽机等动力之发明为主要。唯物史观以生产力之发展，说明社会发展，原自有理。但不自觉地假定了生产力之发展，好像不成问题。其实生产力岂能离开人而自行发展？而人之于此，却并不定相同。征之西洋中古人生与其近代人生，显然可见。生产是人对自然界之控制利用，而控制利用则得力于其对自然界之观察实验。生产力之发展，当然便是人类意识直接间接作用于生产活动之结果。于此，否定人生者与肯定人生者相较，沉溺于迷信玄想者与孜孜于考验自然者相较，其结果岂得一样？假如西洋没有近代人生一大转变，使人们意识密切结合于生产，谁能想象它会有19世纪之产业革命，以至今天之物质文明？有人说现代一年间的技术发明，要多过于1750年以前一千年间的发明，这正为古今人生态度不同之故。（回看第八章）

人生态度影响生产力之发展，既不可否认，便要来看中国了。西洋近代人生与其中古人生相较，可说人生态度一大翻转。以中国人生态度与他们相较，恰似居于中间之一种，亦即因此而平平稳稳古今曾无变动。如我夙昔所作分判：近代西洋应属人生第一态度，其中古宗教应属人生第三态度；而中国则一向是人生第二态度[③]。请参看旧著暨下章，自悉其详。大致说来，他肯定人生，从不作出世禁欲等想，这就不同于第三态度，而接近于第一。但他又拒绝那种欲望本位向外逐物的人生，而偏于向里用力。这就不同于第一态度，而接近于第三。不过第三态度为宗教之路，此则为道德之路耳。对自然，他似只晓得欣赏忘机，而怠于考验控制。像所谓"人们意识密切结合于生产"者，这里恰恰不然，中国人的心思聪明恰没有用在生产上。数千年知识学问之累积，皆在人事一方面，而缺乏自然之研究。殖产营利，尤为读书人所不道。我想：其经济之停滞不进，产业革命之不见，至少可从这里说明一半。

中国人心思聪明不止像上面所说，不用在求经济进步生产发展上，更有时遏阻之。此如历史上所称"奇技淫巧有禁"，如历代之贱商，商业商人所受钳制困辱，从法令到礼俗，说之不尽。又如历代屡有海禁，多守闭关主义，使交通不通，工商发展显受遏阻。除这些显而易见者外，还有许多间接不易见出的，类如前章所说伦理社会不适于资本主义之滋生茁长者，其为力更大。史不绝书之限田均田一类运动，同属此例，其间如西晋北魏以至隋唐，每励行授受，"不听卖易”，前前后后数百年，经济怎得尽其自然之发展？或者有人要说：这在西洋中古及其以前，又何尝没有。他们古时宗教不许人营利，中古一般政俗乃至工商自身制度，均束缚经济之自由发展，不过至近二百年始不然罢了。我们回答：问题正在这里！在西洋事属过去，即是遏阻未成；中国截至最近西洋风气输入前，始终未变其倾向，岂非终成遏阻？这与上面所说原是连贯的：西洋即由其中古之人生第三态度而来；而中国则发自其人生第二态度。末后他们由第三态度变换为第一态度，一切于生产力发展为不利的，已转向有利。但我们则始终持守其第二态度，一切不利于生产力发展的（从消极不用心到积极遏阻），一直延留至最后。——此即中西之大不同。

再深切地来说：“化阶级为职业”，“修己以安人”，“心思转向里用”……这一切都有理想成分在内，并不全是事实。事实上常不免职业逆转到阶级，常不免既不修己亦不安人，乃至心思亦并不转向里用。那么，似乎是不能遽尔断言其结果如何了。然而不然。要知道一切具有理想成分的，就是中国的治道。它从理性早启，以至蔚成礼俗，当初既非顺着自然趋向来的，便与生产力自然发展之路岔分开，而且从此总是岔分着。生产力发展之所以受牵阻在此。治道既时时为人们所趋求，以蕲成为治世，那么，亦就时时牵阻了生产力之发展。至于事实不如理想之时，似乎治道放松，牵阻可免。而不知其时人心便流于放肆，社会逆转于封建，还不及收促进生产之功，已陷于乱世而破坏了生产。顺转不行，逆转亦不行，进退两无所可。于是生产力发展之受阻滞，乃与中国历史相终始。同时，其历史亦就在一治一乱之循环中度过，不见有革命。

总结言之：一面由理性早启，文化早熟，社会构造特殊，而中国之不发生产业革命其势决定。更一面由中国不发生产业革命其势决定。那么，当然其社会构造亦就变不出什么来。而社会构造愈不变，其不发生产业革命之势愈决定，从而其社会亦愈不变。如是两面绞扣，互相牵缠，动转不得。这就是中国经济停滞不进，社会历久不变之理。

注释

① 清代中央各官署大小员缺皆汉满平分(清末始废)。外省官吏因无双缺，汉人且常占优势。梁任公《中国文化史》第五章附有顺、康、雍、乾、嘉、道、咸、同、光、宣各省督抚满汉人数比较表，可见。

② 见《中国民族自救运动之最后觉悟》第 92 页至第 97 页。唯原文作于 1930 年，所批评者自为当时流行之意见，其较后所发表者，自未论及。

③ 见《东西文化及其哲学》，暨《中国民族自救运动之最后觉悟》。

人类文化之早熟*

一、中国何故无民主

且先问：何谓民主？民主是一种精神，在人类社会生活中并不难看见；它原从一根本点发展出来，而次第分析之可有五点：

一、我承认我，同时亦承认旁人。我有我的感情要求、思想意见，种种；旁人亦有他的感情要求、思想意见，种种。所有这些，我都要顾及，不能抹杀，不能排斥之，灭绝之。——这是第一根本点。若"有己无人"，便是反民主。

二、从承认旁人，就发展有"彼此平等"之一精神出现。在团体内，则"大家平等"，若"唯我独尊"，便是反民主。

三、从彼此平等，就发展有讲理之一精神出现。人们彼此间遇有问题，要依理性解决。什么事大家说通，你亦点头，我亦点头，就行了。不能硬来，不能以强力来行己意。凡不讲理，而以力服人者，都是反民主。

* 本部分选自《中国文化要义》第十二章，第四节略去。

四、从平等讲理，就自然有“多数人大过少数人”之一承认。凡事关涉众人，就要开会商议，取决多数；其中涵义，实综合以上四点而来。民主之“民”，正指多数人说；民主之“主”，则有多数人作主体，作主张，作主动等意思。

五、尊重个人自由。——这仍是根本于第一点而来。大家的事，固应大家共同作主；若一个人的事，于他人无涉者，就应让他自己作主，不得干涉。此中自有分际，必须认识。任何一个人意志不容被抹杀，虽公众亦不能抹杀之。

民主的涵义，粗举其要似不外此五点。

明白这些，然后可以来论中国。中国人生活上自有其民主精神，读吾书者前后寻绎，应不难大致看出。“己所不欲，勿施于人”之恕道，即其第一点精神之表见。再以中国社会(缺乏阶级)与欧洲中古社会(有阶级)相较，与印度社会(阶级多且严)相较，将见其第二点之精神。特别是第三点，最为中国之所长——中国人最爱讲理。通常之说中国无民主，盖指其缺乏第四第五两点。即：遇事召开会议取决多数之习惯制度未立；划清群己权界人己权界之习惯制度未立。前者可说就是缺乏政治上之民主；特别是民有、民享、民治三点中，缺乏民治(By the People)之一点。后者可说就是缺乏近代法律上之民主，特别是缺乏个人本位权利观念。一句话总括：中国非无民主，但没有西洋近代国家那样的民主。

中西何为如是不同？历史所示分明两条路线。西洋之政治和法律，早于古代海国城邦见其端倪。其次，则基督教会又有千余年更好陶冶：在教会之中，个个人都是同等的，直属于团体，破除家长家族之间隔。最后则经过中古后期之自由都市，培养出近代国家。在近代国家稳定进步之中，乃更发展了其政治和法律。——这就是沿着集团生活偏胜所走出的一条脉路。但家族生活偏胜，又演为伦理社会如中国者，却天然缺乏政治其事，法律其物。梁任公先生所指出，“中国有族民而无市民”，“有乡自治而无市自治”(见第四章)，乍看似不得其解者，真乃有确见。中国乡党成于家族。乡自治即族自治，依人而不依地，原不是真的集团(见第四章)。任公所自述其家乡自治状况①，正是其一代表例。

老实说，这些社会生活并不缺乏民主——其内部秩序不恃武力而恃理性，即其诚证。而因其不能成为强大集团，却实缺乏政治——政治和法律全是强大集团所有事。要它扩大或持久，就必须增加武力成分，那亦即是历代建立王朝之路。然而就令如彼，其政治不依然是落归消极无为吗？根本上中国是无数家族藉伦理联锁以成之社会，纵然增加武力成分，亦还变不成阶级统治之地缘国家。它藉礼教维系一消极相安之局，就在这一瞬间，一面有几分民主，一面却断送了政治。任公先生说：“西洋人之市自治为其政治能力之滥觞，而中国人之乡自治为其政治能力之炀灶”，其论精湛无比②。归结来说：中国不是缺乏民主，乃是缺乏集团生活，缺乏政治和法律。或者说：中国非因缺乏民主而缺乏其第四第五两点，其缺乏于此，实以缺乏集团生活之故。

以上只是笼统说，以下更就第四第五两点分别说明其不见于中国之所以然。

二、人权自由之所以不见

人权自由之观念，诚非中国所有。然从其初输入中国时，人们之不感兴趣，维新家之以为非急务，革命家且嫌过去自由太多(以上均见第一章)，种种看来，就可知道事实上中国人未尝不自由，只是观念不明。或者说：中国人恰介于自由不自由之间——他未尝自由，亦未尝不自由。这种怪事，从下文可以明白其所以然。

这必须借镜于西洋：人权自由之著见于近代西洋人之间，乃是由于近代人一个个都强起来，使你不得不承认他。

个人为自由之主体，自由为个人之无形领域，言自由固不得不以个人来说。然而从人类历史上看，自由之受屈抑，并不开始在此一人对彼一人之间，而是在集团对集团之间，集团对其分子之间的。恒为自由之敌者，是作为代表一集团之权力机关——这在国家就是政府。所以小穆勒的《自由论》(严译《群己权界论》)上说："其君所守之权限，其民所享之自由也。"前在第九章，根据西洋历史所讲"民主期于尊重人权，而始于限制王权"一段，正亦指明问题出在阶级对阶级之间，问题之解决尤必待阶级起来相抗，个人是抗不了的。此时固然要个人强起来才行，但既不可能是某一个人先强起来，亦不可能是所有个人普遍同时强起来。乃是其间一部分之个人先强起来的，这就是所谓新兴阶级了。社会形式至此一变，个人自由乃藉阶级相角之均势而得以保障。新兴阶级本由经济进步而来，经济继续进步，阶级更有兴起(第四阶级)，个人强起来的又以加多，享有自由者随而增广。末后可能有一天，所有人们普遍强了起来——人人知识能力都很高很高——亦就普遍自由了。这是从西洋过去社会形势发展上，可以望见之人类前途。

前讲民主始于承认旁人，中国恰好不然。中国恰好是先自动地承认了旁人。为何能这样呢？要知"行于家人父子间者为情，而存于集团与集团之间，集团与其分子之间者为势"。(见第十章)在情如一体之中，时或忘了自己而只照顾旁人。周孔因之以为教化，就推演而成中国之伦理社会。伦理社会彼此互以对方为重，早已超过了"承认旁人”那句话，这明非形势所使然，而且就此遮断了形势之路。形势乃因彼此相对，两力相较而见。在伦理社会一切都是情谊之中，形势盖已被化除，无从得见了。但当我们推家人相与之情以及于社会国家，把阶级消融于伦理之时，集团生活偏胜之西洋人却把集团与集团相对之势，集团与其分子相对之势，推演到此一人与彼一人之间，虽父子夫妇不免相对起来。梁任公先生尝叹息说：

> 权力观念，可谓为欧美政治思想中之唯一原素。——乃至最简单最密切者如父子夫妇相互之关系，皆以此观念行之。此种观念入到吾侪中国人脑中，直是无从理解。父子夫妇间何故有破我权利之可言？吾侪真不能领略此中妙谛。（梁著《先秦政治思想史》第 147 页）

中西显然是两回事。事实上中国人未尝不自由，但人权自由观念却不得明白确立，就是为此。——这是就中国社会之为伦理本位那一面来看，它没有像西洋那样的社会形势，先叫人失去自由，再叫人确立其自由。

但决定中国人不得确立其自由的，更在其社会之为职业分途的那一面。何以言之？中国虽说融国家于社会，颇不像一国家；然其为国家，终不可免，是一个国家，便少不得强权势力。尽管收敛而不多用，亦还是用。临到这时候，形同散沙一盘的中国人，缺乏阶级以相对抗：限制王权的话，始终喊不出来。每个王朝只等待它失尽人心，自行倒毙，总不能形成一种均势以立自由。这是从封建毁于士人，阶级化为职业以后，所必有之结果。伦理本位使中国人混而不分，不成对立，不过使自由不得明确而已。而遇着对立的时候，又无可以对立者(个人抗不了)，则自由不立，此职业分途之局实决定之。

以上皆就社会形势说话。因为西洋是藉社会形势之发展，开出其个人自由的，故亦从社会形势之有异，来说明中国。然中国所以不见有人权自由，第一还是受阻于其特殊之人生理念，他的路与西洋相反，宁是由内而外，从理到事的。即其社会形势之有异，亦无非由于理性早启而来。

在中国，根于理性而来之理念有种种，而要以两大精神为中心：一则向上之心强——亦称“人生向上”；又一则相与之情厚——亦称“伦理情谊”。第七章因讲人类理性，而讲到中国民族精神社会风尚，皆曾提出说过。人权自由首先就从这里发生不出来。这并不难明白。当你明白人权自由如何发生在西洋近代人生活中，就明白它如何不发生在过去中国人生活中。

西洋近代人生是其中古人生之反动。中古人生特征有二：一是宗教笼罩了一切，而其宗教又是倾向出世禁欲的；二是生活于集团之中，而其集团又是干涉过强的。一个人从心到身，就被这样“双管齐下”管束着。自宗教改革以来种种运动，如世所称“个人觉醒”的，要无非一个人感情、要求、思想、意见被压抑被抹杀之反抗。前说“一个个人强起来”，指此。对集团则抬高个人地位，反干涉而要自由——首先是信仰自由。对宗教则翻转来肯定了欲望，而追求现世幸福。当此之时：(一)自由就足幸福；(二)倘没有自由，又何有幸福？在强烈要求下，自由于是确立。但在中国，其历史路线、文化背景恰有不同。它恰不像出世宗教那样，把现世人生看得可贱，而相反地乃是看得非常可贵，要郑重地生活去，唯恐有所亏失。如所谓“食无求饱，居无求安”者，个人欲望即在所屏斥，现世幸福亦不足尚。在人自己则以就正有道、求教高明为心；在社会或国家则以明社义，兴教化为事。试问：于此谁能说“我的事，由我自己，你们不要管!”一面这里没有像西洋那样过强集团，逼得人非提出这种消极性的自由要求不可。更一面这里充满着大家相勉向上之积极精神，早掩盖了它，不好提出。就为此，人己权界、群己权界数千年始终混含，难得确立③。

在另一面，其所以教化为第一事者，又是由家族中亲长对子弟那种关系衍下来的。亲长要对子弟尽其教导责任，乃是文化得以继承之本，而为社会生存所攸赖。教导之内容，固不少属于生活之手段方法技术一面的，但重要更在其属于人生规范价值判断之那一面。在伦理社会，既仿佛一切都是此一人对彼一人之事，社会秩序条理寄于各人之私德，私德遂为其所注重。似此注重私德之教化，即是上而国家政府下而乡里自治所有事，中国人的自由大半断送于其中。记得清末草定新刑律，和奸为罪不为罪，是当时新旧派最大争点之一。这问题把中西之不同正好显示出来。从西洋来看：(一)饮食男女，人生之幸福在此；(二)个人之事于他人无干，于公共无碍者，即有其自由，国家不应过问。根据这两点，无配偶之男女只要彼此同意，则他们所为即属其个人之自由，有何罪名可立？并且若有人妨害他们这种自由，国家还应为之保障。倘国家而干涉及此，乃无异干涉到人家饮食那样荒谬！但中国人的观念和推理却有别：(一)饮食男女，人生本色；但行之自有其宜。如只求欲望满足，不问其他，则亏失理性，下同于禽兽。(二)男女居室，一切伦理关系所由造端，故曰“人之大伦”；于此不知郑重，其所给予社会之破坏影响实大。(三)有子弟而不教，则为之亲长君师者，所为何事！教化有不及，则刑罚从之，其动机仍在教化。于是就在“出于礼则入于刑”，“明刑弼教”之理论下，虽和奸亦不能不为罪了。两方盖各有其足以自信之理念，作为其不同文化之支点。

自由——个人的无形领域——之不立，实为向上精神所掩盖，略说如上。但其为伦理情谊所掩盖，似更有力，在伦理情谊中，彼此互以对方为重，早已超过了“承认旁人”那句话，而变成“一个人似不为其自己而存在，乃仿佛互为他人而存在者”，信有如张东荪先生所指的 Dependent being（见第五章）。在以个人为本位之西洋社会，到处活跃着权利观念。反之，到处弥漫着义务观念之中国，其个人便几乎没有地位。此时个人失没于伦理之中，殆将永不被发现。自由之主体且不立，自由其如何得立？在西洋近代初期，自由实贵于生命，乃不料在中国竟同无主之弃物！

中国文化最大之偏失，就在个人永不被发现这一点上。一个人简直没有站在自己立场说话机会，多少感情要求被压抑，被抹杀。五四运动以来，所以遭受“吃人礼教”等诅咒者，事非一端，而其实要不外此，戴东原责宋儒理学“人死于法，犹有怜之者；死于理其谁怜之？”其言绝痛。而谭复生（嗣同）所以声言要冲决种种纲罗者，亦是针对这一类的理念而发。不知者以为中国桎梏于封建，其实封建不过依恃于武力与迷信，植根甚浅，何足以久存？久据中国而不可去者，是伦理理念。理会虽后天形成，而在人类理性中远有其根，终不可拔——只可修止。自由是一种理念，产生于西洋历史，曾被认为自明之理，俨若神圣而不可犯。伦理是另一种理念，产生于中国历史，其若为自明与神圣亦同。中国正为先有这种观念起来，所以那种理念便起不来。虽起不来，而中国人未尝不自由。害就害在这“未尝不自由”上，从此便难得有明确之自由。

三、民治制度之所以不见

遇事开会，取决多数，是谓民治。例如今之英国美国，每当大选之时(在英为国会选举，在美为总统选举)，真所谓国事决于国人。在中国虽政治上民有民享之义，早见发挥，而两三千年卒不见民治之制度。岂止制度未立，试问谁曾设想及此？三点本相联，那两点从孟子到黄梨洲可云发挥甚至，而此一点竟为数千年设想所不及，讵非怪事？此其故，亦要从人生理念社会形势两面言之。——

中西理念各有它的背景来历不同：西洋之民治，盖从其集团生活来的，但中国人则过着家族生活。遇事开会集议，正是生活在团体中自尔养成之一种习惯，生活在家族中，却不必然。他的习惯，宁是父兄领导于前，子弟追从于后了。民治之在西洋，可以说早有的，并不始于近代。反之，在中国从古就不大看见④，亦不必待后来始然。这大约就为一则集团生活偏胜，一则家族生活偏胜，彼此分路是很远很远的事了。复次，则基督教义之于他们，周孔教化之于我们，其间关系甚大。集团生活赖基督教而益强大，益永固。家族生活则赖孔子伦理而敦笃其情谊，提高其精神，延长其寿命。一个人生长家族伦理中，其所可见者为长幼尊卑，亲疏远近，种种不等。反之，一个人处在教会组织中，则从上帝来看，恰是人人平等，谁亦不比谁大。所以在这里，取决多数为理所当然。在彼而取决多数，势必祖父服从于诸孙，此在我则殊觉不可思议。民治或否，乃由此判分。

基督教人人平等之议，有助于民治，是从正面的，其助力尚小。由基督教而逼出近代政教分离之局，其从反面为助于民治者乃最大。此对照中国即易明白。中国政府主持教化，由亲长对子弟之教导责任衍来，已说于前。而其理性早见，人生观之不同，尤为重要关键。我们从没有人生带来罪恶那种观念；相反的，却以为人具有理性，至德要道不必外求于神，圣贤师表皆与我同类。人生至此，乃一息离不开好学向上，求教寡过。不然，不足以为人。人生而离开向上，既是不可以的，则政又岂可以离开教？无论是政教合一，或以教统政，此时尚贤尊师之不暇，若云少数服从多数，直是匪夷所思。西洋恰不是这样。他们从中古宗教之出世禁欲，反逼出近人之现世幸福主义，同时政治亦就与宗教分家。所谓政治，不出乎保障私人利益图谋公共福利之云，而一个人的事只有自己亲切清楚，谁能替他作主张？所以事情关涉到谁，只有问谁。事情关涉到大众，就必开会征问各人意见。取舍不一之时，只可少数迁就多数。此即民治之理，原甚平常。民治在西洋虽早有之，而卒必至近代其理大著其制大成者，除由于社会形势发展容另说外，其在理念上实因这种人生观而加强，以共成所谓"近代思潮"之故。但我们的人生理念，自周孔奠其基，却一直未曾变过。抑且宋以后，愈表见一种严肃面孔，贤愚之分看得愈重，多数取决乃愈为设想所不及了。

然须知：中国走不上多数政治之路，固先阻于人生理念之不同于西洋；而近世西洋之走上此路，却正由社会形势演成，并非启导于理念。举例言之，议会制度即不从理念产生，而是西欧国家不知不觉演成之事实。其选举议员之权，亦是被迫一步一步开放给众人，初非根据了平等之理，一上来就行普选制。第九章讲西洋因有阶级而政治乃得日进于民主，就是讲明这种社会形势之发展。读者请参看前文，此不重述。又严译甄克斯《社会通诠》，把近代民治制度初发生种种情形，说得十分明白。惜乎其文太繁，不能具引。

民治制度绝非单建筑于一种理念之上，还建筑于客观形势之上。今日英美，国事决于国人，盖为其社会形势所决定。认真讲，他们于此亦只行得几分。所差几分，非因理有未明，而实由于其形势还不够。过去中国民治制度之不立，固先阻于其理念之不同，抑亦由其社会形势之有异。此社会形势之异，由中国封建之解体开始，至秦汉乃豁然全露。而追源上去，当又在中国古代贵族阶级之不甚凝固，缺乏封畛。如梁任公所指出的，中国贵族政治从不见有合议机关，（如罗马元老院或中古各国之阶级会议），应即其一大特征。而像西欧那样先把政权公开于一小圈内，以为后此民治制度之端萌者，于此遂不可得。无端萌，即无发展，像西洋那样以阶级作阶梯而逐步展开民治者，自亦不可得。——凡此均应请回看第九章所讲的。

问题就在阶级缺乏，社会形势浑沦不明。特别是秦汉后的中国，阶级以隐于伦理而浑，以化为职业而散，复何有形势之可见？第九章曾指出它不可能有三权分立制度产生，而只能有权力一元化，特置一自警反省之机构于其中，此种政治制度与此种社会形势，相应不离，几同一物而不可分，且永久是这个样子，不会变了。此不会变，盖早伏于其形势无可见之初。——凡此皆言其正面，其负面，便是民治制度之不立。

注释

① 梁任公《中国文化史》乡治章述其家乡自治概况，原文如次：

吾乡曰茶坑，距厓门十余里之一岛也。岛中一山，依山麓为村落，居民约五千。吾梁氏约三千，居山之东麓，自为一保。余余、袁、聂等姓，分居环山之三面为二保。故吾乡总名亦称三保。乡治各决于本保，其有关系三保共同利害者。则由三保联治机关法决之。联治机关曰“三保庙”，本保自治机关则吾梁氏宗祠“叠绳堂”。自治机关之最高权，由叠绳堂子孙年五十一岁以上之耆老会议掌之。未及年而有“功名”者（秀才监生以上），亦得与焉。会议名曰“上祠堂”（联治会议则名曰“上庙”）。本保大小事，皆以“上祠堂”决之。叠绳堂置值理四人至六人，以壮年专管会计，其人每年由耆老会议指定，但有连任至十余年者。凡值理虽未及年，亦得列席于耆老会议。保长一人专以应官，身份甚卑，未及年者则不得列席耆老会议。耆老及值理皆名誉职，其特别权利只在祭祀时领双胙，及祠堂有谯饮时得入座。保长有俸给，每年每户给米三升，名曰

“保长米”，由保长亲自沿门征收。耆老会议每年两次，以春秋二祭之前一日行之。春祭会主要事项为指定来年值理，秋祭会主要事项为报告决算及新旧值理交代。故秋祭会时或延长至三四日。此外遇有重要事件发生，即临时开会。大率每年开会总在二十次以，农忙时较少，冬春之交最多。耆老总数常六七十人，但出席者每小及半数，有时反数人亦开议。未满五十岁者只得立而旁听，有大事或挤至数百人，堂前阶下皆满。亦常有发言者，但发言不当，辄被耆老喝斥。临时会议其议题，以对于纷争之调解或裁判为最多。每有纷争，最初由亲友耆老和解，不服则诉诸各房分祠，不服则诉诸叠绳堂。叠绳堂为一乡最高法庭，不服则讼于官矣。然不服叠绳堂之判决而兴讼，乡人认为不道德。故行者极希。子弟犯法，如聚赌斗殴之类，小者上祠堂申斥，大者在神龛前跪领鞭扑，再大者停胙一季或一年，更大者革胙。停胙者逾期即复，革胙者非经下次会议免除其罪，不得复胙。故革胙为极重刑罚。耕祠堂之田而拖欠租税者停胙，完纳后即复胙。犯窃盗罪着缚其人游行全乡。群儿共谍辱之，名曰“游刑”。凡曾经游刑者，最少停胙一年。有奸淫案发生，则取全乡人所豢之豕悉行刺杀，将豕肉分配于全乡人，而令犯罪之家赏豕价，名曰“倒猪”。凡曾犯倒猪罪者，永远革胙。祠堂主要收入为尝田，各分祠皆有，叠绳堂最富，约七八顷。凡新淤积之沙田皆归叠绳堂不得私有。尝田由本祠子孙承耕之，而纳租税约十分之四于祠堂，名曰“兑田”，凡兑田皆于年未以竞争投标行之，但现兑此田不欠租者，次年大率继续其兑耕权，不另投标。遇水旱风灾则减租。凡减租之率，由耆老会议定之，其率便为私人田主减租之标准，支出以故墓之拜扫，祠堂之祭祀为最重要。凡祭皆分胙肉，岁杪辞年所分独多，各分祠亦然。故度岁时，虽至贫之家皆得丰饱。有乡团、本保及三保联治机关分任之，置枪购弹，分担其费。团丁由壮年子弟志愿补充，但须得耆老会议之许可。团丁得领双胙，枪由团丁保管(或数人保管一枪)。盗卖者除追究赔偿外，仍科以永远革胙之严罚。枪弹由祠堂值理保管之，乡前有小运河，常淤塞，率三五年一濬治。每濬治，由祠堂供给物料，全乡人自十八岁以上，五十一岁以下，皆服工役。唯耆老功名得免役。余人不愿到工或不能到工者，须纳免役钱，祠堂供人代之。遇有筑堤堰等工程亦然。凡不到工又不纳免役钱者，受停胙之罚。乡有蒙馆三四所，大率借用各祠堂为教室，教师总是本乡念过书的人。学费无定额，多者每年三十几块钱，少者几升米。当教师者在祠堂得领双胙。因领双胙及借用祠堂故，其所负之义务，则本族儿童虽无力纳钱米者，亦不得拒其附学。每年正月放灯，七月打醮，为乡人主要公共娱乐。其费例由各人乐捐，不足则由叠绳堂包圆。每三年或五年演戏一次，其费大率由三保庙出四分之一，叠绳常出四分之一，分祠堂及他种团体出四分之一，私人乐捐四分之一。乡中有一颇饶趣味之组织，曰“江南会”，性质极类欧人之信用合作社。会之成立，以二十年或三十年为期，成立后三年或五年开始抽签还本，先还者得利少，后还者得利多。所得利息，除每岁杪分胙及入宴会所费外，悉分配于会员(乡中娱乐费，此种会常多捐)。会中值理，每年轮充，但得连任。值理无俸给，所享者唯双胙权利。三十年前，吾乡盛时，此种会有三四个之多。乡中勤俭子弟得此等会之信用，以赤贫起家而至中产者盖不少。又有一种组织颇类消费合作社或贩卖合作社者。吾乡农民所需主要之肥料曰“麻鞴”，常有若干家相约以较廉价购入大量之麻鞴，薄取其利以分配于会员。吾乡主要产品曰“葵扇”，曰柑，常有若干家相约联合售出，得较高之价，会中亦抽其所入之若干。此等会临时结合者多，亦有继续数年以上者。会中所得，除捐助娱乐费外，大率每年终，尽数扩充分胙之用。各分祠及各种私会之组织，大率模仿叠绳堂。三保庙则取叠绳堂之组织而扩大之。然而乡治之实权，则什九操诸叠绳堂之耆老会议及值理。

旧日之乡村社会生活，最为今日所当研究。顾前人则以习见而鲜加记载，或散碎不得肯要。此文于其组织制度、机构运用、办理事项、社会制裁、争讼公断、征工服役、地方保工、公共娱乐、经济合作、子弟教育等，均扼要叙出，实为极宝贵之材料，故全录于此。

② 由于中西历史事实所在，卒使任公先生觉察“中国有族民而无市民”、“有乡自治而无市自治”，并指出西人之市自治养成其政治能力，中国人之乡自治却断送其政治能力。但于家族生活偏胜与集团生活偏胜之两条脉路，先生犹辨之未明，虽为此言，不能深识其义。

③ 张东荪先生于所著《理性与民主》一书中，曾说：“西方因为与教化不生直接关系，所以会引出平等自由等概念来，而中国则为必须有待于教化，遂不发生平等与自由两概念”(见原书第三章，人性与人格)。其言足资参考印证。

④《周礼》小司寇，有掌外朝之政，以致万民而询国危、询国迁、询立君之说。梁任公《先秦政治思想史》第三章，曾从《左传》暨其他古籍蒐集二三事例以实之，谓战国以后无得而稽。

中国文化五大病*

中国文化原只有一早熟之病，而表现之病象则有五：

(一)幼稚——中国文化实是一成熟了的文化，然而形态间又时或显露幼稚。举例言之，人与人之间的隶属关系，为封建社会之象征者，在中国社会中即未能免除。子女若为其尊亲所属有，妇人若为其丈夫所属有。乃至主奴之分，许多地方亦且有之。中国虽已经不是宗法社会，不是封建社会，而总被人指目为宗法社会封建社会者，盖亦由此等处而来。其实它乃以走伦理情谊之路，即鲜西洋中古对于个人过分之压制干涉，遂亦无西洋近世个人自由之确然奠立。不唯自由不曾确立而已，如我在上章所论，个人且将永不被发见。这样就让宗法的封建的形迹有些遗留下来，没有剥除。再如有不少幼稚可笑的迷信流行在民间，似亦为文化幼稚之征。其实中国古人远在两三千年前，头脑思想之开明有非任何民族所及，神话与迷信比任何地方都少。但为它不走科学一条路，对于大自然界缺乏考验，没有确

---

* 本部分选自《中国文化要义》第十三章，第一、二、三节略去。

实知识之产生，就让这许多幼稚迷信遗留下来，未及剥除。其他事例尚多，不备举。总起来说：骨子里文化并不幼稚的中国，却有其幼稚之处，特别在外形上为然。流俗认病不真，即执此以为中国是幼稚落后。其实中国若单纯是一尚未进步的社会，那问题不早简单容易解决，没有今天这么麻烦了吗？

（二）老衰——中国文化本来极富生趣，比任何社会有过之无而不及，但无奈历史太久，传到后来，生趣渐薄，此即所谓老衰了。譬如骑脚踏车，初学亟须用心费力左右照顾。习惯成熟，便抽出其中自觉心，而动作机械化。必要这样机械化，才腾出心力来向更高阶段用去，如骑在车上玩许多巧妙花样把戏等。社会亦复如是。常将许多合于需用之事，保留传习，成为习俗制度。自一面谈，这于社会生活极有方便，是很好。但另一面，又因其变得机械僵固，积重难返而不好。中国文化一无锢蔽之宗教，二无刚硬之法律，而极尽人情，蔚成礼俗，其社会的组织及秩序，原是极松软灵活的。然以日久慢慢机械化之故，其锢蔽不通竟不亚于宗教，其刚硬冷酷或有过于法律。民国七八年间新思潮起来，诅咒为“吃人的礼教”，正为此。

（三）不落实——西洋文化从身体出发，很合于现实。中国文化有些从心发出来，便不免理想多过事实，有不落实之病。何谓现实？何谓理想？现实不外两个字：一是利益之利，又一是力量之力。力量所以求得利益，利益所以培养力量。二者循环发展，可通为一。从身体出发者，所务正在此，是故西洋文化为现实之路。反之，若一发乎理性要求，而不照顾到此，那就是理想了。从心发出的中国文化——中国之社会人生——就恒不免这样[①]。慈孝仁义，最初皆不外一种理性要求，形著而为礼俗，仍不过示人以理想之所尚。然中国人竟尔以此为其社会组织秩序之所寄，缺乏明确之客观标准，此即其不落实之本。例如政治制度，在它即为其礼之一部。说它是专制与说它是民主，同样不恰当。它固不曾以氏主为礼，又何曾以专制为礼？事实上亦许不免于专制，然而那非它本意。从其本意表现得很好之时，便具有高度之理性；不过不甚多见。前曾说中国社会秩序恒自尔维持，若无假乎强制之力，那确有其事，有非西洋社会所能梦见。但治世少而乱世多，像西欧国家可以近二百年无内乱者，又非我们所能梦见了。谈中国文化总不能以其乱世作代表，而要举其治道治世来说。但这样说，又嫌理想有余，事实不足。又我常说：中国之民主存于理（理念），西洋之民主存于势（形势）。存于理者，其理虽见，其势未成，纵然高明，不能落实。存于势者，其势既成，其理斯显，虽或了无深义，却较稳实。这就为西洋是从现实（利与力）中发展出理性来的，而中国人却讳言力，耻言利，利与力均不得其发展。离现实而逞理想。卒之，理想自理想，现实自现实，终古为一不落实的文化。

（四）落于消极亦再没有前途——与其不落实之病相连者，尚有一病，就是落于消极。政治为力之事，然而不独为力之事，没有一点理性是不行的。经济为利之事，然而不独为利之事，亦恒必有理性在其间。总之，凡是人的事缺不了理性，只是理性多少问题。人类文化渐高，原是利、力、理三者循环并进。然人的理性日启，则利与力的地位随以递降，这是一面。又一面，利发达了，人之所需无不给，则利亦不足重；力发达了，人人有力，则亦难以力服人。末后经济上完成社会主义，政治上完成民主主义，那便是利、力、理三者同增并富，而理性居于最高，以决定一切。西洋循现实之路以进，自能渐次达此一境，其文化都是积极的。中国理性早启，以普其利于伦理而经济不发达——经济消极，失其应有之发展进步。以隐其力于伦理而政治不发达——政治消极，失其应有之发展进步。它似乎是积极于理，而不积极于利与力，然理固不能舍利与力而有什么表现。卒之，理亦同一无从而积极，只有敷衍现状，一切远大理想均不能不放弃。中国文化多见有消极气味者以此。同时，它亦再没有什么前途。

（五）暧昧而不明爽——以中国文化与其他文化（类如西洋文化）——相对照，令人特有“看不清楚”“疑莫能明”之感。例如在宗教问题上，西洋有宗教，是很明白的，中国却像有，又像缺乏，又像很多。又如在自由问题上，西洋人古时没有自由就是没有自由，近世以来有自由就是有自由，明朗而确实。中国人于此，既像有，又像没有，又像自由太多。其他如：是国家，非国家？有阶级，无阶级？是封建，非封建？是宗法，非宗法？民主不民主？……一切一切在西洋皆易得辨认，而在中国则任何一问题可累数十百万言而讨论不完。这一面是其内容至高与至低混杂而并存，一面是其历史时进又时退往复而不定。盖暧昧不明之病与其一成不变之局，原为一事而不可分。

注释

① 张东荪先生近著《民主主义与社会主义》一书第17页，有下面一段话：

欧人自由主义开始于反抗不自由。例如英国1215年所谓“大宪章”亦仅立若干琐事，都是当时的实在情形。又1789年之“人权法典”，亦只是历举若干件君主侵犯议会的事情，以禁其再犯。我写到此，忽感觉中国的情形恰与西方相反。西方是从实际上把一件一件侵犯自由的事实打消了，顶回去了，然后乃实现抽象的自由之全义。中国自辛亥以来即是由在上者先自己宣布一抽象的自由宪法，而实际上却依然一件一件来破坏人民的自由。

张先生指点在西洋抽象之理念为后出，而中国恰与之相反，自然很对。其仅举辛亥以来为例，盖犹未悟西洋文化是从身体出发，而中国却从心发出来，一则从事到理，理念在后，一则从理到事，理念在先。彼此原来不同也。

《中国文化要义》民族性之所由成*

前所说，中国民族性为研究中国文化一极好参考佐证资料。兹于文化既大致讨究有结论，应即取民族性互为勘对印证。第在分就前所列举十点（见《中国文化要义》第一章）数说之前，特对民族性之形成从根柢上一为说明如次。——

近见雷海宗教授有《本能·理智与民族生命》一文[1]，特举中英两民族为比较。大致说：现在世界上生存本能最强的是英国人，反之，中国人则此本能衰弱到几乎消灭的程度。为理论而不计及其国家根本利害之人，除英国外，各国或多或少都有，而最多是中国。每每一主义或一制度，在西洋本有其具体内容，一移到中国就变质，而成了纯粹理论。既与过去历史无关，亦与今日现实无涉，而许多人竟可为此牺牲一切，牺牲自己不算，并要牺牲国家。中国自与西洋接触即犯此病，至今不改。在英国人殆不能想象这是如何一种心情。英国人本能强而不害其理智之高，理

---

* 本部分选自《中国文化要义》第十四章，第一节略去。

智高而不掩其本能之强。最奇怪的是中国人，理智不发达而本能却如此衰弱。此其所论，于中英民族性之不同，可称透彻。惜于人类生命犹了解不足，譬如雷先生文内说，理智是本能的工具而不是本能的主人。推翻历史，支配社会，控制人生的是本能，绝不是理智。理想家如果认此为可憾，那亦是莫可奈何的。说理智是工具是对的，但他没晓得本能亦同是工具。理智一本静观，没有好恶取舍，诚非历史动力所在，但生物的本能到人类早已减弱，它又岂能推动历史，支配社会，控制人生？此其缺欠实在不认识理性。27 年前我亦还不认识理性，同意克鲁泡特金道德出于本能之说，而不同意罗素本能、理智、灵性之分法[②]。及至有悟于理性、理智之必须分开（详见第七章），而后恍然罗素之三分法为不易之论。——罗素所云灵性相当于我所谓理性。雷先生称道英国民族生存本能强而其理智同时亦发达，没有错，指摘中国民族生存本能衰弱，而同时其理智不发达，亦没有错。错就错在他的二分法，又把本能理智二者看成有冲突的。雷先生原说一为主人，一为工具，主人与工具又岂有冲突者？显然不对。再从中英两实例上亦经证明其不对。照我的说法，本能理智动静虽殊，同属身体一面，而理智居于其顶点。——见第十三章。英国人所表见，明明是我说“从身体出发”之成功者。中国人的受病，则在雷先生所不及知之理性之早启。为了便于说明，我再引另一位先生一段话：

> 中国人遇到一件事情，只考虑应该不应该，不考虑愿意不愿意。——这是几个朋友闲聊天说的话。他们以前谈什么，我忽略了，只是这两句深深被我听进。因为它正搔着我所眩惑的问题的核心。中国人作事情没有精神，缺乏热诚，就是因为只考虑到该作不该做，而不问其愿做不愿做。所以社会那么多伪君子，而没

> 有真小人。(中略)圣人简直不教你意识到自己的存在。——我既不存在，我不晓得我还会不会感觉到其他事物的存在。(中略)我劝人要意识到自己的存在，以自己作出发点。——我存在，主要地还是为我自己存在。我不是为做父亲生儿子而存在。关于这一点，欧美人是比东方人高明，因为他们没有像我们那么多该不该的道德律。(中略)把人看着必须吃饭的动物，其实就够了③。

这段话正代表中国人理性早启走出去太远，现在要求返回到身体到本能之一种呼声。数千年来中国人的身体和本能从某点上看，无疑是衰败了。“伦理本位”与“自我中心”，“从理性出发”与“从身体出发”，不相协调在这里显得何等分明！使得中国人本能孱弱者是理性，尤其貌似理性的那些习惯。

理性、本能其好恶取舍尽有不同，而同属人情。中国人所谓应该不应该，原非从外(宗教上帝)加于人者。正唯其离本能颇近，乃排斥了本能。从外加的，终会遭到反抗，其结果或强化了本能而非削弱之。请看中古以后之西洋人，岂非如此？然又不可误会理性本能相冲突。人类生命因理智而得从生物本能中解放出来，一面其好恶之情乃不必随附于本能。——这就是理性。一面其本能乃不是当工具之任，而必从后天求补充。——这就是种种习惯在人类生活中一切莫非本能习惯之混合，纯本能殆不可见。严格说，只有理性是主人，理智、本能、习惯皆工具。但理性不论在个体生命或在社会生命，皆有待渐次开发。方其未开或开发不足时，人的生活固依于本能习惯以行，乃至理性既启，亦还是随着本能习惯之时为多。除根本无好恶可言之理智，只会作工具，永不能作主人外，本能习惯盖常常篡居理性之主位。所谓理性、本能不冲突者，当理性为主，本能为工具之时，理性的表现皆通过本能而表现，固无冲突。当本能篡居主位时，理性不在，亦何有冲突？然理性虽其著见于好恶似与本能同，其内则清明自觉，外则从容安和，大有理智在，却与本能不同。本能不离身体，理性却远于身体，恒若超躯壳，甚至反躯壳。中国人理性早启，久而久之，其本能当然不堪与英国人从身体出发者相较。从头脑言之，则习尚于讲理，而以应该代本心情愿。从动作言之，自古雍容文雅之风尚既成，则多有貌似理性之动作习惯代替了本能反应。其本能与身体相偕以俱弱者，昭然在此。同时其理智不过随其理性（或貌似理性之习惯）而生作用，既非同英国人循身体作用进达其顶点那样，且反而随身体作用同受抑阻，当然就无从发达。

譬如西洋人以握手、接吻、拥抱为礼，还有群众拍掌欢呼，把所欢迎之人高举起来等表情。中国人乍见直骇然退缩，感觉受不了。此即西洋之礼主于亲爱，其情发乎身体，更要藉身体来表示。而中国之礼则主于敬让，其情发乎理性，虽其表示亦不能无藉于身体，而温文尔雅，含蓄有致，却实在离身体很远。其间如握手拍掌，今日中国人虽亦能模仿一二，可人情本不相远，而卒于拥抱接吻感觉受不了，是即其数千年来身体本能积渐萎弱之明征。——在数千年前，对此固所不取，尚不致怯缩，有受不了之感。

然在身体本能积渐萎弱之后，中国人的理性亦就不行了。因为生命浑整不可分，未有其身体本能既萎弱而理性犹健全者。今日的中国人，从某些地方看其理性尚不如西洋人，即为此。前列民族性第八点，所云对人（如凌迟处死等酷刑）对牲畜之残忍，最为西人讥弹者，是其例。

大抵民族性所由成，有两面，以上所论为其可能遗传递衍之一面；还有一面则是后天习惯，主要因社会环境之刺激反应而形成。凡前所列中国民族性十点，——皆可本此两面以了解之。——

例如第四点“和平文弱”，其间即有出于遗传与成于后天之两面。成于后天者，主要在“集团与斗争相联，散漫与和平相联”，第十章特有分析、可不赘。然而对于他族之从身体出发者而说，此理性早启之中国人根本上就是和平的，又不待其社会形势散漫始然。由理性早启驯至身体本能弱下来，是其所以文弱之本，而社会有许多貌似理性的习惯，尚文不尚武，自又为其后天成因。第五点“知足自得”，一面是由理性早启，生命得其和谐，又有一面是由此社会特殊构造之所锻炼，看第十章讲“个人安于所遇”一段可以明白。第二点“勤俭”当然是此职业分途的社会，政治上经济上各机会均难保持不坠，而人人各有前途可求之自然结果(见第十章)，主要是得之于后天。但中国人精神上实用主义实利主义之倾向，却好像是天生的理智冷静不足(见第十三章)。第三点“爱讲礼貌”，当然是此伦理本位的社会彼此尊重对方，相尚以敬让之所演成。但其落于虚情客套，便属前所云貌似理性的动作习惯，特别在后世身体本能既弱，理性随以不足时为最多。

第六点“守旧”，其少有冒险进取精神，一动不如一静，自是身体本能萎弱之征，但其所以必要守旧者，却多决定于后天。一则为秦汉后之中国，势必循环于一治一乱，在社会构造上不能推陈出新。社会构造是文化的骨干，骨干不变动，其他附丽于骨干者固亦无多大出入。即在此两千年因袭局面下，其守旧习惯遂以养成。再则为古人智慧太高，(理性早启)，文化上多所成就(文化早熟)，以致一切今人所有，无非古人之遗，一切后人所作，不外前人之余。后来人愈钻研愈感觉古人伟大精深，怪不得他好古薄今。三则为其学术走艺术之路，而不走科学之路。艺术尚天才，靠个人本领，不像科学那样客观凭准，从浅处一层一层建筑起，总是后来者居上，而况中国人的禀赋既积渐而弱，后世难得古人那样天才，其俗自必以古为宗，异乎西洋科学之趋新，又是当然的。

第七点“马虎笼统，不求精确，不讲数字”，往者李景汉先生在河北乡村作社会调查，感触最深。而日本人内山完造则于此特有了解，他指出：中国人非有得多，不能说有；大部没有，即可说无；而非有一个便说有，一个都没有，乃说无。后者为模型的思考法，前者为实物的思考法。后者彻底，前者不求彻底。后者为理论的，文章的，前者为实际生活的。因此他称中国文化为生活文化，与文章文化相对待[④]。其所见已接近于前引张东荪先生西洋有科学中国无科学由彼此心思(Mentality)根本不同之说。盖知识之道在分别明确，由身体对外静观而来。中国人则以理性早启，理性与本能接连牵混，其生命与大自然偏于融合相通，对外求知识之倾向乃大为减退(具见第十三章)。至于其间后天之熏习渐染，自亦是有的。

第八点“残忍”已说于前。其坚忍(自己能忍耐至甚高之程度)则显然为向里用力之人生(见第十章)训练出来。且不妨说坚忍亦足引致残忍。第九点“韧性及弹性”，似可说即其生命上坚忍力养成之实际表见。这有许多事实曾引起西洋医生、军官、教士之惊奇，散见中外各书[⑤]，此不叙。唯地理学家沙学浚先生有《中华民族的气候适应力》一文[⑥]，具有学术价值，略略引余于此。据说各地方的气候(寒暖温燥)，从其纬度的高低，距海的远近，和地形高低等等因素以形成，全世界共可分为十一个区。所有各区都可找到中国人的聚落，证明中国人的气候适应力最强，更无他族可与相比。气候适应力之含义，主要有两点。(一)在如此气候下依旧可以劳心劳力工作；(二)长久住下去，有固定聚落，传后代，长子孙。譬如白种人在热带便难适应，而日本人则较怕冷，中国人竟自冷热都可以行。俄国人虽有耐寒之称，中国人耐起寒来，比他还强。我们要问：中国人何以这样特别？论身体，中国人并不比他们更健壮，相反的，中国人的身体本能毋宁是较差。况且体育运动，卫生营养，又不讲究。从先天禀赋到后天方法，均非优胜。如果你只把生命看作身体之事，当然就索解不得。但你如其知道身体不过一生活工具，生命初不局限于此，而源泉深远。那么，你于中国人的长处将亦不难有认识。中国人的长处无他，只在其能从生命更深源泉处取给活力，便不像西洋人那样浅而易竭。人类自身本能中大得解放后，其生命主要已不在身而在心。心是什么？前曾说“生命充实那松开的空隙，而自显其用是为心”(见第七章)。不过心不一直对外，还是要通过官体其用始显。中国人气候适应力之强，不强于身而强于心，犹惜其身不够健全，否则将表现更好。西洋人之所以不逮，非缘其外面工具(身体及方法)不够，而是其里面容积不够，以致没有回旋余地。虽韧性及弹性包含甚广，此第就其一端而言其理。然大体说，其他一切亦无不根本在此。盖西洋人多向外作理会而发达了工具，中国人多向里作理会而涵养了生命。论工具，中国不如西洋，论生命，西洋又不如中国。此其大较也。

第十点，“圆熟老到”，为我民族性总括的特征，含义甚丰，难于分别说明。然读者却亦不难看出其与本书所论中国文化是成熟非幼稚，是精深非粗浅者之相合。同时亦就知道一切固执社会发展史，抱持文化阶梯观，认定中国落后于英美苏联一二阶段者，显然不对。但我们亦初不否认英美苏联在某些地方为先进。即由此先进后进之参差互见，吾人是中国文化为人类文化早熟之论断。所谓“不露圭角而具有最大之适应性及潜力”，则又其所成熟在内不在外，在生命本身不在生活工具之证明。反观今日西洋人正有自己不能适应其文明进步之苦，都市中精神病患者日益加多，则其所成就在外不在内，在生活工具不在生命本身，又彰彰也。

末后要论到第一点“自私自利”。潘光旦先生曾以为这是遗传的，他欣赏人文地理学者亨丁顿(Ellis Huntington)以自然淘汰和人口移殖来说明中国民族性[7]。说是中国数千年不断水旱灾荒，唯自私心强者易得存活殖种，不然则灭亡，遂淘汰而得此结果。我们实在不敢深信。很显然地是潘先生本其优生学研究，只向遗传上着眼，根本没有明白中国社会构造之特殊，及其如何陶铸了中国人的第二天性——习惯。

本书于中西两方社会生活之不同，再三致意，其间中西第一对照如图(见第五章)，第二对照图(见第九章)，读者最不可忘记。如图所示：从一个人到他可能有之最大社会关系，约划为四级，在西洋人生活中意识中最占位置者，为个人及团体两级，而在中国人却为家庭及天下两级。团体与个人，在西洋俨然两个实体，而家庭几若为虚位，中国人却从中间就家庭关系推广发挥，以伦理组织社会，消融了个人与团体这两端。——这两端好像俱非他所有。必胸中了然于此不同，而后于此一问题的曲折，乃可望辨察明白。——

(一)中国人因集团生活之缺乏，而缺乏公共观念，缺乏纪律习惯，缺乏组织能力，缺乏法治精神(见第四章)，一句话总括，缺乏为营团体生活所必需的那些品德——公德。其所以被人看作自私自利多半为此。西洋人之有公德亦不是天生的。既锻炼于血的斗争，又培养于日常生活，其开端盖在宗教组织，而从中古都市自主以还乃大为成功(见第三章)。

(二)公德所由养成，端在公私利害之一致。为公即所以为私，为私亦势须为公。譬如在国际经济竞争下，一个国民总要用他的国货，这固然可以说他爱国，但他却亦正是要巩固他的生计。又如在政党选举竞争下，一个党员为他的党而奔走，这固然可以说他忠党，但他却亦正是在争取他的前途。往时教徒于其教会，手工业者于其行会，近代产业工人于其阶级组织……其例甚多不必悉数。总之，公与私相合而不相离，积久而行乎自然。反之，如其公私恒若两回事，为公就要废私，为私不免害公，在那种情势下断无法养成公德。所以径不妨说，西洋人的公德正是由自私而养成。

（三）假若说西洋人公德之养成，只是顺乎人情自然。无所谓自私，那在我完全赞成。但我却要提出说，中国人没有养成公德，同样亦只是人情自然。而无所谓自私。人总不能离社会而生活是一定的，但社会结构彼此却不定相同。西洋人所不能离者是其自古及今种种团体组织，中国人所不能离者是其若近若远种种伦理关系。伦理所不同于团体者，不划定范围，更不作对抗，而推近以及远，又引远而入近。中国人说近就是身家，说远就是天下，而其归趣则在"四海兄弟"、"天下一家"。此其精神宁不伟大？岂有什么自私？然而可惜是小起来太小，大起来又太大——大到没有边际，抓亦抓不着，靠亦靠不得，真所谓"大而无当"。不像西洋人小不至身家，大不至天下，有个适中的范围，公私合成一片，正好培养公德。其公德所以没有养成在此，似乎并无应受谴责之处。要知不能离团体而生活者，就养成其团体生活所必需的习惯，不能离伦理而生活者，就养成其伦理生活所必需的习惯。同时，各于其所不必需者，每每不习惯之。中国人不习于爱国合群，正亦犹西洋人之不习于孝亲敬长。夫何足怪？然而于不习孝亲敬长者不闻有议，于不习爱国合群者则人人诟病，此无他，逢到今天急切需要国家意识团体行动，而他偏偏不会，且狃于积习，惰性难改而已。生命是活的，时势不同，随时宜为新适应。责他今天还在各顾身家，照顾亲戚故旧为自私，诚不为过，但若说中国人一向就在自私自利中生活了数千年，则是笑话！一味自私便是"反社会的行为"，将不适于任何社会生活，一民族果真有此症候早不能存在于天壤间，又何以解于我民族生命延续之久，延扩之大，为其他民族所莫得而比？说自私自利是中国民族性者，殊觉无据。中国人并不见得比西洋人格外自私。

（四）翻转来，我倒要指出西洋人实在比中国人自私。近代西洋人的个人本位，自我中心，显然比之从来中国人的伦理本位，尊重对方为自私，且不说。即就他们的团体生活言之，除合作社一类组织外，几无不有极强排他性。罗素所著《爱国功过》一书，尝言英国人惯用仇嫉外国之手段以奖励其国民爱国心。最初仇西班牙人，继则仇法国人，继则仇德国人。今后又不知当仇谁氏[⑧]。盖"争之与群乃同时并见之二物"（孟德斯鸠语）。论西洋人之轻其身家，似公；而各徇其群，又不过是大范围的自私，不是真公。真公，还要于中国人见之。中国人怀抱着天下观念，自古迄今一直未改，真是廓然大公，发乎理性之无对。说民族性，这才是中国的民族性。今日世界不讲公理，不得和平，正不外西洋人集团生活的积习难改[⑨]。依我看：中国人被自私之讥的时代快过去了，西洋人被自私之讥的时代却快要来。究其谁自私，不必争论，时代自有一番勘验。

（五）综核以上所论，问题只在社会结构与时势需要上，中国人西洋人根本没有什么不同。如其有之，那就是西洋人从身体出发而中国人理性早启这一点。从这一点上说，比较不自私的当然属中国人。但论其过去则然，非所论于今日。今日中国人恒不免落于两偏的情形：一偏于自私，一偏于不私，而不像西洋人大致总差不多。西洋人当初从身体出发，与一般生物为近之时，虽说辗转不出乎自私，然人毕竟是人，其与人与物通而不隔的生命，不知不觉随时流露出来，便是公而非私。及其理性随社会形势渐次开发，"自己人"的圈步步放大（看

第十一章)，则更趋向于公。从大事到小事，许多礼俗制度既随以养成，生活于其间的人自私不自私就大致相去不远。唯生于今日的中国人不然。一则礼俗制度破坏凌乱，大多数人失所依傍，自易堕落，而少数人之理性自觉此时却以转强。再则身体本能浸弱，生发之气不足，亦最易流于贪吝。古语所谓“血气既衰，戒之在得”是也。然如是者纵居多数，而火尽薪传，其少数人理性乃愈不可掩。所以今天中国人，其自私过于西洋人怕是事实，却是另一面，其不自私亦超过西洋人。——只这其间有些是与遗传有关。

中国文化有其特殊之根本由来，我们既经寻绎得到，具说如前，今与其民族性又如是互相印证而不谬，本书即于此结束。

注释

① 雷氏原文载《独立时论》，此据《现实文摘》第 2 卷第 3 期转载。

② 此见罗素著《社会改造原理》，有余家菊泽本，中华书局出版。

③ 见 1946 年出版之《导报》第 12 期，《忠怒与民主》一文，原作者似为戈衍棣。

④ 内山完造著《一个日本人的中国观》，开明书店出版。

⑤ 见潘著《民族特性与民族卫生》一书，商务出版。

⑥ 1948 年 6 月 30 日重庆大公报星期论文。原文罗列证据，此只举其大意。

⑦ 见潘著《民族特性与民族卫生》，商务版。

⑧ 此据商务印书馆出版梁任公先生著《先秦政治思想史》，第 3 页转引。

⑨ 国家主权之无上，是使世界陷于无政府状态，无法得到和平之症结所在，有识者言之已多。而此一半不可破之观念，正是西洋人集团生活之积习也。日本人藤泽亲雄任国际联盟秘书多年，为怀抱热心而卒归失望之人。他于失望之余，恍然有悟于儒书王道霸道之说，深信只有中国文化能致世界于和平，欧洲人是没办法的，因此他回国创立“东光书院”，以儒书教青年。1932 年曾来北京访问于各大学教授，竟无人加以理会。我曾与晤谈并得其赠书。

文　选

今天我们应当如何评价孔子*(节选)

孔子在中国历史上的地位

中国古人理性早启，文化早熟，一贯地好讲情理，而孔子则是其关键性的人物。以下将说明之。

往者夏曾佑著《中国古代史》，有云“孔子一身直为中国政教之原，中国历史孔子一人之历史而已”。柳诒徵著《中国文化史》，有云“孔子者中国文化之中心；无孔子则无中国文化。自孔子以前数千年之文化赖孔子而传，自孔子以后数千年之文化赖孔子而开”。两先生之言几若一致，而柳先生所说却较明确。

社会大于个人，个人出自社会；不能把任何一个人看得太高太大，脱离实际。一社会都有其历史背景，一切所表现的事物莫不从过去历史演变而来。一切创造莫不有所因袭而成，无因袭即无创造。孔子自称“述而不作”是老实话。

* 选自《东方学术概观》。

事物经过亦正是这样的。说“孔子以前数千年文化赖孔子而传”者，古先的文化(历史事实、学术思想)不能不靠典籍文字以保存传递于后，而传于后的我们这些典籍如诗、书、礼、乐、易、春秋不全是经过孔子之手整理一道，用以教人而传下来的吗？其他有些传授是靠人的，如射、御、习礼、作乐之类，同为当时文化内容，同在当时孔门教学之中。从事传习古文化者难说就只孔子一人。但孔子好古敏求，学而不厌，诲人不倦，殆为人所不及，同时他亦有机会有条件从事于此。试看《史记·仲尼弟子列传》《史记·儒林列传》及其他载籍(如汉唐史书)，诸讲习传布往古学术者非在邹鲁之乡儒家之徒乎？

但在农工生产方面，当时孔门未加学习，这是因劳心劳力社会上必要分工之故。

无疑，凡我所说的情理和理性充分地寓乎那古经书中，却惜学徒们，尤其后世学徒们总把功夫用在讲解记诵书文上，鲜能回到自家身心生活上有所体认和存养，就不能真切地接续发挥理性主义。从汉唐以至清代，其代表儒家者不过是经学家而已。宋儒明儒比较能在身心性命上理会孔门之学，但亦限于环境条件不能大有所发挥。凡此都缘理性之启，文化之熟过早，是不能责怪后人的。

说孔子以前的上古文化赖于孔子而传者，其文化大要即如是，其流传也大要即限止于是；其功在孔子，其过不在后人。

说孔子以后数千年文化赖孔子而开者，其根本点就在两千五百年来大有异乎世界各方，不以宗教为中心的中国文化端赖孔子而开之。或认真说：两千五百年来中国文化是不以环绕着某一宗教为中心而发展的，寻其所从来者盖甚早甚早，而其局面之得以开展稳定则在孔子。再申言之：一贯好讲情理，富有理性色彩的中国社会文化生活，端由孔子奠其基础。

试分层作些说明如下：

(1)当周秦之际诸子百家争鸣，孔子显然只是一学派的创始者，如同老子所代表的道家，或以墨子为首的墨家那样。客观上从未被人作宗教看待。

(2)然而这派的学风和其教导于人的，十分适合社会需要，到汉以后发展流布，其在社会上所起的作用却渐渐等若一种宗教。同时，亦因历代统治阶层加以利用，摹仿着宗教去装扮它。

(3)从本质上说，它(儒家)不是宗教，而是人生实践之学，正如他们所说“践形尽性”，就是了。践人之形，尽人之性，这是什么？这是道德。上文说了，道德之真在自觉自律；而宗教信徒却接受规范于外，与此相反。〔附注〕

〔附注〕宗教可说是一种对于外力之假借，此外力却实在就是人自己。宗教中所有其对象之伟大、崇高、永恒、真实、美善、纯洁原是人自己本具之德，而自己却相信不及。(见我旧著《中国文化要义》第一〇八页)

(4)兹且举孔子如何教人自觉自律的两事例以为明证：例如宰我嫌三年丧太久，似乎一周年亦可以了。孔子绝不直斥其非，和婉地问他“食夫稻、衣夫锦，於汝安乎?”他回答曰：“安”。孔子便说：“汝安则为之。夫君子之居丧，食旨不甘，闻乐不乐，居处不安，故不为也，今汝安则为之!”既从情理上说明，仍听其反省自决。又例如子贡欲去告朔之饩羊，孔子亦只婉叹地说：“赐也，尔爱其羊，我爱其礼!”指出彼此之观点不同，而不作何断案。宗教上总有许多礼，儒家同样极重视礼；但在孔门竟可以随意拿来讨论改作。这就是理性主义，一反乎宗教的迷信与独断(dogmatism)。

(5)据传周公(这是儒家最尊奉的往古圣人)制礼作乐，其祭天祀祖以及其他典礼，似从古宗教沿袭而来，形式少变，但精神实质却变了。其变也，在大多数人或不觉，而在上层人士则自有其理会受用，从广大社会来说，但起着稳定人生的伟大效用。〔附注〕

〔**附注**〕参看《中国文化要义》第六章引《荀子》之《礼论篇》和《天论篇》的话："其在君子以为人道也，其在百姓以为鬼事也"；"故君子以为文而百姓以为神"。

周公的制作是具体事物，而孔子则于其精神道理大有所领悟，以教之于人。"礼崩乐坏"的话见之甚早，殆即指周公当初制作者而说。此具体的礼乐制度保持不了，其传于后者有限而由孔门的理性学风及其谆谆以情理教导于人者，却能使人头脑心思开明而少迷信固执，使人情风俗趋于敦厚礼让，好讲情理。两千年来中国对外居于世界各方之间，其文化显著异采，卓然不群，而就它如此广大社会内部说，其文化竟尔高度统一者，前两千五百年的孔子实开之。

以上所说是两千年传统文化的正面，亦即其积极精彩之一面；还必须指出其负面，亦即其消极失败之一面。首先要看到它严重的消极性。在社会经济上，物资生产力长期淹滞，内地农村多不改其自然经济状态。在国家政治上，则融国家于社会，天下观念代替了国家观念，在内以消极相安为治，对外务于防守，犹或防守不了。旧著《中国文化要义》曾指出有五大病，此消极性而外，其一是幼稚：凡古宗法社会、古封建社会之形态迹象往往犹存；其二是老衰：历史既久，浸浸一切入于僵化凝固，徒存形式，失其精神，如后世所称"名教"、

“礼教”者难免成为人生桎梏。其三是不落实：往往离现实而逞理想，即以理想代替事实。其四是暧昧而不明爽：如有宗教无宗教，是国家非国家，是宗法非宗法，是封建非封建，有民主无民主，有自由无自由，……既像如此，又像如彼，使人有疑莫能明之感。凡此五病总坐在理性早启、文化早熟。孔子既于此有其功，同时就要分担其过。

孔子在中国四五千年文化史上为承前启后的关键性人物，如上已明。孔子的功罪或其价值如何即视中国文化在世界史上表现出的成功失败而定之。试核论于后文。

西人所长吾人所短，长短互见，各有得失

吾人过去两千年的传统文化与西洋近代文化相遇，一百多年来节节挫败，不能自存，被迫变法维新，崇尚西学，以讫于今，是则西人有其所长而吾人大有所短，事实甚明。究竟彼此长短何在？“五四”运动中有打倒“孔家店”的呼声，而以“塞恩斯”和“德谟克拉西”相标榜，大体是对的。但不能抄袭他人文章，仍须走自己的道路。

旧著《乡村建设理论》曾指明吾人传统文化所短，有待吸收近代西人所长，以为补充改造者二事：其一曰团体组织，又其一曰科学技术。前者相当于德谟克拉西，后者亦即塞恩斯，似无甚不同。然此文化上补充改造之大业，正是对于相沿极久的社会结构、社会秩序作一度根本性的大变革——大革命。近代西方科学是反宗教的，自由民主是得之于反封建的，皆属资产阶级革命之事。其革命是自发性的，亦即从身体出发的革命。我说不能抄袭他人文章者，正谓中国不能抄袭资产阶级革命耳。

说仍须走自己道路者，又何谓乎？要晓得中国自古早有人民为主体的思想信念，但在“民有”、“民治”、“民享”三点上，并民治(by the people)的理想亦不见，更无论其实施。其病根在依重家族生活，而政治一向主于消极无为。今所亟待补充者在从散漫进于组织。果从经济生活上学习组织合作团体入手，则政治上就能逐渐实现民治。否则“主权在民”是空谈。人民为主体，原属于情理。在团体组成后，团体成员(个人)一面应以团体为重，而在团体一面则又应以其成员为重，此即互以对方为重的伦理情谊。旧日伦理总是此一人与彼一人的关系，新的伦理则重点转移在团体与个人关系之间。必如此，乃为善于取长补短。

就在经济生活从散漫入于组织的进程中，有一点组织引用一点科学技术于生产和生活上；因科学技术的利用促进组织的发展，组织的发展又转而引进科学技术；如是循环推进，是我当年的设想，其中包含着农业引发工业，工农又互相推进。此不独实现民治之可期，抑且工农百业将掌握于社会。避免资本主义，成就社会主义。这是在取彼之长补我之短的时候循从高度自觉而行，大不同乎过去西洋革命盲目自发的。

不待言，我的一切设想落空了(有检讨文另见)。然而循乎晚清以来从心出发的民族自救运动，卒有近五十年共产党领导的社会主义革命，请看不是更进于高度自觉性吗？其于传统文化的补充改造，不是从团体组织(组党、组织统一战线、组织农民互助合作)入手吗？科学技术的吸收融取，不是一步一步(大小并举，土洋并举、两条腿走路)接着而来吗？不总是走自己的道路吗？这是由几千年历史背景之所决定，中国民族自是不会步趋于西洋资产阶级之路的。

读者详审上文“一个分析贯彻全文”和“从物理情理之不同谈到西洋人与中国人之不同”那两段话，不难明白近世西洋人正是发挥了理智，多所察识于物理；而由身体势力过强乃于情理若明若昧；同时不难承认中国古人果然是理性早启，好讲情理成风，而未能致力于物理知识之讲求，生产技术大大落后于西人。百多年前，鸦片战争后，既亟亟翻译西书讲求西学矣，直到今天新中国急起追赶所谓世界水平者，不仍就是科学技术方面吗?

我握笔行文至此，适当新中国建立25周年前夕(注：1974年9月24日)。25年间此追赶工程进行之敏捷惊人，例如试验氢弹、如卫星游行天际，种种成功，均不借外人最是出人意表，举世为之失色。此岂有他哉？理性早启的中国人头脑焉得不聪明耶？一旦用其聪明于这一方面，那便很快地出色当行。以如此优秀民族，其社会物质生产力顾迟迟不进，千年之后几无异于千年之前者，其成就别有所在也，流俗自不察耳。

吾人之成功何在？即此人多地广，在空间上民族单位开拓之大，举世莫比[①]，非其成功之可见者乎？尤其是以自己独创之文化绵远其民族生命，在时间上历史悠久，举世所莫及[②]，非其成功之可见者乎?正赖有此伟大悠久的根柢，乃在近百年挫辱之后，卒有今天的复兴，不是吗?

我民族在世界史上有卓异之成功，事实具在，不待更说；有待说明者，其成功之所由来。试一申说之如后。

若问此成功何由而来，扼要回答，那便是肇兴自古的“非宗教性文化”。这文化——具体指出——大约根本在周公制作的礼乐制度，而孔子理性主义的教导，仍得以在礼崩乐坏之后略略传衍下来。卒之以教化取代宗教为社会文化中心[③]，对于现世人生郑重从事是其特点。此教化非唯取代了宗教而且取代了政治(强力政治)。近两千年间(乱世纷扰之局不计)中国当政者总是积极于兴教化，而以消极不扰民为政治铁则。即此取代宗教又取代政治的传统文化，陶养得中国人一副性格和作风最能把异族人同化吸收进来，拓大其民族单位。大约从上古所谓蛮夷、戎狄后来所谓“五胡”，一直到辽、金、元、清，不论征服或被征服，总是先后都被同化了，泯忘其族系，很少有例外。此最能同化异族人的性格和作风，可以两言括之：一曰开明无执，又一曰仁厚有容。④

宗教原是团结人群的，但同时它又偏能分裂隔离了人群。欧洲的神学家每谓实现世界人类的和平统一要靠基督教，其实就在基督教各教派之间都不见一点最微小的和解可能，更谈不到他们与天主教之间，天主教与东正教之间了。印度是世界上宗教最盛且多的地方，而世界上也再没有像印度社会内分裂隔阂，支离破碎，那样深刻严重的了。这是为什么？宗教从来是教条主义者，而且其教条之所本超绝神秘，全在于信仰。信仰此者，其势与信仰彼者分家。自己有所固执便无法与旁人合得来。迷信固执既是宗教信徒的恒情，则其陷于分裂，各立门户，岂不是当然之事乎？印度社会之陷于支离破碎全是其迷信固执之结果。

事情很明显，取代了宗教的中国传统教化，养成了好讲情理的民风，头脑便开明许多。尽管琐碎迷信流行不绝，又渐有外来宗教输入内地，却总无关大局。乡间小庙每见关帝、观音一同祀奉，知识阶层或好为“三教同源”、“五教（儒、释、道、耶、回）合一”之谈。人们说：“教虽不同，其理则一，总是教人学好行善的呀。”此可见其直接地信理，间接地信教。中国人喜好融通调和。物理存于客观，是调和不来的，而人与人之间的行事却免不了出以调和。调和融通正亦是一种情理。汉族对于他族杂居者之习俗恒表相当尊重，所谓“因其风不易其俗，齐其政不易其宜”，不强人从我；这实是有利于彼此接近同化之一面。

更有积极重要的一面在，即是：随着日常行事自处待人之间启发人的情理自觉。理性主义者正是以人所自有的理性来领导人，而不是其他。自觉自律良不易谈(十分不易谈)，却是孔孟之为教，其祈向在此。凡此所云同化者，正不外使人有他自己，而非舍其自己以从我，此其所以同化力之强乃莫可比也。

从上叙说开明无执已经联及于仁厚有容。这是指中国人的性格和作风宽宏和厚、善能容物。中国社会组织建筑在伦理情义联锁关系上(见前文)，伦理关系涵括着所有相遇之人在内，彼此间主要以相与之情代替相对之势。数千年来除战国时代见有富国强兵的思想外，人们总是希望天下太平。天下是没有边界的，而国与国之间却有对立性乃至对抗性。前者代表通而不隔之心，后者代表既分且隔之身。异族相遇相处，其易于同化融合于我者，岂不在此乎？全欧洲的人口数量、土地面积与我相埒，我则浑融一事，而欧洲却分为大小数十国。欧人在经济生活上水陆交通上彼此往来密接相依，却不能统合为一大单位者，其身近而心不近也。吾人经济落后甚远，交通不便之极，却在文化上高度统一，政治上亦以统一为常者，是所疏远者其身耳，心理精神有其通而不隔者在。不是吗?〔附注〕

〔**附注**〕关于我民族单位之所以拓大无比，主要在其文化上同化力之高强，吸收融合了许多外族，同时更有助其成功的种种因素条件，此不具论。

唯其民族单位拓大，是以其民族历史易得延续久长；同时，亦正以其民族生命绵历之久乃日益拓大，两面互为因果，卒有今天的局面。既然中西比较，长短互见，从古到今，成败不一，则为其绝大关键人物的孔子功过如何，不已昭然可睹乎？过分抑扬，贤智不为。

从马克思主义阶级观点审查孔孟之道(上)

目前批孔运动中一般流行意见，我多半不能同意。即如认为孔子护卫奴隶制之说，便不合事实。其说殆误于社会发展史分划五阶段为世界通例，而不知其不可泥执。世界史上各方各族不经过奴隶制阶段者其例既非一，而如我所见中国社会的历史发展盖与印度同属于马克思所谓亚洲社会生产方式者，尤其有殊于一般。于此问题我写有《试论中国社会的历史发展属于马克思所谓亚洲社会生产方式》一专文，请参看。

然而孔孟所处之时代，其为中国社会早进入阶级分化之时则事实甚明。且在此阶级社会中，孔孟皆身居统治者一方面亦甚明白。阶级社会中人从乎其所在阶级便有其一定之阶级立场。社会总是在阶级矛盾斗争中发展前进，这就演为社会发展史。发展先是逐渐演进的，必待发展到一定时际乃由渐变而突变，爆发革命。当革命时期固守其统治阶级立场行事，乃所谓反动派(反革命)。平常时期各阶级各循其阶级立场行事，通常多是阶级斗争，势所当然。阶级的分化及其存在，一出于社会经济发展的客观必要；其阶级斗争推动着社会前进，则为历史发展规律；凡此皆马克思经典著作所指示社会科学上的物理。世界历史在其漫长自发性阶段罔非在表演此物理而已。古代中国是否独外于此通例，如我所说理性早启，好讲情理者，应就孔孟验之。现在且来审查孔孟之道。

这里说的孔孟之道，特就现在批判孔孟怎样处世那一面审查论定之。实则，孔孟自有其根本学问在，其立身处世不过其学问之可见于外者，非其全面，尤未探及本源。我另有《东方学术概观》一书，论述儒、道、佛三家之学，须请参看乃得。

如所周知，古语所云“君子”、“小人”，即今指统治者(治人者)被统治者(治于人者)两阶级而言。孔孟既均身居治人者一方，其将如何治人呢？孔子对门人有如下的问答：

> 子路问君子。子曰修己以敬。曰，如斯而已乎？曰，修己以安人。曰，如斯而已乎？
>
> 曰，修己以安百姓。修己以安百姓，尧舜其犹病诸。(见《论语》)

门人一问、再问、三问，孔子总回答君子重在修己，就是了，更无其他，词意十分决定。在对人方面只用一个“安”字，而安人之道则在修己。说“修己以敬”，明见其心思力气用在自己一面，而非向外用力，用在对付他人。

后来见于《孟子》书中者，有如下的话：

> 人有恒言，皆曰“天下、国、家”。天下之本在国，国之本在家，家之本在身。君子之守修其身而天下平。

显然，其意思完全一致的，不过字面上用修身替换了修己。《礼记》中《大学》全篇恰在申说这一道理。其作者已不可考，但从其书内“自天子以至于庶人一是皆以修身为本”那说法来看，其立言已离开阶级地位，恐怕出于时代较晚的儒者之手，在发挥其理想。《中庸》一篇同收在《礼记》中，其作者据传为子思。子思是孔子之孙，而学于孔子之门人曾子者。《大学》、《中庸》两篇精神气息既若相通相合，则可能为时亦不相远。在《大学》，修身的词旨既贯串全文，不必计其字面出现的次数。修身的词句，在《孟子》书中凡三见，在《中庸》凡九见，在《荀子》书中则著有《修身》篇。看起来，修身即修己成为儒家前后数百年间通行的“术语”，亦为其根本观念。

然而此通行于儒家学派的思想道理，实在不合于一般阶级社会内居于统治地位者的通例。

修己或云修身的含义，可分从立身行己和处世待人两面来说它。自己一面要精神收敛集中在自家身上，由此即进入儒家根本学问所谓“慎独”；其中有不可穷尽的学问在，非此所及详。其处世待人一面，即上文所说不向外用力者，《论语》、《孟子》中多有明证：

> 季康子问政。子曰，政者正也；子帅以正，孰敢不正。
>
> 苟正其身矣，于从政乎何有；不能正其身，如正人何？
>
> 季康子患盗，问于孔子。子曰，苟子之不欲，虽赏之不窃。
>
> 季康子问政于孔子，曰，如杀无道以就有道如何？子曰：子为政，焉用杀。子欲善而民善矣。

君子之德风，小人之德草；草上之风必偃。以上均见《论语》。如此之类甚多，不再举。其在《孟子》书中，则有如下例：

> 君仁莫不仁，君义莫不义，君正莫不正，一正君而国定矣。
>
> 行有不得者，皆反求诸己。其身正而天下归之。
>
> 仁者如射。射者正己后发；发而不中，不怨胜己者，反求诸己而已矣。

以射箭为喻，来说明反求诸己之理，最见其不向外用力之旨趣。试问一般阶级社会内居于统治地位者岂能这样行事呢？奴隶主对待奴隶固不能这样，封建领主对待农奴亦不能这样，资本家对待工人都不能这样。工人若罢工，资本家即以闭厂来还击，总之是阶级斗争，彼此相交以力。然孔孟儒家却明明反乎此通例。

若问儒家是否能践行其思想主张到底呢？[5]事实恐怕很难行其志。这就是法家所以出来大行其道之故。然而秦亡汉兴之后的两千年仍然落归儒家的天下，至少思想界如此。思想界上儒家居主位，事实上总是很难行得通，或者说半通不通。此即我夙常说周孔以来的中国文化是人类文化的早熟，导源则在古人的理性早启，盖有远在周孔之前者。

人是活的，不是死的。高明的人，其自觉能动性更强。但非所论于一般社会的一般人。一般社会是有其从低级到高级之次第发展规律的。马克思主义从社会生产方式的发展来阐明社会之次第前进：从无阶级到阶级分化，又将从阶级分别对立而到阶级消泯，完全见到了事实真际。但此却见出马克思本人自觉能动性之高强，早超出了其本阶级立场。孔孟之道实不合于一般阶级社会内居于统治地位者之通例，这不外是其人自觉能动性之高强，不局限在一般阶级立场就是了。但孔孟之道既非孔孟二人之事，而是很大一学派，导源自古，流行很远，那么，不能不说古中国人聪明太早了。其实也没有什么奇怪，不可思议。古中国从社会经济上不能不有劳心劳力的阶级分化，却其分化不那么豁刻僵凝(较为松散活动，此与其淡于宗教为一事)，其阶级立场之矛盾对立就不甚(缺乏集团而家族生活偏胜)。加以其间优秀特出分子(如周孔)更发挥其通而不隔之心，在因袭中有创造，以化导乎众人，这便成为卓然有异于世界各方的中国文化。

中国文化卓异之点可以指数者甚多，而言其总纲则在以富有理性的教化代替了迷信独断的宗教如世界他方者；指其表见在社会结构间者，则在其社会阶级非固定成形，而是贵贱贫富上下流转相通。不合于阶级社会通例的孔孟之道，所以出现在此。它既是阶级不固定之果，更重要的是阶级不固定之因。

马克思主义的伟大精神就在其破除一切教条主义。凡执着于社会发展史五阶段说者，无见于中国社会历史发展属于马克思所谓亚洲社会生产方式者，不可能于中国社会文化有认识，不可能懂得什么是孔孟之道。于此而言批判孔孟，只能是卤莽灭裂，脱离了马克思主义。

从马克思主义阶级观点审查孔孟之道(下)

我所以多半不能同意时下流行的批孔意见，既经概括地从根本上陈说于前段，此段则分就一些具体问题来说一说。

时下流行的批孔言论，总是指斥孔孟代表着一种“复辟”、“反动”、“倒退”的运动；这在表面上似乎是基于马克思主义的阶级观点而言，其实往往违反了马克思主义而不自知。如像大骂孟子“劳心者治人，劳力者治于人，劳力者食人，劳心者食于人”，即为一好例。在我们今天正向着泯除劳心劳力的阶级分别前进，要走上社会主义道路的时候，信乎要求劳心劳力合一，那是不错的。但你不能以此责备于数千年前的古人。相反的，在古代那时劳心劳力的分工原是人类社会经济发展最初最必要又最大的一步。恩格斯《反杜林论》中，就古希腊罗马奴隶制社会讲出的那一段话，难道没看见吗？杜林对奴隶制怎样发生，为什么存在，在历史上起了何种作用，全不理解，而只对奴隶主的暴力发其高度的义愤，恰是徒有情理而不达于物理。在他冒昧出来反马克思之时，当然遭到恩格斯的反驳。请问现在的人责骂古时的孟子，这与杜林的“义愤”有何区别？

莫以为求公平，讲正义，不计时间，不计空间，不计一切条件，都是要讲求的。那样，不是马克思主义而恰是反马克思主义。《孟子》书中的许行要“贤者(贤统治者)与民并耕而食”，不要“厉民以自养”，正是这样好心肠人；他却是在开历史的倒车，终于是搞不成的事情。劳心劳力分工原是社会经济上往古大进步，属于宇宙自然演进过程，而求公平，讲正义，则属于人为的伦理过程(请回顾第二段前文)。伦理过程后于宇宙自然过程，情理后于物理。如我前文所指出西洋人一直在顺物理走，而独中国人自古好讲情理。好讲情理的孟子，对许行的弟子陈相把经济上所以必要分工的物理讲得十分明白(请看《孟子》原文)，正见出其非常高明通达。今人于此反加以诟病，真乃昧昧！

“君子劳心，小人劳力”的话，原非发于孟子，而是传之自古。古史如《左传》、《国语》等书皆有可证，请参看我近著《试论中国社会的历史发展属于马克思所说亚洲社会生产方式》一文便知。孟子不过述古，即此可见非孟子一人之高明通达，而早在古先中国人便一样通达了。这又证明我所说古中国人理性早启，文化早熟的那个话。

我们祖先既好讲情理又通达物理，确实其聪明过人，但凡事有得就有失，不可知其一，不知其二。观于孟子以通功易事来说明劳心劳力的分家，其非奴隶主与奴隶严重对立的社会固不待言，抑且未见深刻的阶级矛盾，这样，阶级斗争便为之缓和，社会发展为耽误延宕。后来两千多年的历史落于长期淹滞、盘旋不进者，正由此早熟之为病。

时下批孔运动是由批林引起来的。因“克己复礼”像是林彪念念在心的大事，时论便集中批判孔子的“克己复礼”，认为孔子是要复周礼，林彪要复辟资本主义。林贼搞复辟不足论，误以为孔子怀抱复古倒退思想则不容不辩。

"克己复礼"是孔子答颜渊问仁所说的话。"仁者，人也"；"我欲仁，斯仁至矣"。诸弟子之问仁，皆就个人自己生活修养而问，不涉及社会制度。孔子回答的话亦各就其人而指点之，不涉及社会制度。把"复礼"解释为要复周代之礼，全然不对。此其一。

理性主义者一以理性为依归，实事求是，何有所执着。孔子虽重视礼文，礼文却以情理为其内容。此即是说：礼文的本质在情理。情不足而装饰以繁文缛节是最有害不过的。孔子说"礼与其奢也，宁俭；丧与其易也，宁戚"又说"为礼不敬，临丧不哀，吾何以观之哉！"试看《论语》内有关文与质的那些说话，就可明白。孔子认真在情理上，而断不执着于任何徒有其表的礼貌仪文，又何必定要恢复周代之礼？此其二。

然而孔子钦佩周公，深爱其礼乐制作，自属事实。这正因吾族文化早熟(如我所说)，其制作含义深厚，可为典则而来。又须知儒墨诸家各思"以其道易天下"，托古改制是其恒情。康有为著有《孔子改制考》一书，其言未可全信，却亦足备参考。此其三。

时论既误解"克己复礼"为恢复周礼，又误指周代为奴隶制社会，便谓孔子身当奴隶制封建制交替之际出而卫护奴隶制，自属误上加误。孔子之时是阶级社会却非是奴隶制的，近撰《试论中国社会的历史发展属于马克思所谓亚洲社会生产方式》一文辩之甚明，请参看。此其四。

上文曾说农工生产劳动不在孔门教学范围之内，如《论语》所载孔子曾受"四体不勤，五谷不分"之讥，时论因即引此以批孔。读者知道我们今天进行教育改造，那是必要学生参加生产劳动的；但此岂所以追论数千年之往古？大可注意者，倒是在孔门毫无贱视生产劳动的形迹，(如像古希腊罗马那样)，门人既以学农学圃为请，孔子则回答说："吾不如老农"、"吾不如老圃"，古中国人之高明通达不于此可见乎？

批孔漫及于后儒，类如所谓"三纲(君为臣纲，父为子纲，夫为妻纲)五常(仁、义、礼、智、信)"者皆出自后儒，其在近两千年的传统文化社会秩序是起着莫大作用的。若论其利弊得失，乃至孔子的功罪，可分三层来说：

三纲五常的老话，在今天中国早无从谈起——从辛亥革命和"五四"运动以来早经抛弃——然而不管你喜欢不喜欢，它在过去两千年起着莫大作用，这一客观事实，谁能否认？任何事物(社会礼俗在内)总为人所需要而后存在。它存在，而且存在如此之久，就证明它有用，有合于社会需要。它曾长期地维持着社会秩序，让人们从事生产和生活。我民族生命之无比绵长，我民族单位之无比拓大，未始不有赖于此。那么，它所起的作用是好是坏呢？可能有得亦有失，且由人去论定吧。

假如说它是"吃人礼教"，起着坏作用，孔子亦不任其咎。正如同一切学马克思主义者若陷于教条主义的错误，马克思绝不任其咎；那么，后世所形成的礼教，又何得归罪孔子？——孔子是理性主义者，反对教条主义，已说明于前文。再掉转来说，世间一切错误——一切偏执太过之行事——皆从正确引起来的，真正通达的人又何必为儒家规避谴责——以上为第一层。

"民为贵，社稷次之，君为轻"、"君之视臣如手足，则臣视君如腹心；君之视臣如犬马，则臣视君如国人；君之视臣如土芥，则臣视君如寇仇"。——这是孟子明白说过的话，凡旧日读四书的人都念过的。你把吃人礼教和孔孟之道作为一事，岂得谓平？如其孔孟之道就是吃人礼教，吃人礼教就是孔孟之道，则数千年来中国人早被吃光死光，又岂能有民族生命无比绵长，民族单位无比拓大之今日？

显见得孔孟之道自有其真，中国民族几千年实受孔孟理性主义（非宗教独断）之赐；不过后来把生动的理性，活泼的情理僵化了，使得忠孝贞节泥于形式，浸失原意，变成统治权威的工具，那就成了毒品而害人。三纲五常所以被诅咒为吃人礼教，要即在此。

情理何由而僵化了呢？此即由情理的礼俗化。当一种情理（例如忠或孝）被看成是有用的好东西，群求其通行而成为风尚，由风尚而形成礼俗。一切礼俗法制都是社会生活所必须资藉的方法工具。它总有某种程度的固定性和形式化乃便于依据循从，那亦就开头僵化了。然礼俗形成之初，活气未大失，还是好的；日久机械化、惰性加重，便有积重难返之势。末流所至或竞尔不恤人情，有大背情理者。此社会文化老衰之为病，任何个人难负其责；讵可责怪于往昔贤哲？相反的，正为往昔贤哲倡导了理性，自有僵而不死者在，为其后复苏的根本，乃出现三纲五常的老话被抛弃的后来局面。此不独辛亥革命宣传得力于明儒黄黎洲《明夷待访录》，不独“五四”运动的孕育和发生端赖蔡元培（进士、翰林）之主持北京大学，试数看以往历史上革新变法的人物孰非读孔孟书的儒士。今必以腐儒、陋儒，那些偏执欠通之人代表儒家，以复辟倒退、反动等罪名强加于儒家，岂足以服人？

要知道把社会风教文化的前进或衰退看成是某些个人的功罪，便落于唯心论。任何个人都出自社会，一切创造皆在因袭上成其功。周公孔子亦不过中国文化史上可指名的关键性人物；他们的创造活动远不及他们所因袭凭藉的环境基础条件之广大深远。从而论功也吧，论罪也吧，都不必专重在他们身上，何况几千年后的事情自有广大社会群众的推演活动在呢！——以上为第二层。

难道孔孟只有功而无过吗？那亦不然。理性主义是好的(原本无毛病可指)，惜其提出早些，便难落实。理性出于心，而人类生命发展就个体说，就群体(社会)说，却总是身先而心后，自发在先，自觉在后。要必待社会物资生产力发展达到社会主义时期，方是人类理性自在通行充分表现之时；在此之前，强大的身体势力总遏阻着心的透露流行。孔孟那时当然不得行其志。西汉以后的中国，其乱世就是三纲五常的打乱，而所谓治世呢，亦不过一时消极相安之局，总脱不出一治一乱的循环圈。理想不能落实，而又不能放弃理想。论孔孟的过误，就误在倡王道，讲仁政，要行其由上而下的改良主义，阻碍了革命。

三纲五常不是孔子的东西，却总源于孔子的孝悌之教。《论语》(上)：

> 有子曰：其为人也孝悌而好犯上者，鲜矣。不好犯上而好作乱者未之有也。君子务本，本立而道生。孝悌也者，其为仁之本欤！

此其不革命、反对革命是明白的。其所从来是在父慈子孝的伦理情谊，即强调相关系的双方应该互以对方为重。在互以对方为重之中，只许各人想一想自己应尽的义务，(责己、尽其在己)，不要你站在自己的立场主张自己的权利。旧著《中国文化要义》曾指出说：

中国文化最大之偏失就在个人永不被发现这一点上。一个人简直没有站在自己立场说话机会，多少感情要求被抑压，被抹杀。(下略，见原书 281 页)

在扬起革命意识的今天，其不取孔子，复何足怪，此其在儒家所宜自反者乎！——以上为第三层。

天不变道亦不变的反面是天恒变，道亦恒变。近两千年孔子的价值到今天而一大变，固非到此为止，行且有不远而复者，不妨拭目以俟之，可耳。为避免文章冗长，《今天我们应当如何评价孔子》一文即此结束。

上文所为物理、情理、理智、理性等的分析，为便于审思，更制一简表附于后：

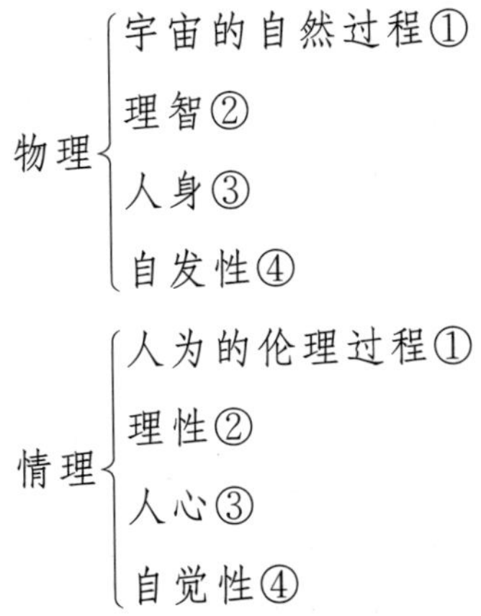

附简表的说明：

①须参看赫胥黎《进化论与伦理学》一书。

②人之认识物理靠理智。理智则以屏除感情，头脑冷静乃得尽其用。

情理发乎吾人理性的温情，正义和公平的要求皆出在此。其认识则反躬自问始逼真。

空想的社会主义偏从情理出发，科学的社会主义则是情理、物理合一的。

③人身属于宇宙自然势力。人与人之间，从乎身既分且隔，从乎心则分而不隔。不隔者，言其通也；痛痒相关，好恶相喻，是已。

④人类社会发展史先是自发性的，后乃进入自觉性。此须参看列宁《怎么办》一长篇大文。

1974年11月8日立冬撰写完成

注释

① 中国人口之多，居世界第一位，即不计算国内各少数民族，单就汉族言之，亦然。汉族人口占全国人口百分之九十四，若加上汉化很深的其他族人，加上海外侨民不失汉化者则将更多。

② 世界史上早见文明开化者，如埃及如希腊等，均不复存于今日。印度虽存在，但曾失其独立民族生命；今虽云独立，却依靠西欧文化为生。世界上只有中国人一直依自己文化而生活，其历史未曾中断。

③ 中国以偌大民族偌大地域，各方风土人情之异，语音之多隔，交通之不便，所以树立其文化之统一者自必有为其民族社会所共信共喻共涵育生息之精神中心在。唯以此为中心而后文化推广得出，民族生命扩延得久，异族迭入而先后而化不为碍。此中心在别处每为一大宗教者，在这里却谁都知道是周孔教化而非任何一宗教。——此段话屡见我旧著。

④ 人们或以孔子诛少正卯的事为问于我，我的回答分两层：第一，我疑非实有其事。其事非但不见于古史如《左传》、《国语》，抑且从未一见其人名。崔东壁《洙泗考信录》是认真考古的好书，既辨其非，请参看。司马迁《史记》有关孔子的记述颇荒谬，有失史职，我另有批评之文，亦请参看。第二，孔子有原则而无教条，请莫用教条主义的眼光来看孔子。我相信没有孔子诛某某之事，假令有之，我以为依然无碍于原则。请看《论语》记载“子绝四：毋意、毋必、毋固、毋我”。

儒佛异同论

儒佛异同论之一

儒佛不相同也，只可言其相通耳。

儒家从不离开人来说话，其立脚点是人的立脚点，说来说去总还归结到人身上，不在其外。佛家反之，他站在远高于人的立场，总是超开人来说话，更不复归结到人身上——归结到成佛。前者属世间法，后者则出世间法，其不同彰彰也。

然儒佛固又相通焉。其所以卒必相通者有二：

一、两家为说不同，然其为对人而说话则一也(佛说话的对象或不止于人，但对人仍是其主要的)。

二、两家为说不同，然其所说内容为自己生命上一种修养的学问则一也。其学不属自然科学，不属社会科学，亦非西洋古代所云“爱智”的哲学，亦非文艺之类，而同是生命上自己向内用功进修提高的一种学问。

敢问两家相通之处其可得而言之耶？曰，是不难知。两家既同为对人而言其修养，则是必皆就人类生命所得为力者而说矣。其间安得不有相通处耶？且生命本性非有二也。生命之所贵在灵活无滞；滞而不活，失其所以为生命矣。生命之所贵在感应灵敏，通达无碍。有隔碍焉，是即其生命有所限止。进修提高云者正谓顺乎此生命本性以进以高也。两家之所至，不必同，顾其大方向岂得有异乎？

譬如孔子自云："七十从心所欲不逾矩"，而在佛家则有恒言曰："得大自在"；孔门有四毋——毋意、毋必、毋固、毋我——之训，而佛之为教全在"破我法二执"，外此更无馀义。善学者盖不难于此得其会通焉。然固不可彼此相附会而无辨也。

儒佛异同论之二

佛教传入中国后，社会上抵拒之者固有其人，而历来亦有不少躬行修养之儒者领悟于彼此相通之处辄相附会而无辨焉，是不可不再一申论之。

儒书足以徵见当初孔门传授心要者宜莫如《论语》；而佛典如《般若心经》则在其大乘教中最为精粹，世所公认。《论语》辟首即拈出悦乐字样，其后乐字复层见叠出，偻指难计，而通体却不见一苦字。相反的，《般若心经》总不过二百数十字之文，而苦之一字前后凡三见，却绝不见有乐字。此一比较对照值得省思，未可以为文字形迹之末，或事出偶然也。

是果何为而然耶？是盖两家虽同以人生为其学术对象，而人生却有两面之不同，亦且可说有两极之不同。

何言两面不同？首先从自然事物来看，人类生命原从物类生命演进而来，既有其类近一般动物之一面，又有其远高于任何动物之一面。

复次，由于客观事实具此两面，在人们生活表现上，从乎主观评价即见有两极。一者高极；盖在其远高于动物之一面，开出了无可限量的发展可能性，可以表现极为崇高伟大之人生。它在生活上是光明俊伟，上下与天地同流，乐在其中的。一者低极；此既指人们现实生活中类近于动物者而言，更指其下流、顽劣、奸险、凶恶远非动物之所有者而言。它在生活上是暗淡龌龊的，又是苦海沉沦莫得自拔的。

两面之于两极，自是有着很大关联，但不相等同。人类近于一般动物之一面，不等于生活表现上之低极；人类远高于任何动物之一面，不等于生活表现上之高极。此必不可忽者。

后一面与前一极为儒家之学所自出，而从前一面与后一极就产生了佛家之学。以下分别叙述两家为学大旨，其相通而不可无辨之处随亦点出。

儒家之为学也，要在亲切体认人类生命此极高可能性而精思力践之，以求"践形尽性"，无负天（自然）之所予我者。说它"乐在其中"，意谓其乐有非世俗不学之人所及知也。如我夙昔之所论断，此学盖为人类未来文化在古代中国之早熟品。它原应当出现于方来之社会主义社会中。出现过早，社会环境不适于其普及发展。历来受其教益，能自振拔者非无其人，亦殊不多矣。近代西学人中国后，留心及此者更少，其价值乃益不为人所知，正为世人对它缺乏现实经验故也。

人生真乐必循由儒家之学而后可得。却非谓舍此而外，人生即无乐之可言。人类生命无限可能性为人所同具，虽不必知此学，或由天资近道，或由向上有志，或由他途修养，均未尝不可或多或少有以自拔于前文所云低极者，其生活中苦之感受便为之减少，或且有以自乐焉。

于是要问：苦乐果何由而定乎？苦也，乐也，通常皆由客观条件引起来却决定于主观一面之感受如何，非客观存在而不可易者。俗说“饥者易为食”，在受苦后辄易生乐感，掉转来亦复有然。其变易也，大抵寄于前后相对比较上；且不为直线发展，而恒表现为辩证地转化。即苦乐之增益恒有其适当限度，量变积而为质变，苦极转不见苦，乐极转失其乐。又须知主观一面——人的各自生命——是大有不同的，即在同一人又各时不同，从而对于同一客观条件往往可以引起大不相同的感受。凡此皆不及详论。

扼要言之：乐寄于生命流畅上，俗说“快活”二字，实妙得其旨。所不同者，世俗人恒借外来刺激变化以求得其流畅，而高明有修养（儒学或其他）之士则其生命流畅有不假外求者耳。反之，苦莫苦于深深感受厄制而不得越。厄制不得越者，顿滞一处，生命莫得而流通畅遂其性也。《般若心经》之必曰“度一切苦厄”者以此。

为儒学者，其生活中非不有种种之苦如一般人所有，第从其学力苦而不至于厄耳。学力更高，其为感受当然又自不同焉。宋儒有“寻孔颜乐处”之说，明儒有“乐是乐此学，学是学此乐”之说，不亦可为很好左证之资乎。

佛学以小乘教为其基础，大乘教表现若为一翻案文章者，而实则正是其教义之所由圆成也。“苦”、“集”、“灭”、“道”四谛是小乘教义，基于“起惑”、“造业”、“受苦”的人生观而来，而此人生观则得之于寻常见到的人类现实生活也。《般若心经》“无无明亦无无明尽，乃至无老死亦无老死尽；无苦、集、灭、道，无智亦无得”云云。则为对此表示翻案的说话。此一翻案是必要的，亦是真实语。设使世间一切之非虚妄无实也，则出世间又岂可能乎？

世间一切云何虚妄无实？世间万象要依众生生命（人的生命及其他生命）以显现，而佛家则彻见众生皆以惑妄而有其生命也。试看生命活动岂有他哉，不断贪取于外以自益而已。凡众生所赖以生活者胥在此焉。分析言之，则于内执我而向外取物；所取、能取是谓二取；我执、法执是谓二执。凡此皆一时而俱者，生命实寄于此而兴起。佛教目为根本惑（根本无明），谓由此而番衍滋蔓其他种种惑妄于无穷也。

起惑，造业，受苦三者相因而至，密切不可分。自佛家看来，人生是与苦相终始的。正以人之生也，即与缺乏相伴俱来。缺乏是常，缺乏之得满足是暂。缺乏是绝对的，缺乏之得满足是相对的。缺乏不安即苦（苦即缺乏不安），必缺乏而得满足乃乐耳。则佛家看法不其然乎？

众生莫不苦，而人类之苦为甚。何以故？正唯人类生命有其乐的可能之一极端，是乃有其另一极端之苦不可免地见于大多数人现实生活中。

佛家之学要在破二执、断二取，从现有生命中解放出来。在一方面，世间万象即为之一空；在另一方面则实证乎通宇宙为一体而无二。——自性圆满，无所不足，成佛之云指此。所谓出世间者，其理如是如是。读者勿讶佛家涉想之特奇也。既有世间，岂得无出世间？有生灭法，即有不生灭法。生灭托于不生灭；世间托于出世间。此是究竟义，惜世人不晓耳。

上文以厄制言苦，只为先以生命流畅言乐之便而言之，未为探本之论。苦乐实起于贪欲；贪欲实起于分别执着。——内执着乎我，外执着乎物。厄制之势盖在物我对待中。积渐形成。它成于积重难返之惯性上，一若不可得越者；然果我执之不存也，尚何厄制可言乎？

我执有深浅二层：其与生俱来者曰“俱生我执”，主要在第七识（末那识）恒转不舍；其见于意识分别者曰“分别我执”，则存于第六识

(意识)上而有间断。自非俱生我执得除，厄制不可得解。色、受、想、行、识五蕴(总括着身心)实即生命之所在；它既从我执上以形成，而在众生亦即依凭之以执有我。必“行深般若波罗密多”，“照见五蕴皆空”，乃“度一切苦厄”者，正言必其在我执之根除也。我执根除必在行深般若波罗密多时，亦即诸佛所由之以成佛者；若是，则我执根除之匪易也，可知矣！

一切苦皆从有所执着来。执着轻者其苦轻，执着重者其苦重。苦之轻重深浅，随其执着之轻重深浅而种种不等。世有“知足常乐”之语，盖亦从不甚执着则不甚觉苦之经验而来。俗云“饮食男女人之大欲”；此盖从一切生物之所共具的个体存活、种类蕃殖两大问题而来，前谓人之生也与缺乏相伴俱来者，亦即指此。众生于此执着最深最重，其苦亦深亦重。人类于此虽亦执着深重，其为苦之深重或且非物类所得相比。然以人类生命具有(自主)变化之无限可能性，故终不足以厄制乎人也。

人心执着之轻重深浅，因人而异。且不唯各个生命习气有所不同，在社会文化发展各阶段上亦复不相等同。譬如远古蒙昧未开化之人群，心地淳朴，头脑简单，一般说来其分别、计较、弯曲、诡诈较少，其执着即较浅，其为苦也不甚。同时，其于乐趣之理会殆亦不深。然在两千五百年前的中国社会和印度社会，其文化程度却已甚高，其人心思开发殆不后于今人，则表现在生活上高极者低极者当备有之。设非有此前提条件则儒佛两家之学亦将无从产生也。

儒佛两家之学均为人类未来文化在古代东方出现之早熟品，旧著《东西文化及其哲学》、《中国文化要义》各书均曾论及，且将有另文申论之，这里从省。

孔门毋意、毋必、毋固、毋我之训，有合于佛家破我法二执之教义，固可无疑；然其间之有辨别亦复昭然不掩。试略言之。——

如前论所云，两家同为在人类生命上自己向内用功进修提高的一种学问。然在修养实践上，儒家则笃于人伦，以孝弟慈和为教，尽力于世间一切事务而不怠；佛徒却必一力静修，弃绝人伦，屏除百事焉。问其缘何不同若此？此以佛家必须从事甚深瑜伽功夫(行深般若波罗密多)，乃得根本破除二执，从现有生命中解放出来，而其事固非一力静修，弃绝人伦，屏除百事不可也。儒家所谓“四毋”既无俱生执、分别执之深浅两层，似只在其分别意识上不落执着，或少所执着而已。在生活上儒者一如常人，所取、能取宛然现前，不改其故。盖于俱生我执固任其自然而不破也。

不破俱生我执而俱生我执却不为碍者，正为有以超越其上，此心不为形役也。物类生命锢于其形体机能；形体机能掩盖了其心。人类生命所远高于动物者，即在心为形主，以形从心。人从乎形体不免有彼此之分，而此心则浑然与物同体，宇宙虽广大可以相通而无隔焉。唯其然也，故能先人后己，先公后私，以至大公无私，舍己而为人，或临危可以不惧，或临财可以不贪，或担当社会革命世界革命若分内事，乃至慷慨捐生、从容就义而无难焉。俱生我执于此，只见其有为生命活动一基础条件之用，而曾不为碍也，岂不明白矣乎？

佛家期于“成佛”，而儒家期于“成己”，亦曰“成己、成物”，亦即后世俗语所云“作人”。作人只求有以卓然超于俱生我执，而不必破除俱生我执。此即儒家根本不同于佛家之所在。世之谈学术者，其必于此分辨之，庶几可得其要领。

然而作人未易言也，形体机能之机械性势力至强，吾人苟不自振拔以向上，即陷于俱生我执、分别我执重重障蔽中，而光明广大之心不可见，将终日为役于形体而不自觉，几何其不为禽兽之归耶？

是故儒家修学不在屏除人事，而要紧功夫正在日常人事生活中求得锻炼。只有刻刻慎于当前，不离开现实生活一步，从“践形”中求所以“尽性”，惟下学乃可以上达。

儒佛两家同事修养功夫，而功夫所以不同者，其理如是如是。

或问：儒佛两家功夫既如此其不同矣，何为而竟有不少躬行修养之士乃迷离于其间耶？应之曰：此以其易致混淆者大有深远根源也在。试略言之。

前不云乎，生灭托于不生灭，世间托于出世间。所谓生灭法、世间法者非他，要即谓众生生命而人类生命实居其主要。其不生灭法或出世间云者，则正指宇宙本体也。儒佛两家同以人类生命为其学问对象，自非彻达此本源，在本源上得其着落无以成其学问。所不同者：佛家旨在从现有生命解放出来，实证乎宇宙本体，如其所云“远离颠倒梦想，究竟涅槃”（《般若心经》文）者是。儒家反之，勉于就现有生命体现人类生命之最高可能，彻达宇宙生命之一体性，有如《孟子》所云“尽心、养性、修身”以至“事天、立命”者，《中庸》所云“尽其性”以至“赞天地之化育”、“与天地参”者是。

然而菩萨“不舍众生、不住涅槃”；此与儒家之尽力世间者在形迹上既相近似，抑且在道理上亦非有二也。儒家固不求证本体矣，但若于本源上无所认识徒枝枝节节黾勉于人事行谊之间，则何所谓“吾道一以贯之”乎？故“默而识之”是其首要一着，或必不可少者。“默识”之云，盖直透本源，不落能取所取也。必体认及此，而后乃有“戒慎乎其所不睹，恐惧乎其所不闻”（见《中庸》）之可言。其曰“不睹、不闻”正点出原不属睹闻中事也。后儒阳明王子尝言“戒慎恐惧是本体，不睹不闻是功夫”，是明告学者以功夫不离本体。衡以体用不二之义，功夫必当如是乎。

宋明以来之儒者好言心性、性命、性天以至本心，本体……如是种种，以是有“性理之学”之称。凡西洋之所谓哲学者只于此仿佛见之，而在当初孔门则未之见也。此一面是学术发展由具体事实而抽象概括之自然趋势；更一面是为反身存养之功者，其势固必将究问思考及此也。顷所云迷离混淆于两家之言者皆出在此时。不唯在思想上迷混已也，实际功夫上亦有相资为用之处。虽儒者排佛更多其人，而迷混者却不心服，盖以排佛者恒从其粗迹之故。

吾文于本、末、精、粗析论不忽，或者可资学人参考者乎？然最后必须声明：一切学问皆以实践得之者为真，身心修养之学何独不然。凡实践所未至，皆比量猜度之虚见耳。吾文泰半虚见之类，坦白自承，幸读者从实践中善为裁量之，庶免贻误。

（1966 年 11 月 10 日写竟于小南屋）

儒佛异同论之三

儒佛异同既一再为之析论如右矣，忽又省觉其有所遗漏，宜更补充言之。

何言乎有所遗漏？人类实具有其个体生命与社会生命之两面，不可忽忘。儒佛两家同为吾人个体生命一种反躬修养的学问，是固然矣；顾又同时流行世界各地，为中国、日本、印度及其他广大社会风教之所宗所本，数千年来在其社会生活中起着巨大作用，有好果亦有恶果，种种非一，而右所论列曾未之及；是即须略为言之者。

在此一方面：佛家为世界最伟大宗教之一，而儒家则殊非所谓宗教，此其异也。儒非宗教矣，然其为广大社会风教之所宗所本，论其作用实又不异乎一大宗教焉。世人有由是而目以为宗教者，此即当下有待辨析之问题。

往者常见有“儒、释、道三教”之俗称；清季康有为陈焕章又尝倡为“孔教会”运动；民国初年议订宪法，亦有主张以“孔教”为国教者，其反对之一方颇辨孔子之非宗教，论争热烈。此正以其事在疑似之间，非片言可以解决也。求问题之解决，必先明确何谓宗教。

对于宗教，旧著《东西文化及其哲学》、《中国文化要义》各书皆曾有所阐说，读者幸取而参看，这里不拟再事广论。只申明夙日观点用资判断此一问题。

宗教是人类社会的产物，为社会意识形态之一种。如世界历史之所显示，自今以溯往，它且是社会生活中最有势力之一种活动。其稍见失势，只不过晚近一二百年耳。人世间不拘何物，要皆应于需要而有。宗教之为物，饥不可为食，渴不可为饮，其果应乎人生何种需要而来耶？如我夙昔所说：

> (上略)这就因为人们的生活多是靠希望来维持，而它是能维持希望的。人常是有所希望要求，就借着希望之满足而慰安，对着前面希望之接近而鼓舞，因希望之不断而忍耐勉励。失望与绝望于他是太难堪。然而怎能没有失望与绝望呢？恐怕人们所希求者不得满足是常，而得满足的不多吧！这样一览而尽，狭小迫促的世界谁能受得？于是人们自然就要超越知识界限，打破理智冷酷，辟出一超绝神秘的世界来，使他的希望要求范围更拓广，内容更丰富，意味更深长，尤其是结果更渺茫不定。一般宗教就从这里产生，而祈、祷、禳、祓为一般宗教所不可少亦就在此。虽然这不过是世俗人所得于宗教的受用，了无深义；然宗教即从而稳定其人生，使得各人能以生活下去，不致溃裂横决。(旧著《中国民族自救运动之最后觉悟》第 57 页)

据此而分析言之，所谓宗教者：一方面都是从超绝于人的知识、背反于人的理智那里，立它的根据；一方面又都是以安慰人的情感、勖勉人的意志为它的事务。试看从来世界所有宗教，虽大小高下种种不等，然而它们之离不开祸福、生死、鬼神却绝无二致；求其所以然之故，正在此。——正为祸福、生死、鬼神这些既是人们情志方面由以牵动不安之所在，同时对于人们知见方面来说又恰是超绝莫测，神秘难知之所在也。[①]

上面所说如其肯定不错的话，则孔子之为教与一般所谓宗教者殊非一事，亦可肯定无疑。何以言之？此从《论语》中徵之孔子所言所行而充分可见也。略举数则如次：

> 季路问事鬼神。子曰：未能事人，焉能事鬼。曰：敢问死。子曰：未知生，焉知死。
>
> 子不语怪、力、乱、神。
>
> 樊迟问知。子曰：务民之义，敬鬼神而远之，可谓知矣。
>
> 子疾病，子路请祷。子曰：有诸？……丘之祷久矣！
>
> 王孙贾问曰："与其媚于奥，宁媚于灶"何谓也？子曰：不然，获罪于天，无所祷也。

即此而观，孔子之不走一般宗教道路，岂不昭昭乎？

孔子而后代表儒家者必数孟子、荀子。孟子尝言"莫之为而为者，天也；莫之致而至者，命也"；其不承认有个"上帝"主宰着人世间的事情，十分明白。荀子则更属儒家左派，反对"错人而思天"；又说君子"敬其在己，而不慕其在天"。其他例证尚多，不烦备举。一言以断之，世有以儒家为宗教者，其无当于事实，盖决然矣。

然而单从不随俗迷信，不走宗教道路来看孔子和儒家。尚失之片面未为深知孔子也。须知孔子及其代表之儒家既有其极远于宗教之一面，更有其极近于宗教之一面，其被人误以为宗教，实又毫不足怪焉。

儒家极重礼乐制度，世所知也。礼乐之制作，大抵因依于古而经过周公之手者，殊为孔子之所钦服，如所云“郁郁乎文哉吾从周”是也。其具体内容在形迹上正多宗教成分，如祭天祀祖之类是。孔子于此，诚敬行之，备极郑重。有如《论语》所记：

> 祭如在。祭神，如神在。子曰：吾不与祭，如不祭。

又且时加赞叹，如云：

> 禹，吾无间然矣！菲饮食而致孝乎鬼神，（中略）。禹，吾无间然矣。

然于时俗之所为者又非漫无抉择也；如云“非其鬼而祭之，谄也”之类是。

孔子何为而如是，外人固未易识。墨家尝讥儒者“无鬼而学祭礼”，正是感觉其中有些矛盾。然实非矛盾也。孔子盖深深晓得尔时的社会人生是极需要宗教的，但又见到社会自发的那些宗教活动弊害实多，不安于心，亟想如何使它合理化，既有以稳定人生，适应社会需要，复得避免其流弊。恰在此时，领悟到周公遗留下来的礼乐制度涵义深远，与此有合，于是就“述而不作”——其实述中有作——力为阐扬。在不求甚解之人，辄从形迹上目以为宗教而无辨也，固宜。

假如孔子之垂教示范遂如上所举者而止也，则亦谁敢遽然判断儒家之果不为宗教？吾人之识得其决定非宗教者，实以孔门学风显示出其在积极地以启导人们理性为事也。人类理性之启导，是宗教迷信、独断、固执不通之死敌，有此则无彼也。

此在《论语》中可以证明者甚多，试举其两例如次：

> (一)宰我问：三年之丧期已久矣。君子三年不为礼，礼必坏；三年不为乐，乐必崩。旧谷既没，新谷既升，钻燧改火，期可已矣。子曰：食夫稻，衣夫锦，于汝安乎？曰：安。汝安则为之！夫君子之居丧，食旨不甘，闻乐不乐，居处不安，故不为也。今汝安则为之。宰我出。子曰：予之不仁也！子生三年，然后免于父母之怀。三年之丧，天下之通丧也。予也，有三年之爱于其父母乎？
>
> (二)子贡欲去告朔之饩羊。子曰：赐也！尔爱其羊，我爱其礼。

如所常见，宗教中的礼节仪式不论巨细，一出自神职人员之口，便仿佛神秘尊严，不容怀疑，不可侵犯。然在孔门中虽其极所重视之礼文，亦许可后生小子从人情事理上随意讨论改作。尽你所见浅薄幼稚，老师绝不直斥其非，而十分婉和地指点出彼此观点之不同，教你自己从容反省理会去。这是何等伟大可贵的人类理性精神！何等高超开明的风度！此岂古代宗教所可能有的？

又假如孔子后学于儒家礼乐具有之宗教成分，不明白地剖说其意义所在，则两千数百年后之吾人亦何能强为生解？其迹近宗教而实非宗教，固早已由孔子后学自白之于两千多年前也。此从《荀子》书中可以见之。例如其《礼论篇》之论祭礼有云：

> 祭者思慕之情也，忠信爱敬之至矣！礼节文貌之盛矣！苟非圣人莫之能知也。圣人明知之，君子安行之；官人以为守，百姓以成俗。其在君子以为人道也；其在百姓以为鬼事也。[②]

又在其《天论篇》论及祈祷等事，有云：

> 雩而雨，何也？曰：无他也，犹不雩而雨也。日月食而救之，天旱而雩，卜筮然后决大事，非以为求得也，以文之也，故君子以为文，百姓以为神。

儒家非貌为宗教有意乎从俗而取信也。独在其深识乎礼乐仪文为社会人生所必不可少耳。

人类远高于动物者，不徒在其长于理智，更在其富于情感。情感动于衷而形著于外，斯则礼乐仪文之所从出而为其内容本质者。儒家极重礼乐仪文，盖谓其能从外而内以诱发涵养乎情感也。必情感敦厚深醇，有发抒，有节蓄，喜怒哀乐不失中和，而后人生意味绵永乃自然稳定。

人们情志所以时而不稳定者，即上文所云“人们的生活多是靠前面希望来维持”，失其重心于内而倾欹在外也。此则不善用理智，有以致之者。

理智之在人，原为对付外物处理生活之一工具；分别、计较、营谋、策划是其所长。然由是而浑融整个的人生乃在人们生活中往往划分出手段、方法与目的，被打断为两截，而以此从属于彼，彼则又有所从属，如是辗转相寻，任何一件事的意义和价值仿佛都不在其本身。其倾欹乎外而易致动摇者实为此。

又须知：人生若理智之运用胜于情感之流行，则人与大自然之间不免分离对立，群己人我之间更失其亲和温润，非可大可久之道。唯墨家未省识乎此，乃倡为节葬、短丧而非乐；唯儒家之深识乎此也，故极重礼乐以救正之焉。

孔子正亦要稳定人生，顾其道有异乎一般宗教之延续人们时时地希望于外者；如我在旧著所说：

> （上略）他（孔子）给人以整个的人生。他使你无所得而畅快，不是使你有所得而满足；他使你忘物，忘我，忘一切，不使你分别物我而逐求。怎能有这大本领？这就在他的礼乐。（《中国民族自救运动之最后觉悟》第58页）

何言乎忘物，忘我，忘一切？信如儒家所云礼乐斯须不去身者，（《礼记》原文：“礼乐不可斯须去身。”）人的生命时时在情感流行变化中，便释然不累于物耳。生死祸福，谁则能免？但得此心廓然无所执着，则物来顺应，一任其自然哀乐之情而不过焉，即在遂成天地大化之中而社会人生于以稳定。稳定人生之道孰有愈于此者？

鬼神有无，事属难知。“知之为知之，不知为不知，是知也”；遽加肯定或遽加否定，两无所取。第从感情上丰富其想像仰慕，而致其诚敬，表其忠爱，却在古代社会稳定人生备极重要有力。孔子之“祭如在；祭神如神在”；又说“敬鬼神而远之”；试理会其义，或在此乎？

是故我在旧著《中国文化要义》中说：

> 大约祀天祭祖以至祀百神这些礼文，（中略）或则引发崇高之情，或则绵永笃旧之情，使人自尽其心而涵厚其德，务郑重其事而妥安其志。人生如此，乃安稳牢韧而有味，却并非向外（神灵）求得什么。

又接着做结束说：

> 礼乐使人处于诗与艺术之中，无所谓迷信不迷信，而迷信自不生。（中略）有宗教之用而无宗教之弊；亦正唯其极邻近宗教，乃排斥了宗教。③

儒家以后世统治阶级之利用推崇，时加装点扮饰，乃日益渐具一宗教之形貌；然在学术上岂可无辨？“儒教”或“孔教”之名，自不宜用。我一向只说“周礼教化”，以免混淆。周孔教化，从古人之用心来说是一回事；从其在社会上两千年来流传演变所起作用所收效果来说，又是一回事。论其作用暨后果有好有恶，事实具在总不可掩。论周孔之用心，如我浅见，其务于敦厚人情风俗（仁）而亟望人们头脑向于开明，远于愚蔽（智）乎？凡此，旧著《中国文化要义》既均有论及，今不更陈。

质言之，在社会生活方面，佛家是走宗教的路，而儒家则走道德的路。宗教本是一种方法，而道德则否。道德在乎人的自觉自律；宗教则多转一个弯，俾人假借他力，而究其实此他力者不过自力之一种变幻。

佛家作为一种反躬修养的学问来说，有其究竟义谛一定而不可易。从其为一大宗教来说，则方便法门广大无量而无定实。此其所以然：一则宗教原为社会的产物，佛教传衍至不同时代，不同地域，便有许多变化不同；再则当初释迦创教似早有种种安排，如中土佛徒判教有“五时八教”等说者是。由是须知佛教实是包含着种种高下不等的许多宗教之一总称。人或执其一而非其馀，不为通人之见也。（但时不免邪门外道之搀杂，亦须拣别。）

然而不可遂谓佛家包罗万象，即无其统一旨归也。中土佛徒判教之所为，盖即着重在其虽多而不害其为一。此一大旨归如何？浅言之，即因势利导，俾众生随各机缘得以渐次进于明智与善良耳。（不必全归于出世法之一途）旧著《印度哲学概论》于此曾略有阐说，请参看。儒佛本不可强同，但两家在这里却见其又有共同之处。

榷论儒佛异同，即此为止。

原稿写于 1966 年，一切书物尽失之后。

1972 年国庆节前夕漱识。

注释

① 费尔巴哈的《宗教的本质》、《基督教的本质》各书有许多名言足资参考，例如：

依赖感乃是宗教的根源。

弱者而后需要宗教，愚者而后接受宗教。

唯有人的坟墓才是神的发祥地。

世上若没有死这回事，那亦就没有宗教了。

②《前汉书·韦贤传》：永光四年议罢郡国庙，丞相韦玄成等七十人议，皆曰：“臣闻祭非自外至者也，由中出于心也，故唯圣人为能飨帝，唯孝子为能飨亲。”——观此，则汉儒见解犹能代表孔子后学而未失其宗旨。

③“宗教宜放弃其迷信与独断而自比于诗”之说，发之于西方学者桑戴延纳；时人冯友兰曾引用其说而指出中国古代儒家正是早将古宗教修正转化为诗与艺术，见其所著《中国哲学史》。

我心中的苦闷*

——由本校种种缺憾所感觉得来的

其次要讲的是自己心中的苦闷。这苦闷是从本校的种种缺憾而感着的；但这所谓缺憾，不仅是本校的，而是从学校制度的本身所有。学校制度自从欧美流入中国社会以来，始终未见到何等的成功，倒贻给社会许多的病痛。这是因为它：

一面是不合于教育的道理；

一面又是不合于人生的道理。

学校制度不合于教育道理之处甚多。总括来说，教育原是长养人发达人的智力体力各种能力的；但照现在结果，却适得其反。就体育一科说吧，对于人们的身力，不见其长养，却见其戕害，其中许多简直是有碍我们健康的了。至于说到知识方面的教育，可说为现行学校制度最着重的所在；然而我们尤见其窒塞人们的智慧罢了。痛切言之，现在学校教育，是使聪明的人变成愚钝，使有能力的人变为无能力的废物，所以，不能不说它不合于教育的道理。

---

* 选自《梁漱溟教育文集》：《抱歉——苦痛——一件有兴味的事》一文之一段。

我们学校，此刻差不多都因袭一般的惯例来办，尚未及有所改造。因此，如上所说的缺憾病痛，我们亦应有尽有，这使我心里感着满腹的痛苦。

其次是不合于人生道理的。现在的学校制度，也同样是犯很大的病痛。我们的社会(不但我们的乃至全世界)还没有做到“合理”的地步，要使它种种变为合理的，本来很难；但是在教育的范围内，却不应当承认这种不合理的存在。即是说，虽然这些“不合理”或在事实上尚未能改除于一般社会，而在教育里面则应先不予以承认而竭力减少它在教育里面的存在。因为教育一事，在社会中唯它是最应当含具理想的；是最应当趋向着理想走的。说到此处，应知教育有一个根本原则，亦可云两个必要条件：教育之一事应当一面在事实上不离开现社会；而一面在精神上要领导现社会。此谓教育，在许多事实上，愈接近愈符顺现社会愈好；而精神上则宜有超离现社会者。缺前一条件，其教育必且为社会病；缺后一条件，其教育必无所进益于社会：皆不足以言教育。可是我们现在的学校教育，恰好与此原则相背反。就是在事实上，它离开了现社会，不合实际而与实际乖牾；在精神上，它又随现社会走，全无理想，以领导社会。譬如学生在学校里或学生在社会里养成的一种城市生活习惯，而且在城市里亦是完全不平民化的生活，使得乡间儿童到县城里入了高等小学以后，便对他旧日乡村简朴生活过不来：旧日饭亦不能吃了，旧日衣亦不能穿了；茶亦没得喝，烟亦没得吃，种种看不来，种种耐不得。而乡村农家应具的知识能力，又一毫无有，代以学校里半生不熟绝不相干的英文、理化等学科知识；乡间的劳作一切不能作，代以体操、打球运动与手足不勤的游惰习惯：在小学亦如此。再进一步而入中学，再进一步而入大学，则其习惯之濡染一级高一级，其所学之无裨实际，不合于社会需要，亦弥以愈远。在子女教育一面，其弊尤为昭露，几乎可以说它(指学校)是替另外一个社会办教育养人才，而不是替此社会办教育养人才。这大概是因为我们的社会与外国社会在种种方面都差离得很远很远，人家所具备的条件，我们统通没有；而独此学校制度则生吞活剥从人家那里搬移过来，安得不凿枘呢？在事实上它既如此，几乎要脱离现社会，而在精神上它又低头随着现社会走，全无半点理想。譬如现社会中人们的生活享用不平等，诚然不能遽强之使平；然而学校里面却应当设法使它没有不平等的阶级存在，这并不是不可能的事。乃即在学校的学生生活，都不能向平民化去做，而俨然养成一种贵族生活。我有一北方朋友，他常说笑话：小学生就是小贵族，大学生就是大贵族，女学生就是女贵族。且不言其他，即如本校用杂役至五十余人之多，学生在宿舍教室都用人伺候，这明明以另一阶级自待，不肯居于平民之列。现社会间不合理之事而办教育者予以承认，此影响于学生心理者实大。如此还要说“革命化的教育”，将谁欺乎？

又譬如现社会中人因有贫富之不同，所以在一切消费享受的机会上便不平等；这其间的不平等，我觉得问题都还小，唯有一桩问题的确重大，就是在受教育的机会上不平等。一则不得受教育是人生的悲惨远过于其他的啬遇；一则不得受教育更断了他以后增进经济地位的机会，所以这种的不平等是太残酷了。然而现在的学校完全随着现社会而商业化了，学生不缴费，就不得入学读书，如同商业交易一般，绝无人情可讲。本来现社会的“商业化的人生”就不合理，而用之于教育尤其不当。又以现在社会中生计之艰窘与求学费用之特高，让我们时常遇到这悲惨遭遇的青年，时时感着内心的苦痛。我以为教育家而不能于其自己事业的范围内想法努力免除或减少此类事情，他很可以不必办教育。

还有一层，现在的学校也太法律制裁化了；像法官一样，一切要“照章办理”。譬如一个学生犯了规则，必要惩罚他，重者还要开除他的学籍。须知国家用法律制裁人民，是一种不得已；他一面用法律制裁人，一面还望教育来补法律之不足，救法律的偏失。如果教育里面不讲教育而还讲法律，那很可不用教育了。我以为合理的人生除掉旁人不愿来接近我们外，我们是不应当无情的拒绝人的。我总不愿有开革学生的事，但我们现在都不能免呀！

所有社会上的不合理与缺憾，在教育里面都不求其免除或减少，实不足言教育领导社会之使命。我们学校也依旧随波逐流，不能免除这种种缺憾；我对于这些事，使我的内心很觉得苦闷。——这是第二段话。

我们办学之真动机*

我们办学的真动机，不是什么想研究东方文化——这是我们将来办大学的旨趣。我们的真动机是在自己求友，又与青年为友。兹先说明与青年为友之一义。盖从我们对于教育的观念而言，所谓办教育就应当是与青年为友之意。所谓与青年为友一句话含有两层意思：一、是帮着他走路；二、此所云走路不单是指知识技能往前走，而实指一个人的全生活。然现在学校的教育则于此两层俱说不到。现在的学校只是讲习一点知识技能而已，并没照顾到一个人的全生活，即在知识技能一面也说不到帮着走路。单说在知识技能一面帮着走路，就当是对每个学生有一种真了解——了解他的资质和其在这一项学问上之长短——而随其所需加以指点帮助；像现在这样只是照钟点讲功课，如何能说到此。而且教育只着眼知的一面，而遗却其他生理心理各面，恐怕是根本不对的；何况要讲求知识技能，也非照顾上生理心理各面不行。我的意思，教育应当是着眼

---

* 选自《梁漱溟教育文集》：《办学意见略述》一文中一段。

一个人的全生活而领着他去走人生大路，于身体的活泼、心理的活泼两点，实为根本重要；至于知识的讲习，原自重要，然固后于此。现在的学校虽也说什么训育，讲什么体育，但实在全不中用。因为要在全生活上帮着走路，尤非对每个学生有一种真了解——了解他的体质、资禀、性格、脾气、以前的习惯、家庭的环境，乃至他心中此刻的问题思想——而随其所需，随时随地加以指点帮助才行。若现在办学校的人，对于他的学生生理上心理上发生什么病态，很可以全然不晓得。乃至学生中有自杀的大事变，他不过事后吃一惊，还说什么教育，还说什么训育体育！一句话，就是：他们始终不肯与青年为友，所以说不到帮着他走路，所以说不到教育。要办教育，便须与学生成为极亲近的朋友而后始能对他有一种了解，始能对他有一些指导。我们办学的真动机，就是因为太没有人给青年帮忙，听着他无路走，而空讲些干燥知识以为教育，看着这种情形心里实在太痛苦，所以自己出来试做。再具体的申说两句，就是我们看青年学生中大概似不外两种人：一种是堕落不要强的，在学校就鬼混，毕业就谋差赚钱挥霍；一种是自知要强的而常不免因人生问题社会环境而有许多感触，陷于烦闷痛苦。像这两种人，你只望到他们讲功课，实在不中用——现在的学校就是这样不中用的教育。现在青年在这种教育下，自己走投无路，实在可怜！我们想与他为友，堕落的怎样能引导他不堕落而奋勉，烦闷的怎样能指点他而得安慰有兴致。总而言之，都要他们各自开出一条路子来走，其如何求知识学问、练习作事，不待言而自然都可以行了。论到从堕落引转而不堕落，从烦闷引转而不烦闷，这段起死回生的神功，谁敢轻易说这句话，核实来我们并未必能帮忙得几何。不过鉴于别人全不管，我们极想从此点尽力则是真的。这便是我们办学的真动机所在。

次当说我们自己求友之一义。我们办学一面固是想与青年为友，一面也是与自己求友；一面固是帮青年走路，一面还想得些有心肝的好汉子大家彼此帮忙走路。学生社会固常不出堕落烦闷两边，便是我们个人何尝能免于此？即不堕落不烦闷了（殆难有此），难道知识学问其他能力亦已完足？人生始终是有所未尽而要往前走的，即始终是有赖师友指点帮助的。照我的意思，一学校的校长和教职员原应当是一班同气类的，彼此互相取益的私交近友，而不应当只是一种官样职务的关系，凑在一起。所谓办教育就是把我们这一朋友团去扩大它的范围——进来一个学生即是这一朋友团内又添得一个新朋友。我们自己走路，同时又引着新进的朋友走路；一学校即是一伙人彼此扶持走路的团体。故而，我们办学实是感于亲师取友的必要，而想聚拢一班朋友同处共学；不独造就学生，还要自己造就自己。

教育的出路与社会的出路*（节选）

我们且先讲一讲题面。何谓教育的出路？凡一种教育有成效见于社会，因而社会要求发展此教育，教育有其发展之前途者便是。反之，教育没有成效可见，却为社会制造出许多问题来，招致社会的诅咒，要求其改造，那样教育便是无出路的。何谓社会的出路？这大约应有两面条件：一面从社会中的个人看能得安居乐业，再一面从整个社会看能得向上进步者便是。反之，社会中的分子既难得安居乐业，全社会又无向上进步之机，那样社会正是得不到它的出路了。亦有一种变例：个人虽一时不得安居乐业，社会却于此得了向上进步的机会，那便是革命。革命是一过渡时期，总要过渡到两面条件具备，此社会才算有了出路。

从题目的全文来讲，我们便是意在研究教育的出路与社会的出路之关系。

* 节选自《梁漱溟先生教育论文集》，北京，开明书店，1949年11月再版。

一

我们何以提出此问题来研究呢？自然为了中国教育正在这问题中。具体地说，有两层动机。

一层是：在教育界服务的人，数十年来常常感觉所办教育之失败，教育自身无出路；社会亦时常诅咒教育，以社会上许多病象皆为教育所结不良之果。然而说得太过，好像一切罪过皆由教育制度错误和办教育的人错误而来。其实不然的。数十年来中国教育之所以无出路，大半为中国社会无出路之故，不应当一切归咎于教育制度与办教育的人。我们认为要辨明此点，须使大家明了教育的出路与社会的出路之关系。

再一层是：证明今后要设施教育，必先体认得社会的出路所在，而把握之以为设施教育的指针，不要再盲目地办教育。——这是更要紧的一层。

二

我们开始讨论这问题，应先指证过去中国教育的失败。过去中国教育的失败，是不待指证的。因为说的人太多了。而且就教育制度频频改动不已(有人曾指出三年一小改，五年一大改)，亦可知其寻不到得力处。如学校培养出来的人不合社会需要，毕业即失业。——此即二十年前职业教育所为提倡的由来。又如教育与社会相隔绝，受过教育转成社会之病累——此即十五年前乡村教育所为提倡之由来。但至今日，职业教育、乡村教育亦未能开得出路。又如“轮回教育”之讥诮，说从学校出身之人别无事业可作，唯有仍回到学校教书之一途；再造出一批人来仍是如此，轮回不已。又如数十年来屡说要普及教育，但受教育的人，却见其少，不见其多。农业教育办了几十年，而社会上新农业不兴。工业教育办了几十年，而社会上新工业不兴。凡此，自都是我们教育失败之证。

然而所有这些失败，全是教育办的不对么？抑或不完全是教育本身（教育制度和办教育的人）之过呢？

三

我可以回答：数十年来中国教育之错误，原不可讳言，他本身诚有其致败之由，然吃亏还在中国社会之没有出路。因为社会没有出路，就加重了教育的失败，而惨败无余了。

过去中国教育之错误，论者已多，现在亦不须细数。但核实言之，总不外误在一切抄袭自外国社会，不合中国社会条件，此为主要一层。其次为自己有所参酌变动之处，或失原意，或恰恰踏袭中国旧弊（例如学校毕业奖官之类），此为附属两层。然假使中国社会正将以外国社会的出路为出路，则此教育设施纵不合于社会固有条件，犹不违于将有之新条件；尽管枝节上错误甚多，而大方向不差，必无惨败之理。

此试看日本之例，便可明白。

四

我们最好以日本与中国对照来看。两下同为东方农国，同受西洋文化势力的刺激压迫，同以模仿西洋文化为维新自强之道，并且同一时期开始。不过开始之后，在同一个六十年中，历史所演，却大不相同。日本于此六十年中社会进步，国势蒸蒸日上，居然成为世界一等强国；而中国社会经济日见崩溃，国势陵夷，几乎一切没有办法。

为什么一则于此得其出路，一则没有出路？不是现在所要谈的。现在要谈的是这里面的教育。在日本方面同我们一样是抄袭西洋教育，同样地不免于错误(尽管有多少之分，必不能说他没有错误)，然而日本教育总算成功了。——在其社会进步国势日强之中，当然他们的教育是尽了它的功用，任谁都要承认的。但我们是否能说这一切全是日本教育之功呢？恐怕不能。同样地，中国教育之失败，固不待言；却亦不能说一切都是中国教育的罪过。中国教育不能负其全责，犹之乎日本教育之不能居其全功一样。

事实很明显：日本教育是随着其社会的出路而有了出路；中国教育是随着其社会的没出路而没有出路。于此显示出一个道理：教育的成功或失败，我们要从社会出路上问消息。

五

若问到社会的出路，则各时各地却不相同。譬如当今天这时候(二十世纪四十年代)便和过去那六十年(十九世纪八十年代以来)大不相同；而中国和日本又是不相同的。

日本在过去六十年间得到出路，其理似并不繁复难晓。因为近代西洋社会的进步，是有其一条路向的；日本只是跟着这条路走上去而已。这条路以资本主义的经济为其中心要点。所谓走上去，或走不上去(如中国)，皆指此。资本主义的经济，建筑在个人营利谋生上面，原是人人现有的心理；同时其所需技术如许多生产技术和商业金融等各项技术，亦经创造发明出来摆在面前，不难学习。问题只看政治如何。政治如果有办法，对外能应付国际环境，对内能安定社会秩序，或者再加上一点对工商业能保护奖励，那走上资本主义的路去，是顺理成章不生问题的事。而明治维新后的日本政治正好做到这两三点。

由于国际环境的应付，就从修改不平等条约转进到参加国际竞争；由于社会秩序的安定，就从人人都要营利谋生中发展了工商业，不断吸取西洋技术，飞快进步起来。抄袭西洋教育，此时正好尽其功用。

事同一理，中国之未得走上资本主义经济的路，亦甚简单。只为政治无办法，对外不能应付国际环境，对内不能安定社会秩序，更谈不到奖励保护工商业。而且相反的，国际的侵略压迫辗转益深，国内的变乱与战祸相寻无已，农工商业齐受摧残。不唯一条新路未得走上去，几千年旧路亦破坏了。与日本相较，一出一入相差甚大。整个社会无出路，教育在其中有什么办法呢？

六

有许多人不明白此理，只见社会生计日窘，而教育的结果总是养出大批吃饭的人，便高呼生产教育！生产教育！幻想生产教育办起来，社会的生产便可增加，真是糊涂好笑！社会生产事业不兴，纵有工业人才农业人才亦何所用？眼见好多生产技术人才未得其用，再培养许多，又将如何？不先求社会为生产的社会而求教育为生产的教育，其事固不可得。

当日本模仿西洋，改行新教育之初，谅他亦不是没有些少错误的。但以其经济政治及整个社会方从近代西洋的一条路得出路，教育与之相符顺：大方向不差，小疵瑕就不显。况且走上路去，一切错误尽可一边走，一边修正得。中国不然了，教育虽跟到西洋一条路走，而经济政治整个社会都走不上去。失败既势不可逃，各种大小错误此时乃毕见而不可掩。而且大方向未得把握到，在枝节上左修正，右修正，总归白费，落一个手脚纷扰而已。

我们要记住这一定理：若社会的出路在此，而教育大方向与之相符顺，便彼此相成，同有出路；反之，若社会的出路不在此，而教育却以此为方向，便彼此相毁，一齐没有出路。

七

认识得教育的出路与社会的出路相关之理，过去的功罪无须多论；要问：我们今后应当如何？因为教育固不能外于社会自有其出路；但非谓教育的命运，就只能是被决定的。吾人可以体认把握社会的出路所在，而努力以求之。在力求社会出路之时，教育亦是要运用的一件法宝；同时即从社会出路里面，教育亦得其出路。

就眼前为例，我们抗战便是求社会出路。教育固然不能包办抗战，却为抗战所必要运用之一事。此时教育的出路，正亦在抗战上乃能求得之。又如过去革命北伐，为那时求社会出路的大道；黄埔培养干部的教育，最能相配合。那么，黄埔教育便亦因之有出路。今后建国，更是我们求社会出路的正面文章。在建国上非运用教育不可，教育亦非配合建国，没有它的出路，这是一定的。

教育必须配合建国，似已人人皆知，不劳多说。要说的是：如何才可以建国？中国社会的出路究竟在哪里？教育又怎样与之配合？

八

究问到此，乃是一更大的题目，须写一篇更大的文章。今只能简单指出一点意思。即中国固非日本之比，而今天尤非过去六十年之可比。从前那时的日本，只须在国际环境应付得了，国内社会秩序安定两条件下，便可飞快进步起来，顺其自然地建国。我们今天却不行。

我们今天必须得第三条件：一个有方针有计划的建国运动发动起来才行。所谓一“有方针有计划的建国”，是确定建国目标而有计划地完成之；其内涵有两面意义：

一面是具有深刻自觉的学习于人；

一面是具有全盘计划的自我创造。

因为一定要经济有出路，而后社会才有出路；而在经济上中国今天非有方针有计划，是打不开路来的。随之，整个社会方方面面都须要计划地配合前进才行。

西洋社会在近二、三百年间有飞速的进步。但此进步并非有方针地向前，更没有目标预期。日本社会近六十年间亦有飞速的进步。此进步大体是学习西洋，而以成功一“近代国家”为预期。但他缺乏自觉，更说不上有全盘计划。苏联近二十五年间亦有飞速的进步。此进步大致可称是求达于预期目标之一种有方针地向前进；亦可称得有全盘计划的自我创造。但并世中没有可资他借鉴取法者，故不免从试探中改正错误，滥杀与浪费正不在少。于所谓“具有深刻自觉的学习于人”一层，遂无从说起。所以我这里所说乃是中国独有的情景。

建国所以完成革命；——完成社会的改造。按通例说，社会改造盖历史演进之自然，新社会恒孕育于旧社会之中。当革命爆发，旧秩序被推翻之时，社会新机构必已相当成熟，其事有类蝉之蜕壳。但中国革命启自世界潮流，是从外引发的，非内部之自发。旧秩序被推翻，而将据以建设新秩序的事实基础，却未从历史孕育得来。今非补作一段培养社会进步的工夫不可。我们所要求之新秩序愈理想化，或现代文明愈前进，则此一段待作的工夫乃愈大。如何以最经济的方法完成之，是即必须为有方针的前进，有计划地来做了。

中国在文化上本来是最先进。——凡今日世界上之号为先进国的，原来都是他的后进呀！但同时他又是最后进。——他的进步方期待于今后；虽后起之秀如日本、苏联都跑到他前面去了！在这中间，他曾有一两千年的盘旋不进，和近百年的社会崩溃不得进步。此其所以然之故，现在不谈，然即此可见其文化个性之强。且以历史积久，背景深厚，受过去之规定愈严，愈不得漫然以从人。于是从这最先又最后的两极端，又产生两个极端：一面是世界上正有大量的东西可供他学习；一面是他最不能随便学旁人。此即所以必须“具有深刻自觉的学习于人”的由来了。

学习于人，正所以创造自我。“具有全盘计划的自我创造”，就是“具有深刻自觉的学习于人”。——中国今天建国，必须如是。

九

如是的建国，要必以排除障碍为之先(过去北伐，今日抗战，无非尽此任务)，以确定国事国策奠其始(此今日应着手之事)，而号召全国人起来共同参加，扩为一伟大无比的运动，以完成之。

号召全国人起来共同参加这一伟大的学习，伟大的创造，试问：这是什么？这是自古未有的“民族自我教育”啊！彻头彻尾在建国，彻头彻尾是教育。迟重许久的这一老大民族之向上进步，将必以计划地包办出之；而此包办社会进步的工程，明明是一伟大教育的工程。

所以在这里若说“教育配合建国”，尚嫌建国和教育分为二事，有所不足。我们推想那时的教育，大约应具下列各原则：

一、纳社会运动于教育之中，以教育完成社会改造。——此为一总则。

二、着重于成人，与平时教育着重于社会未成熟分子(儿童少年等)者异。——此为革除旧生活创造新文化所必需；所以与平时教育主于既成文化之绵续者不同。

三、着重于社会，并求普及一般人，与平时教育着重于个人，恒囿于少数人(学校学生)者异。——此所要变革的正是此社会(组织关系风俗习惯等)。而不是求个人之适于此社会，如平时者。

四、就所在社会环境施其教育，与平时教育恒设为特殊环境(学校)者异。——此即化社会为学校；因为不能将农民、工人等从社会抽出来，脱离生产行程而施以教育。

五、教育内容、学习资料一切以革命建国所需者为准。——质言之，根据经济、政治、国防等建设计划来订定教育计划及教材。

六、注意于集体生活习惯之养成。——此本为上项所涵有之义；因其重要，特别提出。

随手写来有此六点，亦许不止六点。距今十年前(民国二十二年)，我曾有《社会本位的教育系统草案》之发表(发表于中国社会教育社年会上)读者可以参看。所有初等教育、中等教育、高等教育、人才训练、学术研究，一切均依从于此而有其安排。

社会本位的教育系统草案*

二十二年二月教育部邀集各地民众教育专家，于部内会议推行民众教育方案。社会教育在学制系统上之地位，为当时讨论问题之一。部拟办法，不外两条：

一、将社会教育加入现行学制系统；

二、于学校系统外另定一平行之社会教育系统。愚以提倡乡村建设运动，于某一意义上亦得说为民众教育，因亦被邀与会。众讨论及此，愚未发言。主席朱君家骅征问意见云何，愚答所见适在此两条办法以外；既非于现行学制中为社会教育讨一地位，亦非另订一平行系统；乃以社会教育为本而建树一系统，今之学校转在此系统中，求得其地位也。众颇不以愚言为非，即席推定钮惕生、高践四、陈礼江、孟宪承及愚共五人为起草员，而诸君更以执笔之责属愚。今草案既成，爰纪其原委如此。

二十二年八月二十二日　梁漱溟

* 选自《乡村建设文集》，乡村书店，1936年2月三版。

本案为“社会本位的教育系统”之制定，系基于如次之三根本见地：

一、学校教育社会教育不可分

俗常以学校教育社会教育对称，大抵谓：

(甲)学校教育为教育之中心设施或正统：指小学校、中学校、专门学校、大学校等。

(乙)社会教育为片面的补充的设施，非正规教育：指民众教育馆、民众茶园、通俗讲演所、图书馆、博物馆、公共体育场、公共影戏场、识字夜班、民众学校、职业补习学校、函授学校等。

然试一究问其可得而为分别之据者果何在？卒乃不易得。

(子)学校教育有一定数目之受教育者，有一定课程之进行；而社会教育(如图书馆、讲演所等)，每每无之。此所谓学校教育即学校式教育；所谓社会教育，即社会式教育。然此于函授学校，职业补习学校，民众学校已不然，况此两方式绝鲜有何意义，可以演绎为划分两种教育之真据者。

(丑)学校教育以一定课程施之于受教育者，其教育者之积极主动意味多；且其所照顾恒在校内(迨扩充于校外一般社会，即被指为社会教育)。若社会教育则每每仅有一种设备供人自己利用或领略；其范围恒泛及一般，而无所限。然此于学校式之社会教育(例如民众学校)已不然，而况学校教育应否囿于学校内，殆尤不必然也。

(寅)学校教育前后衔接，可成相连贯之一系统；而社会教育但见其为零碎补充的，无有系统。此亦不然。学校教育中之每一个学校教育原多自成一事，非必以此为彼之预备，相连为一事者；而社会教育亦非必不可成系统——如今之苏俄教育制度是。

（卯）学校教育有年龄限制，且所施教偏于社会未成熟分子。而社会教育恒无年龄限制，且施教所及偏乎成人；故“社会教育”与“民众教育”、“成人教育”等词有时相通或混同。然学校教育非无成人（例如大学校研究院），社会教育非无儿童（例如儿童图书馆等）。况人生受教育期间，是否应集中于其前小半段，正不无可商；以年龄之所偏，判分两种教育，亦难为论据。

总之，两种教育之分判初无学理真据，即于形式上亦复有时难辨。然则何为而有此对称之两种教育见于今之世耶？曰，今之学校教育，一传统教育也；今之社会教育，一新兴教育运动也。正唯传统学校教育有所不足，或且日益形见其缺短，乃有今之所谓社会教育（或民众教育或成人教育）起为补救；此固近今史实之所昭示矣。于此，一以见今日学校教育之不完不妥；一以见今日社会教育亦为一时的措施：两者各不足为准理当事的真教育。真教育行且见其为两者之融和归一；而吾侪今日乃适于此教育的过渡时代也。如何实现此完整合理的一个教育系统，正今日吾侪所有事。

二、教育宜放长及于成年乃至终身

教育于人类，所以必要而且可能，盖最足征见于人类自儿童达于成年之期特长，为其他动物所莫得比。自鱼类以迄于人类之脊椎动物，其儿童期之长短，实征兆其远于本能，趋于智慧者为如何，而与后天学习资性大小为正比例也。人类社会所特意施行之教育，自昔皆置于未成熟之阶段，自非无由。然人类天具之学习力固不限于此未成熟期，殆且亘乎终身焉。桑戴克为“成人与学习”之研究，谓“年龄实在对于学习之成功失败是一件小的因素：能力、兴趣、精力和时间乃是重要原因。”——此实一重要根本见地。其假定以一万小时学习时间，五分之四用于六岁至十四岁，而其余五分之一作成一百小时、二百小时之分段，散落用于十四岁至三十五岁；或且为未来教育改造设计之所资，未可知也。吾人试一审今日社会趋势，将见教育时间放散而延长，有事实所不得不然者：

(一)现代生活日益繁复，人生所需要学习者，随以倍增，卒非集中童年一期所得尽学，由此而教育延及成年之趋势，日见重迫。

(二)社会生活既繁密复杂，而儿童较远于社会生活，未及参加，在此种学习上以缺少直接经验，效率转低，或至于不可能，势必延至成年而后可。又唯需要为能启学习之机；而唯成人乃感需要。借令集中此种学习于童年，亦徒费精力与时间，势必待成年需要，卒又以成人教育行之。

(三)以现代文化进步社会变迁之速，若学习于早，俟后过时即不适用；其势非时时不断以学之不可。

今后社会之渐归于社会本位的组织，大势昭然。如是则不能不倚重多数个人，各为社会生活之有力的参加，而教育于是乃成大问题——如何能为最经济而有效的教育设施，以满足此社会需要？吾信其必为依桑戴克以及诸家所为成人学习之研究，而统盘筹划以建立一个教育系统是已。今之有社会教育、民众教育、成人教育，纷然发达于学制系统之外，极见其不经济者，正以未能从头统盘筹划之故耳。

三、教育应尽其推进文化改造社会之功

吾人今日盖适于人类文化之转变期，亦即社会改造之过渡时代。此就吾民族文化、吾民族社会言之，盖尤为亲切的真——民族文化数千年相传至此将为一大转变，历史上久不变之社会组织结构，至此将为一大改造。设施教育于此日，实宜有一反省：社会之有教育果何为

乎？教育如何乃为尽其对于社会之功用？

以理言之，教育之在社会，其功用为绵续文化而求其进步；使教育果得尽其功，则社会宜无革命，以随时修缮，逐步改进，行其无所事也。然人类社会卒不免于暴力革命，此盖以从来教育之在社会，不居领导地位而处于被役使地位之故。从来支配人类社会者为政权，或曰国家。历史上之政权或国家虽有许多高下不等之形式，而语其内容始终不外一武力统治之局。其较进步的政治形式固武力渐隐渐抑，理性渐显渐扬；然社会秩序之最后维持端在武力，而非以理性。由是社会改造——社会秩序推翻与新建——乃亦不能不出于暴力。故从来社会进步虽无不赖于教育(狭义及广义)，而教育卒不能改造社会也。

盖人类虽为理性的动物，而理性之在人——无论个体生命或社会生命——乃以渐次而开发者。人类社会之组织构造，自今以前概非理性的产物——概非自觉地安排设施，而具有甚强之盲目性、机械性。暴力革命即是社会问题之机械的解决，正从社会之机械的构造(武力统治)而来，虽欲回避有时而不能。然每经一度改造，必经一层自觉，亦即较进于理性；最后社会中人将易其彼此不相顾不相谋而为相顾相谋，必达于自觉地安排设施而后已。于此际也，或于暴力革命前为宣传运动组织运动，或于暴力革命后为完成社会改造之种种工作(如今苏俄之所为)，盖莫不有教育在焉。更直捷言之，盖莫不为一种教育(如苏俄在经济建设上的五年计划实可认为是一种教育)。由是而论，徒教育固未足以改变社会，而社会改造于其前后卒又不能不仰赖于教育以竟其功。

前问：教育如何乃为尽其对于社会之功用？于是得分别答之如次：

(一)平时要在能为社会绵续文化而求其进步；

(二)变时(改造时期)要在能减少暴力至可能最小限度于其前，能完成改造达可能最大限度于其后。

此所云改造前之教育，大抵出于当时社会秩序下设施者少，而自然演变于秩序外者多，可以存而不论。所最当致意者，厥为旧秩序推翻后，将以完成社会改造之教育，宜应如何设施之问题。大要言之，其异于平时之教育设施者殆有下列诸根本点：

第一，社会改造期之教育宜着重于成人，与平时教育之着重在社会未成熟分子者异。盖平时教育先求绵续文化而不使断，然后因之以求进步。故如何使社会未成熟分子(儿童及少年)得如其已成熟分子(其父及兄)之能参加社会生活为第一目的。同时既成文化之改进的讲求，亦即寓于其教育设施中。至于大多数成人，其生活能力已具，殆无复再加教育之亟亟必要。既成文化之进一步的创造工夫虽不可少，然非对一般成人设施教育之谓矣。社会改造期不然。此时整个社会生活正企图转进于一新方式，大多数成人虽届成年，而对于此新生活方式所需之习惯能力则方为未成熟者，势非经教育不可。既成文化(旧生活方式)将要改革，意不期其绵续而宁期其断除，对于社会未成熟分子之教育虽不可少，而正有难于着力者。仍其旧而教育之既所不可，而新社会生活未辟，又无以教之；其必附于社会改造的成人教育以行乎！

第二，社会改造期的教育宜着眼于一般社会，与平时教育每囿于少数个人者异。此其故有二：一则平时教育主于使少数未成熟的个人能适于其社会环境；而社会改造期则要在使社会环境改从吾人之所求。凡一般人之风气习惯，社会间之组织关系，正为除旧布新努力之所在。此风气习惯组织关系明非个人之事，明非少数人之事；则其教育设施不着眼于一般社会将奚为乎？再在社会改造之所求，靡不在社会多数分子之由被动地位转于主动，分子间之关系由疏而入密，则其教育设施之趋向普及多数，正有不待言者。故社会一度改造，必为教育机会的一步开放焉。

第三，社会改造期的教育宜就其人所在环境行之，与平时恒设为特殊环境以超于现实大社会环境外者异。所谓特殊环境指学校言；学校之设，在避去复杂纷乱许多无用乃至有害的刺激，而集中精力以求学习上修养上之经济有效。此为平时之教育设施所必须，但在社会改造期则必以社会式教育为主，即参用学校式，亦必变通之。盖社会改造期的教育既着重在生产大众，而于此生产大众万不能使之脱离生产行程而教育之也。此其一。又此期教育既要在风气习惯组织关系之改进，当然从实地之社会问题着手。个人之长进既在社会进步之中，却不能使个人离开环境得到长进，再为社会之长进。例如地方团体意识之养成，农民合作组织能力之训练，一种生产技术之发达，早婚缠足等陋俗之戒除，必无离开实地问题，别设为环境以行其教育之理也。此其二。

设施教育于兹社会改造时期，必须理会以上三根本点。非然者，必无从尽其应负荷之任务，必失其教育之功用，而不免转为社会病。

为中国而设计，更应切实认识今日中国之问题为如何。中国近两千年来但有一治一乱之循环而无革命，社会组织结构历久不变，文化已入盘旋不进状态，苟任其历史之自演固将无今日之社会问题。乃近百年来世界交通，民族历史与世界历史合流，固有文化不足以应付新环境，夙昔适用之社会组织构造遽见崩溃。凡今日政治改造经济改造乃至种种改造之要求，盖悉受外围世界历史所推演，而非从其民族历史演来，为国际形势所引发，而非其社会内部自发的。此义认清，则下列两点皆其中应有之义，必须提醒不可忘者。

（一）在一般之例，社会改造盖为历史演进之自然；当其革命爆发，为旧秩序之推翻之时，必其社会之新机构已孕育相当成熟。事类蝉之蜕壳，故其新社会之建设也不难。今日中国乃非其例。旧秩序以遭外来理想之否认，与激于民族自救之急切心理，骤被推翻，而新社会之机构初未有若何历史的孕育，青黄不接，则如何完成其社会改造，得一新社会建设出现，乃至艰巨矣。前既言之，完成社会改造的工程即教育。在前例中，所需之完成改造的工程不大，且有需要不甚著见者，或竟不假若何教育设施。而今日中国所需完成改造的工程——教育——乃特大；非特有设施，将必无从完成其改造。

（二）中国固有文化既千余年盘旋不进，而西洋自近代以迄于现代则进步如飞，中国受此威胁乃不得不为其自身文化之改造。所谓中国社会改造问题，自一面言之，其义实即如何企及现代文明之问题。社会改造本为无前例创进，而中国社会改造运动每落于一种模仿，其故正坐此。虽事有不可模仿者，然当融取现代文明以求自身文化之长进则无疑义。此融取而长进的工夫固明明为一巨大之教育工程，则势且必特有其教育设施而后可。

基于以上之根本见地，及对中国问题之认识，而制定本案；本案全文，包括三部分如次：

甲　社会本位的教育设施之原则

一、教育设施包涵社会生活之基本教育、各项人才之培养训练、学术问题之研究实验等一切而言。其间得随宜运用学校教育、社会教育各种方式，而无分所谓社会教育、学校教育。

二、教育设施应厘定其教育对象之区域；以社会区域之大小统属，别其等级，著为系统，各负其区域内之教育责任。

三、教育设施区域应视自然的及社会的形势条件等为厘定标准；

但亦以符同于国家行政区域地方自治区域为便。今假定即以现行国家行政区域地方自治区域为教育设施之区域，则应有国学、省学、县学、区学乡镇学之五级。都市地方以人口密集交通方便，除分置坊学外，不更分区域；坊学以上即为市学，无多等级。隶于省政府之市，其市学视同县学及区学；隶于行政院之市，其市学视同省学，县学及区学(按现在同级之行政区域，每每大小悬殊，又犬牙相错，而不定合于自然的社会的形势条件。地方自治之区乡镇各区划尤多不合适之点，有待纠正；此特假定以示例而已)。

四、各级教育设施在其区域内应为统一的规划与管理；但非必集中于一地点。

五、各级学府应负其区域内之一切教育责任；但下级学府力所不办者，其责任归属于上级。例乡力所不办者归区，区力所不办者归县，如是类推。

六、上级学府应辅导下级之进行，下级学府应受上级之指导。各级学府间于上有统属，于下有责成，期于为有统制有计划地进行。

七、各级教育自成片段，除其中一部分为升学计外，非必求其衔接连贯。

八、各级教育设施各有其偏重不同之点。例如上级之国学偏重学术研究，下级之乡学重在基本教育，中级之省学县学等主于人才训练是。

九、最下一级之教育因各地方情形悬殊，程度势难齐一，且办理得法则势将随社会进步而程度逐渐提高，亦不必设为一定之标准程度。

十、在特别荒苦之地方，其教育设施应受国家之补助。于全国各地教育势难齐一之中仍应为齐一之企图。其补助应以最下一级之教育为主、为先，依次及于上级。

十一、国家行政中教育行政之部分，仍然于各级学府外，独立设置其机关。于中央称教育部，于省称教育厅，于县称教育局或县署某科如今制。各级学府但为教育机关及学术机关，除教育技术上之指导暨各种教育设计事项，得与教育行政机关合组委员会办理外，凡属教育行政事宜，应尽量划归教育行政机关管理之。

十二、县以下之各级学府除教员外，其办学人员以本地人担任为原则，并期其与各该地方自治团体融合为一体（今邹平正作此实验）。

十三、在各级教育之各项编制中，其入学年龄、修业期限、课程标准等，应由各级学府自行拟订后，经上级学府及教育行政机关指导其同级学府会商决定之。

十四、各级教育之各项设施均应取实验态度。以各级学府自行负责实验，而国家行政机关立于监督考核奖励纠正地位，以求实验之得有积极结果。

十五、自区以上各级学府，招收学生皆以入学试验为准，不问其毕业资格。

十六、凡两乡可以联合举办之某项教育设施，即不必归入区学；凡两区可以联合举办之某项教育设施，即不必归于县学。以上各级视此类推。

十七、国家为训练特种人才（如军事、外交、司法等），得于此教育系统外，特设学校行之。又国有或地方有之特种事业如水利工程、铁道、邮局等，亦得于其事业机关附设其特种学校。

十八、国学为国有，各级学府为各该地方公有，于此统制的计划的教育设施系统中应无私立学校。但私人兴学，其志可嘉；其有教育上之抱负者更宜予以实验机会，旧日私立学校经向教育行政机关及相当之某级学府请求为计划上之接洽为编制上之归并后，亦得许其以原负责办学人负责办理之。如国家或地方认为有收归公家办理之必要时得随时收办。以后有捐资兴学者例亦仿此。

十九、依本案施行后，将使现在许多县立小学，归入区学或乡学；许多省立中学师范等校，皆归入县学；许多国立大学，皆归入省学。其经费预算原操于上级政府者，仍无妨由上级政府支配之，而改以奖励补助之意用之于下级学府。

二十、本案之施行，当从一县或数县实验入手，渐渐推广以至于全国；不取乎国家立法公布，普遍施行于一朝。

乙 社会本位的教育设施(附系统图)

乡学资借于上级学府之辅导，视其力之所及，又事之所宜，进行下列工作：

(甲)酌设成人部、妇女部、儿童部等，施以其生活必需之教育，期于本乡社会中之各分子皆有参加现社会并从而改进现社会之生活能力。

(乙)相机倡导本乡所需要之各项社会改良运动(如禁缠足、戒早婚等)，兴办本乡所需要之各项社会建设事业(如合作社等)，期于一乡之生活逐渐改善，文化逐渐增高，并以协进大社会之进步。

乡学在职能上以基本教育为主。在程度上为当地社会及国家力所能举之最低级教育。在编制上酌设成人部、妇女部、儿童部等；旧制之小学校、民众学校等，应分别归入上项编制中(小学即儿童部，民众学校即成人部)，在设备上酌设大会堂、图书馆、体育场、音乐堂等。在方式上兼用社会教育及学校教育两方式。

区学资借于上级学府之辅导，视其力之所及，又事之所宜，进行下列工作：

（甲）酌设升学预备职业训练部等，办理本区所需要而所属各乡学独力所不办之教育。

（乙）相机倡导本区所需要之各项社会改良运动，兴办本区所需要之各项社会建设事业，期于一区之生活逐渐改善，并以协进大社会之进步。

区学在职能上以基本教育之高级及技术训练之预备段为主。在程度上为当地社会所办乡学教育之高一级的教育。在编制上酌设升学预备部、职业训练部等；凡旧制之高级小学、高级民众学校、职业补习学校等，应分别归入前项编制中。在设备上酌设大会堂、图书馆、医院等为乡学更进一步的设备。在方式上兼用社会教育及学校教育两种方式。

县学资借于上级学府之辅导，视其力之所及，又事之所宜，进行下列工作：

（甲）酌设升学预备部、职业训练部、自由研究部、乡村师范部等，办理本县所需要而所属各区独力所不办之教育。

（乙）研究并指导所属各区乡之社会改良运动及社会建设事业，促成本县之自治，并以协进大社会之进步。

县学在职能上以技术训练人才教育为主。在程度上为当地社会所办区学之高一级的教育。在编制上酌设升学预备部、职业训练部、自由研究部、乡村师范部等。自由研究部指导有学术兴趣者之自由研究。乡村师范部则训练区学、乡学教员。旧制之中学职业师范等学校，应分别归入前项编制中。在设备上酌设科学实验室、农场、工厂、大会堂、图书馆等，为区学进一步的设备。在方式上以学校教育为主，兼用社会教育方式。

市学（隶于省政府之市）视同县学兼括区学。市内分置坊学；坊学视同乡学。

省学资借于上级学府同级学府与下级学府之协助，视其力之所及，又事之所宜，进行下列工作：

（甲）酌设农工商医等科，举办所属各县学独力所不办之专业训练，为本省养成其建设所需人才；兼为本省人士供给专科研究上之设施与导师，以发展其不同之天才。

（乙）负责研究本省地方上自然的及社会的各项问题，供给当地政府及社会以解决各问题之方案设计等，并指导所属各下级学府社会工作之进行。

省学在职能上以专门技术教育及实际问题研究为主。在程度上为高等教育。在编制上视学术门类暨本省需要分科；所有旧制之专门学校大学校高中各科应分别归入上项编制中。在设备上酌设图书馆、各科实验室、研究室、农场、工厂等。在方式上以学校教育为主，兼用社会教育方式。

市学（隶于行政院之市）视同省学兼括县学及区学。市内分置坊学；坊学视同乡学。

国际联络国际学术机关或团体，资借于国内下级学府之协助，进行下列工作：

（甲）酌设文理法工农医等科，养成学术人才，为各科纯学术的研究，以期有所发明；兼为国人供给学术研究上之各种便利，以完成其天才发展。

（乙）从各科学术研究上着意于中国固有学术之整理，固有文化之阐明，一期增进民族价值之自觉，一期为世界未来文化之贡献。

（丙）负责研究国内自然的及社会的各项问题，供给政府及社会以解决各问题之方案设计等，并指导下级学府社会工作之进行。

国学在职能上以学术研究为主。在程度上为最高之教育。在编制上视学术门类分科，旧制之大学应归入上项编制中。在设备上应有一切学术上应有之设备。在方式上以学校教育为主，兼用社会教育方式。

丙　关于本案之说明

1. 自一面言之，本案盖即以学校教育而特别注重教育推广工作，勿拘守于校门以内者。特如所谓“学校应为地方社会之中心，教员应以社会之指导者自任”之义，尤为本案意趣所在。

2. 自另一面言之，本案盖即以农村改进试验区，民众教育馆等机关统理学校教育者；或即以民众学校与小学校统合办理者。以社会改进、民众教育之大任，遽付小学教师兼理，虽不无可疑，然并合办理自较经济，又在方针计划上必须一贯，则无可疑也。

3. 中国三四十年来，学校教育之大弊在离开社会，以致妨碍社会于无穷，当世人士类能道之。本案盖所以矫正此弊者；抑扭转此错误方向之最彻底的办法无逾本案。

社会本位的教育系统图

<table>
<tr><td colspan="5"></td><td>国学</td></tr>
<tr><td rowspan="3"></td><td rowspan="3">市（隶行政院之市）学</td><td colspan="3"></td><td>省学</td></tr>
<tr><td rowspan="2"></td><td rowspan="2">市（隶省政府之市）学</td><td></td><td>县学</td></tr>
<tr><td></td><td>区学</td></tr>
<tr><td></td><td>坊学</td><td></td><td>坊学</td><td></td><td>乡学</td></tr>
</table>

4. 三四十年来办教育者继续扩充多办学校而不知其所谓，学生更为无目的之入学与升学，有如资本主义之盲目的生产然，一批一批毕业之不已。此无目的(或忘其所谓)之弊，本案盖最能予以矫正。

5. 过去教育偏于以读书为学，或偏于知识技能之一边，而不能照顾及吾人整个生活。如本案能实施，当能矫正此弊。

6. 中国此时不应视成人教育或社会教育为临时补充枝节应付之事，而应认为是教育上主要工作。本案最能实现此旨，矫正过去之错误。

7. 中国各地方社会情形不一，而教育法令设施等一切，顾不免整齐划一，缺乏自然适应之妙，本案最能矫正此弊，而实现出一种因地制宜之活教育。

8. 过去教育缺乏统筹计划，几于各级教育自为谋，各地方自为谋，各科各项自为谋，乃至各学校自为谋而均不相谋。以致畸形发展，偏枯不均，重叠多费，其弊不可胜言。国联教育考察团所作《中国教育之改进》单就全国学校分布之问题，指摘论列，已甚严切(见原书第八章)。本案盖最具有矫正此弊之机能。时下谈经济问题者，好为统制经济计划经济之说；假取为例，则此殆可谓为一种统制教育计划教育乎。

9. 在今日小学教育问题中，除其本身应为种种改良外，如何谋小学教育之普及实为最大问题。闻教育行政当局已筹拟有简易小学、短期义务教育实施大纲(教育部拟)、小学扩充部(山东教育厅拟)等办法，于正式教育外谋补救。在本案中则此等办法早为应有之义，亦无所谓正式非正式也。

10. “中国今日之小学经费与中学经费迥不相侔；与高等学校经费相差尤甚。在教育上有组织之国家，小学教育绝未有处于如是不利之地位者”(见《中国教育之改进》第二编，第一章)。民国十九年全国第二届教育会议即主扩充横的教育，整理纵的教育，其意甚是。本案精神即着重在基本教育(民众教育与小学教育)，一矫往弊也。

11. 世人有见于教育之无用，受教育者几乎转为社会之赘碍物，于是乃倡为职业教育生产教育等说以救之。用意诚是而所未见的。盖此问题不尽在教育，一半在教育，一半在社会。今日中国社会虽有专门技术人才亦无所用，或难得其用。是故教育本身固应改造，社会问题亦必须解决。不先求社会为生产的社会，而徒求教育为生产的教育，其事固不可得。本案以社会运动纳于教育系统中，直以教育解决社会问题。自一面言之，为教育本身的改造；自另一面言之，即正所以改造社会。以教育促社会于生产，还以社会促教育于生产；自来言生产教育者，未或能见及此也。

12. 以农业教育言之，今日首在为中国开出其自有的新农业；新农业有一分，乃有一分新农业教育可言。但此一分新农业即一分之新农业社会；词面不同，内容全为一事。抑农业教育之目的固在求一新农业社会之出现。即从此目的以为言，亦莫要于养成新农民。日本之农业教育设施，其优富绝不后于丹麦，而目的之所成就者则远不逮。论者指为注意农学而忽于农民之过，其故可思矣。本案所谓乡学资借于上级学府进行其教育工作云云者，用意即在上级学府以其研究实验之所得，交下级学府推广于社会，俾社会教育之内容得以充实，而学术亦得其应用之正道。同时省学、国学经下级学府从社会上实地采得问题与材料以为研究，乃有真正之学术产生出来。如是上下往复相通，而农业技术与农业社会乃相偕日进于无疆。其他一切例此，农业不过其一例。

13. 关于职业教育，本案有两要点。其一着重对农民、工人、商人等作教育工夫，增进其职业上的能力乃至各种能力，期于养成新农民、新工人、新商人等；而不着重办职业学校，养成农业学生、工业学生、商业学生等。职业教育家有谓将来必以补习教育为职业教育之重镇者(江问渔先生有此语)，可谓得之。推进农民则农业自兴起；提挈工人则人自竞于为工人而无待督劝。此为提倡职业教育或生产教育之唯一要径。

14. 其他一要点即在职业训练中必须打破一切非必要的学校形式而无所拘。例如入学资格、修业年限、课程标准、师资限制等，均应随宜设施，而后职业训练乃有可施；此理人多已言之。

15. 学问以自己求得为真；自来名家每出于学校教育之外。故由公家供给图书及实验设备而奖励好学者之自修，实为教育设施之要图。抑今后求学术普得享受，亦非如此不可也。本案自县学以上即著供给设备自由研究之文，其意在此。

16. 本案既力求切合社会实际情形，于课程于年限均少一定标准限制，则学生程度自难齐一(实则现在齐一制度下已不能齐一)，故各上级学府招收学生，只能以入学试验为准，而不问毕业资格。抑照此施行后，以前学校为学生制造无谓之程度、无实之资格之弊，亦可扫除矣。

槐坛讲演之一段*

现在有些人只看政治上有问题，但也有些人看我们的经济制度上很有大问题。这个问题，是比昨天我们所说的政治问题为更深一层，更根本的问题；这就是说，倡社会主义的人，所提出的问题。这个问题，感触我，成了我心目中唯一大问题，是在我20岁的时候，一直到现在，常常在心。不过今昔所以看成问题者稍异；而这一个问题，在中国和在西洋，似乎亦不同。西洋所以发生此问题，是近代工业的结果，从近世大机械的发明，和经济上的分工说，自由竞争说，使得有所谓“工业革新”的大变动；而社会上划然有资本家，劳动者之两阶级，才使人深感这种个人本位的经济制度——以个人发财为目的而努力于生产的经济制度——的痛苦而悟其非；但中国则并没有这一回事。虽然没有这一回事，而经济改革却又并非不成问题。所以说其所以成为问题稍异于西洋。我当初常听见这一类社会主

---

* 这是1923年在山东曹州第六中学的讲演，经崔万秋记出之一段。槐坛指该校唐槐下之讲坛。

义的话头，什么资本家如何如何，劳动者如何如何，总不引起我的注意，我总没有理会他；那一年——我 20 岁的那一年——偶然从故纸堆中捡得一本张溥泉先生翻译的日本社会主义者幸德秋水所著《社会主义之神髓》一书；我看了之后，仍无非是些资本家劳动者的话头，很不经心地把它搁在一旁；却是自己慢慢地去思索。久而久之，不觉明白了这个问题，果然很大，明白了他在我们社会上成为问题的意义；这就是说什么？这就是说这种个人本位的经济制度——产业私有的经济制度——在我们中国社会上虽有那些生产过剩，经济恐慌的问题，而他是现在社会上秩序不安宁，社会上种种罪恶，种种痛苦的源泉。从这个人本位的经济制度，使我们成一个竞食的世界；有本领抢得着饭吃的就算抢着了，没本领抢不着就没有份。虽然有很严重的法律，如军队、警察、司法官维持着不许大家轶出范围，去作这种的竞赛，然而前面看见拥有多财的优厚享受，后面有无食的逼迫，怎能不叫他以暴力或诈巧来偏锋取胜？这就是土匪、强盗、骗子、滑棍，和种种不可举名的这类事情所由发生，使我们在社会中处处都是荆棘，常常要提防暴客，小心诈骗，不定哪一时有生命危险，损失，被欺。所有社会上秩序不安宁这一面的种种问题，何莫非产业私有的结果？我们愿意处在这样恐怖危险的社会中吗？我们不要求一个平安境地吗？我们如果要去危就安，不将这种经济制度根本改换过，怎么能行？在另一面看，这类有力气的，欺侮没力气的，巧诈的欺侮老实的，都是社会上一种罪恶；而社会把他制造成拼性命，冒刑罚，受唾骂，以欺侮他人的人，又岂不是一种社会的罪恶？岂不可痛？然而这种有力气有智巧能够取胜得势的，还算是好的；其尤为罪恶，尤为痛苦的是在那没力气，没智巧的弱者一面；像是老的、幼的、残废的，和妇女，和老实胆小的人们，他们只有甘受欺凌，磕头叫爷或拿着身体委曲献媚，受人糟踏，侮弄，以求食了！所有乞丐、小偷、娼妓，和社会类乎此的人，都是这样发生出来的。我记得我在《社会主义粹言》(按此我21岁时所作，自己曾油印了送人看，距今已十年矣。漱溟注)里边，曾举了几个例来说明。其中有一件事，这是当民国元二年时，北京初有女戏子，发达非常之快且盛，起初只是天津过来几个女戏子，加入男戏园子同唱，不一年间，就会有好几个全是女戏子成班的戏园子！每一班至少有一二百人，总算起来，不下千人，我们走过小街僻巷，常常可以听见穷家女孩子学戏的歌声。有一次我家看坟的人，也来同我们说，他想把他的女孩子，送去学戏；我对他直是没有什么话可说。他的女孩子在家里，吃苦饭，未必吃得饱；衣无衣，用无用；而同时他邻家的女孩子去学戏，就可以应酬阔人；就可以坐汽车马车，就可以吃好饭，穿绸缎，使下人；他看见怎么不眼热？前面有这样的诱惑，后面有那样的逼迫，你怎么能叫他不奔那条路呢？纵有好道理，也对他说不去；我们也不忍拿治不了饥的廉耻空谈，对他唱高调；只有叹息而已！好好女子，受人家的糟踏侮弄，不论什么人进来，都要笑颜接待，委曲承欢；不是为现在的经济制度叫他如此是什么？不拘什么人，只要有钱，就可以进她屋来，要她招待；试问她不是凭着现在的经济制度所承认他手里的那一份钱是凭着什么？又要晓得在贫者弱者甘受欺侮，固是趋势如此；即在富者一面，花钱造孽，也是一种自然趋势，必至如此！在这社会上，性命系于衣食，衣食靠着钱财，握有钱财，即可左右人的性命；尚何所不至呢？他拥有那些多余的钱财，你又怎能叫他摆着不用？威福自恣，势有难已。于是这种蹂躏人格，至残奇恶，两下凑合，如水就壑，风行起来，成了惯常事。无论道德家劝戒不了，就是法律家警察也管不了；我们如稍有人心，不忍心看这些种种罪恶，不根本改变这种经济制度，又怎能成呢？又有一件事，是我在北京街上闲走，看见一个拉人力车的；是一个白头发的老头，勉强往前拉，跑也跑不动；而坐车的人，却催他快走，他一忙就跌倒了；白的胡子上面，摔出血来！而我的眼里，也掉出泪来了！然而这在现在经济制度下，这是当然的！没谁顾着谁的！在竞食上的失败者，结果自该如此！我受种种的感触，反复地思索，使我的血达到了沸点，那一年我几乎要成了疯狂。有一回事使我至今想起来，有如在目前的，是我在北京东四牌楼马路上往南走，看见对面两个警察用白绳缚着一位瘦弱无力的，面目黧黑的中年男子，两边夹着他走来——看那样子大约是一个无能的小偷——我瞪着两眼，望着警察，几乎要发疯；几乎要跑上前去，把那人从警察手里夺过来！……这明明是社会逼他成这个样子，他不敢作别的大犯法的事，只偷偷摸摸救救肚饿，而你们如狼似虎地逮捕他，威吓他，治他的罪；这社会好残忍呀！我因为心里这样激昂，精神状态很不稳定，所以有那一年在南京自杀未成的事。到后来虽渐渐稍好，而实则十年来心里总是不能忘的；即如我这次在陈坡(郓城县城西南35里之一乡村)住，有一天吃完晚饭，出在门外闲立，看见那么矮矮的三四岁小孩，和白发的老头，正在拿着黑红色的粗粮食在那里吃，我心里就一阵难过；我刚才吃的那白面馍馍，好饭食，怎么不给这小孩和老头吃？这么小的小孩，是社会上人人应当保爱他，好好养他的；这么老的老头，是社会上人人应当尊敬怜惜的；他老了，须要滋养的东西养他的，然而现在那小孩老头即没得吃，而我一个壮年人偏偏有得吃，这是什么道理？(记者按：先生讲至此，泫然泪下；听者寂然无声，垂首掩泣!)真是不合理的！现在经济制度，陷我们于这不合理的地步，真是没法啊！这样不合理社会，还不改造吗？于这不安宁，罪恶，痛苦，不合理几种之外，还有一层社会退化，堕落，低降的问题。在这时候普及教育是不能讲的；他衣食尚且难得凑合，拿什么来入学买书？没有教育，拿什么来提高社会程度？只有退化罢了！在这时候，公众卫生，是不能讲的；他衣没的穿，饭没的吃，污臭的布片，腐败食粮，也是好的，说什么清洁卫生？通常应用的仪容礼节，更是讲不来，自不待言了。总而言之，一切让全社会进步增高的事都不能行的。而种种的罪恶，种种的坏事情，滋长无已，都足以使社会上道德堕落，疾病增加；心理方面，生理方面，愈趋败坏低降，都是必然的事！在这种经济制度下，宗教家不要说救世救人；你不根本把这制度改变过，说什么话不是白说？你要想救世救人，就当从这里下手，这里根本改变过来，自然没事。道德家不用对着富人劝什么勤俭，讲什么礼义；对穷人不必诫什么安分，说什么廉耻；你不根本从这里下手，改变制度，只有背著你的希望走而已！你果然希望他们好，改了制度，自然没事！教育家！你希望人人都受教育吗？你果然是，你就应当先来改变这个制度。政府，法官，警察！你们果然要社会秩序安宁吗？你们莫再拿著法律，警察，来维持这产业私有制度，而根本改变了这个制度，自然好了！倘若不然，纵有怎样严密的法律，多少侦探，多少警察，也不过多造罪孽，多么残忍而已！慈善家！你果然慈善吗？你不根本来改革这个制度，你那慈善事业，为效几何？卫生家！你果然要众人讲卫生吗？你不从根本来改革这个制度，你的卫生，从何讲起？总而言之，我们人人，都不必对社会抱什么好意，做什么好事；你果然抱好意想让社会好，你只有从这里着手。其余都是白说！这便是中国虽没有西洋从工业革新以来的那一回事，而经济制度的改正，依旧成为问题的意义了。所以社会主义的倡说，在中国并不能算是无病呻吟；仅可以说是病状不全一样，而病苦的难堪急待救药，固无分别。

还有一层要说的，我们以看这事成为问题者，今昔稍有不同。在从前那时我单看他那种种罪恶，痛苦的地方；而在今日则另外更有一个意思。这就是说，这种经济制度，和我倡导的合理人生态度，根本冲突；在这种制度下，难得容我们本着合理的人生态度去走。我们是不要分别人我的，不算账的；然而在这个竞食的世界里边，怎能够叫大家如此？在竞食的世界里，大家自然要走入狭小鄙劣，为我自私一路；空口说白话，是万救不过来的；只有根本改革这个制度，而后才行。我近来思想，专着眼人生态度之一点；我今日看他成为问题的，也就着重在这一点了。

乡村建设是什么？*

我们要知道，整个中国社会现在日趋破坏，向下沉沦，在此大势中，其问题明非一乡一邑所得单独解决。局部的乡村建设如何可能！同样道理，片面的从任何一方面求乡村建设，亦为不可能。生产增加，不单是生产技术一面的事，乃与经济上各种问题皆有不可离的关系。富力增加，亦不单是经济一面的事，乃与社会各种问题皆有不可离的关系。所以乡村建设天然包含着社会各种问题的解决；否则乡村建设即为不可能。那种事理所不容有的说法，当然是错的。相略言之，与生产技术进步最有关系者，是农民合作组织之发达；而合作组织之发达，天然有农民教育程度增高、农民势力强大等事实包含在内。

我在山东乡村建研究院讲《乡村建设理论》，曾经分浅深四层来说：

一、乡村建设运动起于中国乡村的破坏，即是救济乡村运动。

---

* 此文曾收入作者《乡村建设论文集》(1934)，现略加删节，选刊于此。

二、进一层言之，起于中国乡村受政治的影响，无限止地破坏，迫得不能不自救；乡村建设实是乡村自救运动。

三、乡村建设运动是应乎积极建设之要求，为我民族社会的新建设运动。

四、进一层言之，今日中国问题在其数千年相沿袭之社会组织构造既已崩溃，而新者未立；欲谈建设，应从建设一新组织构造谈起，乡村建设运动实为从新建设中国社会组织构造之运动。

乡村建设真意义是在第四层。我曾有几句话说明此意，引录于次：

> “人非社会则不能生活；而社会生活则非有一定秩序不能进行。任何一时一地之社会必有其为组织构造者，形著于外而成其一种法制礼俗，是即社会秩序也。于此一时一地，循之由之则治，违之离之则乱；是在古人谓曰治道。中国此时盖其社会组织构造根本崩溃，法制礼俗悉被否认，夙昔治道已失，而任何一秩序建立不成之时也。处此局中者，或牵掣抵牾，有力而莫能施；或纷纭扰攘，力皆唐捐；或矛盾冲突，用力愈勤而损害愈大，总之，各方面或各人，其力不相顺益而相妨碍，所成不抵所毁，其进不逮其退。外国侵略虽为患，而所患不在外国侵略；使有秩序，则社会生活顺利进行，自身有力量可以御外也。民穷财尽虽可忧，而所忧不在民穷财尽；
>
> 使有秩序，则社会生活顺利进行，生息长养不难日起有功也。识得问题所在，则知今日非根本上重建一新组织构造，开出一新治道，任何事不必谈！”

既然是建设范围在整个社会，而不止于乡村，何为名之曰乡村建设？要解决的问题既于社会各种问题无所不包，为何而名之曰乡村运动？此有三点可说：

一、此建设工作或解决中国问题的工作，必从乡村入手；

二、此建设工作或解决中国问题的工作，必赖乡村人自身的力量为主；

三、此建设工作或解决中国问题的工作的完成，在实现政治重心经济重心都植在乡村的一个全新组织构造的社会。

关于此意，我曾在《山东乡村建设研究院旨趣书》上说过几句话：

“我们要认清我们的题目，握定我们的纲领。题目便是辟造正常形态的人类文明，要使经济上的‘富’政治上的‘权’综操于社会，分操于人人。其纲领则在如何使社会重心从都市移植于乡村。乡村是个小单位社会，经济组织政治组织皆天然要造端于此的；一切果从这里建造起来，便大致不差。恰好乡村经济建设要走‘合作’的路，那是以‘人’为本的经济组织，由是而政治亦自形成为民主的。那么，所谓富与权操于人人，更于是确立。现在所急的，是如何遵着这原则以培养起乡村经济力量、乡村政治力量；这培养起乡村力量的工夫，谓之乡村建设。——乡村建设之所求，就在培起乡村力量，更无其他。力量一在人的知能，二在物资；而作用显现要在组织。凡所以启发知能、增殖物资、促进组织者，都是我们要做的。然力量非可由外铄；乡村建设之事，虽政府可以作，社会团体可以作，必肯以本地自作为归。”

乡村建设理论(摘录)

此书出版于 1937 年 3 月，约 26 万余字，现在仅摘录其部分章节内的极少部分，共约 8 千余字。

起于重建一新社会构造的要求*

今日中国问题在其千年相沿袭之社会组织构造既已崩溃，而新者未立；乡村建设运动实为吾民族社会重建一新组织构造之运动。——这最末一层，乃乡村建设真意义所在。

*　　　　*　　　　*

然则中国问题在那里？今日中国问题在其千年相沿袭之社会组织构造既已崩溃，而新者未立；或说文化失调。"人非社会则不能生活，而社会生活则非有一定秩序不能进行；任何一时一地之社会必有其所为组织构造者，形著于外而成其一种法制、礼俗，是即其社会秩序也。"一社会之文化要以其社会之组织构造为干骨，而法制、礼俗实居文

* 摘自《乡村建设运动由何而起》一章。

化之最重要部分。中国文化一大怪谜，即在其社会构造(概括政治构造、经济构造等)历千余年而鲜有所变，社会虽有时失掉秩序而不久乃旧规复，根本上没有变革，其文化像是盘旋而不能进。但到今天，则此相沿不变的社会构造，却已根本崩溃，夙昔之法制、礼俗悉被否认，固有文化失败摇坠不堪收拾，实民族历史上未曾遭遇过的命运。而同时呢？任何一种新秩序亦未得建立。试问社会生活又怎得顺利进行？

*　　*　　*

那么，要问中国社会为什么竟至崩溃解体呢？我们可以回答：这是近百年世界大交通，西洋人过来，这老文化的中国社会为新环境所包围压迫，且不断地予以新刺激，所发生的变化而落到地的地步。于此，不要忘记的是中国文化自古相传，社会构造历久不变的那件事。他不变则已，变起来格外剧烈、深刻、严重！其所以久而鲜变，我们可以推想到两点：

> 一、中国社会构造本身(内部关系上)非常富于妥当性、调和性。因其本身妥当调和，所以不易起变动；因其不变动，乃更走向妥当调和里去。愈不变，愈调和；愈调和，愈不变；此相传已久的老文化，盖有其极高度的妥当调和性。
>
> 二、是中国文化在人类所能有的文化里，其造诣殆已甚高。所以他能影响于外，传播于远；而他则从不因外面影响而起何变化。甚至为外族武力所征服，却仍须本着他的文化来行统治，其结果每使外族同化于他。如是，他文化势力圈的扩大与其文化寿命的绵长，成了相关系的正比例。卒之，成了又老又大，又大又老的一个文化体(有人说中国不是一个国家，只是一个大的文化

体，颇近是。）此其文化里面必有高越于外者在，亦从可知。

但到了近百年间，此本身有高度调和性，不因外面文化刺激而起何等变化的老社会，忽而变化不已，形势严重非常。这全为近代西洋人过来所致。于此，我们又可推想到几点：

一、是近代西洋人的文化甚高，而且与中国甚是两样。不高，不致影响于他；即高而不是两样的，谅亦不能生影响。抑唯其彼此文化都很高，所以才说得到两样不同；从其两样不同，愈知其都很高。

二、是中国文化的失败，或其弱点的先暴露。盖西方文化相遇，中国遽起变化，顾尚未见西洋受我们影响而生何变化也。最后的总结账如何不可知，眼前固是如此。

三、在一新中国文化未得熔铸创造成功时，中国社会将陷于文化失调——社会构造崩溃，社会关系欠调整，社会秩序的饥荒。

旧社会构造崩溃之由**

——中国文化的失败

总括地说，中国之失败，就在其社会散漫、消极、和平、无力。

若特指出其失败之处，那要不外两点：一是缺乏科学技术；二是缺乏团体组织；更无其他。而近代西洋正是以科学技术和团体组织这两点见长，亦更无其他。我在《东西文化及其哲学》上，曾指出近代西洋的长处有三点：一是社会和政治上的德谟克拉西精神；二是思想学术上的科学方法；三是征服自然的物质文明。现在我的说法又有点变换。因我悟得德谟克拉西精神是团体生活的一种进步，不宜只提这一

** 摘自《旧社会构造在今日崩溃的由来》一章。

种进步，而忽置其根本团体生活；所以改用“团体组织”一句话来统括他。至于科学方法和对于自然的征服，可以分开来说，亦可合为一事；所以改用“科学技术”一句话来统括他。因此，三点就换成两点。

上面所说两点，自是近百年来中国与西洋相遇，处处失败，接二连三地失败的原由。此殆为人人共见的事实；然仍属一种浅的说法。若深求之，则知尚不在这些地方不济事，而在自己人生理想的不健全。换句话说，尚不在中国与西洋相遇，我们应付不了他；而在根本人生上我们有缺欠。此缺欠经西洋风气的启发而见出来，使得我们对于固有文化不满意，固有人生理想不满意，甚至于厌弃反抗。这厌弃反抗，是中国社会崩溃的真因。引起这厌弃反抗的自身缺欠，是中国文化的真失败点。

新社会组织构造之建立——乡村组织***

新组织即一新礼俗。

以上所讲，都是指中国问题让大家认识，以下当讲怎样解决问题，也就是讲建设。所谓建设，不是建设旁的，是建设一个新的社会组织构造；——即建设新的礼俗。为什么？因为我们过去的社会组织构造，是形著于社会礼俗，不形著于国家法律，中国的一切一切，都是用一种由社会演成的习俗，靠此习俗作为大家所走之路(就是秩序)。我常说：人类的生活必是社会生活，而社会生活又须靠秩序，没有秩序则社会生活不能进行。

中西具体事实之沟通调和。

我们讲新的建设，就是建设新礼俗。那么，所谓新礼俗是什么？

*** 这是本书此章中选出的三小节的摘录。小标题为三节原来的题目。

就是中国固有精神与西洋文化的长处二者为具体事实的沟通调和(完全沟通调和成一事实，事实出现我们叫他新礼俗)，不只是理论上的沟通，而要紧的是从根本上调和沟通成一个事实。此沟通调和点有了，中国问题乃可解决。

这个融和，是从事实的变迁、事实的必要而来的。所谓“变迁”“必要”何所指呢？可用两句话去说：一是关于我们这方面，从事实上促逼我们要有一个团体组织；一是关于西洋那方面，也是事实上促逼他们的团体组织之道要变。

眼前的事实问题，就是让中国人必须有一个团体组织。这个必要，不必多讲，很明显的，中国人居现在的世界，和不往团体组织里去，将无以自存，事实上逼着我往组织里去，向西方转。底下要问：我们的新方向是往团体组织去，是往西方转；但是会不会转的与我们旧的精神不合了呢？大体上说不致如此，没有什么冲突不合——中国人虽然缺乏团体组织，并非反团体组织，所以大体上说没有冲突的必然性。

在此刻逼着中国人往团体组织这条路上去的，我以为最有力的就是外来的这种经济竞争的压迫。零零散散的农民，受此外面大势的逼迫，他将很自然的必要从分散往合作里去走；以合作团体利用进步技术。从合作上增殖财力（或曰财富)将让公共财富一天天的大，而自然的趋向于财产的社会化。

我们可以结束几句话：从中国这方面说，因为事实的逼迫，不能不从散漫往团体组织里去，而同时因为西洋事实的转变，让我们找着西方接近的地方。——很重要的一点就是社会本位的意思替代了个人本位的意思，这一点顶与我们接近。

乡约之补充改造* * * *

这个新的芽——新的组织，具体地说是个什么样子呢？一句话就是：这个新组织即中国古人所谓“乡约”的补充改造。大体上是采用乡约——不过此处所谓乡约，非明、清两代政府用政治力量来提倡的那个乡约，而是指着当初在宋朝时候，最初由乡村人自己发动的那个乡约。那个乡约是吕叔和先生的一种创造。现在我们把它大致说一下：

在古人当初发动乡约的时候，是由吕叔和先生与他的兄弟及其邻里族党所发起的；发起之后，约会大家书诺，加入这个组织。这个组织，大体上的意思就是说明我们邻里乡党本来很有关系的，不能够彼此不过问。在他的发起文上有这样一段话：“人之所赖于邻里乡党者，犹身有手足，家有兄弟，善恶利害皆与之同，不可一日而无之。不然，则秦越其视，何与于我哉！大患素病于此，且不能勉，愿与乡人共行斯道。惧德未信，动或取咎，敢举其目，先求同志，苟以为可，愿书其诺！成里仁之美，有望于众君子焉！”他这一段话很好。他第一句即点出来：我们大家是相关系的，人生是互依的。他一上来即认识了社会的连带关系，点明了组织的必要。从认识了我们的关系，而要求增进我们的关系。乡约中分四大纲领：一、德业相劝；二、过失相规；三、礼俗相交；四、患难相恤。

于此我们看出，乡约这个东西，可以包含了地方自治，而地方自治不能包含乡约，如果拿现在的地方自治与乡约比较，很显然的有一个不同。现在的地方自治，是很注意事情而不注意人；换言之，不注

* * * * 此段与其后的《乡农学校》均摘自《新社会组织构造之建立——乡村组织》一章的第2节《具体组织》。

意人生向上。乡约这个东西，他充满了中国人精神——人生向上之意，所以开头就说“德业相劝”、“过失相规”。他着眼的是人生向上，先提出人生向上之意；主要的是人生向上，把生活上一切事情包含在里边。

在西洋不为宗教组织，即为政治组织，绝不会有像乡约似的一个组织。——以上的话，我们意思是点明乡约这个组织，即合乎我们以前所讲的原理原则，为我们所要求的一个组织，是一个伦理情谊化的组织，而又是以人生向上为目标的一个组织。以之与现行地方自治法规来比较，其气味很不相同。

在中国古人的乡约中，可以看出他心目中好像有一个标准的礼俗，以为将这个标准做到就行了。其实善是一个无穷的，时时在开展中的，而在乡约中仿佛是有一个标的，又仿佛是偏乎个人的善——其缺短就在：一是偏乎个人，一是有所限。我们补充改造，即把偏乎个人的一点看成是社会的，把有限的一点看成是永远开展的。换言之，我们组织乡村时一上来就要提振志气，要来发愿。发什么愿呢？就是改造社会，创造新文化，创造理想的社会，建立新组织。

因为我们是要改造社会，创造新文化，不单为个人的善。单为个人的善不必如此；若要改造社会，则我们自己改造不了，非联络不可。一面从事联络，一面再设立一个讲求进步的机关。——我们不但相勉为善，即在古人所不讲求的生活方法上，我们也要讲求进步。广大的联合，与讲求进步的机关之设立，就是前两点落到事实上，这也就是第三点。如此就够了，可以无缺憾了。我们讲求进步的机关是什么？即以前叫乡农学校，现在邹平为乡学、村学。乡学、村学是个讲求进步的机关，同时也是一个团体组织。从前的乡村太看重个人德性的完善，而忽略了生活方法上讲求进步的意思，所以我们不能不有乡农学校这个机关，以为各种知识方法的讲求。

必有待于经济的进步，在经济上生产技术、经营方法、经济关系渐渐开展进步，才能有一个新的社会组织的开展。而经济的进步，又有待于他的政治条件；换句话说，我们要解决中国的经济问题，必须靠政治的力量，否则解决不了。可是为经济主体的还是在人。尤其我们希望经济操在众人之手，从我们多数人为主体来开发我的经济，促进我们的经济，并让经济始终不离我们的手；所以人很要紧。那么，如何发动人往前干的精神，来发展经济；如何让经济始终在我们这一种人手中，受我们驾驭？这是很重要的问题。经济进步有待于人，而人要是活不起来，则经济(尤其是我们所要求的这种经济)不会进步。如何让人活起来？则须发动中国人的精神；如何发动中国人的精神？则须借人生向上的力量，提振起志气来；否则中国人将狭小，更不能进取。我们要提振起志气，把经济放在这种人生中，让人生驾驭经济，支配经济，享用经济，不叫经济支配人生(西洋人则是经济支配人生)。要做到这一步，就更是一个精神问题，人生问题，或说是一个文化问题。我们始终是要以这样的人生运用经济，所以在我们的组织中经济固然是不可少的条件；然而如果没有人生，没有精神，则组织不能合理，也许根本就没有经济的进步。所以我们的组织包括两面：一是精神(姑名之为精神)，一是物质。或说一是文化，一是经济。

乡农学校

所谓乡农学校这个东西，是补充改造后的乡约中自然要有的机关。这个机关主要的是讲求进步；而同时我们即以乡农学校来表示乡约，表见我的组织。

乡农学校的构造有四部分是很重要的:

(1)校董会,(2)校长,(3)教员,(4)乡民(学生)。这四部分合起来则构成一种乡村组织。很有些人只注意乡农学校为一个学校,而忽略了它是一种组织,实是错误。

普通的民众学校,所以不能成为组织,即因未划定地方区域范围,没有组织乡村之意,故不能成为组织。我们的乡农学校所划的范围,是由一百五六十户至三四百户,在此范围内,先成立校董会。校董会中都是些领袖人物,再从校董会中推出一个校长,来主持教育的事;教员可以从外边去聘请,聘请一个有新知识、更明白的人来作教员。学生即本地农民(尤以成年农民为我们主要的学生,也可以说是从成年农民入手,而不止于成年农民,男女老幼皆在学生之列)。

我们要有一个注意点,就是我们必须成为一个系统。这个系统或名之曰社会运动团体系统,或名之曰文化运动团体的系统,无此系统,则乡农学校不能解决种种问题。我们在乡约的补充改造时,也曾讲到这一层——从前的乡约是与外面不相往来,没有广大的联合。现在我们是要做到广大的联合,即这里的乡约与那里的乡约相联,大家更与外面相联。这是因为:一面非与外面相联,得不到外面的帮助,解决不了本身的问题;一面他不与外面相联,不能解决整个的问题;不能解决整个的问题,也不能解决自己的问题。

总之,需要成为一个大的社会运动团体系统,乡农学校的教员要直接属于这个大系统。当他直接属于这个大系统的时候,他才有他的效用;如果他与大系统断了气,则没有了效用。因为乡农学校里的教员,他是代表一个新知识、新方法、新眼光,去帮助乡村人解决问题;但他所以新,所以能够常常不断的新,所以能够解决问题,不是他本人的力量,而是由于他是从这个大的系统来的。

我们最初的自治组织就是一个乡农学校，当乡农学校慢慢充实起来的时候，这个组织就要渐渐开展、分化，分成四个——乡长、乡农学校、乡公所(总干事)、乡民会议。乡长的作用是监督，乡农学校是推动设计机关，乡公所是行政机关，乡民会议是立法机关。

中国此刻顶要紧的就是有意识的、自觉的、有计划的往前推进社会；也就是以上所说的我们要想法子构成一个大的系统。这个大的系统，也可以说是一个大的网。我们要有眼光的看准方向去推进社会；不能等着内地农村没有眼光、没有方向的农民去瞎碰瞎摸。推动设计本为立法机关的事，我们把他分开了，我们从立法机关中又分出一个推动设计机关。——本来团体意思的决定应付之于公众，一件事情要如何办法，需大家表决。我们也是把意思的决定付之于公众；不过要由有组织的人(教员)提醒大家，大家再想一想之后以为不错，都同意承认了，就算是团体意思的决定。现在的农民，非有人替他出主意不可，这个机关非特别提出来不可；因为现在的农民对于很多重要的事情，他都是模糊、因循、迂缓，不知注意。例如卫生的事情，本来很重要，但是卫生的习惯，他们一点没有；所以非有有知识的人提出来警告他们，要他们去做不可。还有一件事情，在眼前或者无人看成问题，但不久的将来，在乡村中将成为很大的问题；这就是节制生育问题。如果家中生计艰难，而小孩又愈生愈多，这个问题很大，将来在乡村运动中节制生育非办不可。这个问题与将来乡村文化的建立很有关系，假使不作节制生育的工夫，则乡村文化总不能提高。

我们以上所讲的这个组织固然是一个乡村组织，或曰乡村自治组织；可是我们想着我们将来的整个的国家政治制度，也就是本着这么一个格局、这么一个精神、这么一个规模发挥出来的。所以我常常喜欢说：我们是在创造一种新的社会组织构造，我们是要从乡村培养新组织构造的苗芽。这个意思就是说整个的社会制度(政治制度、经济制度),都是在乡村中生它的苗芽,后来的东西就是它的发育。

末后我们所可成功的社会*****

中国社会以前何以谓之消极?散漫就是消极。虽然以前伦理关系很发达,人与人有义务的联锁,在生存上互相保障;无奈他没有积极的发达的社会关系,藉团体的力量创造优美的人生,所以我们不能不说那是消极的。可是此后当然要增进社会关系;藉团体的力量解决人生种种问题,那就是转消极而入于积极的路子了。再则过去的中国社会没有能够发挥人类的理智来抗天行,所以让中国人受自然的限制很大,受自然的灾害很凶,水来了没有办法,天旱了也没有办法,瘟疫来了也听其流行;总之,自然的灾害在中国人看着是不可抗的,这就是太没有发挥人的能力,让人完全受制于自然,真是中国人很不行的地方!这正可证明中国过去社会的消极。我们以后恰好能够引进科学技术,发挥人的智力,驾驭自然、利用自然、控制自然;而且我们由团体力量去引进发挥,庶乎这样技术可达于高度,这样就可产生积极性的人类文明。我想新旧社会的比较,除了转消极转为积极外,再没有旁的。

所以除了转消极为积极之外没有旁的,就是因为中国所患是不足之症,而不是有余之症。他文化造端很正,只是有些缺欠要补足,空虚要充实起来;并没有多少过火处,必得要克伐铲除的。所谓他文化造端很正,具体说来就是两点:一点是农村(包括农业);一点是理性。这两点是中国文化的根本,更无其他。我们现在就是要发挥理性

***** 这是全书最后一部分的摘录。

组织乡村；以组织力量运用科学技术，来解决生活上之一切问题。那便是以团体组织科学技术这两样新材料来培养来发展那造端已得其正而尚待引申发挥的端倪了。

梁漱溟主要著译目录

印度哲学概论(商务印书馆，1919年)

唯识述义(第一册)(北京大学出版部，1920年)

唯识述义(第二册)(北京，北京大学出版部，1921年?)**

东西文化及其哲学(财政部印刷局印，1921年；商务印书馆，1922年)

中国文化要义(路明书店，1949年；学林出版社，1987年)

人心与人生(学林出版社，1984年)

东方学术概观(巴蜀书社，1986年)

梁漱溟教育文录(乡村书店，1935年)***

梁漱溟教育论文集(开明书店，1945年)

梁漱溟教育文集(江苏教育出版社，1987年)

中国民族自救运动之最后觉悟(论文集)(林治月刊社，1932年)

乡村建设论文集(乡村书店，1934年)

乡村建设大意(乡村书店，1936年)

乡村建设理论(乡村书店，1937年)

答“乡村建设批判”(中国文化服务社，1941年)

漱溟卅前文录(商务印书馆，1923年)

漱溟卅后文录(商务印书馆，1930年)

朝话(乡村书店，1937年；商务印书馆，1940年)

梁漱溟最近文录(中华正气出版社，1944年)

梁漱溟先生近年言论集(龙山书局，1949年)

我的努力与反省(文集)(漓江出版社，1987年)

忆往谈旧录(文集)(文史出版社，1987年)

勉仁斋读书录(文集)(人民日报出版社，1988年)

---

* 列入目录的限专著或文集；已发表而尚未结集的文稿均不列。年份为初版或重印时间，再版年份从略。

** 《唯识述义》(第二册)北京各大图书馆遍寻不得，故缺确切初版年份。

*** 教育文集三种，内容不尽相同；前后比较有增有删。